TAX LAW AND
税法解释与判例评注
CASE REVIEW

第八卷

熊伟／主编

法律出版社
LAW PRESS·CHINA

卷首语

校园樱花渐开,游人纷至沓来,珞珈山的春天悄然而至。《税法解释与判例评注》(以下简称《评注》)出版以来,第一次在春天迎来收获。呈现给读者的第八卷,一改以往春天播种、秋天收获的惯例,其酝酿于寒风萧瑟的去年冬天,定稿于樱花烂漫的春之今日。

第八卷秉承第七卷的组稿模式和编辑风格,但与之不同的是,第八卷收录稿件的作者身份更加多元。既有税局干部,也有税局公职律师;不仅有税会中介机构合伙人,还有律师事务所合伙人;既有高校教师,又有青年学子。不同的身份,是否会带来不同的立场,碰撞出不一样的思想火花?交由读者评判。然而,不管何种身份,秉持何种立场,进入"税法解释与判例评注"场域,瞬间都能转化为"合规"的作者,都能较好地接受《评注》一以贯之的"解释"与"评注"的定位和风格。这也是《评注》筛选稿件的关键标尺。

本卷共收录13篇文章、14篇司法文书和1篇"'微'言大义"稿件。其中,既有对税案透射的税理、法理与情理的微观剖析,又有对契税、关税等单行税种所涉税法规则的教义学解读。不仅有对税务事先裁定、纳税信用动态调整、纳税义务发生时间等新议题的知识探求,还有对税务行政复议前置、偷税的认定、虚开增值税专用发票的定性等老话题的认知创新。客观上说,甚少为学界所关注的新论题无疑更易吸引业界眼球,也更易为读者所关注。但与此同时,时常晃荡于读者眼界的老话题,依然可以"旧貌换新颜"。本卷收录的不少稿件都属此类。

身为法定代表人的钱俊文,亲历白路公司申请退还契税案的始末,其对契税要件、退税要件与证明责任分配等论题独具匠心的见解,值得学界重视;其对"构建税务审判专业化管理体制"和"推进财税法作为'领域法'的理论研究"的呼吁,值得学界深思。同样从一则契税退税案切入,李大庆选择对税案涵摄的纳税义务溯及消灭这一制度进行教义学分析,却导出"税收法定的实质化""税法变迁应当由保障国家税收的国库主义向兼顾纳税人利益与国家利益的协调主义转型"等核心结论。集结一起,展现"横看成岭侧成峰,远近高低各不同"之学术魅力。与之类似,周玉栋以一起房产拍卖过户营业税优惠政策适用争议案件为例,揭示纳税义务发生时间所仰赖的现行政策规定与税法理论的冲突,并主张借助债法理论来理解纳税义务发生时间,颇具启发,也展示了纳税义务发生时间这一长久不被重视的税制要素的学术价值。同样是一起税收优惠争议案,王桦宇却聚焦幕后的“税务事项事后备案的法律效力”,通过分析税务事项备案的价值指向与实质功能,提出“申报制作为税收征管的基本方式”等观点,具有宽广的思考空间。

郭志东以复议前置为视点,深究税务行政争议中的司法角色,写作视点十分清新。“鼓励而非遏制当事人对公权力的挑战”之论题,不仅是司法裁判中法院应当充分考虑的公共政策,更是中国法治建设的现实需要。薛娟来自一线税务稽查部门,对偷税的规范运行与实践认定都有深刻的体悟,其选择以主观故意的认定为视角,通过“主观故意”这一关键钥匙,努力构建以主观故意为要件的偷税认定理论,并以此检思和重构《中华人民共和国税收征收管理法》关于“偷税”和“法律责任”的规定,观点或许存有争议,但此种研究和写作思路值得推崇,也值得敬佩。与薛娟一样,郭晓亮关注虚开增值税专用发票的税法定性已有数年,采用实证方法探析恶意、善意取得虚开增值税专用发票和如实代开增值税专用发票的税法定性,提出“虚开增值税专用发票的理想定义是:明知会便利受票方抵扣税款以达到逃税、骗取出口退税或进一步对外虚开的目的,仍然对外开具与实际业务内容不符的增值税专用发票”。不管是对于增值税法理论完善,还是对于增值税法实务开展,都具有重要的参考价值。周子韬、王敏志以176份涉税案件为对象,实证观测近几年税务干部玩忽职守犯罪的样态、成因与对策,填补了学界对此类犯罪精深研究的空白。

曾远以公众参与税种立法途径之争为写作基点,通过对我国税制调整与税种立法公众参与的经验、特点与问题进行考察,导出“扩大公众参与范围和方式”“推进税制结构改革,提高公众参与度”“优化与保障公众参与信息质量”等核心论点,与当下的税收立法实况吻合,也为时下税制立法模式创新与变革提供了有力的理论依据和前行方向。闫晴提出纳税信用动态调整制度,并探究其税制困境与理想构造,对于纳税人征信建设,意义重大。黄家强聚焦税务事先裁定的理论阐释、实践省思和未来构造,既有益于读者全面把握这一外来制度,也有益于未来税收征管制度的更新再造。陈映川以销售环境测试中转让定价同期资料的使用为例,论述关税征纳中销售环境测试的证明责任与标准,不仅丰富了转让定价同期资料的学术研究,也为类似的税企争议解决提供了针对性指引。刘奇超等翻译的《以法律确定性为名?欧盟、中国大陆和台湾地区的预归类制度比较研究》论文,为读者展示了欧盟、中国大陆和台湾地区的预归类制度全景,有助于学界对该问题予以更多的重视。

本卷“‘微’言大义”栏目,在第七卷多人聚焦一个议题、发表观点的基础上力图创新,从“多人发声”改为知名税法实务专家赵国庆“个人独唱”。稿件原始素材为其于2016年8月1日至9月27日在“财税星空”微信公众号登载的系列文章。《评注》编辑部编辑时,以无损原文风格和趣旨为基准,精心编辑、适当删减篇幅,增强易读性,并将相关内容附注,方便读者进一步援引和查阅,作为本卷的“‘微’言大义”栏目文章。文章既有对OECD国际增值税指引跨境劳务征税规则的详细阐释,又有对我国跨境劳务增值税征收规则完善方向与思路的展示,还有对我国增值税乃至税收立法可资参考的立法方法的勾勒。希望本期“‘微’言大义”的编辑,呈现给读者的不只是有高深的税之理论,更有研究税法的税之方法,还有深入关注税法、参与税法事业的税之兴趣。

第八卷的顺利组稿、编辑与出版仰赖于武汉大学叶金育、首都经济贸易大学贺燕、湖南税务专科学校胡邵峰、上海财税法研究会吴琼、西南政法大学王婷婷、重庆工商大学曾远的精诚合作。借此机会,诚邀认同《评注》定位,有共同志趣、责任心和事业心的高校老师、业务骨干加入《评注》编辑部,为税法“解释”与判例“评注”事业添能加量。

第八卷的出版,得益于邓道伟律师、冯海波律师、曾祥东律师、何群涛律师、雷刚律师、李伟律师、陈立天校友的资金支持,由衷感谢他们对税法研究的无私奉献。感谢全体作者的知识生产!感谢各位编辑的艰辛付出!感谢法律出版社汤子君编辑为本卷出版付出的辛勤劳动!武汉大学财税与法律研究中心邵文聘、赵文华承担了书稿最初的文字编辑工作,一并致谢!

熊　伟

武汉大学财税与法律研究中心

2017年3月18日

目 录

Contents

白路公司申请退还契税案评析

钱俊文*

【目　次】

一、基本案情与裁判结果

2006 年 4 月 28 日,经常州市人民政府国有资产监督管理委员会批准,同意常州市旅游局属下的常州江南春宾馆有限公司(以下简称江南春宾馆)改制并转让其国有产权,包括该宾馆通过行政划拨方式取得的常州市迎宾路 39 号国有土地使用权。2006 年 6 月 18 日,白路公司通过竞拍取得江南春宾馆国有产权,同日常州市旅游局向白路公司办理了江南春宾馆国有产权的移交手续。2006 年 8 月 25 日,白路公司与常州市国土资源局签订《国有土地使用权出让合同》,将常州市迎宾路 39 号面积为 103 125 平方米、用途为旅游业、使用年限为40 年的国有土地使用权以 98 523 563 元出让给白路公司。2006 年 11 月 6 日,白路公司向常州市财政局申报缴纳了该宗土地《国有土地使用权出让合同》所涉契税 3 940 942. 52 元。在土地登记办理过程中,常州市中级人民法院因白路公司所涉借款合同纠纷案件于 2006 年 11 月 14 日出具了查封迎宾路 39 号土地所有权的民事裁定书及协助执行书要求常州市国土资源局终止白路公司的土地登记办理。2009 年 10 月 26 日,受江苏省高级人民法院指定管辖,盐城市中级人民法院就白路公司所涉民事执行案件作出民事裁定书,裁定

* 法学博士,江苏省常州市地税局局长。

将常州江南春宾馆位于常州市迎宾路 39 号所有权及土地使用权归常州茂泰投资发展有限公司(以下简称茂泰公司)所有。2009 年 11 月 26 日,盐城市中院就白路公司所涉民事执行案件作出民事裁定书,裁定注销常州江南春宾馆位于常州市迎宾路 39 号的土地使用权证、房屋所有权证及已设定的他项权。

2014 年 12 月,白路公司向常州地税局寄送《退税申请书》及相关材料,要求常州地税局退还其就常州市迎宾路 39 号国有土地使用权 2006 年 11 月缴纳的契税 3 940 942.52 元,理由是白路公司没有取得迎宾路 39 号的土地使用权,不是契税的纳税义务人。

2015 年 4 月 14 日,常州地税局作出《关于江苏白路投资发展集团有限责任公司退税申请的回复》(以下简称《回复》),认为 2006 年 11 月 6 日白路公司依据其与常州市国土资源局签订《国有土地使用权出让合同》,向常州市财政局申报缴纳契税 3 940 942.52 元符合《契税暂行条例》(以下简称《契税条例》)的相关规定。之后,常州地税局(2010 年 4 月 1 日后契税征收职能从财政局划转地税局)既没有收到司法机关或仲裁机构裁决白路公司与常州市国土资源局《国有土地使用权出让合同》无效的法律文件,也没有收到司法机关撤销有关处置江南春宾馆国有土地使用权的民事裁定书、协助执行通知书等法律文件,因此白路公司申请退还契税的理由不能成立。

白路公司不服常州地税局的上述《回复》,于 2015 年 5 月 27 日向省地税局提起行政复议申请,省地税局于 2015 年 7 月 24 日作出行政复议决定维持常州地税不予退税的决定。2015 年 8 月 10 日,白路公司就申请退还契税问题向南京市鼓楼区人民法院对江苏省地税局和常州地税局提起行政诉讼。

二、双方主张与法院判决:法律规范的分析

(一)白路公司的观点

第一,该公司没有取得迎宾路 39 号国有土地使用权,故不是该宗土地权属转移的承受人。其理由有三:

其一,常州地税局对迎宾路 39 号国有土地使用权两次转移过程中纳税主体认定前后矛盾。白路公司在一审中认为,在 2011 年盐城中院拍卖并裁定迎宾路 39 号物权归茂泰公司所有的交易过程中,常州地税局就该物权的变动向江南春宾馆征收了营业税、土地增值税、印花税等,但被告从未对该土地使用

权拍卖转让时的营业税及附加、土地增值税、印花税的纳税义务人是江南春宾馆这一事实作任何说明。也就是说,如果迎宾路39号国有土地使用权的承受人为白路公司,那么在盐城中院的拍卖过程中,作为转让方纳税义务人就应该是白路公司而非江南春宾馆;如果认定转让方纳税人为江南春宾馆,那么白路公司显然不是该宗土地的使用权人。常州地税对纳税义务人作出前后不一致的认定,属于事实认定不清。

其二,盐城中院拍卖迎宾路39号国有土地使用权后的收益分配不明。白路公司在二审认为,即使根据人民法院生效的法律文书,也无法得出"常州市迎宾路39号国有土地使用权就是白路公司的财产"这一结论。一审法院虽认可人民法院的生效法律文书载明的被执行人既有白路公司,也有江南春宾馆,但没有查清拍卖常州市迎宾路39号国有土地使用权究竟清偿的是上诉人白路公司的债还是江南春宾馆的债。在没有查清某项债务对应的债务人的情况下,作出的所谓"并不当然得出该国有土地使用权不是白路公司的财产"之判断必然是模棱两可的。

其三,签订土地出让合同不等于国有土地使用权权属的承受,一审法院将基于合同享有的债权等同于物权属于事实认定错误。白路公司在二审中认为,国有土地使用权之物权的取得必须满足两个条件:一是必须存在人民法院、仲裁委员会就国有土地使用权判决、裁定、裁决至当事人名下的法律文书或者人民政府的征收决定;二是必须先行登记,否则不发生物权效力。至今没有任何一份判决、裁定、裁决将常州市迎宾路39号国有土地使用权归属至白路公司名下;白路公司亦未就常州市迎宾路39号国有土地使用权获得过登记,不具备法定物权设立的条件,因此原审法院有关认定白路公司为权属承受人的认定错误。

第二,白路公司认为契税纳税义务人应该是转移土地权属的承受人,对"转移土地权属"的认定应该依照物权法的规定,也即物权权利人是契税纳税义务人。白路公司认为,《中华人民共和国契税暂行条例》(以下简称《契税条例》)第1条规定了契税不是对出卖人征税,而是对承受人征税,是以转移的财产为征税对象。因此,契税纳税义务人必然是物权权利人,被告以规范纳税义务发生时间的法律判定原告的纳税义务的合法性,属于适用法律错误。常州地税在不予退税的决定中称,因白路公司与常州国土局签订的《国有土地使用权出让合同》并未解除或确认无效,不符合退还契税的条件,但《关于无效产权转移征收契税的批复》《财政部、国家税务总局关于购房人办理退房有关契税问题的通知》均规定,已缴纳契税的纳税人,在实际未取得土地使用权属、未办理权属登记,或法院判决无效产权转移的情况下,其已纳契税应予退还。两被告仅以《国有土地使用权出让合同》未解除、未收到合同无效的法律文件为由片面认为原告的退税情况与上述文件列举情况不同,属于适用法律错误。

第三,税务机关应当承担不予退税的举证责任。白路公司在二审中提出,依据《中华人民共和国行政诉讼法》(以下简称《行政诉讼法》)第 34 条之规定,被税务机关对其作出的行政行为负有举证责任。因此,常州地税应当承担不予退税的举证责任,提供充分翔实的证据证明常州市迎宾路 39 号国有土地使用权在白路公司名下。被上诉人未能提供证据证明常州市迎宾路 39 号国有土地使用权在上诉人白路公司名下,则其向上诉人征收契税于法无据。

(二)常州地税局的观点

第一,白路公司是迎宾路 39 号国有土地使用权的实际承受人,虽未办理土地权属变更登记,但并不影响其土地权属的实际归属。其理由有三:

其一,常州中院针对原告提出的财产保全异议出具的通知书中也明确认定了白路公司虽未办理土地房屋过户手续,但并不影响其所有权的实际归属。因此,原告是否领取迎宾路 39 号的国有土地使用证,不影响原告作为土地权属转移承受人应当履行缴纳契税的法定义务。

其二,盐城中院拍卖迎宾路 39 号国有土地使用权所得收益部分用于偿还白路公司债务,说明白路公司是该宗土地使用权的实际受益人。

其三,在盐城中院拍卖涉案地块前,迎宾路 39 号的国有土地使用权还登记在常州江南春宾馆名下,并没有转移登记到白路公司名下。常州地税纳税局将纳税主体认定为“江南春宾馆”。

第二,缴纳契税并不以不动产权属变更登记为前提,而是以纳税人签订土地、房屋权属转移合同或取得其他具有土地、房屋权属转移合同性质凭证为课税要件,白路公司申请退还契税于法无据。其理由有二:

其一,根据《契税条例》第 8 条、第 9 条的规定,白路公司契税纳税义务的发生时间是“签订土地、房屋权属转移合同的当天”,而不是“土地、房屋权属转移登记的当天”,《国有土地使用权出让合同》是契税的课税基础,《国有土地使用权出让合同》签订当日,契税的课税要件就已经成就,即课税要素纳税人、纳税对象、计税依据、税种、税率已经全部成立,纳税人就应当缴纳相应的契税。上诉人只有证明本案所涉契税的课税基础不存在,才能说明税务债务的消灭,对于已经缴纳的税收才能要求退还。

其二,本案中没有出现法定的应当退还契税的情形。上诉人列举的可以退税的三种情形:一是《国家税务总局关于办理期房退房手续后应退还已征契税的批复》(国税函〔2002〕622 号)的核心内容是"未能完成交易"应当退还契税。但本案中白路公司自签订拍卖合同已经全部履行完毕,不存在未能完成交易的情形。[1] 二是《国家税务总局关于无效产权转移征收契税的批复》(国税函〔2008〕438 号)的核心内容是"法院判决无效产权转移行为或法院撤销房屋所有权证"应当退还契税。本案中不存在法院判决无效或撤销产权转移行为的情形。三是《财政部、国家税务总局关于购房人办理退房有关契税问题的通知》(财税〔2011〕32 号)的核心内容是"未办理房屋权属变更登记前退房的"应当退还契税。本案中也不存在白路公司在可能性变更登记前退还土地的情形。

第三,白路公司应当就申请退税提出充分的理由,承担申请退税的证明责任。按照《中华人民共和国税收征收管理法》(以下简称《税收征收管理法》)规定,除税务机关自行发现征税错误应予退还外,符合退税条件的纳税人可以申请税务机关退还已缴纳的税收,但应提交符合退税条件的证据证明。在本案中,白路公司如果认为土地出让合同被撤销或土地使用权权属转移未完成而申请退税,则应该提供足够的证据证明合同已被撤销或土地使用权权属未完成转移。

(三)两审法院判决

1. 原审法院判决

关于白路公司是否是常州市迎宾路 39 号国有土地权契税的纳税主体问题,原审法院认为,双方当事人对《契税条例》第 1 条的规定存有争议。原审法院认为,契税的性质是财产税抑或是行为税只是理论上的划分,适用法律仍应以法律法规的规定为依据。根据《契税条例》及相关规范性文件的解释,契税的纳税主体应为转移土地、房屋权属的承受人,该承受人纳税义务发生于签订转移合同或取得转移合同性质凭证的当天,退还已缴纳契税发生在不能依据转移合同或转移合同性质凭证取得土地、房屋权属之时,且依据当事人的申请。具体理由如下:

---

〔1〕 根据国家税务总局公告 2016 年第 34 号《国家税务总局关于公布全文失效废止和部分条款废止的税收规范性文件目录的公告》,本批复自 2016 年 5 月 27 日起全文废止。

第一,退税不同于减税和免税。减税和免税是应纳税而因法定情形减少和免除征税,退税是本不应征税而退还已缴纳的税。《契税条例》第1条的规定是对契税纳税主体的规定,第8条规定是根据契税的特点对纳税发生时间的规定。以纳税发生时间解释纳税主体容易引起认识错误,也与规范性文件的本意相矛盾。国税函〔2002〕622号称"对交易双方已签订房屋买卖合同,但由于各种原因最终未能完成交易的,如购房者已按规定缴纳契税,在办理期房退房手续后,对其已纳契税款应予以退还"。国税函〔2008〕438号称"对经法院判决的无效产权转移行为不征收契税。法院判决撤销房屋所有权证后,已纳契税款应予退还"。财税〔2011〕32号称"对已缴纳契税的购房单位和个人,在未办理房屋权属变更登记前退房的,退还已纳契税;在办理房屋权属变更登记后退房的,不予退还已纳契税"。上述规范性文件对几种已交纳契税的具体情形是否应予退税作出了解释,上述文件解释了缴纳契税的基础行为被解除或确认无效,纳税主体丧失了承受转移土地、房屋权属的依据,其不应缴纳契税,这与《契税条例》第1条的规定是相符的。如果认为《契税条例》第8条是对契税纳税主体的规定,则退还其已缴纳契税与《契税条例》第1条相矛盾。

本案原告白路公司于2006年8月通过竞买方式取得包括常州市迎宾路39号国有土地使用权在内的江南春宾馆的资产,并与常州市国土资源局签订了《国有土地使用权出让合同》,其依法缴纳承受该国有土地使用权的契税符合法律规定。国税函〔2007〕645号批复称"土地使用者转让、抵押或置换土地,无论其是否取得了该土地的使用权属证书,无论其在转让、抵押或置换土地过程中是否与对方当事人办理了土地使用权属证书变更登记手续,只要土地使用者享有占有、使用、收益或处分该土地的权利,且有合同等证据表明其实质转让、抵押或置换了土地并取得了相应的经济利益,土地使用者及其对方当事人应当依照税法规定缴纳营业税、土地增值税和契税等相关税收",该规定符合《中华人民共和国民法通则》(以下简称《民法通则》)关于财产权及财产权取得的规定。《中华人民共和国物权法》(以下简称《物权法》)第9条、第28条规定了转移土地、房屋权属的承受人不以取得土地、房屋权属登记为必要要件,如果依法享有对土地、房屋的占有、使用、收益、处分的权能,即可认定其为土地、房屋权属的承受人。依据人民法院生效法律文书载明的事实,白路公司未能办理国有土地使用权登记是因人民法院对其所涉民事纠纷采取诉讼保全及执行措施所致,不影响其占有、使用和财产权的归属,不能否定其为常州市迎宾路 39 号国有土地使用权承受人的身份。

第二,除税务机关自行发现征税错误应予退还外,符合退税条件的纳税人可以申请税务机关退还已缴纳的税收,但应提交符合退税条件的证据证明。白路公司主张人民法院执行的常州市迎宾路 39 号国有土地使用权系执行江南春宾馆名下的财产,不是白路公司名下的财产,其应提供证据予以证明。因人民法院的生效法律文书载明的被执行人既有白路公司,亦有江南春宾馆,相关生效民事裁定书虽然直接裁定注销江南春宾馆名下的国有土地使用权证,并将常州市迎宾路 39 号国有土地使用权直接裁定归茂泰公司所有,但并不当然得出该国有土地使用权不是白路公司的财产。因此,白路公司申请退还契税的理由不能成立。

2. 二审法院观点

(1)对上诉人提出的对涉案地块并非归其所有的主张不予支持

2006 年 6 月 8 日,经常州市人民政府批准,常州市旅游局将其所持有的江南春宾馆国有产权进行公开拍卖转让。白路公司以 1.3 亿元人民币竞标成功。2006 年 6 月 18 日,由常州市旅游局、白路公司、常州产权交易所三方签订了《常州江南春宾馆国有产权转让合同》,交易双方办理了产权交割手续,并签署了《产权移交书》。2006 年 6 月 22 日,白路公司支付了 1.3 亿元的拍卖款。2006 年 8 月 25 日,常州市国土资源局与上诉人白路公司签订《国有土地使用权出让合同》,将江南春宾馆所在的迎宾路 39 号国有土地使用权出让给白路公司,白路公司于 2006 年 11 月 6 日向常州市财政局缴纳契税。后因白路公司涉借款合同纠纷,常州市中级人民法院采取保全措施,冻结了白路公司申请的迎宾路 39 号国有土地使用权证办理程序,后该案经江苏省高级人民法院裁定由盐城市中级人民法院执行,盐城市中级人民法院在常州市中级人民法院采取保全措施基础上将包括国有土地使用权在内的江南春宾馆整体资产进行了评估、拍卖,最终茂泰公司竞得江南春宾馆整体资产,常州市中级人民法院对白路公司提出的财产保全异议出具的(2006)常民二初字第 358 号、360 号、365 号协助执行通知书中,也明确认定了白路公司虽未办理土地房屋过户手续,但并不影响其所有权的实际归属,且上述财产均已由白路公司实际占有和使用。故对上诉人提出的对涉案地块并非归其所有的主张,二审法院不予支持。

(2)白路公司是契税交纳的义务人

根据《契税条例》第 8 条的规定:“契税的纳税义务发生时间,为纳税人签订土地、房屋权属转移合同的当天,或者纳税人取得其他具有土地、房屋权属转移合同性质凭证的当天。”本案中,白路公司与常州市国土资源局于2006年8月25日签订《国有土地使用权出让合同》,此时,白路公司即成为契税交纳的义务人,其理应交纳相关契税。

(3)不支持白路公司提出的应当退税的主张

二审法院认为,符合三种情形的应予退税,包括前文所述“未能完成交易”“法院判决无效产权转移行为或法院撤销房屋所有权证”“未办理房屋权属变更登记前退房的”这三种退税情形,本案中白路公司不符合上述规定的情形。故对上诉人白路公司提出的应当退税的主张,二审法院不予采纳。

三、争议所在:契税要件、退税要件与证明责任分配

(一)契税的构成要件的争议

白路公司认为,依照《契税条例》第1条之规定,土地、房屋权属转移的承受人为契税纳税人,应当依照规定缴纳契税,而不动产“权属转移”应与物权法作一致性理解,因此契税的课税对象是物权行为,故认为契税实为不动产取得税。而税务局则依据《契税条例》第8条、第11条之规定,认为缴纳契税并不以不动产权属变更登记为前提,而是以纳税人签订土地、房屋权属转移合同或取得其他具有土地、房屋权属转移合同性质凭证为课税要件。由此认为契税是对债权行为课税,所以也有人将契税称为行为税。

从双方各执一词的立场来看,到底是因为《契税条例》本身的内在冲突还是税法与物权法的不同规定所致?《契税条例》一方面,明确不动产权属转移承受人为契税纳税人;另一方面,又规定纳税义务的发生以签订不动产转移合同为依据。在物权法上物权的取得有两条路径:一是存在人民法院、仲裁委员会就不动产判决、裁定、裁决至当事人名下的法律文书或者人民政府的征收决定;二是先行登记,否则不发生物权效力。也就是说,契税是针对不动产权属转移进行征税的,那么仅仅依据不动产转移合同而没有权属变更登记或者裁判裁决等法律文书是不能征收契税的。

我国台湾地区税法学界对此问题的争论由来已久。台湾地区“最高行政法院”1969年判字371号判例认为,“不动产之买卖契税,系就不动产买卖之债权契约行为而征税,并不以完成不动产所有权取得之物权行为为其要件。

故买卖行为一经发生,即应投纳契税。至于该买卖契约以后是否履行,既与契税纳税义务不发生影响,自亦不因其后买卖契约解除而可请求退税”。并经1972年判字第408号判例再次确立以债权行为为课税对象。而台湾地区“财政部”1981年1月13日以(70)台财税第30238号释函作出规定:“不动产移转,在尚未办竣产权移转登记前,解除契约或撤销移转,应一律免除契税,如有已纳税款,并准退还,请查照。”而后又在1981年11月7日以(70)台财税第39429号释函、1984年7月14日以(73)台财税第55807号释函重申这一规定。显然,这三个文件与之前的“最高行政法院”1969年判字371号判例、1972年判字第408号判例的要旨是相悖的。可见,我国台湾地区税法学界与实务界对契税的性质与课税要件等也有不同的认识。

(二)退税构成要件事实的认定争议

白路公司认为签订土地出让合同不等于国有土地使用权权属的承受,将基于合同享有的债权等同于物权是事实认定错误。同时以财政局(2010年4月1日前为契税征收主体)和地税局两次受理纳税申报过程中对纳税主体作出矛盾相悖的“认定”为由,认为地税局在土地权属转移的认定上事实不清,证据不足。而常州地税则从土地出让合同的签订与履行以及财政部、国家税务总局规定的三种退税情形的构成要件事实上锁定事实证据。争议的焦点在于,“未能完成交易”“法院判决无效产权转移行为或法院撤销房屋所有权证”“未办理房屋权属变更登记前退房的”这三种退税情形是穷尽了所有的退税类型还是仅仅列举了典型的情形,是否还有其他合同签订但未能履行的情形。对于征收机关前后两次受理纳税申报过程中对纳税主体作出矛盾相悖的认定问题,地税局认为两次交易行为是相互独立的,盐城中院拍卖交易过程中纳税主体填写错误,并不需要对土地出让合同履行事实的认定。问题是地税局发现纳税主体填写错误是否应该纠正,如何启动纠错程序。

(三)不予退税决定的证明责任分配争议

白路公司诉称税务机关对其作出的不予退税的决定负有举证责任,应当提供充分翔实的证据证明常州市迎宾路39号国有土地使用权在白路公司名下。而地税局则认为白路公司应当就申请退税的诉求提出充分的理由,承担申请退税的证明责任。争议的焦点在于:一方面,从行政诉讼的角度,税务机关应该对其作出的行政行为承担举证责任;另一方面,纳税人负有协力义务,尤其涉及纳税人享受优惠或申请退税等由纳税人启动的程序中,税务机关与纳税人之间的证明责任如何分配,双方的举证责任基础规则如何划分亟待明确。

四、问题本源:不动产权属、退税要件与证明责任问题认识的误区

(一)不动产"转移权属"与契税构成要件

对不动产"转移权属"的不同理解可能直接关涉到契税构成要件是否得以满足,也就是说,不动产"转移权属"是否已登记为必要条件?未经登记是否会当然影响不动产物权变动原因契约的效力?此乃我国税法理论与实务界近来讨论的一个热点问题。对此,有必要从三个方面加以讨论。

1. 体系解释:什么是契税征税对象

对契税上所谓的不动产"转移权属"意涵的探究应放在契税法规体系、税法体系乃至整个法律体系中,通过与其他法条的相互关系来进行法律解释。《契税条例》第1条的规定是对契税立法旨意的规定,第8条是对纳税义务发生时间的规定,第11条规定纳税人应当持契税完税凭证向不动产登记部门办理权属变更登记手续,也就是通常所说的"先税后证"。这三个条款结合起来理解,包含三层意思:一是明确不动产权属转移的承受人为纳税义务人;二是"权属转移"的标志为签订不动产权属转移合同或取得其他具有土地、房屋权属转移合同性质凭证;三是纳税义务发生时间为签订合同的当天,即纳税人自签订不动产交易合同或取得其他具有土地、房屋权属转移合同性质凭证的当天起10日内应当向不动产所在地的地税机关办理纳税申报,并在有权部门核定的期限内缴清税款。[1]

---

[1] 某省地税局在省政府的授权下,明确纳税申报后可以在不超过土地、房屋权属登记日期内缴纳税款。从授权立法的角度,这一规定值得讨论。《税收征收管理法》第31条第1款规定,纳税人、扣缴义务人按照法律、行政法规规定或者税务机关依照法律、行政法规的规定确定的期限,缴纳或者解缴税款。也就是说,缴税期限的确定权国务院可以授权财政部或国家税务总局。《契税条例》第9条规定,纳税人应当自纳税义务发生之日起10日内,向土地、房屋所在地的契税征收机关办理纳税申报,并在契税征收机关核定的期限内缴纳税款。也即授权财政部或国家税务总局核定缴税期限。但财政部或国家税务总局是否可以再授权省政府,而省政府还可以再授权省税务局确定缴税期限呢?《中华人民共和国立法法》第12条规定,被授权机关应当严格按照授权决定行使被授予的权力。被授权机关不得将被授予的权力转授给其他机关。

但是,《契税条例》有关不动产"权属转移"的规定与《物权法》的规定是否一致呢？《物权法》对不动产"权属转移"效力的产生规定了两种情形,即登记和生效的法律文书、征收决定。这里涉及两个问题:一是不动产登记是否会影响不动产物权变动之原因契约的效力;二是不动产登记效力的产生是否等同于不动产权利的形成。关于登记作为不动产物权变动原因契约的效力问题,我国法学界一直存有争议,大致有两种代表性观点:一种观点认为登记是不动产物权变动之原因契约有效的前提条件,此种观点通常被称为"登记有效条件说";另一种观点认为登记是对权利变动的确认,而不是权利变动的根据,因此主张登记不影响不动产物权变动之原因契约的效力。笔者认为,不动产物权登记的主要作用在于使物权权属关系得以透明,使第三人拥有一种判断物权种类、物权内容以及物权人的途径,保证第三人的信赖利益不致遭受损害。但在采物权变动公示成立要件主义的情况下,不动产登记的效力有可能被夸张。主要表现为两个方面:一是认为一切不动产之物权变动均须以登记为成立要件;二是认为一切不动产物权之设定非经登记不能成立。物权登记作为物权变动的公示手段,本身不能创设(形成)权利,只能确认权利。"登记只有在对第三人的关系中才有意义。"[1] 物权作为对物进行支配并排斥他人干涉的法律利益,只要权利人对标的物的支配构成有效的物权法律关系,这些支配关系就应受到法律的保护。[2] 因此,占有、使用、收益和处分的权能才是财产权制度的核心。

对此,财政部和国家税务总局的行政解释让契税"权属转移"的意涵回归到物权制度的核心内容,即对占有、使用、收益和处分权能的把握。国税函〔2007〕645 号针对《关于未办理土地使用权证而转让土地有关税收问题的请示》(川地税发〔2007〕7 号),有如下批复:土地使用者转让、抵押或置换土地,无论其是否取得了该土地的使用权属证书,无论其在转让、抵押或置换土地过程中是否与对方当事人办理了土地使用权属证书变更登记手续,只要土地使用者享有占有、使用、收益或处分该土地的权利,且有合同等证据表明其实质转让、抵押或置换了土地并取得了相应的经济利益,土地使用者及其对方当事人应当依照税法规定缴纳营业税、土地增值税和契税等相关税收。《国家税务

〔1〕 [日]铃木禄弥:《物权的变动与对抗》,渠涛译,社会科学文献出版社 1999 年版,第 6 页。
〔2〕 参见李凤章:《不动产权利登记的效力及其限度》,载《甘肃政法学院学报》2007 年第 5 期。

总局关于办理期房退房手续后应退还已征契税的批复》(国税函〔2002〕622号)规定了“未能完成交易”应当退还契税;《国家税务总局关于无效产权转移征收契税的批复》(国税函〔2008〕438号)规定了“法院判决无效产权转移行为或法院撤销房屋所有权证”应当退还契税;《财政部、国家税务总局关于购房人办理退房有关契税问题的通知》(财税〔2011〕32号)规定了“未办理房屋权属变更登记前退房的”应当退还契税。这四个规范性文件连同《契税条例》及其实施细则等构成了完整的契税规范体系,系统地确认了契税征收以不动产转移之原因契约的成立为构成要件,只有在不动产转移之原因契约被撤销且未完成权属登记的情况下,才能让先前的课税要件事实消灭并形成退税请求权。如果不动产转移完成了权属登记,实际上也就意味着不动产转移合同已经实现,即使后面发生退房等情形也不存在退税问题了。而法院判决无效产权转移行为或法院撤销房屋所有权证,实际上也就意味着不动产转移之原因契约无效,当然据以课税的要件事实也就消失了。此外还有一种情况,虽然不动产转让合同被法院判决无效,但为了保护第三人因信赖登记而取得的不动产权利,是否应该缴纳契税。在这种情况下虽然不动产转让合同被判决无效,但不动产权属事实上发生了转移,按照实质重于形式和公平税负的原则,还是应该加以征税。

契税系就不动产买卖之债权契约行为而征税,并不以完成不动产所有权取得之物权行为为其要件,从这个意义上说,契税乃行为税。契税课税要件从法律形式上看,尽管是以签订不动产权属转移合同或取得其他具有土地、房屋权属转移合同性质凭证为标志,也即形式要件为不动产转移的契约行为(债权行为),但实质要件指向的是占有、使用、收益和处分等不动产权能的转移。

2. 立法拟制:为什么作出如此规定

在税收领域,税收法定原则、量能课税原则(实质课税原则)与征管效能原则并列为税法建构的三大基本原则。税收法定主义属于形式正义,量能课税原则属于实质正义,而征管效能原则则属于技术正义的要求,三者都是立法者必须统筹考量的问题。税收领域每天都面临成千上万、形式各异的涉税事项,且各类事项均为私人或经济主体所掌控。一方面,纳税人基于对经济利益最大化的追求,可能会运用民事裁量权利进行税收筹划甚至税收规避;另一方面,税务机关囿于其行政资源配置,无法不计成本地调查取证,也不允许广泛介入私人经济领域。因此,为了简化征税手续,减轻征管负担,兼顾课税公平,立法上通常会运用拟制规范,实现“标准化”的税收征管。法学上的拟制通常指:有意地将明知为不同者,等同视之。其目标通常在于:将针对一构成要件所作的规定,适用于另一构成要件,从而赋予两者相同的法律后果。[1] 在税法领域,拟制性规范横贯实体法与程序法,是一种连接实体与程序之间的法律构造。税法创设拟制性规范的主要目的是实现实体价值,即拟制税收构成要件价值,其中拟制税收客体成为最常使用的手段,具有彰显纳税人负担税收的能力,即通过拟制将本不应课税的事实变为课税事实,进而直接课税。[2]

契税的纳税主体是承受土地、房屋权属的纳税人。在税收实务领域,土地房屋转让行为非常普遍,且大量地存在于自然人纳税人之间,土地房屋权属性质也非常复杂。我国《物权法》虽然规定了以不动产登记生效主义为不动产物权变动的原则,但立法与司法并未完全采纳物权行为理论,也未承认物权行为的独立性和无因性。[3] 况且物权登记的效力也主要是针对第三人,对于大多数购置不动产满足自用的纳税人,登记并没有迫切性。所以,立法者在考虑契税课税要件设置时,必须对不动产交易过程中形式多样的私法行为进行归纳分析,抽象出典型的“样态”作为课税要件,既要准确把握应税事实的负担能力,实现量能课税,又要便于征税机关控管,减少行政调查,节约征管成本。通常来说,私法事实一般可以分为三部分,即契约形成、法律行为、事实关系,税法规范或课税要件设置原则上必须依循私法概念的一般通念来建构文义内涵。[4] 在不动产交易过程中,交易事实一般包括不动产交易合同签订、物权变动登记、占有使用处分收益权能的取得,立法者选择了交易合同签订这一权利形成的核心要件,将其“拟制”成“权属转移”的标志,实际上“交易合同签订”并未完成不动产“权属转移”,但为了便于征税机关对课税事实的把握,同时也考虑到权属登记程序完成后纳税人如不及时申报纳税则徒增征管难度,于是立法者将签订不动产交易合同“视同”权属转移事实进行类型化处理,这

---

〔1〕 参见[德]卡尔·拉伦茨:《法学方法论》,陈爱娥译,商务印书馆2003年版,第142页。

〔2〕 参见叶金育:《回归法律之治:税法拟制性规范研究》,载《法商研究》2016年第1期。

〔3〕 参见最高人民法院物权法研究小组编著:《〈中华人民共和国物权法〉条文理解与适用》,人民法院出版社2007年版,第70页。

〔4〕 参见黄士洲:《实质课税与纳税人权利保障》,台北翰芦图书出版有限公司2011年版,第159～160页。

在我国台湾地区"税法"上称为"类型化观察法",[1]实务领域将此种控管方式称为"先税后证"。

拟制规范在我国立法上有广泛的运用。有学者统计,截至 2013 年 12 月 20 日,我国税法中共出现 16 个核心拟制性规范和 87 个非核心拟制性规范。[2] 拟制规范在税收立法上的运用乃各国通例。德国联邦法院在 1950 年 11 月 24 日的裁判中就拟制规范的必要性有如下表述:"倘若每个个别案件均进行特殊的处理,而对于一切详细具体情况均应纳入考虑时,则将导致对于税捐义务人(从其整体来看)以及行政机关无法负担的结果。"[3]从法律规范意义上看,拟制性规范通过对征纳双方权利义务的设计,影响法律制度内部的权力分配,其"通过将甲事实看成乙事实,从而扩大法律的适用范围"。具体到税法领域,拟制性规范作为一项重要的立法技术实现了"入税"的规范价值,即将原本不符合税收构成要件的事实视为符合税收构成要件的事实,将其作为课税事实、纳入征税范围。[4]

对此,有学者表示担心,认为不控制的拟制规范,"极有可能导致国家权力悄然扩张,进而使得纳税人权利的保护裹足不前"。"拟制性规范不只是单纯与证明相关的技术性问题,其通过对税收构成要件的拟制,实质上免除或转换了税务机关的举证责任、剥夺了纳税人反证的权利,使得税务机关的证明与课税变得容易。"[5]为了纠正在类型化过程事实关系与被拟制的典型要件形态不相符的情况,德国租税法又发展出"形式的类型化"概念,也就是"容许反证推翻"。[6] 以本案中的契税课税要件为例,税法明确不动产交易合同成立即满足课税要件,但签订合同后如有合同被撤销或被判决无效情形,由纳税人提出反证,可以申请退税。笔者认为,税法领域多种价值盘根错节、兼容并蓄:既要保护纳税人权益,又要实现财政收入;既要恪守私人主体的契约自由,又要提防其滥用民事权利以规避税收。拟制规范在立法和行政上的运用不可避免,但量能课税与征管效能必须平衡,举证责任在征纳双方之间的

---

[1] 参见陈清秀:《税法总论》,台北元照出版有限公司 2010 年版,第 249 ~ 260 页。
[2] 参见叶金育:《回归法律之治:税法拟制性规范研究》,载《法商研究》2016 年第 1 期。
[3] 陈清秀:《税法总论》,台北元照出版有限公司 2010 年版,第 252 页。
[4] 参见叶金育:《回归法律之治:税法拟制性规范研究》,载《法商研究》2016 年第 1 期。
[5] 叶金育:《回归法律之治:税法拟制性规范研究》,载《法商研究》2016 年第 1 期。
[6] 陈清秀:《税法总论》,台北元照出版有限公司 2010 年版,第 257 ~ 258 页。

配置也必须十分谨慎,充分考量多种价值和各方利益,才能实现双赢或多赢局面。

3. 税法与民法的关系:是否存在体系冲突

本案争议的焦点是不动产"权属转移"应作何种理解。民法强调登记为物权变动之必要条件,税法强调合同签订视同"权属转移",作为同一个法律秩序下是否允许部门法之间的这种冲突?这里还涉及我国税收法定的现状,我国现阶段大部分实体税法都是国务院的行政法规,其效力都低于《物权法》等法律规范,在此情况下是否允许契税等行政法规与物权法等法律发生冲突?税法应该如何承接、调整私法的概念或法律关系?传统上税法为公法,体现了国家公权力对私人经济成果的干预和分配。当税法与民法就同一个法律事实为规范对象的时候,税法与民法就发生了关联。在本案中,不动产交易行为应该受民法的规范,同时不动产交易又成为契税的课税对象。由于民法的历史较税法更为源远流长,税法经常借用民法的构成要件、法律关系和概念来描述课税要件,如纳税主体为"公司""事业单位""配偶",纳税客体为"所得""利息""买卖""赠与",课税事实为住所等。税法要件引用与民法相同的用语,究竟是借用私法概念来"描述"课税要件?抑或是直接"依存"于税法的概念及评价?如果属于前者,民法概念的借用,仅仅是描述课税要件的典型及其类型特征,协助认识课税要件所欲掌握的规范目的或经济实质而已;如果为后者,税法行为(特别是不动产交易行为)本身就是课税客体,税法的解释、适用应继受民法概念与评价结果,而私法权利、法律地位的得失变更,都直接影响税收债务的成立。

税法与民法如何承接与调整,双方在规范关系上所表现出来的价值歧异,最终必须在多元价值的权衡下进行调和。一方面,国家需要凭借公权力参与私人经济成果的分配,税法作为国家"干预人民自由权的授权基础",只有通过量度税收负担于公民之间的分配,才能实现宪法平等权的要求;[1] 另一方面,国家取得财政收入的根本目的是保障国民的财产自由权利,税法作为国家法律体系的一部分必须维护与保障市场经济秩序。因此,既要承认征税权作为国家强制性权力的属性,强调分配正义的伦理性要求与征管效能的技术性

[1] 参见黄士洲:《实质课税与纳税人权利保障》,台北翰芦图书出版有限公司 2011 年版,第 140 页。

法则;又必须防止公民权利在公私法不同法域下受到不同的保护。

就本案而言,《契税条例》虽然借用了物权法上“权属转移”的概念,但并没有将物权登记而是将签订合同作为“权属转移”的要件,一方面,是基于以经济实质为公平考量的量能课税原则;另一方面,也是税收征管的技术性要求,就税法与民法之间承接与调整关系而言,这种立法上的差别化处理是允许的,也不至于造成部门法律秩序的冲突。

(二)本案退税要件事实的认定

国有土地出让合同是否履行乃退税事实要件满足与否的关键。本案中争议双方对合同订立的事实均无异议,但对合同是否被实际履行各执一词。常州地税局认为合同已经履行,并出示了付款凭证、产权移交文件、纳税人受益裁定等证据材料予以证明。而纳税人则诉称是债权的履行而非物权的履行,并不能证明土地出让合同已经被履行。我国台湾地区“民法”学界和实务界在不动产转移法律上有债权行为(债权契约)与物权行为(物权契约)之区分,认为不动产买卖契约系债权契约,为不要式行为,不以订立书面为要件;不动产物权之转移系属物权契约,为要式行为,应以书面为之,此为物权契约的生效条件。法律规定当事人间约定一方以其不动产物权移转于他方,他方支付价金之买卖契约已成立者,出卖人即负有移转物权之书面,使买受人取得该不动产物权之义务。但我国大陆民法学界和实务界在不动产转移法律规定上并未债权契约和物权契约之区分,通说认为买卖合同即债权契约乃物权变动的原因。

但本案中所涉契税征税标的为国有土地出让合同,这一合同的特殊性质让上述有关债权契约还是物权契约的争议变得无关紧要。法庭及纳税人均未关注到这样一个事实,即该国有土地出让合同发生在国有企业的改制过程中,该宗土地的性质在改制前为行政划拨土地,国土局才能代表政府与纳税人签订国有土地出让合同。在土地法律法规上,出让与转让是两个性质完全不同的概念,如果出让合同不成立,盐城法院是否可以拍卖常州市迎宾路 39 号国有土地,根据《划拨土地使用权管理暂行办法》《城镇国有土地使用权出让和转让暂行条例》《最高人民法院关于审理涉及国有土地使用权合同纠纷案件适用法律问题的解释》(法释〔2005〕5 号)等相关法律法规的规定,划拨土地使用权不能进入市场。因为划拨土地使用权是国家根据土地使用人的实际需要、用途而划拨给其专项使用的,土地使用人转让划拨土地使用权,说明其已无继续使用该宗土地的必要，因此，应由国家收回，再行处理，而不能由土地使用人直接处分。[1] 从这个角度分析，可以排除纳税人有关是债权履行还是物权履行的主张。也就是说，如果白路公司与常州国土局签订的国有土地出让合同未能得到履行的话，那就意味着该宗土地的性质还是行政划拨土地，无法进行拍卖。

此外，常州地税局对迎宾路 39 号国有土地使用权两次转移行为属于两个独立的纳税事实，即使后次纳税过程中纳税主体认定有误，也不影响前次转移要件的认定。从两次交易过程分析，由于盐城中院为异地执行，地方政府关注税收利益在情理之中。《税收征收管理法》第 5 条规定，各有关部门和单位应当支持、协助税务机关执行职务。常州市钟楼区政府和常州中院协助办理纳税申报，符合《税收征收管理法》的规定。由于财税体制改革，耕地占用税和契税征收机关由财政调整为地税，前次征税机关为常州财政局，后次征税机关为常州地税局，且迎宾路 39 号的土地权属变更因常州中院的裁定而终止，其土地使用权仍在江南春宾馆名下，加上当时财政与地税之间没有实现信息共享，在协税人员自行申报和申报资料的误导下，税务大厅人员的形式审查没有发现前后纳税主体自相矛盾的问题，应该可以理解。在案件争讼过程中，常州地税局启动了执法督察程序，责成地税一分局对原税收缴款书进行纠错，重新开具了以白路公司为“缴款单位”的完税凭证。

（三）不予退税决定的证明责任分配

在本案中，举证责任也是争议双方争论的焦点之一。白路公司诉称税务机关对其作出的不予退税的决定负有举证责任，如果地税局坚持不予退税，应当提供充分翔实的证据证明该契税课税要件已经成立，即常州市迎宾路 39 号国有土地使用权已经在白路公司名下。而常州地税局则认为申请退税乃纳税人依申请的行为，纳税人必须承担申请退税的充分的证明责任。两审法院对举证责任及证明责任分配问题，均未涉及。

就本案而言，不予退税的行政决定是由常州地税局作出的，按照被告对作出的行政行为负有举证责任的规定，常州地税局是否应该对退税要件事实承担举证责任？假如常州地税局已经穷尽了证明责任仍然无法证明退税要件事

[1] 最高人民法院民事审判第一庭编著：《最高人民法院国有土地使用权合同纠纷司法解释的理解与适用》，人民法院出版社 2015 年版，第 154 页。

实是否满足,那么是否应该由常州地税局来承担不利的后果？有一句古老的法律谚语,“举证之所在,败诉之所在”,说的是举证责任在诉讼程序上十分关键之地位。在诉讼上,一方当事人在法律上的任何主张,如果缺乏证据支撑的事实基础,都不可能获得法庭的支持。这里所说的事实是指法律事实,是证据所认定的事实。但问题的核心在于,对于系争事实真伪之判断,如果依据全部的诉讼证据资料,仍然无法形成让法官心证的情形,也就是说某一事实在诉讼的最后阶段仍处在真相不明时,法官不得不作出判决时,应该由谁来承担事实不明所产生的不利后果。对此问题,目前我国理论与实务界的研究尚欠深入而且共识阙如。

在民事诉讼理论上,举证责任通常有双重含义,即行为意义的举证责任和结果意义的举证责任。行为意义的举证责任也称为主观上的证明责任,是指当事人在具体的民事诉讼中,为避免败诉的风险而向法院提出证据证明其主张的一种行为责任。结果意义的举证责任又称客观上的证明责任,是指待证事实的存在与否不能确定、真伪不明时,由哪一方当事人对不利后果进行负担的责任和风险。行为意义的举证责任强调的是当事人的举证行为,结果意义的举证责任强调的是在作为裁判基础的事实处于真伪不明时,法院如何裁判的问题。[1] 最早将举证责任区别为客观证明责任和主观证明责任的是奥地利诉讼法学家尤利乌斯·格拉查,德国法学家普维庭则在其教授资格论文《现代证明责任问题》一中系统构建了“以客观证明责任为核心,同时由主观证明责任和主张责任构成”的证明责任基本范畴体系。我国理论界有一种观点认为2002年《最高人民法院关于民事诉讼证据的若干规定》是在借鉴了德国客观证明责任理论的基础上制定的,但是司法实务界则回避了“证明责任”的字眼而坚持用“举证责任”的一贯称谓,并没有直接采用主观证明责任和客观证明责任的提法。在行政诉讼领域,虽然一些庭审程序性审查、当事人自行举证质证、法官完全听审等带有当事人主义诉讼模式色彩的做法被引入行政审判的具体操作中,但这并未动摇我国行政诉讼职权主义模式的根基。法官拥有证据调查的主导权,有权收集、审查和评判证据,并在此基础上作出裁判,不受当事人主张事实以及证据调查声明之拘束,因此对于是否存在主观证明责任和主张责任问题,理论界的观点并不一致。

---

〔1〕 参见季桥龙:《客观举证责任裁判方法的理论误区》,载《探求》2012年第5期。

德国学界的通说认为行政诉讼与民事诉讼不同,并不承认主张责任与主观的举证责任。[1] 国内也有学者认为,“作为客观举证责任要求的真伪不明,必须是假定在法官自由心证用尽时才可能发生,但是何为法官自由心证用尽,存在较大的解释随意性”。由于行政诉讼法官拥有主动调查证据阐明事实真相的职权,客观举证责任裁判方法会诱使法官逃避本应该承担的审判职责,成为法官“卸责”的借口。[2] 我国《行政诉讼法》第 34 条第 1 款规定,被告对作出的行政行为负有举证责任,应当提供作出该行政行为的证据和所依据的规范性文件。笔者认为,这里的举证责任既是行为意义上的举证责任,更指向结果意义上的举证责任,即待证事实的存在与否不能确定、真伪不明时,由哪一方当事人对不利后果进行负担的责任和风险。接下来的核心问题是,什么叫案件事实的真伪不明。与其说真伪不明是一种内心判断,属于心证范畴,说明法官的心证仍然处于未形成的状态,毋宁说真伪不明是一种证明标准,也就是说达到什么样的盖然性程度就可以证明为真。对此,无论大陆法系国家还是英美法系国家,均以盖然性作为民事诉讼要件事实的证明标准,只是对盖然性程度的要求不同。如果一方当事人提出的证据已经证明事实的发生具有高度盖然性,法官即可予以确认。所以,有学者提出在某种程度上,证明标准可能比证明责任具有更为重要的现实意义。[3] 德国学者莫其在挑战罗森贝克的规范说时,就明确提出了如果正确把握证明标准的话,就可以完全排除证明责任。因此,从终极意义上说,结果意义的举证责任有赖于合理证明标准的确立,合理的证明标准是证明责任合理分担的基础,而合理的证明标准来自实体法律规范。就法官判案而言,必须探求拟适用的实体法律规范所要求的要件事实是否真实存在,而这些要件事实是否真实存在的证明标准无疑也应该在实体规范中寻找。

依照德国法学界的通说“规范说”或“规范有利”(即法律要件说)理论,证明责任分配乃实体法而非诉讼法问题。[4] 按照“规范说”代表性观点,实体法

---

〔1〕 Kopp/Schenke, VwGO, 15. Aufl., 2007, § 108 Rn. 11; Ule, Verwaltungsprozessrecht, 7. Aufl., 1978, § 50 I. 2. S. 224; Eyermann:《德国行政法院法逐条释义》,陈敏等译,2002 年,§ 86 Rn. 2.

〔2〕 季桥龙:《客观举证责任裁判方法的理论误区》,载《探求》2012 年第 5 期。

〔3〕 何家弘:《论推定规则适用中的证明责任和证明标准》,载《中外法学》2008 年第 6 期。

〔4〕 Kopp/Schenke, VwGO, 15. Aufl., 2007, § 108 Rn. 12 f. (转引自陈清秀教授演讲稿)。

规范(相对于诉讼法而言,统指争讼行政行为所依据的行政法规范)本身已经具备举证责任分配的原则,这是立法者预先设置的结果。因此,法律规范之间存在补充关系或者相斥关系,二者必居其一。民事实体法规范一般可分为两大类:一为权利发生规范,是指能够引起权利发生的法律规范;二为对立规范,包括权利妨碍规范、权利消灭规范、权利限制规范等。在对实体法规范分类的基础上,凡主张权利存在的当事人应当对权利发生的法律要件存在的事实负举证责任,否认权利存在的当事人应当就权利妨碍法律要件、权利消灭法律要件或者权利限制法律要件存在的事实负举证责任。《最高人民法院关于民事诉讼证据的若干规定》第 2 条关于举证责任内容的规定,长期以来一直被解释为法律要件分类说基础上的举证责任分配的一般规则,这种观点在审判实践中也广为接受。

税务行政案件与一般行政案件有不一样的特征。一方面,纳税人掌握着全部的课税资料信息,税务机关依职权主动调查存有困难。另一方面,正是由于课税资料信息在纳税人的管控范围之内,所以税法规定纳税人及相关第三人负有完整而真实的陈述有关课税的重要事实并提出其所知悉的证据方法的协力义务。也就是说,纳税人所承担的协力义务,无论在质还是量上,比一般行政程序相对人要沉重得多。如果纳税人未履行协力义务使得税务机关无法查明课税事实,一方面,纳税人有可能承担不利的后果;另一方面,得因此减轻税务机关阐明事实的义务以及所负担的证明程度。〔1〕 比如,税法上有享受税收减免或税收优惠的特别规定,纳税人能否享受取决于能否提供减免税或税收优惠要件得以满足的证据资料之协力义务。纳税人如果不能履行此类协力义务,则将导致纳税人丧失享受减免或优惠权利的法律效果。

在税务行政诉讼领域,税务行政这一本质特征也不会有所改变或者丧失。也就是说,在诉讼阶段,查明案件的事实真相必须由掌握课税事实资料的纳税人履行协力义务才能实现。为此,《德国财务法庭法》第 76 条第 1 项规定,诉讼当事人有促进诉讼的协力义务,且稽征程序上的协力义务也准用于诉讼程序中。因此,如果税务诉讼与一般行政诉讼案件一样贯彻的举证责任规则,即由税务机关负客观举证责任以及高度确信的证明程度要求,那么公平纳税的原则就无法有效地落实。

---

〔1〕 参见黄士洲:《税务诉讼的举证责任》,北京大学出版社 2004 年版,第 30 ~ 41 页。

我国台湾地区学者陈清秀教授认为，税务机关原则上应就纳税义务发生及税收负担增加的事实负举证责任，而税收负担免除或减轻的事实，也就是退税或税收优惠请求权以及税收债权的消灭或请求受益处分等，则应由纳税人负举证责任。此外，纳税人对于经营上或职业上原因发生的成本费用应负举证责任。[1] 台湾地区司法实务界通常以所谓的"当事人主张有利事实者，应负举证责任"的"有利事实说"作为举证责任分配的基本规范，同时认为纳税人违反协力义务则可能导致权利丧失或减轻税务机关的证明责任。为此，台湾地区"行政法院"从纳税人协力义务基础上发展出了"范围理论"或"证据距离"概念，认为纳税人较税务机关更接近课税事实，应就其管领范围内的事证，负担举证责任。[2] 德国税法学界和实务界就举证责任分配形成了如下公式：(1)税收债权人负担税收课征与增加事实的举证责任；(2)纳税人就税收免除或减轻事实，也即关于税收请求权的抵销、限制或税收免除、减轻或特别税收利益事实等，负举证责任。可见，国外学界与实务界对税务证明责任分配规则的主流观点认为，税务机关应就纳税义务发生及税收负担增加的事实负证明责任，而税收负担免除或减轻的事实，也就是退税或税收优惠请求权以及税收债权的消灭或请求受益处分等应由纳税人负证明责任。当然这里指的是税务机关在税额确认程序中对"本税"事实认定过程中所适用的证明责任分配规则，对于税务机关在违法调查程序中所涉及的"处罚"事实的证明责任，是否适用同样的责任分配规则。这个问题目前给实务部门带来很大的困扰，尤其在作为确认税款的纳税评估程序和作为违法调查的税务稽查程序上，在证据采集规则、证明责任分配、协力义务法律后果、行政处罚等问题上是否存在差异，值得理论与实务界深入研究。

就本案而言，税务机关应该就契税的要件事实进行举证并达到让法官确信的程度，如资产评估报告、拍卖协议、土地出让合同、付款凭证、资产移交证明、纳税人自行申报表等。而白路公司则应该提供据以课税的土地出让合同被撤销，或者被宣告无效，或者未被执行的相关证据。在本案中，征收机关对

---

[1] 参见陈清秀：《行政诉讼法》，台北翰芦图书出版有限公司1999年版，第383页。

[2] 参见黄士洲：《税捐举证责任与协力义务的规范关联》，载葛克昌等主编：《税捐证据法制探讨家暨台湾2012年最佳税法判决》，台北元照出版有限公司2013年版，第204页。另参见黄士洲：《税务诉讼的举证责任》，北京大学出版社2004年版，第144～145页。

契税的课征启动于纳税人的自行申报,应该对契税课征的要件事实进行审核确认;而在纳税人提出退税申请时,应该提供原来形成课税的要件事实消灭或变更的证据资料。如果因证据原因造成法官对退税要件事实“真伪不明”,则应该由白路公司承担不利诉讼结果的责任。

五、延展思考

在本案审判过程中,两审法院法官对税务行政案件的审判展现了良好的法律素养和专业知识,尤其体现在对税务领域专业知识的理解以及对征纳双方权利的平等保护,充分发挥了法院在行政监督和定分止争上的功能。税收乃现代国家与公民之间最经常的联系纽带,既关涉公民财产自由等基本权利的保障,同时也是现代国家存续之物质基础,税务行政也是最常见最频繁的行政行为之一。但税务行政确实有与其他行政不一样的特性,比如税务行政行为原则上只能确认纳税义务而不是创设纳税义务,税法课以纳税人负有完整而真实的陈述有关课税要件事实并提出证据方法的协力义务,税收征管程序原则上启动于纳税人的自行申报行为等。就本案而言,税法上课税要件的文义是否应与物权法作相同理解?税法与民法商法等其他部门法是什么关系?税务行政诉讼是否有特定的证明责任分配规则?因此,有必要从专业化的角度,从理论与实务两个层面,拓展税务领域的研究空间。

一是构建税务审判专业化管理体制。中央深化国地税征管体制改革方案中明确提出,要加强涉税案件审判队伍专业化建设,由相对固定的审判人员、合议庭审理涉税案件。我国现行的行政审判体制,各级法院对各类行政案件并没有明显的分庭、分工和分案,所有行政法庭均可审理税务行政诉讼,不仅造成同样案件事实,不同法庭见解可能不同,而且很多税务行政诉讼偏重于形式审查,很少能够切入实体税法进行实体审查。税务诉讼与一般行政诉讼相比更具有复杂性和技术性。税务诉讼系争事实大多数源自经济活动,既要作定性判断更要作定量计算,比如所得税计征,一般都涉及所得额、成本费用、扣除额、税率等,很多情况下还涉及会计利润与税法调整等问题,不仅要熟悉财务会计,还要了解税法规范,所以德国在“二战”前就设立了财务法庭,配备专门的法官审理财税案件。建议设立税务审判专门机构,跨行政区域组建税务法院。

二是推进财税法作为“领域法”的理论研究。税法一方面,以私人经济活动成果作为国家参与分配的依据;另一方面,又凭借公权力以公平正义的名义调整私人活动成果。因此,税法不可避免地要与民商法、行政法、经济法等部门法产生交叉联系。税法作为一门综合性极强的学科,不仅需要从税法角度为它提供基石,更需要汲取民法、行政法乃至经济学上的财务会计学等多方面知识来积极地拓展它的边疆。法律问题不再以纯粹的部门法问题出现,任何现实世界的法律问题都是"跨部门法边界的法律问题"。"跨界的法律问题"需要跨领域的综合法学知识体系加以应对。为此,刘剑文教授在几年前就提出财税法学研究应该"从部门法学到领域法学"转变的命题,不仅为财税法学找到了适当的位置,更是对现有财税法研究方法乃至整个法学研究方法的反思。法学研究最终必须有能力回应"法律现象领域化""法律问题综合化"或者"社会问题跨领域化"的时代要求,这是法学研究方法上的"一场静悄悄的革命"。

附:江苏省南京市中级人民法院行政判决书

(2016)苏01行终137号

上诉人(原审原告)江苏白路投资发展集团有限责任公司,住所地江苏省常州市钟楼区劳动西路2号商24号。

法定代表人白某,江苏白路投资发展集团有限责任公司执行董事兼总经理。

委托代理人杨某艳,上海左券律师事务所律师。

委托代理人严某忠,上海左券律师事务所律师。

被上诉人(原审被告)江苏省常州地方税务局,住所地江苏省常州市新北区龙锦路1258号。

法定代表人钱某文,江苏省常州地方税务局局长。

委托代理人黄某文,江苏中爵律师事务所律师。

被上诉人(原审被告)江苏省地方税务局,住所地江苏省南京市鼓楼区北京西路63号。

法定代表人江某平,江苏省地方税务局局长。

委托代理人陈某锋,江苏省地方税务局副局长。

委托代理人李某,北京大成(南京)律师事务所律师。

上诉人江苏白路投资发展集团有限责任公司(以下简称白路公司)因诉被

上诉人江苏省常州地方税务局(以下简称常州地税局)、江苏省地方税务局(以下简称省地税局)税务管理一案,不服南京市鼓楼区人民法院(2015)鼓行初字第129号行政判决,向本院提起上诉。本院受理后,依法组成合议庭,于2016年3月31日公开开庭审理了本案。上诉人白某公司的法定代表人白某及委托代理人杨某艳、严某忠,被上诉人常州地税局的法定代表人暨出庭负责人钱某文及委托代理人黄某文,省地税局的委托代理人暨出庭负责人陈某锋及委托代理人李某到庭参加诉讼。因本案案情复杂,经江苏省高级人民法院批准延长审限3个月。本案现已审理终结。

原审法院经审理查明,2006年4月28日,常州市人民政府国有资产监督管理委员会作出常国资〔2006〕20号批复,同意常州市旅游局将常州江南春宾馆有限公司(以下简称江南春宾馆)国有产权上市交易。2006年6月18日,常州市旅游局向白路公司办理了江南春宾馆国有产权的移交手续。2006年8月25日,白路公司与常州市国土资源局签订《国有土地使用权出让合同》,将常州市迎宾路39号103 125平方米的国有土地使用权以98 523 563元出让给白路公司。2006年8月31日,常州市人民政府国有资产监督管理委员会作出常国资〔2006〕40号批复,同意调减江南春宾馆527平方米的土地出让金50.35万元。2006年11月6日,白路公司向常州市财政局缴纳了迎宾路39号103 125平方米、计税金额98 523 563元的契税3 940 942.52元。

2006年11月14日,江苏省常州市中级人民法院就白路公司所涉借款合同纠纷案件作出(2006)常民二初字第358号、360号、365号民事裁定书及协助执行通知书,查封坐落于常州市迎宾路39号常州江南春宾馆103 652.3平方米的国有土地使用权,如该国有土地使用权已变更至白路公司名下,则同样予以查封。2009年10月26日,江苏省盐城市中级人民法院就白路公司所涉民事执行案件作出(2008)盐执字第0090-6号民事裁定书,裁定将常州江南春宾馆位于常州市迎宾路39号的房产、机械设备、花草树木盆景的所有权及土地使用权归常州茂泰投资发展有限公司(以下简称茂泰公司)所有。2009年11月26日,江苏省盐城市中级人民法院就白路公司所涉民事执行案件作出(2008)盐执字第0090-8号民事裁定书,裁定注销常州江南春宾馆位于常州市迎宾路39号的土地使用权证、房屋所有权证及已设定的他项权。

2013年10月24日,常州市国土资源局地籍管理处出具的情况说明称:2006年,根据常国资〔2006〕20号《关于同意常州江南春宾馆国有产权上市交易的批复》等相关文件精神，常州江南春宾馆改制并转让其国有产权。白路公司通过竞拍取得常州市迎宾路39号，面积为103 125平方米，用途为旅游业，使用年限为40年的出让国有土地使用权。2006年8月28日，常州市财政局国库处出具证明收到产权转让款1.3亿的证明，同时白路公司出具了于2006年11月6日缴纳3 940 942.52元契税的证明文件。之后，白路公司向常州市国土资源局申请办理该宗土地的登记，在土地登记办理过程中，常州市中级人民法院于2006年11月14日出具查封迎宾路39号，面积为103 125平方米土地的协助执行书，因此常州市国土资源局终止了白路公司的土地登记办理。2009年10月26日，江苏省盐城市中级人民法院将江南春宾馆位于常州市迎宾路39号的房产、土地等民事裁定给了茂泰公司。茂泰公司于2009年12月9日，按相关规定申请办理该宗土地的登记，现该土地已登记到茂泰公司名下。

2014年12月，白路公司向常州地税局寄送《退税申请书》及相关材料，要求常州地税局退还其就常州市迎宾路39号国有土地使用权2006年11月缴纳的契税3 940 942.52元，理由是白路公司没有取得迎宾路39号的土地使用权，不是契税的纳税义务人。

2015年4月14日，常州地税局作出《关于江苏白路投资发展集团有限责任公司退税申请的回复》(以下简称《回复》)称：

1.2006年8月25日，白路公司与常州市国土资源局签订《国有土地使用权出让合同》，于2006年11月6日向常州市财政局缴纳契税3 940 942.52元符合法律规定，根据《中华人民共和国契税暂行条例》(以下简称《契税条例》)第8条规定，缴纳契税并不以取得土地使用权为前提，而是以纳税人签订土地、房屋权属转移合同或取得其他具有土地、房屋权属转移合同性质凭证为依据；因常州炬仁光电有限公司等分别对白路公司提起借款合同纠纷诉讼并申请财产保全，常州市中级人民法院(2006)常民二初字第358号、360号、365号协助执行通知书认为常州江南春宾馆财产权已转让给白路公司而查封了国有土地使用权，盐城市中级人民法院为执行常州市中级人民法院有关生效民事判决书，将查封的国有土地使用权进行评估、拍卖，并将拍卖土地使用权的所得用于偿还生效民事判决书所确定的白路公司债务，是否领取上述土地使用权证，并不影响白路公司履行缴纳契税的法定义务，白路公司《退税申请书》认为“申请人未获得常州市迎宾路39号土地之土地使用权证，不是该土地契税纳税义务人"的观点不能成立。

2. 常州地税局至今没有收到司法机关或仲裁机构裁决白路公司与常州市国土资源局《国有土地使用权出让合同》无效的法律文件,也没有收到司法机关撤销有关处置江南春宾馆国有土地使用权的民事裁定书、协助执行通知书等法律文件,白路公司通过竞拍取得江南春宾馆国有土地使用权与茂泰公司竞得同幅土地使用权是属于不同的契税应税行为,白路公司履行缴纳契税义务的事实清楚、法律依据充分。白路公司申请退还契税的理由不能成立。

白路公司不服常州地税局的上述《回复》,于2015年5月27日向省地税局提起行政复议申请,省地税局于同年6月1日受理后,向常州地税局寄送了行政复议答复通知书,在收到常州地税局行政复议答辩书及证据、依据材料后,根据白路公司的申请安排白路公司查阅了卷宗材料,听取了白路公司的意见,于2015年7月24日作出苏地税复决字〔2015〕3号《税务行政复议决定书》(以下简称3号《复议决定书》),白路公司于2015年7月28日收到该行政复议决定书。

原审法院认为,根据《中华人民共和国税收征收管理法》第5条、《契税条例》第12条、《财政部、国家税务总局关于加快落实地方财政耕地占用税和契税征管职能划转工作的通知》及常州地税局的职能设置,常州地税局有辖区契税征收管理的法定职责。本案双方当事人争议问题是白路公司已缴纳的契税是否应予退回?其焦点在于"白路公司是否是常州市迎宾路39号国有土地权契税的纳税主体"?

《契税条例》第1条规定:"在中华人民共和国境内转移土地、房屋权属,承受的单位和个人为契税的纳税人,应当依照本条例的规定缴纳契税。"对于该条规定的理解,双方当事人存有争议:白路公司认为契税的性质为财产税,纳税主体应为承受财产的单位和个人;常州地税局认为契税的性质为行为税,不动产转移的契约成立即产生契税的纳税义务;省地税局认为契税纳税主体物权的取得以合同订立并履行完毕为标准,不以不动产登记为标准。原审法院认为,契税的性质是财产税,抑或是行为税只是理论上的划分,对适用法律可以参考,而非依据,适用法律仍应以法律法规的规定为依据。根据《契税条例》及相关规范性文件的解释,契税的纳税主体应为转移土地、房屋权属的承受人,该承受人纳税义务发生于签订转移合同或取得转移合同性质凭证的当天,退还已缴纳契税发生在不能依据转移合同或转移合同性质凭证取得土地、

房屋权属之时,且依据当事人的申请。具体理由如下:

《契税条例》第1条的规定是对契税纳税主体的规定,第8条“契税的纳税义务发生时间,为纳税人签订土地、房屋权属转移合同的当天,或者纳税人取得其他具有土地、房屋权属转移合同性质凭证的当天”的规定是根据契税的特点对纳税发生时间的规定。以纳税发生时间解释纳税主体容易引起认识错误,也与规范性文件的本意相矛盾。国税函〔2002〕622号称“对交易双方已签订房屋买卖合同,但由于各种原因最终未能完成交易的,如购房者已按规定缴纳契税,在办理期房退房手续后,对其已纳契税款应予以退还”。国税函〔2008〕438号称“对经法院判决的无效产权转移行为不征收契税。法院判决撤销房屋所有权证后,已纳契税款应予退还”。财税〔2011〕32号称“对已缴纳契税的购房单位和个人,在未办理房屋权属变更登记前退房的,退还已纳契税;在办理房屋权属变更登记后退房的,不予退还已纳契税”。上述规范性文件对几种已交纳契税的具体情形是否应予退税作出了解释,该几种情形的解释反映一个基本的思想,那就是缴纳契税的基础行为被解除或确认无效,纳税主体丧失了承受转移土地、房屋权属的依据,其不应缴纳契税,这与《契税条例》第1条的规定是相符的。如果认为《契税条例》第8条是对契税纳税主体的规定,则退还其已缴纳契税与该基本思想及《契税条例》第1条相矛盾。退税不同于减税和免税,减税和免税是应纳税而因法定情形减少和免除征税,退税是本不应征税而退还已缴纳的税。

国税函〔2007〕645号批复称“土地使用者转让、抵押或置换土地,无论其是否取得了该土地的使用权属证书,无论其在转让、抵押或置换土地过程中是否与对方当事人办理了土地使用权属证书变更登记手续,只要土地使用者享有占有、使用、收益或处分该土地的权利,且有合同等证据表明其实质转让、抵押或置换了土地并取得了相应的经济利益,土地使用者及其对方当事人应当依照税法规定缴纳营业税、土地增值税和契税等相关税收”,该规定符合《中华人民共和国民法通则》关于财产权及财产权取得的规定。《中华人民共和国物权法》第9条第1款规定,不动产物权的设立、变更、转让和消灭,经依法登记,发生效力;未经登记,不发生效力,但法律另有规定的除外。第28条规定,因人民法院、仲裁委员会的法律文书或者人民政府的征收决定等,导致物权设立、变更、转让或者消灭的,自法律文书或者人民政府的征收决定等生效时发生效力。上述法律规定了转移土地、房屋权属的承受人不以取得土地、房屋权属登记为必要要件,其如果依法享有对土地、房屋的占有、使用、收益、处分的权能,即可认定其为土地、房屋权属的承受人。

本案中,白路公司于2006年8月通过竞买方式取得包括常州市迎宾路39号国有土地使用权在内的江南春宾馆的资产,并与常州市国土资源局签订了《国有土地使用权出让合同》,其依法缴纳承受该国有土地使用权的契税符合法律规定。依据人民法院生效法律文书载明的事实,白路公司未能办理国有土地使用权登记是因人民法院对其所涉民事纠纷采取诉讼保全及执行措施所致,不影响其占有、使用和财产权的归属,不能否定其为常州市迎宾路39号国有土地使用权承受人的身份。

除税务机关自行发现征税错误应予退还外,符合退税条件的纳税人可以申请税务机关退还已缴纳的税收,但应提交符合退税条件的证据证明。本案中白路公司主张人民法院执行的常州市迎宾路39号国有土地使用权系执行江南春宾馆名下的财产,不是白路公司名下的财产,其应提供证据予以证明。因人民法院的生效法律文书载明的被执行人既有白路公司,亦有江南春宾馆,相关生效民事裁定书虽然直接裁定注销江南春宾馆名下的国有土地使用权证,并将常州市迎宾路39号国有土地使用权直接裁定归茂泰公司所有,是建立在2006年对该国有土地使用权采取诉讼保全措施及之后的执行措施情形下,并不当然得出该国有土地使用权不是白路公司的财产。因白路公司申请退还契税的理由不能成立,常州地税局作出《回复》,不予退还白路公司已缴纳的契税并无不当。

省地税局于2015年6月1日受理白路公司行政复议申请后,向常州地税局送达了行政复议答复通知书,安排白路公司查阅了行政复议资料,听取了白路公司的意见,于2015年7月24日作出3号《复议决定书》,并将该行政复议决定书送达当事人,符合《中华人民共和国行政复议法》的相关规定。

《中华人民共和国行政诉讼法》第69条规定,行政行为证据确凿,适用法律、法规正确,符合法定程序的,或者原告申请被告履行法定职责或者给付义务理由不成立的,人民法院判决驳回原告的诉讼请求。本案白路公司要求常州地税局退还契税的理由不能成立,常州地税局作出的《回复》及省地税局作出的3号《复议决定书》均符合法律规定,白路公司的诉讼请求不能成立,原审法院不予支持。依照《中华人民共和国行政诉讼法》第6条、第63条第1款和第3款、第69条的规定,判决驳回白路公司的诉讼请求。

上诉人白路公司上诉称,原审法院认定事实不清、证据不足、适用法律错误,请求二审法院发回重审或依法改判。理由如下:

1. 原审法院认定事实不清。(1)原审法院认为"因人民法院的生效法律文书载明的被执行人既有白路公司,亦有江南春宾馆,相关生效民事裁定书虽然直接裁定注销江南春宾馆名下的国有土地使用权证,并将常州市迎宾路 39 号国有土地使用权直接裁定归茂泰公司所有,是建立在 2006 年对该国有土地使用权采取诉讼保全措施及之后的执行措施情形下,并不当然得出该国有土地使用权不是白路公司的财产"。然而,根据前述人民法院的生效法律文书,也无法得出"常州市迎宾路 39 号国有土地使用权就是白路公司的财产"这一结论。原审法院虽认可前述人民法院的生效法律文书载明的被执行人既有白路公司,亦有江南春宾馆,但没有查清拍卖常州市迎宾路 39 号国有土地使用权究竟清偿的是上诉人白路公司的债还是江南春宾馆的债。在没有查清某项债务对应的债务人的情况下,作出的所谓"并不当然得出该国有土地使用权不是白路公司的财产"之判断必然是模棱两可的;得出的所谓"原告申请退还契税的理由不能成立"之结论,必然是缺乏事实依据的。(2)"白路公司享有的是债权还是物权",原审法院认定错误。原审法院认为"本案原告白路公司 2006 年 8 月通过竞买方式取得包括常州市迎宾路 39 号国有土地使用权在内的江南春宾馆的资产,并与常州市国土资源局签订了《国有土地使用权出让合同》,其依法缴纳承受该国有土地使用权的契税符合法律规定。依据人民法院生效法律文书载明的事实,白路公司未能办理国有土地使用权登记是因人民法院对其所涉民事纠纷采取诉讼保全及执行措施所致,不影响其占有、使用和财产权的归属,不能否定其为常州市迎宾路 39 号国有土地使用权承受人的身份"。原审法院将签约等同于国有土地使用权权属的承受,显然属于事实认定错误。需要说明的是,至今没有任何一份法律文书,判决或裁定常州市迎宾路 39 号国有土地使用权归上诉人所有。原审法院将白路公司基于合同享有的债权等同于物权,是事实认定错误,由此得出的有关上诉人白路公司应该缴纳契税的结论缺乏事实依据。(3)"物权设立需要满足哪些条件",原审法院认定混乱不清。本案中,原审法院认定的事实是:白路公司与常州市国土资源局签订了《国有土地使用权出让合同》;白路公司未能办理国有土地使用权登记是因人民法院对其所涉民事纠纷采取诉讼保全及执行措施所致;人民法院的生效法律文书……将常州市迎宾路 39 号国有土地使用权直接裁定归茂泰公司所有。值得注意的是,基于前述事实,根据《中华人民共和国物权法》第31条的规定,白路公司要取得常州市迎宾路39号国有土地使用权之物权必须满足两个条件:①存在人民法院、仲裁委员会就常州市迎宾路39号国有土地使用权判决、裁定、裁决至上诉人名下的法律文书或者人民政府的征收决定;②必须先行登记,否则不发生物权效力。至今没有任何一份判决、裁定、裁决将常州市迎宾路39号国有土地使用权判决、裁定、裁决至上诉人白路公司名下;上诉人亦未就常州市迎宾路39号国有土地使用权获得过登记,不具备法定物权设立的条件,因此原审法院有关认定白路公司为权属承受人的认定错误。(4)原审法院对于被上诉人常州地税局就常州市迎宾路39号国有土地使用权权属承受人自相矛盾的认定视而不见。上诉人向原审法院提交的证据5"江南春宾馆的税收缴款书",证明被上诉人常州地税局于2011年就常州市迎宾路39号国有土地使用权转让事宜向常州江南春宾馆征收营业税及附加、土地增值税、印花税(产权转移书据)。然而,在一审中,原审法院以上诉人提供的证据5与本案无关联为由而不予确认。证据5"江南春宾馆的税收缴款书"系常州市迎宾路39号国有土地使用权被裁定归茂泰公司所有时,作为转让方缴纳的税收,包括营业税及附加、土地增值税、印花税(产权转移书据)。根据《中华人民共和国营业税暂行条例》第1条之规定,转让常州市迎宾路39号国有土地使用权并取得收入的主体系营业税及土地增值税的纳税人。被上诉人常州地税局将常州江南春宾馆认定为纳税义务人,认可其转让常州市迎宾路39号国有土地使用权并取得收入。由此可见,被上诉人常州地税局就常州市迎宾路39号国有土地使用权征收契税时,认为白路公司是权属承受人;就该土地使用权征收营业税及其附加、土地增值税、印花税时,又认为常州江南春宾馆为权属承受人。

2.原审判决证据不足。除税务机关自行发现征税错误应予退还外,符合退税条件的纳税人可以申请税务机关退还已缴纳的税收,但应提交符合退税条件的证据证明。本案中,白路公司主张人民法院执行的常州市迎宾路39号国有土地使用权系执行江南春宾馆名下的财产,不是白路公司名下的财产,其应提供证据予以证明。上诉人向法院提供的(2008)盐执字第0090-6号、(2008)盐执字第0090-8号《民事裁定书》之裁定内容,均清楚地说明常州市迎宾路39号国有土地使用权不在上诉人白路公司名下,而是在常州江南春宾馆名下。同时,依据《中华人民共和国行政诉讼法》第34条之规定,被上诉人对作出的行政行为负有举证责任。因此,被上诉人应当承担举证责任,提供充分翔实的证据证明常州市迎宾路39号国有土地使用权在上诉人白路公司名下。被上诉人未能提供证据证明常州市迎宾路39号国有土地使用权在上诉人白路公司名下,则其向上诉人征收契税于法无据。

被上诉人常州地税局答辩称,原审法院认定事实清楚,适用法律法规正确,请求二审法院依法驳回上诉,维持原判。理由如下:

1. 上诉人白路公司与常州市国土资源局签订《国有土地使用权出让合同》,白路公司履行缴纳契税的义务符合法律规定。2006年8月25日,白路公司与常州市国土资源局签订《国有土地使用权出让合同》。《契税条例》第8条规定:"契税的纳税义务发生时间,为纳税人签订土地、房屋权属转移合同的当天,或者纳税人取得其他具有土地、房屋权属转移合同性质凭证的当天。"第9条规定:"纳税人应当自纳税义务发生之日起10日内,向土地、房屋所在地的契税征收机关办理纳税申报,并在契税征收机关核定的期限内缴纳税款。"也就是说,白路公司契税纳税义务的发生时间是"签订土地、房屋权属转移合同的当天",而不是"土地、房屋权属转移登记的当天",《国有土地使用权出让合同》是契税的课税基础,《国有土地使用权出让合同》签订当日,契税的课税要件就已经成就,即课税要素纳税人、纳税对象、计税依据、税种、税率已经全部成立,纳税人就应当缴纳相应的契税。上诉人只有证明本案所涉契税的课税基础不存在,才能说明税务债务的消灭,对于已经缴纳的税收才能要求退还。

2. 本案中没有出现法定的应当退还契税的情形。上诉人列举的可以退税三种情形:(1)《国家税务总局关于办理期房退房手续后应退还已征契税的批复》(国税函〔2002〕622号)的核心内容是"未能完成交易"应当退还契税。但本案中白路公司自签订拍卖合同,就缴纳了1.3亿元的拍卖款,签订了《国有土地使用权出让合同》,同时缴纳了契税,常州市旅游局与白路公司办理了产权移交手续,《国有土地使用权出让合同》已经全部履行完毕,不存在未能完成交易的情形。(2)《国家税务总局关于无效产权转移征收契税的批复》(国税函〔2008〕438号)的核心内容是"法院判决无效产权转移行为或法院撤销房屋所有权证"应当退还契税。本案中,不存在法院判决无效或撤销产权转移行为的情形。(3)《财政部、国家税务总局关于购房人办理退房有关契税问题的通知》(财税〔2011〕32号)的核心内容是"未办理房屋权属变更登记前退房的"应当退还契税。本案中也不存在白路公司在可能性变更登记前退还土地的情形。

3. 本案所涉《国有土地使用权出让合同》关于国有土地使用权出让的交易已经完成,白路公司已经对涉案地块实际占有、使用。本案中,在盐城市中级人民法院拍卖涉案地块前,该幅土地的国有土地使用权还登记在常州江南春宾馆名下,并没有转移登记到白路公司名下,但有充分的证据足以认定白路公司实际上已经取得了该幅土地的国有土地使用权。

4. 上诉人把《契税条例》中的土地房屋权属的承受人等同于《物权法》中的物权人,没有法律依据,契税的纳税义务人是国有土地上出让合同中的买受人,而不是权属证上的权利人。

5.《物权法》第 31 条规定的物权效力只是公示效力。上诉人认为就涉案地块从未获得过登记,不具备法定物权设立的条件。这里的物权效力是物权登记的公示效力,而不是创设物权的效力。上诉人至今都不认可常州市中级人民法院的生效判决,却又以《中华人民共和国物权法》第 31 条进行抗辩,前后自相矛盾。

被上诉人省地税局答辩称,原审判决认定事实清楚,适用法律正确,请求二审法院驳回上诉,维持原判。理由如下:省地税局于 2015 年 2 月 27 日收到上诉人的申请书,于同日出具了补正通知书。2015 年 6 月 1 日,省地税局收到上诉人的补正材料后依法受理申请,同时通知被申请人常州地税局进行了答复。2015 年 6 月 25 日,上诉人提交了申请查阅复议资料文书和听取意见申请书,省地税局及时安排了上诉人查阅资料,并听取意见,并于 2015 年 7 月 24 日作出 3 号《复议决定书》,以上事实证明复议决定符合法律程序,请求二审法院驳回上诉人的上诉请求。

上诉人白路公司向本院提起上诉后,原审法院已将涉案相关证据与依据随案移送本院。

本院经审查认为,原审法院对证据的审查质证符合法律规定,原审法院认证正确。对原审法院认定的案件事实,本院予以确认。

本院认为,根据《中华人民共和国税收征收管理法》第 5 条、《契税条例》第 12 条、《财政部、国家税务总局关于加快落实地方财政耕地占用税和契税征管职能划转工作的通知》及常州地税局的职能设置,常州地税局有辖区契税征收管理的法定职责。《中华人民共和国行政复议法》第 12 条第 1 款规定:“对县级以上地方各级人民政府工作部门的具体行政行为不服的,由申请人选择,可以向该部门的本级人民政府申请行政复议,也可以向上一级主管部门申请行政复议。”省地税局作为常州地税局的上级机关，具有行政复议的法定职责。

根据当事人诉辩意见并结合庭审情况，本院归纳本案的争议焦点如下：1.白路公司与常州市国土资源局签订《国有土地使用权出让合同》并交纳契税后，涉案地块常州市迎宾路39号国有土地是否归白路公司所有；2.上诉人白路公司是否应该缴纳契税；3.被上诉人常州地税局是否应该退税；4.被上诉人省地税局作出3号《复议决定书》是否合法。

针对第一个争议焦点，本院认为，2006年6月8日，经常州市人民政府批准，常州市旅游局将其所持有的江南春宾馆国有产权进行公开拍卖转让。白路公司以1.3亿元人民币竞标成功。2006年6月18日，由常州市旅游局、白路公司、常州产权交易所三方签订了《常州江南春宾馆国有产权转让合同》，交易双方办理了产权交割手续，并签署了《产权移交书》。2006年6月22日，白路公司支付了1.3亿元的拍卖款。2006年8月25日，常州市国土资源局与上诉人白路公司签订《国有土地使用权出让合同》，将江南春宾馆所在的迎宾路39号国有土地使用权出让给白路公司，白路公司于2006年11月6日向常州市财政局缴纳契税。后因白路公司涉借款合同纠纷，常州市中级人民法院采取保全措施，冻结了白路公司申请的迎宾路39号国有土地使用权证办理程序，后该案经江苏省高级人民法院裁定由盐城市中级人民法院执行，盐城市中级人民法院在常州市中级人民法院采取保全措施基础上将包括国有土地使用权在内的江南春宾馆整体资产进行了评估、拍卖，最终茂泰公司竞得江南春宾馆整体资产，常州市中级人民法院对白路公司提出的财产保全异议出具的(2006)常民二初字第358号、360号、365号协助执行通知书中，也明确认定了白路公司虽未办理土地房屋过户手续，但并不影响其所有权的实际归属，且上述财产均已由白路公司实际占有和使用。故对上诉人提出的对涉案地块并非归其所有的主张，本院不予支持。

针对第二个争议焦点，本院认为，根据《契税条例》第8条的规定：“契税的纳税义务发生时间，为纳税人签订土地、房屋权属转移合同的当天，或者纳税人取得其他具有土地、房屋权属转移合同性质凭证的当天。”本案中，白路公司与常州市国土资源局于2006年8月25日签订《国有土地使用权出让合同》，此时，白路公司即成为契税交纳的义务人，其理应交纳相关契税。故对上诉人白路公司提出不应该由其缴纳契税的主张，本院亦不予支持。

针对第三个争议焦点，本院认为，对符合退税的三种情形：1.《国家税务总局关于办理期房退房手续后应退还已征契税的批复》(国税函〔2002〕622号)的核心内容是“未能完成交易”应当退还契税。但本案中上诉人白路公司自签订拍卖合同,就缴纳了1.3亿元的拍卖款,签订了《国有土地使用权出让合同》,同时缴纳了契税,常州市旅游局与白路公司办理了产权移交手续,《国有土地使用权出让合同》已经全部履行完毕,不存在未能完成交易的情形。2.《国家税务总局关于无效产权转移征收契税的批复》(国税函〔2008〕438号)的核心内容是“法院判决无效产权转移行为或法院撤销房屋所有权证”应当退还契税。本案中不存在法院判决无效或撤销产权转移行为的情形。3.《财政部、国家税务总局关于购房人办理退房有关契税问题的通知》(财税〔2011〕32号)的核心内容是“未办理房屋权属变更登记前退房的”应当退还契税。本案中白路公司亦不符合上述规定的情形。故对上诉人白路公司提出的应当退税的主张,本院不予采纳。

针对第四个争议焦点,本院认为,被上诉人省地税局受理上诉人白路公司行政复议申请后,向被上诉人常州地税局送达了行政复议答复通知书,安排上诉人白路公司查阅了行政复议相关资料,听取了上诉人白路公司的意见,在法定期限内作出3号《复议决定书》,并将该行政复议决定书送达上诉人白路公司,符合《中华人民共和国行政复议法》的相关规定。故被上诉人省地税局作出的3号《复议决定书》认定事实清楚,适用法律法规正确,程序正当合法,本院予以支持。

综上,原审判决认定事实清楚,适用法律法规正确,依照《中华人民共和国行政诉讼法》第89条第1款第1项的规定,判决如下:

驳回上诉,维持原判。

本案受理费用50元,由上诉人白路公司负担。

本判决为终审判决。

审　判　长　仲新建
代理审判员　张　辉
代理审判员　李伟伟
二〇一六年五月十八日
书　记　员　付　迪

纳税义务溯及消灭的法教义学分析：从一则契税退税案件切入*

李大庆**

【目　次】

在“税收债务关系说”的理论框架中，税收之债的溯及变动是一个重要问题，学者对此多有论及。[1] 在规范层面上，“税收债务”并不是我国税收立法中的概念，与其对应的概念是“纳税义务”，二者的实质内涵是相同的。纳税义务的溯及变动，是指在纳税义务已经发生、确定甚至履行之后，由于某种原因而导致纳税义务部分或者全部发生改变的法律现象。这种变动从广义上说包括变更和消灭两种情形。纳税义务的变更包括纳税人、税基、税率以及税收优惠的改变；纳税义务的消灭则是指作为课税前提的应税事实不复存在而使得纳税义务也随之消灭。其中，“溯及消灭”是指这种消灭发生向前的追溯力，即取消了原本已经成立、确定甚至履行了的纳税义务的法律效力。在纳税义务已经履行的情况下，溯及消灭的效力会导致纳税人的退税请求权，这种“退税”既不同于作为税收优惠的政策性退税，也不同于由于税法适用错误或者计算错误导致多缴误征的技术性退税，而是将法律关系恢复到应税事实发

* 【基金项目】2016 年河北省哲学社会科学规划项目“河北省推进纳税服务法治化研究”（批准号：HB16FX012）。

** 法学博士，河北经贸大学法学院讲师。

[1] 参见刘剑文、熊伟：《税法基础理论》，北京大学出版社 2004 年版；施正文：《税收债法论》，中国政法大学出版社 2008 年版。

生之前的状态,纳税义务视为自始不发生。我国学界目前对纳税义务溯及消灭的讨论主要局限于理论层面,在实践中,此类案件容易引发法理与政策制度之间的争议,值得专门探讨。

一、问题的提出

2015 年 11 月 9 日,浙江省宁波市中级人民法院终审判决驳回上诉人宁波太平洋富天投资有限公司(以下简称富天公司)因解除《国有建设用地使用权出让合同》(以下简称《出让合同》)而要求退还土地使用税、契税的请求。[1] 该案争议的焦点在于,上诉人作为国有建设用地使用权的承受人在已经办理产权受让登记并缴纳土地使用税、契税之后,因故解除《出让合同》是否导致纳税义务溯及消灭。如果纳税义务能够溯及消灭,那么就应当退还纳税人已经缴纳的税款。[2]

在审理中,富天公司提出"《出让合同》已经依法解除……征收契税即失去了依据""自己没有实际取得宁波书城东侧 1#地块……江东地税局就应对原告缴纳的契税予以退还"。江东地税局提出"合同解除不构成退税理由……合同解除不同于合同无效或被撤销,解除合同仅发生向后的法律效力,解除前即已发生的法律关系并不因合同解除而自始无效""(富天公司)已实际取得宁波书城东侧 1#地块使用权,解除土地出让合同并不改变其拥有土地使用权的事实,故纳税义务仍然存在"。

在一审判决书中,法院认为"本案并不存在原告多缴或被告误征契税之情形""原告与市国土局依法解除《出让合同》亦不符合《契税暂行条例》中'减征或者免征契税'的条件"。在二审判决书中,法院认为"涉案土地使用权已经完成权属登记,权属已经转移""不符合退还契税的法定情形"。据此,两审法院在判决书中均支持了宁波市江东地方税务局拒绝退还契税的做法。

本案中所谓"退税争议"产生的一个基本事实是,《出让合同》已经实际履

---

[1] 具体案情参见浙江省宁波市中级人民法院(2015)浙甬行终字第 183 号判决书和宁波市海曙区人民法院(2015)甬海行初字第 26 号判决书。

[2] 本案涉及契税和城镇土地使用税两个税种的退税请求,但本文的讨论范围仅限于契税,并不包含城镇土地使用税。

行完毕,后经仲裁裁决解除该《出让合同》。从一审判决书中可以看出,由于政府出台"核心区改造提升规划",改变了原来的土地出让条件,致使富天公司的合同目的无法实现,只能通过仲裁解除合同。引发富天公司退税请求的直接原因是合同解除后其丧失了土地使用权,从而不再符合《契税暂行条例》第1条所规定的"土地权属承受的单位为纳税人"的条件。因此,本案中的退税请求与一审法院所提出的"多缴或误征"的技术性退税和"减征或免征"的政策性退税都没有关系,也就不构成否认富天公司退税请求的依据。

本案的核心争议在于,一个已经依法取得土地权属的契税应税行为,经由仲裁解除合同而发生"返还"土地权属,这一变化是否导致已经确定并履行的契税纳税义务溯及消灭。

二、规范解释:以纳税义务为中心

尽管我国目前的税法体系中存在不合理的授权立法、效力层次低以及税法解释不规范等问题,但是这并不妨碍我们从逻辑上来透视现行税法规范的正当性。从实质上说,科学的立法并不仅取决于主体适格,更为重要的一个方面是整个税法体系在逻辑上保持严谨和一致。课税的依据也是课税的法理,它是税制设计的基本前提,唯有坚持严谨的逻辑性和体系性才能保持税法规范的正当性。本文从法教义学所倡导的解释和批判的双重立场出发,对我国现行的相关税法规范进行分析,以揭示纳税义务溯及消灭的逻辑与法理。

(一)纳税义务发生的行为要件

税收债务关系理论认为,税收债务在符合法律规定的构成要件时发生。"税收构成要件是指实体税法所规定的税收发生的各种前提条件。税法通过对各种具体生活事实的抽象,将可能发生税收的关联条件以法律标准的形式表达出来,也就成为税收的构成要件。当纳税人真实发生的具体生活事实符合税法的抽象条件时,即意味着税收构成要件的实现和税收债务的发生。"[1]其中,税收债务即为我国税法中所称的纳税义务。而"以法律标准的形式表达出来的抽象的条件"则可以称为"应税事实"。上述逻辑中所隐含的一个理论框架其实是民法学中民事法律关系变动的原理。民事法律关系的设立、变更

---

〔1〕 刘剑文、熊伟:《税法基础理论》,北京大学出版社2004年版,第190页。

和终止背后的原因乃是民事法律事实,其中包括事件和行为。同样的道理,税收法律关系发生、变更和消灭的背后也有相应的原因。这个原因就是纳税人所实施的某种行为或发生的某种事件,可以统称为应税行为或者应税事实。这种借助民法原理构建起来的税收法律关系变动的理论框架是分析纳税义务运动过程的逻辑基础。

从字面来看,我国实体税法规范并没有采取上述以应税事实来判断纳税义务发生的表述方式,而是以纳税义务的承担主体即“纳税人”作为判断纳税义务的依据。[1] 不过,从文义解释的角度来说,完全可以从这些条文中提炼出“应税事实”的概念。因为,所有界定某个税种纳税人的规范均包含应税事实这一概念。换言之,某税种纳税义务的发生乃是基于某人实施了某种应税行为,或者说发生了某项应税事实。具体而言,以契税为例,负担纳税义务的前提是存在承受土地、房屋权属的行为,“承受土地、房屋权属”即为促成契税纳税义务发生的应税事实。《中华人民共和国契税暂行条例细则》(以下简称《契税暂行条例细则》)第3条进一步将“承受”解释为“以受让、购买、受赠、交换等方式取得土地、房屋权属的行为”。综合契税规范的内容来看,契税纳税义务的发生是以取得土地、房屋不动产物权的法律行为作为前提条件的。

尽管税收债务关系理论借用了民法学上的逻辑框架,但是由于税法与民法分属公私两域,在法律精神、基本原则和规范宗旨上有诸多不同。因此,必须注意区分税法上的应税事实与民法上的法律行为之间的差异。仍以契税为例,首先,“承受土地、房屋权属”在民法上具有私法效力,即发生物权变动的效力,而在税法上的效力则为公法效力,即发生纳税义务的效力;其次,作为引起法律关系发生原因的“承受土地、房屋权属”行为,在民法上强调当事人意

---

[1] 例如,《中华人民共和国车船税法》(以下简称《车船税法》)第1条规定:“在中华人民共和国境内属于本法所附《车船税税目税额表》规定的车辆、船舶(以下简称车船)的所有人或者管理人,为车船税的纳税人,应当依照本法缴纳车船税。”《个人所得税法》第1条第1款规定:“在中国境内有住所,或者无住所而在境内居住满一年的个人,从中国境内和境外取得的所得,依照本法规定缴纳个人所得税。”《中华人民共和国契税暂行条例》第1条规定:“在中华人民共和国境内转移土地、房屋权属,承受的单位和个人为契税的纳税人,应当依照本条例的规定缴纳契税。”《中华人民共和国消费税暂行条例》第1条规定:“在中华人民共和国境内生产、委托加工和进口本条例规定的消费品的单位和个人,以及国务院确定的销售本条例规定的消费品的其他单位和个人,为消费税的纳税人,应当依照本条例缴纳消费税。”

思自治,而在税法上则强调一定的经济效果。尤其需要澄清的是,税法效力的发生不能仅以私法效力的发生为依据,因为二者的逻辑不完全相同。私法以形式化的外观作为发生的主要依据,而税法则更加侧重于应税事实所产生的实质经济效果。从经济层面来看,现代国家课税的本质是参与社会财富的分配,而财富分配的前提是纳税人取得了相应的经济效果。如果经济效果不存在,那么财富就无从产生,国家也就失去了课税的前提。因此,作为引发契税纳税义务发生的应税事实,"承受土地、房屋权属"这一概念如果要发生税法上的效力需要具备形式和实质两个方面的条件:第一,在形式上,符合私法关于物权变动效力发生的条件(对不动产物权来说为登记);第二,在实质上,保持了该应税事实所产生的经济效果。

(二)纳税义务的发生时间判断

在私法上,时间是影响法律效力的一个重要维度,它可能导致权利的消灭和义务的增长。公法同样面临类似的问题。[1] 在税法上,纳税义务在发生、确定和履行三个不同的阶段均涉及时间问题。其中,纳税义务的发生时间是判断纳税义务在时间维度上存在与否的重要标志,同时也构成判断后续行为效力的前提。本文案例中出现的纳税义务的溯及消灭的问题就涉及纳税义务发生时间的判断。

在定期税和随时税的划分基础上,一般认为定期税的纳税义务发生时间比较复杂,而随时税的纳税义务发生时间与应税行为的发生时间通常是吻合的。[2] 契税属于随时税,纳税义务的发生时间应当与"承受土地、房屋权属"的应税事实发生的时间一致。《中华人民共和国契税暂行条例》(以下简称《契税暂行条例》)第8条规定:"契税的纳税义务发生时间,为纳税人签订土地、房屋权属转移合同的当天,或者纳税人取得其他具有土地、房屋权属转移合同性质凭证的当天。"在民法上,签订合同是导致债权而非物权设立的法律行为,据此,契税纳税义务发生的时间为债权设立的时间,那么契税纳税义务的发生也就是以债权行为作为应税事实的,这显然与《契税暂行条例》第1条

〔1〕 例如,《中华人民共和国治安管理处罚法》第22条第1款规定:"违反治安管理行为在六个月内没有被公安机关发现的,不再处罚。"税法上计算税收滞纳金也以时间为依据。

〔2〕 参见李刚:《税法与司法关系总论——兼论中国现代税法学基本理论》,法律出版社2014年版,第343页。

中“承受土地、房屋权属”的物权行为发生了矛盾。

学者对上述问题有不同的解释。有人认为,《契税暂行条例》颁布于1997年,当时我国法律尚未承认物权行为的独立效力,而是将债权行为(签订合同)与物权行为(不动产登记)不加区分地作为一个整体来看待的。因此,这种矛盾是法律的发展变化造成的。但是这一说法并不符合事实。对于不动产物权而言,1997年之前的立法和司法都承认物权行为(登记)具有独立的效力。[1]

也有学者指出,纳税义务的发生时间是“从时间角度对税收客体的补充规定,也可以说是确定税基的时间维度。与其说是税收债务的发生时间,不如说是确认税基的时间”。[2] 此处“确认税基”需要进一步明确。首先,这里的税基究竟指广义税基、中义税基还是狭义税基?这三种不同范围的税基在税法上的意义是不同的。[3] 其次,“确认税基”究竟是为了确认税基的存在还是为了确认税基的数量。如果是为了确认税基是否存在,那么仍然是应税事实层面的问题。

笔者认为,这里涉及纳税义务的运动过程及其阶段划分的问题。纳税义务可以分为发生、确定和履行三个阶段,各自具有相对独立的法律意义。其中,纳税义务的发生以应税事实为前提,非应税事实不产生税法上的效力,纳税义务就不得发生,国家也就不得实施课税。从国家与纳税人的宪法关系来看,纳税义务发生的独特法律意义在于限制国家随意征税以保护纳税人财产权利。而纳税义务的确定则是为了正确计算应纳税额,以准确界定纳税义务的数量。概言之,纳税义务发生是一个“定性”问题,而纳税义务的确定则是“定量”问题。

纳税义务的发生与应税事实是互为条件的。只要应税事实存在,那么纳税义务必然发生;只要发生了纳税义务,那么必然有应税事实的存在。换言之,应税事实是纳税义务发生的充要条件。充要条件在逻辑上的要求是“不能少也不能多”。因此,应税事实作为纳税义务发生的充要条件在范围上既不能随意缩小也不得随意扩大。既然纳税义务发生的时间并不是一个单独的构成

---

〔1〕 参见孙宪忠:《论不动产物权登记》,载《中国法学》1996年第5期。

〔2〕 参见刘剑文、熊伟:《税法基础理论》,北京大学出版社2004年版,第205页。

〔3〕 参见靳万军、周华伟主编:《流转税理论与实践》,经济科学出版社2007年版,第83页。

要件,[1]那么这个时间就必须完全限定为应税事实发生的时间,而不得扩大为税基确认的时间。因此,纳税义务的发生与确定应当清楚区分而不得混淆。

由此看来,《契税暂行条例》第 8 条关于契税纳税义务发生时间的规定显然存在不妥之处。一个可能的解释是为了征管上的便利。之所以把契税纳税义务发生的时间提前到"签订土地、房屋权属转移合同的当天,或者纳税人取得其他具有土地、房屋权属转移合同性质凭证的当天",是为了协调与后续条文设定的"先税后证"之间的关系。根据《契税暂行条例》第 9、10、11 条的规定,纳税人应当先办理契税申报和缴纳事宜,取得契税完税凭证之后才能办理权属变更登记手续。如果《契税暂行条例》第 8 条将契税纳税义务的发生时间规定为办理权属变更登记当天,那么就会出现纳税义务尚未发生却已经履行完毕的矛盾。为了避免这个矛盾,并坚持"先税后证"这一便利征管的措施,[2]才使《契税暂行条例》第 8 条在契税纳税义务发生时间上与第 1 条和《契税暂行条例细则》第 3 条发生冲突。

(三)契税应税事实嗣后变动的税法效力

从案件的基本事实中可以看出,《出让合同》的解除是否溯及性地影响了契税纳税义务的发生是解决本案的关键所在。换言之,本案所引发的退税争议的焦点在于纳税义务发生的实质性要件是否因合同解除而消失。

《契税暂行条例》及《契税暂行条例细则》对契税的退税问题没有明确的规定,一些省份的地方政府规章对此有所涉及。本案所在的浙江省,其地方政府规章《浙江省实施〈中华人民共和国契税暂行条例〉办法》(浙江省人民政府令第 100 号)第 11 条规定:"纳税人缴纳契税后,因所签订的土地、房屋权属转移合同无法履行申请退税的,经县级以上人民政府契税征收机关审核批准,准予退税。"需要解释的是该规定中所称"合同无法履行"是否包括合同解除的情形。一般认为,合同无法履行是指由于出现客观原因使得履行成为不可能,包括事实上的不可能和法律上的不可能。我国其他一些地方对此也有类似的

---

[1] 参见刘剑文、熊伟:《税法基础理论》,北京大学出版社 2004 年版,第 205 页。

[2] "先税后证"的做法违反纳税义务运动过程的基本规律,是导致纳税义务溯及消灭问题复杂化的一个原因。这一规定在税收征管能力较弱的条件下为了降低征管成本,保障国家税收利益,确实有一定的必要性。但是随着税务机关对纳税人信息掌控能力逐渐增强和部门间信息沟通的便利,这一措施的合理性值得反思。

规定,但并不完全相同。[1] 总体来看,各地均强调在合同未履行或未能履行合同而使得土地、房屋产权转移不能实现的情况下,经审批准予退税。从反面解释来看,对于合同已经履行完毕并实现权属转移的,则不可退税。而且,从规范内含的精神来看,退税的条件比较倾向于客观原因导致的合同未履行,而当事人尤其是纳税人(受让方)主观上不履行合同导致的权属转移未实现则不予退税(福建省的规定非常明确地体现出这一点)。

财政部和国家税务总局的有关文件对该问题也有类似的规定。首先,《国家税务总局关于办理期房退房手续后应退还已征契税的批复》(国税函〔2002〕622 号)规定,对交易双方已签订房屋买卖合同,但由于各种原因最终未能完成交易的,如购房者已按规定缴纳契税,在办理期房退房手续后,对其已纳契税款应予以退还。这一规定中"由于各种原因最终未能完成交易"的范围显然比前述地方政府规章的范围有所扩大,既包括客观上的合同未能履行,也包括当事人主观上不履行合同。不过这一政策针对的是期房,对土地并不能当然适用。其次,《财政部、国家税务总局关于购房人办理退房有关契税问题的通知》(财税〔2011〕32 号)规定,在未办理房屋权属变更登记前退房的,退还已纳契税;在办理房屋权属变更登记后退房的,不予退还已纳契税。这一规定更加明确地以是否办理权属变更登记作为判断是否退还契税的标准。不过,这一规定适用于本案仍然存在两个障碍:第一,该规定针对的还是房屋而非土地。尽管土地和房屋在《契税暂行条例》中一直是并列出现,表明其在税法上受到的是同等对待。但是从文义解释来看,房屋权属和土地权属不能等同,房屋契税政策也不能等同于土地契税政策。第二,权属变更登记是一个兼具公法与私法效力的行为,其效力发生的依据和逻辑各不相同,不能将这两种效力完全对应起来。作为一个私法上的物权行为,最直接的效力是私法上的物权变动效力。将一个具有私法效力的行为当然地作为税法效力确认的唯一依据是不妥当的。原因在于,尽管私法行为可能产生公法效力,但是其法理基础是不同

---

〔1〕 河北、黑龙江、四川、新疆、内蒙古等地规定,纳税人缴纳契税后,未履行所签订土地、房屋权属转移合同,申请退税的,经审核批准后,准予退税;北京、甘肃等地规定,纳税人缴纳契税后,土地、房屋权属转移未能实现的,经批准可准予退税。福建省规定,纳税人缴纳契税后,出售方(或出让、转让方)违约,在合同规定的期限内,无法提供土地、房屋权属交给承受方的,纳税人申请退税,经审核批准,可准予退税。纳税人违约,不履行所签订的土地、房屋权属转移合同的,不予退税。参见各地契税征收管理规定。

的。一个行为在私法上发生效力并不意味着在公法上也发生效力。税法效力并不当然以私法行为的效力作为依据,而是需要考虑税法自身的逻辑。

除以上两个文件之外,还有《国家税务总局关于无效产权转移征收契税的批复》(国税函〔2008〕438 号),该文件指出:“按照现行契税政策规定,对经法院判决的无效产权转移行为不征收契税。法院判决撤销房屋所有权证后,已纳契税款应予退还。”笔者认为,通过对这一规则的解释或许可以得到一些解决本案的思路。第一,该规则强调“经法院判决”,本案虽非经法院判决,但是属于仲裁裁决,二者具有同等的法律效力;第二,这里的“无效产权转移”应作广义解释,不限于《中华人民共和国合同法》(以下简称《合同法》)第 52 条所指的因违法而无效的行为,而是指不能产生物权变动效力的行为;第三,“不征收契税”表明该行为自始不属于契税的课税范围,因此不是导致契税纳税义务发生的应税事实;第四,该规定所阐述的“现行契税政策”并不专指房屋契税政策,因而土地权属变动也可以适用该项契税政策。结合本案而言,根据《合同法》第 97 条的规定,合同解除后,当事人可以要求恢复原状。那么,仲裁裁决解除《出让合同》必然使得土地权属转移无效,已纳契税应予退还。不过,仅以上述解释和推理来论证本案应当退税仍然不完全可靠。原因有二:第一,该文件是国家税务总局发布的。在我国当前的税收政策与法律体系中,国家税务总局作为税收征管机关不能对实体税法义务作出规定;第二,该项规定的逻辑仍然是直接以私法行为的效力来判断税法效力的,没有体现出税法与私法之间的差异。

三、纳税义务溯及消灭的制度逻辑:从税种法和程序法的视角观察

纳税义务溯及消灭不独存在于契税之中,其他税种也有可能涉及该问题。但是对不同税种而言,溯及消灭的逻辑各不相同,这与税种属性有关。下面通过几个不同的税种法以及程序法中纳税义务溯及消灭的规范分析来寻找纳税义务溯及消灭的制度逻辑。

(一)流转税法中的纳税义务溯及消灭

流转税是对商品或者服务在流通环节课征的一种税。商品或者服务的流通一般表现为某种交易形式,如销售商品、提供服务等。增值税是最为常见的流转税,它是对商品或者服务在流通过程中产生的增值额为计税依据而征收

的一种税。《中华人民共和国增值税暂行条例实施细则》第11条规定:小规模纳税人以外的纳税人(以下简称一般纳税人)“因销售货物退回或者折让而退还给购买方的增值税额,应从发生销售货物退回或者折让当期的销项税额中扣减……”《营业税改征增值税试点实施办法》第32条规定:“纳税人适用一般计税方法计税的,因销售折让、中止或者退回而退还给购买方的增值税额,应当从当期的销项税额中扣减……”这说明,在增值税法上,如果因买卖合同解除而发生退货,相应的增值税应予退还。这一规定的法理在于,增值税是对商品或者服务流通中的增值额征收的,而增值额只能通过纳税人与相对人的交易来体现。合同作为交易的法律形式,一旦被解除,那么交易就不复存在,因交易而产生的作为课税基础的经济效果(增值额)也就消失了。纳税义务也因此而失去存在的基础。可见,增值税纳税义务因合同解除而溯及消灭。同样的道理也可以解释营业税、消费税纳税义务因合同解除而溯及消灭。

《中华人民共和国营业税暂行条例实施细则》第14条规定:“纳税人的营业额计算缴纳营业税后因发生退款减除营业额的,应当退还已缴纳的营业税税款或者从纳税人以后的应缴纳营业税税额中减除。”这说明,在营业税法上,如果因买卖合同解除而发生退货,相应的营业税应予退还。[1]《中华人民共和国消费税暂行条例实施细则》第23条规定:“纳税人销售的应税消费品,如因质量等原因由购买者退回时,经机构所在地或者居住地主管税务机关审核批准后,可退还已缴纳的消费税税款。”这说明,在消费税法上,如果因买卖合同解除而发生退货,相应的消费税应予退还。可见,在流转税法上,由于合同解除而发生的退货退款,税款应予退还。也就是说,合同解除会导致流转税纳税义务溯及消灭。由于流转税是针对一般动产交易课税的,而一般动产的物权变动是以交付作为生效要件的。从上述规定中也可以看出物权变动的效力不影响纳税义务的溯及消灭。

(二)财产税法和所得税法中的纳税义务溯及消灭

《国家税务总局关于车船税征管若干问题的公告》规定:“已经缴纳车船税的车船,因质量原因,车船被退回生产企业或者经销商的,纳税人可以向纳税所在地的主管税务机关申请退还自退货月份起至该纳税年度终了期间的税

[1] 尽管随着“营改增”的全面推行,营业税法实际上已经不再发挥作用,但是其中蕴含的法理对于理解纳税义务的溯及消灭以及解决本案的争议仍然是有价值的。

款。退货月份以退货发票所载日期的当月为准。”根据《车船税法》第1条的规定,车船税的应税事实是对车船享有所有权或者管理权。在解除合同而发生退货的情形下,车船因被退回生产企业或者经销商,原车船所有人不再享有车船的所有权,车船税课税的经济效果不复存在,纳税义务则溯及消灭。

同样的道理也可以用来解释所得税纳税义务的溯及消灭。以对劳务所得征收个人所得税为例,若某甲与他人签订劳务合同,预先获得对方支付的劳务报酬。根据《中华人民共和国个人所得税法》应当缴纳个人所得税。后来甲因故未能向对方提供劳务,提出解除劳务合同并退还劳务报酬,则对该劳务报酬征收的个人所得税也应当退还。

(三)车辆购置税法中的纳税义务溯及消灭

之所以单独讨论车辆购置税法的规定,是因为这是与契税属性最为近似的一个税种法。首先,这两个税种的纳税人都是权利承受方,都以取得权利作为纳税义务发生的应税事实;其次,尽管车辆购置税针对的是动产权利而契税针对的是不动产权利,但是车辆与房屋、土地等不动产在物权变动上都遵守同样的规则,即以权属变更登记为生效要件。在发生解除合同及“退货”的情形下,有关退税的原理也是相同的。

《车辆购置税暂行条例》并没有规定车辆购置税的退税,而《车辆购置税征收管理办法》对此有明确的规定。该办法在2006年实施之后于2015年被新的《车辆购置税征收管理办法》代替。根据2006年1月1日生效的《车辆购置税征收管理办法》(国家税务总局令第15号)第22条的规定,已缴纳车辆购置税而准予退税的情形之一为“因质量原因,车辆被退回生产企业或者经销商的”。该规定被废止后,取而代之的是2015年2月1日生效的《车辆购置税征收管理办法》(国家税务总局令第33号),根据其中第15条的规定,已缴纳车辆购置税的车辆,车辆退回生产企业或者经销商的,准予纳税人申请退税。比较而言,新办法取消了“因质量原因”的限制,这无疑扩大了解除合同的范围。也就是说,无论何种原因,只要发生车辆退货,都可以申请退税。特别值得注意的是,新办法第16条第3项还规定了“已办理车辆登记注册的”在申请退税时“提供原完税凭证、完税证明正本、公安机关车辆管理机构出具的机动车注销证明或者税务机关要求的其他资料”。这说明机动车办理登记之后解除合同并退货,仍然可以发生车辆购置税纳税义务的溯及消灭。

(四)程序税法的规定

我国现行《税收征收管理法》对于纳税义务溯及消灭的退税问题没有明确的规定。不过,《税收征收管理法》第3条第1款规定:“税收的开征、停征、以及减税、免税、退税、补税,依照法律的规定执行;法律授权国务院规定的,依照国务院制定的行政法规的规定执行。”其中的“退税”理应包含纳税义务溯及消灭而发生退税的情形。这种退税的独特性在于它涉及税收债务关系自身的存在问题,是国家与纳税人之间宪法关系的体现,[1]也拷问着课税权的法理基础和制度逻辑。即使是在承认我国现行税收授权立法合理性的条件下,至少国务院制定的行政法规方能对退税作出规定。因此,前文援引的相关税收政策在形式上可能都面临效力层级的问题。不过,笔者认为,不能以立法上的缺失或者效力层级低为理由一概否认上述文件的合理性与效力。尽管税收法定原则要求税法首先要具备法定的形式(法律渊源),但是从实质上看,税法规范自身的逻辑体系更为重要。上述部门规章或者文件尽管不属于税收法定意义上的“税法”,但是必须正视其所包含的课税逻辑和实质规范功能。我国目前有关纳税义务溯及消灭的规范几乎都不能满足《税收征收管理法》第3条所要求的效力层次,在内容上也存在冲突。从法教义学的立场出发,首先需要明确哪些规范构成了我们理想中的税收法定秩序,并以此作为目标对现行税法规范进行解释或者批判。需要注意的是,并非所有的实定法规范都具有正当性。如果某个实定法规范与整个实定法秩序的规范体系发生冲突,就必须对这一规范给予批判。[2] 因此,从程序法的角度来看,我国现行税法中关于纳税义务溯及消灭规范的效力应当予以认可,但是对于规范本身的正当性则需要区分判断。

(五)小结

法律的外观是条款文字,其内涵则是实定法所欲构建的秩序。任何法律规范都不是简单的强制而是依靠逻辑所形成的说服力。从对现行税法规范的解释和批判中,我们可以发现并整理纳税义务溯及消灭的一般原理,并借此提出对所有税种都适用的普遍性规范的逻辑基础。

首先,我们应当承认一个前提性的共识,即纳税义务的发生是基于法定的

---

〔1〕 参见苗连营:《纳税人和国家关系的宪法建构》,载《法学》2015年第10期。

〔2〕 参见凌斌:《什么是法教义学:一个法哲学追问》,载《中外法学》2015年第1期。

应税事实，应税事实是纳税义务发生的前提，如果法定的应税事实不存在或者消灭，那么纳税义务也就失去了发生的基础。纳税义务并非一经发生就永远不能变更其效力。应税事实的嗣后被撤销是应税事实消灭的一种特殊形式，它使得应税事实的经济效果不复存在，国家课税的基础也就随之消灭。有学者指出，“税收之债发生后，原则上即具有不可溯及变更和消灭性，这是税收法定性的必然要求。应税事实就是事实上的经济上事件经过，这种事实上的经济关系一旦已经发生，便不再能够溯及地加以改变。凡是已经发生的事情，便已经发生”。[1] 不过，无论公法还是私法，不溯及既往的原则从来都有例外。一般而言，在法律效力上以不溯及既往为原则，溯及为例外，不溯及既往原则是从法治国家原则中的法之安定性及信赖利益保护原则导出。[2] 之所以会发生溯及既往的特别效力乃是为了保持法律效力的正当性基础。“事后得依法律行为或依法律溯及的废止或改变其物权上的效力，则其废止或改变足以影响已发生之税捐债务。”[3]

其次，税法上的应税事实往往与私法上的法律行为具有紧密的联系，有时甚至就是同一个对象。但是税法的关注点与私法显然不同，因而效力规则也就不同。私法强调当事人意思自治，只要是当事人真实的意思表示且不违反法律和社会公共利益时，即赋予其肯定性的效力，以保障基于私人意愿的权利义务安排的稳定性，进而形成私法秩序。税法则更为重视应税事实所具有的经济效果，表现为当事人通过应税事实所取得或者保有某种财产利益。我们承认国家课税是对私人财产权的限制，那么限制的前提应当是纳税人对其财产享有经济利益。这种经济利益如果由于某种原因嗣后丧失，却仍然维持课税效果，则此处课税的正当性需要加以评估。

最后，就本文所讨论的案例而言，《出让合同》作为债权关系本身并不能引发契税纳税义务的发生，以该合同签订的时间为契税纳税义务发生的时间破坏了契税应税事实的规范性，因此《契税暂行条例》第 8 条的规定不具有合理

---

〔1〕 参见施正文：《税收债法论》，中国政法大学出版社 2008 年版，第 249 ~ 250 页。

〔2〕 参见陈清秀：《税法上法律不溯及既往原则》，载《税法之基本原理》（增订三版），台北三民书局股份有限公司 1997 年版，第 151 ~ 152 页。

〔3〕 黄茂荣：《税捐法论衡》，台湾植根法学丛书编辑室 1991 年版，第 29 页。转引自施正文：《税收债法论》，中国政法大学出版社 2008 年版，第 250 页。

性。另一个关键性的因素是该合同已经履行完毕,受让方已经通过权属变更登记取得了土地使用权。从合同法理论来看,已经履行完毕的合同仍然可能发生解除和债权债务关系溯及既往消灭。根据合同性质和履行状况来看,该《出让合同》的履行内容并非不可返还。经仲裁裁决解除合同之后,国土局注销了其权属登记,并返还了土地出让金,合同已经溯及消灭。这种后果就如同流转税中的货物退回。在民法学界,退货在法律上通常被认定为合同解除,而且产生债权债务关系溯及消灭的后果。[1] 当然,这并非意味着纳税义务溯及消灭必然与合同或者物权的溯及消灭同步,而是上述私法关系的溯及消灭使得纳税人通过应税事实所获得的经济利益也在客观上发生了溯及消灭。这是本案中契税纳税义务得以溯及消灭的根本理由所在。

四、代结论:税收法定的实质化与税法的立场转型

由于我国税法体系不够健全,目前我们还不能以严格的税收法定原则来评价具体的税案。当下的"税法"概念只能是广义的,即除了狭义的法律之外还包括行政法规、地方性法规、部门规章、地方政府规章以及规范性文件等。从实质上说,这些"税法"都具有规范的功能,都需要认真对待。从本文所援引的规范来看,既有关于契税的各种法规、规章和文件,也有其他税种法。笔者的一个基本理念是,纳税义务溯及消灭所引发的退税问题是税法中的普遍性问题,对其讨论不应当局限于个别税种法的规定,而应当从"总则"的角度来审视。只有在一般法层面上构建起纳税义务溯及消灭的退税规则,在处理具体案件时才能于法有据。

落实税收法定原则不能局限于立法层面,"纸面上的法"和"行动中的法"要一并推进。将纳税义务溯及消灭的退税问题置于整个税法秩序体系中来看待,这意味着,立法者和司法者都要受到约束和限制,不得随意剥夺纳税人在纳税义务溯及消灭条件下的退税请求权。这也是税收法定作为宪法原则的实质性要求。在本案判决书中,法院指出:"……对于权属已经转移的情形,上述文件也没有体现可以退还契税的精神。本案中,涉案土地使用权已经完成权

---

〔1〕 参见崔建远:《退货、减少价款的定性与定位》,载《法律科学》2012 年第 4 期;崔建远:《解除效果折衷说之评论》,载《法学研究》2012 年第 2 期。

属登记,权属已经转移,故根据税收法定原则,结合上述文件精神,被上诉人江东地税局不退还契税并无不妥。”从中可以看出法院判决的两个依据:第一,“权属已经转移则不退税”,这与本文提到的《财政部、国家税务总局关于购房人办理退房有关契税问题的通知》(财税〔2011〕32号)的规定相一致。尽管法院在判决中没有援引该文件的规定,但是从时间来看,法院很可能知道这一文件的内容。第二,税收法定原则。但这显然是架空或者误读税收法定原则。如果我们满足于形式上的落实税收法定原则,那么上述文件的规定以及类似判决就还会出现。

本案的启示还在于,现行的税法规范和司法判决体现出一种强烈的维护国库的国家主义立场,因而税法在很多方面体现出征管便利和强化国家税收利益的规范宗旨。在现代税法的理念中,纳税人权利保护的诉求日益凸显,应当在税收立法、执法和司法中充分重视纳税人权益保障,税法变迁应当由保障国家税收的国库主义向兼顾纳税人利益与国家利益的协调主义转型。

附1:宁波市海曙区人民法院行政判决书

(2015)甬海行初字第26号

原告宁波太平洋富天投资有限公司,住所地浙江省宁波市宁波书城文化广场1幢1号7层B座。

法定代表人:胡某杰。

委托代理人:程某(特别授权代理)。

委托代理人:李某春(特别授权代理)。

被告宁波市江东地方税务局,住所地浙江省宁波市江东区沧海路555号。

法定代表人:孙某红。

出庭应诉负责人:刘某,女,副局长。

委托代理人:陈某铭(特别授权代理)。

委托代理人:魏某(特别授权代理)。

被告宁波市江东区人民政府,住所地浙江省宁波市江东区彩虹北路58号。

法定代表人:孙某明。

委托代理人:章某伟(特别授权代理)。

委托代理人:邱某清(特别授权代理)。

原告宁波太平洋富天投资有限公司不服被告宁波市江东地方税务局税务行政征收及被告宁波市江东区人民政府税务行政复议一案,于2015年5月18日向本院提起行政诉讼。本院于2015年5月18日立案后,于2015年5月22日向被告送达了起诉状副本及应诉通知书。本院依法组成合议庭,于2015年6月25日公开开庭审理了本案。原告宁波太平洋富天投资有限公司的委托代理人程某、李某春,被告宁波市江东地方税务局的出庭应诉负责人刘某、委托代理人陈某铭、魏某,被告宁波市江东区人民政府的委托代理人章某伟、邱某清到庭参加诉讼。本案现已审理终结。

被告宁波市江东地方税务局(以下简称江东地税局)于2015年1月20日,作出《关于宁波市太平洋富天投资有限公司退税申请的答复》(以下简称《答复》),认定根据《中华人民共和国契税暂行条例》(以下简称《契税条例》)第1条、第2条、第8条以及《中华人民共和国城镇土地使用税暂行条例》(以下简称《土地使用税条例》)第2条、第3条、第8条,原告宁波太平洋富天投资有限公司(以下简称富天公司)与宁波市国土资源局(以下简称市国土局)签署《国有建设用地使用权出让合同》(以下简称《出让合同》)并受让取得宁波书城1#地块使用权后,应当依法缴纳契税和城镇土地使用税(以下简称土地使用税),解除《出让合同》不影响合同解除前纳税义务的发生与履行,不属于退税事由。因此,决定不予退还原告已缴纳的宁波书城东侧1#地块土地使用税和土地出让契税。原告富天公司不服,向被告宁波市江东区人民政府(以下简称江东区政府)申请行政复议,被告江东区政府于2015年4月26日作出《行政复议决定书》(甬东复决字〔2015〕2号),认为《答复》认定事实清楚,证据确凿,适用依据正确,程序合法,内容适当,根据《中华人民共和国行政复议法》(以下简称《行政复议法》)第28条第1款第1项,复议决定维持《答复》。

原告富天公司诉称:

1.2010年8月17日,市国土局发布《宁波市国土资源局国有建设用地使用权挂牌出让公告》(以下简称《公告》),决定以挂牌方式出让宁波书城东侧1#地块,坐落位置为江东区,北至惊驾路、西至滨江大道、东至江东北路,土地用途为文体娱乐,出让面积为10 676平方米。2010年9月20日,宁波太平洋恒业房地产开发有限公司(以下简称太平洋公司)竞得上述地块的国有建设用地使用权,成交总价为人民币249 818 400元。同日,与市国土局签订《出让合同》,市国土局交付了上述土地。2010年11月4日,太平洋公司注册成立全资子公司富天公司,即本案原告。2010 年 11 月 18 日,市国土局与原告签订了改签合同,将上述土地的受让方变更为原告。此后,原告向被告江东地税局缴纳契税人民币 7 494 552 元、土地使用税人民币 627 215 元。

2. 签约后,原告着手进行前期工程准备工作。2011 年 4 月,原告准备向宁波市规划局报送规划方案时,获悉宁波市委、市政府将制定实施"三江口核心区改造提升规划及城市设计"方案,因该方案中下穿式交通组织的北面隧道出入口,正好位于原告受让地块的沿街东侧路段,故宁波市规划局要求原告暂缓 4 个月报批设计方案。此后,原告一直与宁波市人民政府、宁波市规划局、市国土局进行交涉协商,要求将受让地块按总价值规模进行置换或减少土地出让价款,但市国土资源局及有关部门一直没有明确答复。2012 年 4 月 16 日,宁波市人民政府正式批准《宁波三江口核心区改造提升规划》,改变了原出让条件,原告再次向宁波市人民政府及市国土局等有关部门反映,要求对该地块作出处理。后原告在资金被长期占用,不能周转而导致资金链断裂的情况下,经市有关领导协调,被迫同意与市国土局协调。

3. 2014 年 12 月 4 日,原告向宁波仲裁委员会提出仲裁申请,要求解除与市国土局签订的《出让合同》,返还全部土地出让金人民币 249 818 400 元、契税人民币 7 494 552 元、土地使用税人民币 627 215 元。2014 年 12 月 5 日,宁波仲裁委员会作出《裁决书》(〔2014〕甬仲裁字第 210 号),裁决内容包括:解除原告与市国土局于 2010 年 9 月 20 日签订的《出让合同》;市国土局扣除 20% 定金人民币 49 963 680 元后,退还原告土地出让金人民币 199 854 720 元;原告支付的契税人民币 7 494 552 元、土地使用税人民币 500 000 元,由原告向宁波市地方税务局申请办理退税,市国土局予以协助。

4. 裁决生效后,原告归还了土地,注销了原土地证,市国土局也于 2014 年 12 月 20 日向原告退还了土地出让金人民币 199 854 720 元。2014 年 12 月 19 日,原告向被告江东地税局提出退税申请。2015 年 1 月 20 日,被告江东地税局作出《答复》,决定对原告缴纳的契税及土地使用税不予退还。

5. 2015 年 2 月 28 日,原告因不服《答复》,向被告江东区政府申请行政复议。2015 年 4 月 26 日,被告江东区政府作出《行政复议决定书》,维持被告江东地税局作出的《答复》。

6. 原告认为:第一,原告与市国土局签订的《出让合同》已经依法解除,合同解除的法律后果是对双方当事人不再具有法律约束力。根据《中华人民共和国合同法》(以下简称《合同法》)第97条规定,被告江东地税局原先向原告征收契税及土地使用税即失去了依据,理应恢复原状,否则就构成了“不当得利”。第二,《国家税务总局关于办理期房退房手续后应退还已征契税的批复》(国税函〔2002〕622号)、《国家税务总局关于无效产权转移征收契税的批复》(国税函〔2008〕438号)、《北京市契税管理规定》、《浙江省实施〈中华人民共和国契税暂行条例〉办法》等规范性文件,原告认为只要自己没有实际取得宁波书城东侧1#地块,那么被告江东地税局就应对原告缴纳的契税及土地使用税予以退还。第三,因宁波市人民政府变更城市设计规划的行政行为导致原告受让土地的市场价值大为贬损,原告不得不解除与市国土局签订的《出让合同》,在原告没有任何过错的情况下,被告江东地税局作出的《答复》明显不当,而且“显失公平”。第四,基于同样理由,被告江东区政府作出的维持原行政行为的复议决定亦不合法。综上,原告认为被告江东地税局作出的《答复》明显不当,请求判决撤销被告江东地税局于2015年1月20日作出的《答复》;撤销被告江东区政府作出的《行政复议决定书》;判令被告江东地税局向原告退还土地出让契税人民币7 494 552元,土地使用税人民币627 215元。

原告提供了以下证据、依据:

1.《公告》1份;

2.《出让合同》及《成交确认书》各1份;

3.《出让合同》(改签号〔2010〕第014号)1份;

(注:证据1~3用以证明原告通过招拍挂程序合法取得宁波书城东侧1#地块土地使用权的事实。)

4.税收缴纳书1份,用以证明原告向被告江东地税局已缴纳契税人民币7 494 552元的事实;

5.联网电子缴纳扣款凭证46份,用以证明原告向被告江东地税局已缴纳土地使用税人民币627 215元的事实;

6.《裁决书》(〔2014〕甬仲裁字第210号)及《裁决书补正》各1份,用以证明原告与市国土局经仲裁解除《出让合同》的事实;

7.退税申请2份、《答复》1份,用以证明原告提出退税申请,被告江东地税局作出《答复》的事实;

8.《行政复议决定书》(甬东复决字〔2015〕2号)1份,用以证明江东区政府作出维持《答复》的复议决定的事实;

9.《国家税务总局关于办理期房退房手续后应退还已征契税的批复》(国税函〔2002〕622 号),用以证明国家税务总局规定,对交易双方已签订房屋买卖合同,但由于各种原因最终未能完成交易的,如购房者已按规定缴纳契税,在办理期房退房手续后,对其已纳契税款应予以退还;

10.《国家税务总局关于无效产权转移征收契税的批复》(国税函〔2008〕438 号),用以证明国家税务总局规定,对经法院判决的无效产权转移行为不征收契税;

11.《北京市契税管理规定》,用以证明北京市人民政府规定,纳税人已缴纳契税,但土地、房屋权属转移未能实现的,经契税征收机关批准,可准予退税;

12.《浙江省实施〈中华人民共和国契税暂行条例〉办法》,用以证明浙江省人民政府规定,纳税人缴纳契税后,因所签订的土地、房屋权属转移合同无法履行申请退税的,经县级以上人民政府契税征收机关审核批准,准予退税。

被告江东地税局及被告江东区政府辩称:

1. 被告江东地税局向原告征收契税、土地使用税于法有据。根据《契税条例》第 1 条、第 2 条、第 8 条,原告作为国有土地使用权出让的承受方,其缴纳契税的义务在 2010 年 9 月与市国土局签订《出让合同》之日即已发生。根据《土地使用税条例》第 2 条,原告纳税义务的持续时间自出让合同约定交付土地时间的次月起、止于土地出让合同被裁决解除的当月末。

2. 宁波仲裁委员会所作裁决不能直接作为退税依据。仲裁的裁决效力仅及于仲裁申请人与被申请人,土地出让所涉税款的征收和退还应依据相关税收法律、法规执行,仲裁无权对所涉税款是否应予退还作出裁决,事实上也未对此作出实质性裁决。

3. 合同解除不构成退还契税、土地使用税的理由。根据《合同法》的规定,合同解除不同于合同无效或被撤销,解除合同仅发生向后的法律效力,解除前既已发生的法律关系并不因合同解除而自始无效。本案中,原告已实际取得宁波书城东侧 1#地块使用权,解除土地出让合同并不改变原告在 2010 年 9 月至 2014 年 12 月期间拥有该地块使用权的法律事实,故原告的纳税义务仍然存在。并且行政行为是法无授权不可为,原告的退税申请无相关的法律支持,被告就无权作出退税决定。

4. 被告江东区政府作出的行政复议决定合法。被告江东区政府于 2015

年3月4日收到原告的行政复议申请即受理,并向双方当事人送达了《行政复议案件受理通知书》和《行政复议答复通知书》。2015年4月1日,又向双方当事人送达《行政复议听证通知书》,通知双方当事人于2015年4月10日参加听证。2015年4月26日,被告江东区政府作出维持《答复》的行政复议决定,并依法送达。

被告江东地税局及被告江东区政府向本院提交了证明原行政行为合法性的以下证据、依据:

1.《答复》1份,用以证明被告作出不予退税决定的事实;

2.《出让合同》1份;

3.改签合同1份;

(注:证据2、证据3用以证明原告取得宁波书城东侧1#地块土地使用权的事实。)

4.《联系单》1份;

5.《房地产交易纳税申报表》2份;

6.《税收缴款书》1份;

7.富天公司契税缴款记录1份;

8.富天公司土地使用税缴款记录1份;

[注:证据4~8用以证明原告已缴纳契税人民币7 494 552元、土地使用税(含滞纳金)人民币627 221.67元的事实。]

9.《契税条例》第1条、第2条、第8条,用以证明原告取得国有土地使用权后应依法缴纳契税;

10.《土地使用税条例》第1条、第2条,用以证明原告取得国有土地使用权后,应依法缴纳土地使用税;

11.《财政部、国家税务总局关于房产税、城镇土地使用税有关政策的通知》(财税〔2006〕186号)第2条;

12.《财政部、国家税务总局关于房产税、城镇土地使用税有关问题的通知》(财税〔2008〕152号)第3条。

(注:证据11、证据12用以证明原告的土地使用税纳税义务起于合同约定交付土地时间的次月或合同签订的次月,止于土地使用权发生变化的当月末。)

被告江东区政府向本院提交了证明复议程序合法性的以下证据、依据:

1.《复议申请书》、证据目录、企业法人营业执照、组织机构代码证、身份证、授权委托书、邮寄单各1份,用以证明被告江东区政府收到行政复议申请材料的事实;

2.《行政复议案件受理通知书》、邮寄单及查询单各1份,用以证明被告江东区政府受理复议申请并通知原告的事实;

3.《行政复议答复通知书》及送达回证各1份,用以证明被告江东区政府通知被告江东地税局作书面答复的事实;

4.《行政复议答辩书》、授权委托材料、法律依据各1份,用以证明被告江东地税局书面答复并提供证据和依据的事实;

5.《行政复议听证通知书》2份、邮寄单及查询单各4份,用以证明被告江东区政府通知听证的事实;

6.行政复议听证记录及代理词各1份,用以证明被告江东区政府召开听证会的事实;

7.《行政复议决定书》1份、邮寄单及查询单各4份,用以证明江东区政府作出行政复议决定并送达的事实;

8.《行政复议法》第17条、第23条、第28条、第31条,用以证明行政复议合法;

9.《行政复议法实施条例》第33条,用以证明行政复议合法。

经庭审质证,原告对被告江东地税局及被告江东区政府提交的证明原行政行为合法性的证据、依据的质证意见如下:对证据1的内容上的合法性有异议,对证据2~8的真实性、合法性、关联性不持异议;对证据9~12的证明对象有异议,本案中土地使用权没有发生实质性转移、原告亦没有实际使用该土地,故不适用《契税条例》第1条、第2条,《土地使用税条例》第1条、第2条的内容,被告所举依据并非针对退税,不适用于本案。

原告对被告江东区政府提交的证明复议程序合法性的证据均不持异议,认为被告江东区政府作出的复议决定在程序上是合法的。

被告江东地税局及被告江东区政府对原告提供的证据、依据的质证意见如下:对证据1~8不持异议,但认为证据6的仲裁内容越权,对证据9~12有异议,认为不适用于本案,无关联性。

本院对上述证据认证如下:1.对被告江东地税局及被告江东区政府提供的证明原行政行为合法性的证据、依据中,原告对证据2~8不持异议,故本院予以认定;对证据 1 内容上的合法性以及依据适用是否正确于下文阐述。2. 被告江东区政府提供的证明复议程序合法性的证据、依据中,因原告对复议程序不持异议,故本院对证明复议程序合法性的证据均予认定。3. 对原告提供的证据,被告江东地税局及被告江东区政府对证据 1 ~ 8 不持异议,本院予以认定;对证据 9 ~ 12 是否适用于本案于下文阐述。

经审理查明,2010 年 8 月 17 日,市国土局发布《公告》,决定以挂牌方式出让宁波书城东侧 1#地块,坐落位置为江东区,北至惊驾路、西至滨江大道、东至江东北路,土地用途为文体娱乐,出让面积为 10 676 平方米。2010 年 9 月 20 日,太平洋公司竞得上述地块的国有建设用地使用权,成交总价为人民币 249 818 400 元。同日,与市国土局签订《出让合同》,市国土局交付了上述土地。2010 年 11 月 4 日,太平洋公司注册成立全资子公司富天公司,即本案原告。2010 年 11 月 18 日,市国土局与原告签订了改签合同,将上述土地的受让方变更为原告。此后,原告向被告江东地税局缴纳了契税人民币 7 494 552 元、土地使用税人民币 627 215 元。

2011 年 4 月,原告准备向宁波市规划局申报受让地块的规划方案时,因《宁波三江口核心区改造提升规划》正在编制过程中,故宁波市规划局要求原告暂缓申请报批规划方案。2012 年 4 月 16 日,《宁波三江口核心区改造提升规划》正式出台,原告认为该文件对受让地块的规划条件造成了影响,故与宁波市人民政府、宁波市规划局、市国土局等部门沟通、反映,要求对受让地块进行处理。2014 年 12 月 4 日,原告向宁波仲裁委员会提出仲裁申请,要求解除与市国土局签订的《出让合同》,返还全部土地出让金人民币 249 818 400 元、契税人民币 7 494 552 元、土地使用税人民币 627 215 元。2014 年 12 月 5 日,宁波仲裁委员会作出《裁决书》([2014]甬仲裁字第 210 号),裁决内容包括:解除原告与市国土局于 2010 年 9 月 20 日签订的《出让合同》;市国土局扣除 20% 定金人民币 49 963 680 元,退还原告土地出让金人民币 199 854 720 元;原告支付的契税人民币 7 494 552 元、土地使用税人民币 500 000 元,由原告向宁波市地方税务局申请办理退税,市国土局予以协助。

2014 年 12 月 19 日,原告向宁波市江东区财政局书面申请退还土地出让金契税至原告账户。2015 年 1 月 12 日,原告向被告江东地税局书面申请退回已缴纳的土地使用税、契税。2015 年 1 月 20 日,被告江东地税局对原告作出《答复》,认定根据《契税条例》第 1 条、第 2 条、第 8 条以及《土地使用税条例》

第2条、第3条、第8条,原告与市国土局签署《出让合同》并受让取得宁波书城1#地块使用权后,应当依法缴纳契税和土地使用税,解除《出让合同》不影响合同解除前纳税义务的发生与履行,不属于退税事由,因此,决定不予退还原告已缴纳的宁波书城东侧1#地块土地使用税和土地出让契税。

原告不服《答复》,于2015年3月4日向被告江东区政府申请行政复议。同日被告江东区政府受理,并通知被告江东地税局提交书面答复。2015年4月10日,被告江东区政府召开听证会。2015年4月26日,被告江东区政府作出《行政复议决定书》(甬东复决字〔2015〕2号),认为《答复》认定事实清楚,证据确凿,适用依据正确,程序合法,内容适当,根据《行政复议法》第28条第1款第1项的规定,决定予以维持。

本院认为,本案的争议焦点在于:1. 原告与市国土局依法解除《出让合同》的情形,是否属于被告江东地税局退还原告已缴纳的契税的法定情形;2. 原告与市国土局依法解除《出让合同》的情形,是否属于被告江东地税局退还原告已缴纳的土地使用税的法定情形。

1. 原告与市国土局依法解除《出让合同》的情形,是否属于被告江东地税局退还原告已缴纳的契税的法定情形。

《契税条例》第1条规定:“在中华人民共和国境内转移土地、房屋权属,承受的单位和个人为契税的纳税人,应当依照本条例的规定缴纳契税。”第8条规定:“契税的纳税义务发生时间,为纳税人签订土地、房屋权属转移合同的当天,或者纳税人取得其他具有土地、房屋权属转移合同性质凭证的当天。”据此,原告于2010年9月20日受让涉案地块国有土地使用权,应依法缴纳契税。本案中,原告已于2011年1月25日缴纳受让土地的契税。关于契税的退税问题,除税务机关对多缴、误征的契税应予退还外,《契税条例》仅第6条规定了“减征或者免征契税”的情形:“有下列情形之一的,减征或者免征契税:(一)国家机关、事业单位、社会团体、军事单位承受土地、房屋用于办公、教学、医疗、科研和军事设施的,免征;(二)城镇职工按规定第一次购买公有住房的,免征;(三)因不可抗力灭失住房而重新购买住房的,酌情准予减征或者免征;(四)财政部规定的其他减征、免征契税的项目。”本案并不存在原告多缴或被告误征契税之情形,且本案中,原告与市国土局依法解除《出让合同》,亦不符合《契税条例》中“减征或者免征契税”的条件。

2. 原告与市国土局依法解除《出让合同》的情形,是否属于被告江东地税局退还原告已缴纳的土地使用税的法定情形。

《土地使用税条例》第2条第1款规定:“在城市、县城、建制镇、工矿区范围内使用土地的单位和个人,为城镇土地使用税(以下简称土地使用税)的纳税人,应当依照本条例的规定缴纳土地使用税。”第8条规定:“土地使用税按年计算、分期缴纳。缴纳期限由省、自治区、直辖市人民政府确定。”《财政部、国家税务总局关于房产税、城镇土地使用税有关政策的通知》(财税〔2006〕186号)规定:“以出让或转让方式有偿取得土地使用权的,应由受让方从合同约定交付土地时间的次月起缴纳城镇土地使用税;合同未约定交付土地时间的,由受让方从合同签订的次月起缴纳城镇土地使用税。”据此,原告于2010年9月20日取得涉案地块国有土地使用权后,应依法缴纳土地使用税。本案中,原告已缴纳了受让地块的土地使用税。关于土地使用税的退税问题,除税务机关应予退还纳税人多缴或税务机关误征的土地使用税外,《土地使用税条例》第6条规定:“下列土地免缴土地使用税:(一)国家机关、人民团体、军队自用的土地;(二)由国家财政部门拨付事业经费的单位自用的土地;(三)宗教寺庙、公园、名胜古迹自用的土地;(四)市政街道、广场、绿化地带等公共用地;(五)直接用于农、林、牧、渔业的生产用地;(六)经批准开山填海整治的土地和改造的废弃土地,从使用的月份起免缴土地使用税5年至10年;(七)由财政部另行规定免税的能源、交通、水利设施用地和其他用地。”第7条规定:“除本条例第六条规定外,纳税人缴纳土地使用税确有困难需要定期减免的,由省、自治区、直辖市税务机关审核后,报国家税务局批准。”本案不存在原告多缴或被告误征土地使用税之情形,且本案中,原告与市国土局依法解除《出让合同》,亦不属于《土地使用税条例》中“免缴土地使用税”或“减免土地使用税”之情形。

庭审中,原告所举《国家税务总局关于办理期房退房手续后应退还已征契税的批复》(国税函〔2002〕622号)、《国家税务总局关于无效产权转移征收契税的批复》(国税函〔2008〕438号)、《浙江省实施〈中华人民共和国契税暂行条例〉办法》第11条等所涉之情形,亦不同于本案情况,故不适用于本案。

原告于2015年1月12日向被告江东地税局书面申请退还契税及土地使用税,被告江东地税局于同年1月20日作出书面答复,被告的答复在合理期限内。被告江东区政府于2015年3月4日收到原告的行政复议申请,同年4月10日召开听证会,同年4月26日作出行政复议决定并依法送达,该行政复议符合法定程序。

综上,被告江东地税局于2015年1月20日所作《答复》认定事实清楚、程序合法、适用法律、法规正确,本院予以支持;被告江东区政府于2015年4月26日所作《行政复议决定书》合法,本院予以支持。原告的诉讼请求于法无据,本院不予支持。依照《中华人民共和国行政诉讼法》第69条、第79条之规定,判决如下:

驳回原告富天公司的诉讼请求。

本案案件受理费50元,由原告富天公司负担。

如不服本判决,可在判决书送达之日起15日内向本院递交上诉状,按对方当事人的人数提出副本,上诉于浙江省宁波市中级人民法院,并在上诉期内凭判决书向浙江省宁波市中级人民法院立案大厅收费窗口预交上诉案件的案件受理费50元;如通过银行汇款,收款人为宁波市财政局非税资金专户,账号为37×××92,开户银行为宁波市中国银行营业部;如通过邮政汇款,收款人为宁波市中级人民法院立案室,汇款时一律注明原审案号。上诉案件的案件受理费未在上诉期限内预交的,应当在上诉期限届满后7日预交,逾期不交,作放弃上诉处理。

审 判 长 贾丰荣
代理审判员 张 严
人民陪审员 张爱华
二〇一五年七月二十三日
代 书 记 员 陈雨晴

附2:浙江省宁波市中级人民法院行政判决书

(2015)浙甬行终字第183号

上诉人(原审原告)宁波太平洋富天投资有限公司,住所地浙江省宁波市宁波书城文化广场1幢1号7层B座。

法定代表人:刘某群。

委托代理人:程某(特别授权代理)。

委托代理人:李某春(特别授权代理)。

被上诉人(原审被告)宁波市江东地方税务局,住所地浙江省宁波市江东区沧海路555号。

法定代表人:孙某红。

出庭应诉负责人:刘某,女,副局长。

委托代理人:陈某铭(特别授权代理)。

委托代理人:魏某(特别授权代理)。

被上诉人(原审被告)宁波市江东区人民政府,住所地浙江省宁波市江东区彩虹北路58号。

法定代表人:孙某明。

出庭应诉负责人:李某来,副区长。

委托代理人:章某伟(特别授权代理)。

委托代理人:邱某清(特别授权代理)。

上诉人宁波太平洋富天投资有限公司因诉被上诉人宁波市江东地方税务局、宁波市江东区人民政府税务行政征收及行政复议一案,不服浙江省海曙区人民法院(2015)甬海行初字第26号行政判决,向本院提起上诉。本院组成合议庭,公开审理了本案。上诉人的委托代理人程某、李某春,被上诉人宁波市江东地方税务局的出庭应诉负责人刘某、委托代理人陈某铭、魏某,被上诉人宁波市江东区人民政府的出庭应诉负责人李某来、委托代理人章某伟、邱某清到庭参加诉讼,现已审理终结。

被上诉人宁波市江东地方税务局(以下简称江东地税局)于2015年1月20日作出《关于宁波市太平洋富天投资有限公司退税申请的答复》(以下简称《答复》),决定不予退还上诉人已缴纳的宁波书城东侧1#地块城镇土地使用税和土地出让契税。上诉人不服,申请行政复议,被上诉人宁波市江东区人民政府(以下简称江东区政府)于2015年4月26日作出《行政复议决定书》(甬东复决字〔2015〕2号),复议决定维持《答复》。

原审法院经审理认定,2010年8月17日,宁波市国土资源局(以下简称市国土局)发布公告,决定以挂牌方式出让宁波书城东侧1#地块,坐落位置为江东区,北至惊驾路、西至滨江大道、东至江东北路,出让面积为10 676平方米。2010年9月20日,宁波太平洋恒业房地产开发有限公司(以下简称太平洋公司)竞得上述地块的国有建设用地使用权。同日,太平洋公司与市国土局签订《国有建设用地使用权出让合同》(以下简称《出让合同》),市国土局交付了上述土地。2010年11月4日,太平洋公司注册成立全资子公司宁波太平洋富天投资有限公司,即原审原告。2010年11月18日,市国土局与原告签订了改签合同,将上述土地的受让方变更为原告。此后,原告向被告江东地税局缴纳了契税人民币 7 494 552 元、土地使用税人民币 627 215 元。2014 年 12 月 5 日,宁波仲裁委员会作出(2014)甬仲裁字第 210 号裁决书,裁决内容包括:解除原告与市国土局于 2010 年 9 月 20 日签订的《出让合同》;市国土局扣除 20%定金人民币 49 963 680 元,退还原告土地出让金人民币 199 854 720 元;原告支付的契税人民币 7 494 552 元、土地使用税人民币 500 000 元,由原告向宁波市地方税务局申请办理退税,市国土局予以协助。2014 年 12 月 19 日,原告向宁波市江东区财政局书面申请退还土地出让金契税。2015 年 1 月 12 日,原告向被告江东地税局书面申请退回已缴纳的土地使用税、契税。2015 年 1 月 20 日,被告江东地税局对原告作出《答复》,认定根据《契税条例》第 1 条、第 2 条、第 8 条以及《城镇土地使用税暂行条例》(以下简称《土地使用税条例》)第 2 条、第 3 条、第 8 条,原告与市国土局签署《出让合同》并受让取得宁波书城 1#地块使用权后,应当依法缴纳契税和土地使用税,解除《出让合同》不影响合同解除前纳税义务的发生与履行,不属于退税事由。因此,决定不予退还原告已缴纳的宁波书城东侧 1#地块土地使用税和土地出让契税。原告不服《答复》,于 2015 年 3 月 4 日向被告江东区政府申请行政复议。同日,被告江东区政府受理,并通知被告江东地税局提交书面答复。2015 年 4 月 10 日,被告江东区政府召开听证会。2015 年 4 月 26 日,被告江东区政府作出《行政复议决定书》(甬东复决字〔2015〕2 号),认为《答复》认定事实清楚,证据确凿,适用依据正确,程序合法,内容适当,根据《行政复议法》第 28 条第 1 款第 1 项的规定,决定予以维持。

原审法院认为,原告已缴纳受让土地的契税和土地使用税。原告与市国土局依法解除《出让合同》的情形,不属于被告江东地税局退还原告已缴纳的契税和土地使用税的法定情形。《国家税务总局关于办理期房退房手续后应退还已征契税的批复》(国税函〔2002〕622 号)、《国家税务总局关于无效产权转移征收契税的批复》(国税函〔2008〕438 号)、《浙江省实施〈中华人民共和国契税暂行条例〉办法》第 11 条等所涉之情形,不能适用。原告于 2015 年 1 月 12 日向被告江东地税局书面申请退还契税及土地使用税,被告江东地税局于同年 1 月 20 日作出书面答复,被告的答复在合理期限内。被告江东区政府于 2015 年 3 月 4 日收到原告的行政复议申请,同年 4 月 10 日召开听证会,同年 4 月 26 日作出行政复议决定并依法送达,该行政复议符合法定程序。综上,被告江东地税局于2015年1月20日所作《答复》认定事实清楚、程序合法、适用法律、法规正确,予以支持;被告江东区政府于2015年4月26日所作《行政复议决定书》合法,予以支持。原告的诉讼请求于法无据,不予支持。依照《中华人民共和国行政诉讼法》第69条、第79条之规定,判决驳回原告宁波太平洋富天投资有限公司的诉讼请求。

上诉人上诉称:1.上诉人与市国土局协商解除合同属于《浙江省实施〈中华人民共和国契税暂行条例〉办法》第11条规定的"转移合同无法履行"的范畴。2.在无明确法律、法规对契税退还条件及程序作出具体规定的情况下,应参照引用上诉人提交的最近似的规章或规范性文件。请求二审法院撤销原判,撤销被上诉人宁波市江东地方税务局于2015年1月20日作出的《关于宁波市太平洋富天投资有限公司退税申请的答复》和被上诉人宁波市江东区人民政府于2015年4月26日作出的甬东复决字(2015)2号行政复议决定书,判令被上诉人宁波市江东地方税务局向上诉人退还土地出让契税7 494 552元和土地使用税627 215元。

被上诉人江东地税局辩称,征收契税、城镇土地使用税于法有据,宁波仲裁委员会所作裁决不能作为退税依据,合同解除不构成退税理由。请求二审法院驳回上诉,维持原判。

被上诉人江东区政府未作书面答辩,在审理中辩称,被上诉人江东地税局作出的被诉答复认定事实清楚,应予维持,被上诉人江东区政府作出的行政复议决定程序合法,符合法律规定。请求二审法院驳回上诉,维持原判。

本院经审理查明的事实与一审判决认定的事实一致,本院予以确认。

本院认为,上诉人基于土地出让合同解除主张退还契税和土地使用税,不符合退还契税和土地使用税的法定情形。上诉人认为在法无明文规定的情况下,应参照引用《国家税务总局关于办理期房退房手续后应退还已征契税的批复》(国税函〔2002〕622号)、《国家税务总局关于无效产权转移征收契税的批复》(国税函〔2008〕438号)、《浙江省实施〈中华人民共和国契税暂行条例〉办法》第11条等规章及规范性文件。本院认为,上述规范性文件本身不适用于本案,而且对于权属已经转移的情形,上述文件也没有体现可以退还契税的精神。本案中,涉案土地使用权已经完成权属登记,权属已经转移,故根据税收法定原则,结合上述文件精神,被上诉人江东地税局不退还契税并无不妥。上诉人缴纳土地使用税期间为涉案土地的实际使用权人,上诉人主张退还已缴纳的土地使用税于法无据,本院不予支持。上诉人于2015年1月12日向被上诉人江东地税局书面申请退还契税及土地使用税,被上诉人江东地税局于同年1月20日作出书面答复,被上诉人江东地税局的答复在合理期限内,程序合法。综上,被上诉人作出被诉答复行为认定事实清楚,适用法律正确,程序合法。

被上诉人江东区政府于2015年3月4日收到上诉人的行政复议申请,同年4月10日召开听证会,同年4月26日作出行政复议决定并依法送达,该行政复议符合法定程序。综上,被上诉人江东区政府作出被诉行政复议决定认定事实清楚,适用法律正确,程序合法。

综上,本院认为,原审判决认定事实清楚,适用法律、法规正确,审判程序合法。上诉人上诉理由不足,本院不予支持。据此,依照《中华人民共和国行政诉讼法》第89条第1款第1项的规定,判决如下:

驳回上诉,维持原判。

二审受理费50元,由上诉人宁波太平洋富天投资有限公司承担。

本判决为终审判决。

审　判　长　陈信根

代理审判员　朱姣珍

代理审判员　陈　凯

二〇一五年十一月九日

代 书 记 员　王　静

纳税义务发生时间的法理辨析与改进
——以房产拍卖过户营业税优惠政策适用争议案件为例

周玉栋*

【目　次】

一、案件基本情况及税法问题

2015 年 2 月 12 日,原告冯某通过法院司法拍卖,竞得坐落于宁波市的一幢住宅,并于同年 2 月 25 日付清全部房屋拍卖款。[1] 原产权人杨某群购买该住宅的时间是 2010 年 12 月 23 日,同日完税。2015 年 3 月 23 日,原告冯某持《执行裁定书》《法院协助执行通知书》等材料在宁波市房地产交易中心办理房产过户登记手续,并于同日收到该中心开具的《房产业务受理收件单》。3 月 30 日,原告向宁波市江北地方税务局办理房地产交易完税手续。被告江北地税局向原告收取营业税及附加费用共计 85 680 元。2015 年 3 月 31 日,原告冯某取得涉案房屋所有权证,记载房屋登记日是 2016 年 3 月 31 日。

与上述案情相联系的是原告办理完税过程中国家对税收政策的调整。2011 年 1 月 27 日,财政部、国家税务总局发布《关于调整个人住房转让营业税政策的通知》(财税〔2011〕12 号),规定个人将购买不足 5 年的住房对外销售的,全额征收营业税。2015 年 3 月 30 日,财政部、国家税务总局发布《关于调整个人住房转让营业税政策的通知》(财税〔2015〕39 号),将不足 5 年全额

* 法学硕士,国家税务总局政策法规司职员。

〔1〕 参见(2015)甬北行初字第 57 号。

征收营业税的规定调整为不足 2 年,并规定该项政策自 2015 年 3 月 31 日起执行。

原告冯某诉称,被告江北地税局混淆了"产生纳税义务"与"实际缴纳税费"的区别。原告通过司法拍卖取得房屋,即使根据《中华人民共和国物权法》关于所有权取得的特殊规定,原告在获得所有权的情况下产生缴纳营业税义务,也应当按照取得房屋产权证的时间来缴纳营业税。原告 2015 年 3 月 31 日才取得房产证,此时涉案房产交易才真正完成,故营业税征缴应当适用《财政部、国家税务总局关于调整个人住房转让营业税政策的通知》(财税〔2015〕39 号)文件规定。原告购买涉案房屋时间距案外人杨某群的购买时间早已超过 2 年,故应免征营业税。同时,根据法院裁定内容,纳税义务人系原告而非杨某群,被告在纳税凭证中记录的纳税人错误。此外,被告江北地税局"先税后证"的行为违背立法初衷,《国家税务总局关于进一步加强房地产税收管理的通知》(国税发〔2005〕82 号)有关契税"先税后证"的规定不应当适用于征收营业税情形,即使需要先征营业税,也可能存在免、退等情况。在收缴错误的情况下,被告应当通过"退税"予以纠正。

原告冯某购买该幢住宅的几个时间节点是:原产权人杨某群于 2010 年 12 月 23 日购得房屋。原告冯某于 2015 年 2 月 12 日通过司法拍卖竞得该房屋,2 月 25 日付清房屋拍卖款,3 月 23 日向房地产交易中心申请登记过户;3 月 30 日向税务局办理完税手续,同日税收新政发布;3 月 31 日取得房屋所有权证,同日税收新政开始实施。

该案最直接的税法问题是,2015 年 3 月 31 日实施的财税〔2015〕39 号新政是否适用于原告冯某的该项交易,进而原告冯某的房屋买卖交易是否应当免征营业税。就财税〔2015〕39 号文件政策规定本身而言,其对政策生效日期的规定是"本通知自 2015 年 3 月 31 日起执行",但这句话本身并不能解决案例房产交易的政策适用问题,不能使我们轻易地得出结论:自 2015 年 3 月 31 日起来税务局办理纳税申报的交易都适用新政策,而之前已经办理了纳税申报的交易按照原政策执行。实际上,纳税申报与纳税义务发生也非同一概念。

本案中,与该问题密切相关的是一个具有普遍性和税法基本特征的问题:房产交易的纳税义务何时产生。凭借常识可以简单列举出来的几个时点是:房屋登记日、申请过户日、支付房款日、签订合同日、拍卖成交日。如果纳税义务产生于房屋登记日,则本案适用房产证颁发时 2015 年 3 月 31 日税收新政,免征营业税;如果纳税义务产生于付款日,或者司法拍卖成交日,则适用付款时税收政策,应征营业税。[1] 可见,纳税义务发生时间的确定是政策适用的关键所在。

二、税收债法视角下的纳税义务发生时间

税务机关与纳税人之间的关系,传统上是行政法下的行政机关与行政相对人之间的关系。相应围绕税款征收行为展开的权力行使和义务履行应当遵循行政法规则。随着债法学说被引入税法研究并逐渐被广泛接受,国家与纳税人之间税款征收的金钱给付关系逐渐受到私法关系中的债权债务学说影响,将国家与纳税人之间的税收征收与给付关系解释为不同于私法意义上的公法上的债权债务,并在此理论框架下讨论税收之债的构成要件、发生、变更、消灭以及保全、担保等。有关税收之债发生的理论观点,学说上有两种解释:一种是税收核定说,又叫课税处分时说,认为税收法律关系乃是国家财政权力行使关系,税收之债在征税机关作出课税处分时始才发生。[2] 另一种是税收要件实现时说,认为税收之债是国家依据法律所享有的金钱给付请求权,在法律所规定的税收之债的构成要件实现时发生,即税收之债与民法上的侵权行为、无因管理和不当得利之债一样,其发生是基于法律的直接规定,而不是基于当事人的法律行为或征税机关的行政行为。[3] 税收核定说曾在历史上占有优势,但随着纳税申报等现代税法制度的流行与普及,该学说在解释税法社会现象时逐渐显得"捉襟见肘"。相反,税收要件实现时说则显示出其适应性和生命力,使得大陆法系国家普遍采用税收要件实现时说。如《德国租税通则》第 38 条规定:"租税债务关系之请求权,于法律所据以课赋给付义务之构成要件实现时,即行成立。"即不论税务机关是否作出了征税决定,只要有法律规定的行为或法律事实发生,并满足了法律规定的要件,则税收债权债务关系即告成立。

---

〔1〕 对于税法文件适用问题,本文结论还有进一步讨论的空间。因为主题的限制和主题讨论的便利,本文不作展开。

〔2〕 施正文:《税收债法论》,中国政法大学出版社 2008 年版,第 139 页。

〔3〕 同上书,第 140 页。

按照上述两种典型税收之债发生的理论来分析案件，如果采用税收核定说，则2015年3月30日原告冯某在税务机关办理完税手续时，原产权人杨某群发生纳税义务，[1]其应当按照纳税义务发生当时生效的税法来征税并确定优惠政策适用。新政策于2015年3月31日施行，3月30日发生的纳税事项应当适用原政策，因此不能适用新政策中的免税优惠。如果采用税收要件实现时说，则法律规定的税收要件全部实现时，即原产权人杨某群的纳税义务发生时间。因此，查明法律规定的税收要件的具体规定就显得十分重要。根据《中华人民共和国营业税暂行条例》（以下简称《营业税暂行条例》）第12条第1款的规定："营业税纳税义务发生时间为纳税人提供应税劳务、转让无形资产或者销售不动产并收讫营业收入款项或者取得索取营业收入款项凭据的当天。国务院财政、税务主管部门另有规定的，从其规定。"因此，销售不动产的税收要件实现的条件：一是行为条件，即销售不动产行为发生；二是支付条件，即收讫款项或取得索取款项的凭据。但可以发现，两个要件中任何一个要件都语焉不详，销售不动产行为发生在法律上没有明确定义，收讫款项字面理解应当是收到全部应收的价款，如果按此理解，既缺乏合理性导致税收漏洞，又不能与取得索取款项的凭证这个替代性要件保持政策同步。鉴于此，财政部规章通过解释上述条款修改了其内容。《中华人民共和国营业税暂行条例实施细则》（以下简称《营业税暂行条例实施细则》）第24条作出了与文义差距较大的解释："条例第十二条所称收讫营业收入款项，是指纳税人应税行为发生过程中或者完成后收取的款项。条例第十二条所称取得索取营业收入款项凭据的当天，为书面合同确定的付款日期的当天；未签订书面合同或者书面合同未确定付款日期的，为应税行为完成的当天。"至此，销售不动产的税收要件实现的条件被修改为：一是行为条件，即销售不动产行为发生；二是支付条件，即已收取款项或合同确定的付款日届至。

案件中，原告之所以与税务机关就政策适用问题发生争议，直接原因是征纳双方就纳税义务发生时间的认识不一致，根本原因是我国确定纳税义务发生时间的制度存在问题。案件中，2015年2月25日已经付清拍卖款，纳税义务发生所需的支付条件已经满足。行为条件一旦也得到满足，则纳税义务发生时间即

---

[1] 按照法律规定，原产权人杨某群是纳税义务人，原告冯某是代缴税款。冯某是否具有合法的原告地位本身也是一个诉讼法上的问题，在此不作讨论。

可确定。原告冯某主张获得房屋所有权是产生营业税纳税义务的前提,应当按照取得房屋产权证的时间来缴纳营业税。原告冯某于2015年3月31日才取得房产证,当日纳税义务方才产生,进而适用当日生效的新政策免征营业税。

原告陈述的理由在税收要件实现理论视野下有一定道理,关键在于销售不动产的税收要件实现的条件之一——销售不动产行为发生,应该如何解释。是司法拍卖日、合同签订日,还是申请过户日或者是原告主张的房产登记日。在此讨论采用不同的解释可能出现的后果,在不考虑支付条件的情况下,如果采用房屋登记日作为纳税义务发生时间,则纳税申报和税款缴纳按逻辑顺序需在此后进行,与目前通常的先完税后过户的实际做法不符,且一旦买卖双方履行完合同义务,卖方已经拿到款项,买方已经取得房屋产权证书,双方再无动力办理纳税事项,将导致税收流失严重或者税务机关征管成本极大提高。如果采用合同签订日作为纳税义务发生时间,则在合同签订并申报缴纳税款但嗣后合同并未得到履行的情形,纳税人申请退还税款不应得到支持,理由是法律规定的税款征收条件已经完全满足,纳税义务发生时间的行为条件和支付条件都得到满足时,税收债权债务关系已经成立,合同得不到履行亦不会影响税收债权的实现。显然,此种制度安排显示对纳税人极为不利,似有"强盗"逻辑。无论采用何种解释,都会存在一些逻辑和认识上的困惑。

再看被告江北地税局的答辩意见:首先,江北地税局认为营业税纳税的具体义务是依据该纳税义务发生时所施行的法律、政策确定的;其次,根据《营业税暂行条例》第12条和《营业税暂行条例实施细则》第24条规定,原告于2015年2月25日付清房屋全部拍卖款,该付款日即为房屋拍卖行为的营业税纳税义务发生时间。江北地税局的答辩意见仅得出本案纳税义务发生时间是房屋拍卖款付款日的结论,并未说明语义模糊不清的《营业税暂行条例》和《营业税暂行条例实施细则》如何适用于本案例及其理由。法院采纳了江北地税局的意见,认定"原告于2015年2月25日付清全部购房款项,该日即产生了涉案营业税纳税义务"。"原告冯某于2015年3月30日实际代缴全部税费。涉案房产营业税费的纳税义务发生时间、原告冯某实际代缴税费时间均早于财税〔2015〕39号文件的法定执行时间,故该文件并不适用于涉案税费缴纳情形。"既没有说明原告提出的认定纳税义务发生时间的理由为何错误,也没有阐述《营业税暂行条例》和《营业税暂行条例实施细则》的规定应该如何理解。实际上,江北地税局的答辩意见和法院的判决仅关注了纳税义务发生时间的支付条件，而回避了行为条件应该如何认定。按照《营业税暂行条例》和《营业税暂行条例实施细则》的规定，只有行为条件和支付条件同时满足的情况下，营业税纳税义务方才产生，且意味以行为条件和支付条件两者中后发生者为纳税义务发生时间。或许，江北地税局和法院都当然认为，只要拍卖成交或者签订了合同，即构成了《营业税暂行条例》中的"销售不动产"行为，营业税纳税义务发生时间的行为条件也当然成立。如此一来，前述采用合同签订日作为行为条件的困惑即会存在，房产过户与否与纳税义务发生时间没有必然联系，即使日后合同未得到实际履行，纳税人也不能向税务机关请求退还已经缴纳的营业税税款。

三、现行政策规定与税法理论的冲突与协调：以流转税为例

（一）流转税税收之债的成立：基于法律行为理论

销售不动产行为在税法上如何被认定，从税收债法角度可以借鉴民商法中债权行为和物权行为理论。物权行为是法律行为的一种，而法律行为根据其法律效果可分为负担行为和处分行为。负担行为是以发生债权债务为其内容的法律行为，亦称债权行为或债务行为。处分行为是直接使某种权利发生、变更或消灭的法律行为。处分行为包括物权行为和准物权行为。负担行为与物权行为的关系，可分为三种：一是仅存在负担行为而无处分行为。不以物权变动为目的的债权合同，如承揽合同、居间合同等。以物权变动为目的的债权合同，在合同未履行的情况下，亦属此类。二是仅存在处分行为而无负担行为。主要为不因债权合同而导致物权变动的情形，如物之所有权的抛弃。三是负担行为与处分行为并存。如双方当事人签订房屋买卖协议，该买卖协议即为负担行为，而双方所办理的产权转移登记即为处分行为。[1] 当事人签订房屋买卖合同系债权行为成立，房屋变更登记系物权行为完成。

流转税把交易行为作为征税对象，而交易行为显然不是单指债权行为，即当事人双方仅仅在法律上负有权利义务不足以成为流转税的征税理由，真正能使当事人双方获得经济价值，实现交易目的并促进社会经济发展的乃物权行为。物权行为没有实现，国家对交易征税流转税的经济基础就不复存在，如

---

〔1〕 参见何志：《物权法判解研究与适用》，人民法院出版社2004年版，第38页。

果要对债权行为征税则性质上非流转税而是行为税,将与印花税本质相同。因此,营业税和增值税的征税对象是交易行为,而对交易行为最恰当的解释是物权行为。针对前述物权行为与债权行为关系的三种情况,营业税和增值税对征税对象的解释也相应地分为:一是物权行为与债权行为并存的交易,如房屋买卖。物权行为的实现是税收之债成立的时点。税收之债的成立以物权行为的实现作为条件。二是仅存在债权行为而无物权行为的交易,如承揽合同、居间合同。税收之债的成立以债权行为的成立作为条件。三是仅存在物权行为而无债权行为的交易,如继承、物之所有权的抛弃。税收之债的成立以物权行为的实现作为条件,但因欠缺债权行为无论从当事人主观意识还是行为的客观效果看,都难以实现市场经济目的,因此应当考虑给予豁免或适用特殊的征税规则,如物之所有权的抛弃不属于流转税征税范围,继承、遗赠通常也在流转税上给予免税待遇。[1]

现行税法规定在税收之债的成立要件上并未区分债权行为和物权行为,而是多借鉴会计准则采用了更加实用的方式,比如《中华人民共和国增值税暂行条例实施细则》(以下简称《增值税暂行条例实施细则》)将纳税义务发生时间根据结算方式、发货方式的不同予以规定,[2]试图在实务操作上向征纳双

---

〔1〕 按照《财政部、国家税务总局关于个人金融商品买卖等营业税若干免税政策的通知》(财税〔2009〕111号)第2条规定,个人无偿赠与不动产、土地使用权,属于下列情形之一的,暂免征收营业税:(1)离婚财产分割;(2)无偿赠与配偶、父母、子女、祖父母、外祖父母、孙子女、外孙子女、兄弟姐妹;(3)无偿赠与对其承担直接抚养或者赡养义务的抚养人或者赡养人;(4)房屋产权所有人死亡,依法取得房屋产权的法定继承人、遗嘱继承人或者受遗赠人。

〔2〕《增值税暂行条例实施细则》第38条规定:"条例第十九条第一款第(一)项规定的收讫销售款项或者取得索取销售款项凭据的当天,按销售结算方式的不同,具体为:(一)采取直接收款方式销售货物,不论货物是否发出,均为收到销售款或者取得索取销售款凭据的当天;(二)采取托收承付和委托银行收款方式销售货物,为发出货物并办妥托收手续的当天;(三)采取赊销和分期收款方式销售货物,为书面合同约定的收款日期的当天,无书面合同的或者书面合同没有约定收款日期的,为货物发出的当天;(四)采取预收货款方式销售货物,为货物发出的当天,但生产销售生产工期超过12个月的大型机械设备、船舶、飞机等货物,为收到预收款或者书面合同约定的收款日期的当天;(五)委托其他纳税人代销货物,为收到代销单位的代销清单或者收到全部或者部分货款的当天。未收到代销清单及货款的,为发出代销货物满180天的当天;(六)销售应税劳务,为提供劳务同时收讫销售款或者取得索取销售款的凭据的当天;(七)纳税人发生本细则第四条第(三)项至第(八)项所列视同销售货物行为,为货物移送的当天。"

方给出具体、明确的答案。但缺乏理论支撑的穷举式的规定往往难以全面，在制定时就已经落后于实践发展，且在发生争议时也难以找到法律解释应当遵循的原则和路径，这反过来又进一步刺激了争议的产生。现实中，很多纳税人的经营方式都属于非典型的《增值税暂行条例实施细则》规定的结算和发货方式，完全套用其规定无法当然确定纳税义务发生时间。2011 年，北京市国税局向税务总局反映，该市部分纳税人经营方式比较特殊，当期虽有货物移动，但当期既未收到销售款也未开具销售发票，期末以暂估的销售额入账，并就此暂估的销售额计提销项税额及进行纳税申报。随后国家税务总局制定了《关于增值税纳税义务发生时间有关问题的公告》(国家税务总局公告〔2011〕40 号)，明确"纳税人生产经营活动中采取直接收款方式销售货物，已将货物移送对方并暂估销售收入入账，但既未取得销售款或取得索取销售款凭据也未开具销售发票的，其增值税纳税义务发生时间为取得销售款或取得索取销售款凭据的当天"。另外，工程设备承揽合同纳税义务发生时间的争议也比较普遍，如承揽合同中乙方负责设备设计、制造、采购、安装与调试工作，合同价款按照合同签订、货到现场、安装调试完毕、投产达标、质保期结束 5 个里程碑分期支付。该种情况下，首先需要判断该交易是以预收款方式结算还是分期收款方式结算，纳税人认为是分期收款方式结算，应当按照合同约定的付款日期分别确定纳税义务发生时间；税务机关认为是预收款方式结算，应当在乙方设备发货时整个合同金额的纳税义务全部发生。

上述两种特殊情况，按照物权行为和债权行为理论分析，货物移送表明法律上的动产交付，物权行为实现，税收之债关系成立。税务总局公告 2011 年第 40 号规定尚未达到纳税义务发生时间，但不排除税收之债关系已经成立。承揽合同中设备发货乙方完成动产交付，无论采用哪种结算方式，税收之债关系成立，就设备价款部分而言，税务局主张全部金额的纳税义务发生时间已经满足，并要求纳税人立即偿还税收债务，理论逻辑上可以周延。

(二)流转税纳税义务发生时间：与税收之债成立的关系

接着需要讨论的问题是，税收之债的成立与纳税义务发生时间的关系。在我国成文法里并没有税收之债的概念，税法文件中"纳税义务发生时间"的表述是否就是税收之债这一理论概念的规范表达。两者的区别不仅在于一个是税法学理上的表述，另一个是法律条文上的表达。税收之债的成立与否是判断征纳双方实体权利义务是否产生，税收之债产生后并不要求纳税人立即履行,法律通常会规定纳税义务履行的起始点以及履行期限,纳税人在履行起始点开始具有向税务机关实际缴纳税款的义务,在一定期限内履行缴纳义务则该税收债务因履行完成而消灭。现行纳税义务发生时间意在规定税收之债的产生时点,且纳税义务发生时间的确定基本都是按照征管便利原则基于会计核算方式区分不同情况予以规定。这种规定必然会与交易法律关系的分析产生一定程度的偏离。现行税法规定中基于现金收付制而规定纳税义务发生几乎都是非基于法律关系的制度安排,如纳税人提供有形动产租赁服务的,收取预付款当天纳税义务发生,该规定既未考虑合同签订的债权行为,也未考虑动产交付的物权行为。其实,在不动产交易中税法体现出了对法律行为的关注,这可以从"先税后证"的制度安排中加以分析。《国家税务总局关于进一步加强房地产税收管理的通知》(国税发〔2005〕82 号)规定,"以契税管理先缴纳税款,后办理产权证书(简称'先税后证')为把手……实现房地产业诸税种间的有机衔接,不断提高征管质量和效率"。《国家税务总局、财政部、国土资源部关于进一步加强土地税收管理工作的通知》(国税发〔2008〕14 号)规定,"要继续严格执行'先税后证'的政策,没有财税部门发放的契税和土地增值税完税凭证或免税凭证,国土资源部门一律不得办理土地登记手续","国土资源部门要严格按照《中华人民共和国耕地占用税暂行条例》的要求,在发放建设用地批准书之前,要求申请人提供耕地占用税完税或免税凭证,凡不能提供的,不予发放"。可见,由此所指的是契税、土地增值税和耕地占用税,而没有提到流转税性质的营业税。由此,可以看到,与案件中原告冯某提出的要求退还已缴纳的营业税的理由相呼应,规范性文件中"先税后证"的规定并未说明适用于营业税,反面言之则是"先税后证"不适用于营业税,这与前述流转税税收债务产生的理论分析不谋而合,即不动产转让的纳税义务发生时间是以税收债务理论予以解释,并以物权行为作为解释的基础,税收债务产生之前纳税人不存在纳税义务。因此,原告冯某主张房屋交易的纳税义务发生于 2015 年 3 月 31 日合乎法理,交易应当适用免税的新政策,随之已经缴纳的税款应予退还,法院判决存在问题。更为重要的是,营业税改征增值税后不动产交易增值税纳税义务发生时间的政策调整,也能够支持前述理论。《营业税改征增值税试点实施办法》第 45 条第 4 项规定:"纳税人发生本办法第十四条规定情形的,其纳税义务发生时间为服务、无形资产转让完成的当天或者不动产权属变更的当天。"江西省国税局在《营改增问题解答(九)》中更是明确规定:

“以直接购买、接受捐赠、接受投资入股或抵债方式取得，以不动产权属变更的当天为取得的时间。”这也就是说，现行政策明确了房屋交易的纳税义务发生时间是房屋所有权证变更的当天，与税收之债成立时间一致。如果案例在2016年5月1日营业税全面改征增值税后发生，则原告冯某诉讼主张的法律依据更加充分。

税收之债成立的时间按照法律行为理论确定，并不意味着纳税义务发生时间需要完全遵循税收之债成立时间。国家基于征收管理和纳税服务方面的考虑，实际要求申报缴纳税款的时间并不一定要与税收之债成立时间保持一致，从现行纳税义务发生时间政策规定来看，主要考虑因素有两个方面：一是支付能力，纳税人是否在交易中获得了支付，因而具有负担税款的能力，是国家要求纳税人向其现实履行税收债务的重要合理性考量因素；二是征管便利，出于税务机关方便征管考虑，如果可以有效降低征纳成本、防止税源流失，税法可以特别规定申报缴纳时间，以实现征收管理方面的现实目标。出于支付能力考虑的典型立法是，现行确定纳税义务发生时间按照结算方式进行分类。《增值税暂行条例实施细则》根据结算方式的不同，通过对“收讫销售款项或者取得索取销售款项凭据”解释的方法，区分直接收款、托收承付和委托银行收款、分期收款、预收货款几种情况分别规定了纳税义务发生时间。例如，在赊销和分期收款方式销售货物的情况，按照税收之债成立理论，全部货物交付买家，相对应全部合同金额的税收之债成立，但纳税义务发生时间的规定并不要求卖方当时就向国家偿付全部税收之债务，而是考虑到纳税人支付能力，按照合同约定的付款日期方始缴纳税款。与支付能力考虑因素相反，在考虑征管便利因素时，要求纳税人〔1〕履行税收之债务偿付义务往往早于税收之债成立时间，如2008年修订的《中华人民共和国增值税暂行条例》增加了“先开具发票的，为开具发票的当天”的特殊规定，也就是说，在货物尚未交付但已开具了发票的情况，纳税义务发生时间的特殊要件得到满足，因此卖方应当履行相应的税款缴纳义务。此时税收之债尚未成立，卖方缴纳的税款应理解为国家预收性质，该性质认定造成的法律后果不仅是嗣后交易被撤销合同未实际履

---

〔1〕 由于税收之债可能尚未成立，此时还不具有特定交易的纳税人身份，此处未严格区分概念统一称为纳税人。

行时,国家应当退还预收税款,而且应当计算预收税款的利息。[1] 与此相应,卖方在税收之债成立后纳税义务发生前先行开具发票的,如赊销和分期收款销售货物,货物交付后收款日到来前卖方全额开具发票,嗣后交易被撤销双方恢复原状时,国家虽应当退还已缴税款,但不应当计算该笔税款的利息。

从语义上看,前述税法文件中的“纳税义务发生时间”更准确的表述应是“纳税义务履行时间”,而如将“纳税义务发生时间”用来描述税收之债成立的概念似乎更为贴切,或者直接称为纳税义务发生。在逻辑顺序上,纳税义务发生是本源和前提,纳税义务履行是末流和结果,纳税义务发生并不意味着即时需要履行,纳税义务履行通常不是一个时点而是一个期间概念,这个债务履行期间就是纳税期限。纳税期限届满未履行或未完全履行的,构成税收债务的迟延履行,因而产生滞纳金。特殊情况是,在纳税义务发生前,主要出于征管便利考虑,国家对特定形式交易可以要求预付税款,如先行开具发票的交易、[2] 直接收款方式的交易[3] 等,该预付税款的法律性质应理解为现金担保,现行税法对此并未区分。其实,在对契税的纳税义务发生时间进行分析时,同样可以借用法律行为或事实行为的法律概念和框架。

再以本案为例,契税纳税义务发生时间如何进行解释。《契税暂行条例》第 1 条规定:“在中华人民共和国境内转移土地、房屋权属,承受的单位和个人为契税的纳税人,应当依照本条例的规定缴纳契税。”契税的征税客体是土地、房屋的产权转移行为,税法上说的这个产权转移行为是民商法上的债权行为

---

〔1〕 发票管理是否应该限制卖方在税收之债成立前开具发票本身就是一个需要讨论的问题。

〔2〕 《增值税暂行条例》第 19 条第 1 项规定:“销售货物或者应税劳务,为收讫销售款项或者取得索取销售款项凭据的当天;先开具发票的,为开具发票的当天。”按照法律行为理论,物权行为变动时纳税义务发生,与发票是否开具没有关系,出于征管便利考虑,此时国家要求偿付税款应理解为是嗣后纳税义务发生时应付税款的现金担保。

〔3〕 《增值税暂行条例实施细则》第 38 条第 1 项规定:“采取直接收款方式销售货物,不论货物是否发出,均为收到销售款或者取得索取销售款凭据的当天。”按照法律行为理论,物权行为变动(货物交付)时纳税义务发生,货物未发出则纳税义务尚未发生,此时国家要求偿付税款应理解为是嗣后纳税义务发生时应付税款的现金担保。但该情况显然不是出于征管便利考虑,而是简单地认为卖方获得现金流支付,具有纳税能力,因此可以且必须支付“税款”,而恰恰忽视了纳税义务是否存在这个基础性的条件和前提。在实践中,交易一般采用承兑汇票作为支付手段,卖方虽然直接向买方收款,其实并不能立即取得现金流来支付税款,假设卖方具有纳税能力的假设本身就存在问题。

还是物权行为？如果是债权行为，那么只要是合同成立则纳税义务发生，嗣后合同被解除不必然导致退还税款；如果是物权行为，那么只是合同成立尚未发生纳税义务，房产过户时纳税义务方才发生。按照规定，“契税的纳税义务发生时间，为纳税人签订土地、房屋权属转移合同的当天”，可见采用的是债权行为说。但是，《财政部、国家税务总局关于购房人办理退房有关契税问题的通知》（财税〔2011〕32 号）规定，“对已缴纳契税的购房单位和个人，在未办理房屋权属变更登记前退房的，退还已纳契税；在办理房屋权属变更登记后退房的，不予退还已纳契税”。该规定又显示出了契税纳税义务肇事于物权行为，债权行为发生后的纳税义务只是预征税款，之后物权行为未发生的情况还需退还。无论如何解释，一般情况下在操作上不会存在问题，但如遇到本案中和营业税新政一样的契税新政调整，同样在契税方面也会发生纳税争议。

参考我国台湾地区“契税条例”，其第 1 条规定契税征税客体“不动产之买卖、承典、交换、赠与、分割或因占有而取得所有权者，均应申报缴纳契税”。说明契税纳税义务针对的是所有权取得行为。“契税条例”第 16 条规定：“纳税义务人应于不动产买卖、承典、交换、赠与及分割契约成立之日起，或因占有而依法申请为所有人之日起三十日内，填具契税申报书表，检附公定格式契约书及有关文件，向当地主管稽征机关申报契税。”条例没有采用纳税义务发生时间的概念，而是用了“契约成立”的法律概念，规定此时纳税义务人应当开始纳税申报，而非纳税义务此时产生。契税纳税义务产生于税收构成要件满足时，税收构成要件之一的征税客体是所有权取得行为。由此可以看出，纳税义务发生时间的概念在学理上比较模糊，不属于法律概念范畴，需要借助法律解释明确其内涵外延，以解决具体案件中存在的问题和争议。

四、结论和建议

按照税收构成要件理论，税收债务在税法规定的课税的构成要件实现时即告发生。只有满足税收构成要件，才会发生税收债务。现行税法对纳税义务发生时间的规定并不能与税收债务的构成要件实现画等号。流转税税收债务构成要件实现，应当以法律行为加以判断，具体为：一是物权行为与债权行为并存的交易，如房屋买卖。税收债务的成立以物权行为的实现作为条件，物权行为的实现是税收债务成立的时点。二是仅存在债权行为而无物权行为的交易,如承揽合同、居间合同。税收债务的成立以债权行为的成立作为条件。三是仅存在物权行为而无债权行为的交易,如继承、物之所有权的抛弃。应当考虑给予豁免或适用特殊的征税规则。

本案中,按照税法规定,纳税义务的发生时间是房屋买卖合同签订并付清拍卖款时,但按照税收构成要件理论,物权行为尚未发生,税收构成要件尚未满足,税收债务尚不存在,此时要求纳税义务人缴纳税款的行为只是基于征管便利考虑的预收税款行为。物权行为成立之日税收债务成立,原产权人杨某群的纳税义务产生,当日开始施行的税收新政应适用于案件中的房屋交易,适用营业税免税政策。此前已经缴纳的税款作为税务机关的预收款项应当退还。

国家对经济主体的经济行为课征税款,以获取财政收入。从经济学上看,征税是一种社会资源的分配方式。具体到法律层面,这种分配方式需要遵守公平原则。税法对民商法的借用正是实现税收公平的必然选择和有效途径。理由在于:第一,经济主体的经济行为的具象反映是法律主体的法律行为,抽象意义上说税收来自经济行为,具体操作上最妥当的方法是将其具化为法律行为或事实行为,在民商法建立的框架和规则下寻求税收的结果和目的。第二,税法具有二次调整性,无法脱离于民商法的基础事实和行为而单独存在,是在已有的法律行为或事实的基础上对社会关系的再评价,且表现为经济分配关系。法律上当事人之间的权利义务关系通常情况下能够恰当反映税法的评价目标,税法应当遵从法律形式要求,以民商法规则作为税法交易定性的基础,除非法律形式与经济实质相背离,[1] 如法律行为自始无效、嗣后归于无效,或者被撤销,而当事人仍使其经济效果发生的,并保有经济效果的,不影响其所负的纳税义务。[2] 以现行税法上规定的纳税义务发生时间为例,最恰当的制度安排是,按照债法规则判断纳税义务产生与否,并在此基础上确定纳税义务履行时间,在理论和制度两个层面均严格区分纳税义务产生和纳税义务

---

〔1〕 法律形式与经济实质相背离的情况下,税法通过经济观察法或实质课税原则这样的特殊规则加以处理,但这类处理方式应当遵循税收法定原则,在法律明文规定的范围内通过正当的程序得到实现。

〔2〕 参见贺燕:《实质课税原则的法理分析与立法研究——实质正义与税权横向配置》,中国政法大学出版社2015年版,第236页。

履行,从而能够突出制度设计的细节并论证制度内涵的合理。以本案来说,如果税法对纳税义务发生时间有更明确的规定和解释,如果税法理论对税法规则有更多的影响和支撑,江北区地税局对原告冯某诉讼主张的答辩就不会简单粗暴,法院的判决也不会蜻蜓点水、逡巡不前。至少,江北区地税局和法院即使不同意原告冯某的主张,可以在法理层面进一步论证答辩意见的合理性,从而让人信服原告冯某付清房屋拍卖款时原产权人杨某群的营业税纳税义务发生。更进一步,税收立法对纳税义务发生时间规定的考虑应更加细致和全面,不仅考虑现有的或常用的支付方式,以实用主义的立法态度作出支离破碎的规定,更从税法理论高度出发在顶层设计和具体制度之间建立严密的逻辑关系,使税法解释和税法适用规范化、精细化、论理化。

民商事交易一旦发生,交易性质就客观存在。交易定性是指借助税法的原理和原则,对客观存在的交易性质进行认定的动态过程,即主观见之于客观的认识过程。[1] 税法是基于自身目的在民商法基础上作出的二次判断,判断的结果是承认或者否认民商事交易法律形式对税收权利义务的约束力,并作出是否产生纳税义务、产生何种纳税义务、何时产生纳税义务等一系列结论。如果不借助债法理论来理解纳税义务发生时间或者说纳税义务发生时间的规定不考虑债法规则,孤立的纳税义务发生时间的概念面对纷繁复杂的现实案例就会存在难以解释的情况。反之,通过对交易者之间法律行为的分析和事实行为的判断,借助税收债法理论,对在有限文字范围内不能明确的问题可以通过税法解释得出令人信服的结论。

附:宁波市江北区人民法院行政判决书

(2015)甬北行初字第57号

原告:冯某。

委托代理人:华某涛(特别授权代理),浙江海泰律师事务所律师。

委托代理人:沈某芳(特别授权代理),浙江海泰律师事务所律师。

被告宁波市江北地方税务局,住所地浙江省宁波市江北区大庆南路185号。

法定代表人:叶某萍,女,局长。

---

[1] 参见滕祥志:《税法的交易定性理论》,载《法学家》2012年第1期。

出庭应诉负责人:侯某兵,男,副局长。

委托代理人:夏某(特别授权代理),浙江和义观达律师事务所律师。

委托代理人:钱某明(特别授权代理),浙江和义观达律师事务所律师。

被告宁波市江北区人民政府,住所地浙江省宁波市江北区新马路61弄。

法定代表人:丁某芳,区长。

委托代理人:俞某(特别授权代理),宁波市江北区人民政府工作人员。

委托代理人:杨某育(特别授权代理),浙江和义观达律师事务所律师。

原告冯某不服宁波市江北地方税务局(以下简称江北地税局)2015年3月30日向其收取营业税及附加费用85 680元的税务征收行为(原行政行为)以及宁波市江北区人民政府(以下简称江北区政府)于2015年7月16日作出的北区政行复(2015)2号《行政复议决定书》,于2015年8月3日向本院提起行政诉讼。本院于2015年8月4日立案后,于同年8月10日分别向被告江北地税局和被告江北区政府送达了起诉状副本及应诉通知书。本院依法组成合议庭,于2015年9月29日公开开庭审理了本案。原告冯某及其委托代理人华某涛,被告江北地税局的出庭应诉负责人侯某兵及委托代理人夏某、钱某明,被告江北区政府的委托代理人俞某、杨某育到庭参加诉讼。本案现已审理终结。

2015年3月30日,被告江北地税局根据《财政部、国家税务总局关于调整个人住房转让营业税政策的通知》(财税〔2011〕12号)等规定,对原告冯某所购位于宁波市江北区湖景花园3幢15号1202室房屋,向原告收取房地产交易营业税及附加费用共计人民币85 680元。原告不服上述税务征收行为,提起行政复议。被告江北区政府于2015年7月16日作出北区政行复(2015)2号《行政复议决定书》,根据《中华人民共和国行政复议法》第28条第1款第1项之规定,维持被告江北地税局2015年3月30日收缴原告营业税及附加费用85 680元的具体行政行为。

被告江北地税局在法律规定的期限内向本院提供了证明原行政行为合法性的以下证据:(2014)甬东执民字第1305-2号《宁波市江东区人民法院执行裁定书》、(2014)甬东执民字第1305-2号《宁波市江东区人民法院协助执行通知书》、房地产交易纳税申报表(出让方)、冯某代缴杨某群房屋的税收缴款书、契证、房屋产权证、房地产业务受理收件单、杨某群房屋购买合同、购房发票、杨某群房地产交易纳税申报表、契证存根、杨某群交纳契税的税收缴款书各1份,用以证明原告冯某所购房屋营业税纳税发生时间为2015年2月25日,其实际代杨某群纳税完税时间是2015年3月30日,杨某群购买涉案房屋时间至被拍卖再次销售的间隔不足5年的事实。

被告江北区政府在法律规定的期限内向本院提供了证明行政复议行为合法性的以下证据:1. 行政复议申请材料及邮寄信封各1份,行政复议受理通知书、邮寄收据及回执各1份,行政复议决定书、邮寄收据及回执各1份,用以证明复议程序合法的事实;2. 江北地方税务局行政复议答复材料1份,用以证明被告江北地税局提供了作出具体行政行为的证据。

原告冯某诉称,被告江北地税局混淆了"产生纳税义务"与"实际缴纳税费"的区别。原告通过司法拍卖取得房屋,即使根据《物权法》关于所有权取得的特殊规定,原告在获得所有权的情况下产生缴纳营业税义务,也应当按照取得房屋产权证的时间来缴纳营业税。原告于2015年3月31日才取得房产证,此时涉案房产交易才真正完成,故营业税征缴应当适用《财政部、国家税务总局关于调整个人住房转让营业税政策的通知》(财税〔2015〕39号)文件规定。原告购买涉案房屋时间距案外人杨某群的购买时间早已超过2年,故应免征营业税。同时,根据法院裁定内容,纳税义务人系原告而非杨某群,被告在纳税凭证中记录的纳税人错误。此外,被告江北地税局"先税后证"的行为违背立法初衷,《国家税务总局关于进一步加强房地产税收管理的通知》(国税发〔2005〕82号)有关契税"先税后证"的规定不应当适用于征收营业税情形,即使需要先征营业税,也可能存在免、退等情况。在收缴错误的情况下,被告应当通过"退税"予以纠正。为维护自身合法权利,原告诉至法院,请求判令:1. 撤销被告江北地税局于2015年3月30日对原告征收营业税及附加费用85 680元的行为,并退还上述费用;2. 撤销被告江北区政府于2015年7月16日作出的北区政行复(2015)2号《行政复议决定书》。

原告向本院提供的证据在庭审中未要求质证。

被告江北地税局辩称,原告营业税纳税的具体义务是依据该纳税义务发生时所施行的法律、政策确定的。原告于2015年2月25日付清房屋全部拍卖款,根据《中华人民共和国营业税暂行条例》第1条、第12条,《营业税暂行条例实施细则》第24条的规定,该付款日即为上述房屋拍卖行为的营业税纳税义务发生时间。《财政部、国家税务总局关于调整个人住房转让营业税政策的通知》(财税〔2015〕39号)文件于2015年3月31日开始施行,不适用于本次征税行为。根据《物权法》第 28 条规定,(2014)甬东执民字第 1305－2 号《宁波市江东区人民法院执行裁定书》作出后送达之日,涉案房屋产权即转移至原告。原产权人杨某群对涉案房屋的购买时间是 2010 年 12 月 23 日,同日完税;原告冯某购买房屋付清价款的时间是 2015 年 2 月 25 日,办理过户完税时间是 2015 年 3 月 30 日,间隔不满 5 年,故根据《财政部、国家税务总局关于调整个人住房转让营业税政策的通知》(财税〔2011〕12 号)的规定,应当缴纳营业税及附加费用共计 85 680 元。根据《中华人民共和国税收征收管理法》第 5 条的规定,被告江北地税局是宁波市江北区内征收营业税的法定机关。根据《中华人民共和国营业税暂行条例》第 1 条的规定,销售不动产的出让方杨某群是法定营业税纳税义务人,原告的纳税行为属于代杨某群履行纳税义务的行为,且原告并未提供证据证明其具有法定减、免、退税情形的证据,被告江北地税局亦不存在多征、误征等情况,故原告诉状中的说法不成立。综上所述,被告江北地税局所作的征收营业税的行为事实清楚,证据确凿,程序合法,适用依据正确,请求法院驳回原告的起诉。

被告江北区政府辩称,有关原行政行为事实认定、程序及法律适用的意见与被告江北地税局基本一致。被告江北区政府于 2015 年 5 月 27 日收到原告的行政复议申请,于 2015 年 6 月 1 日依法受理并送达原告及被告江北地税局,后于同年 7 月 16 日根据《中华人民共和国行政复议法》第 28 条第 1 款第 1 项之规定,作出被诉行政复议决定并送达原告,所作复议决定认定事实清楚、证据确凿、符合法律、法规和政策规定,复议程序合法,请求法院驳回原告的诉讼请求。

经庭审质证,本院对以下证据作如下确认:

对被告江北地税局提供的证据,原告及被告江北区政府对真实性、合法性、关联性均无异议,本院予以确认。

对被告江北区政府提供的证据,原告对被告江北地税局所作《行政复议答复书》、被告江北区政府所作《行政复议决定书》的合法性有异议,对其余证据的真实性、关联性、合法性均无异议。被告江北地税局对该组证据的真实性、合法性、关联性均无异议。本院对证据真实性予以确认。

经审理查明,2015 年 2 月 12 日,原告冯某通过宁波市江东区人民法院司法拍卖,竞得坐落于宁波市江北区湖景花园 3 幢 15 号 1202 室房屋,并于同年 2 月 25 日付清全部房屋拍卖款。2015 年 3 月 23 日,原告冯某凭(2014)甬东执民字第1305－2号《执行裁定书》《法院协助执行通知书》等材料在宁波市房地产交易中心江北分中心房产登记窗口办理房产过户登记手续，并于同日收到该中心开具的《房产业务受理收件单》。同年3月30日，原告向宁波市江北地方税务局房地产交易征管分局办理房地产交易完税手续。被告江北地税局依据《财政部、国家税务总局关于调整个人住房转让营业税政策的通知》（财税〔2011〕12号）等法律、政策规定，向原告收取营业税及附加费用共计85 680元。2015年3月31日，原告冯某取得涉案房屋所有权证。2015年3月30日，财政部、国家税务总局下发财税〔2015〕39号《关于调整个人住房转让营业税政策的通知》，规定"个人将购买2年以上（含2年）的普通住房对外销售的，免征收营业税"，并明确"本通知自2015年3月31日起执行，《财政部 国家税务总局关于调整个人住房转让营业税政策的通知》（财税〔2011〕12号）同时废止"。原告认为涉案房屋属于免征营业税范围，被告江北地税局于2015年3月30日对其收取营业税及附加费用的行为错误，遂提起行政复议。被告江北区政府于同年5月27日收到原告的复议申请，后于同年7月16日作出北区政行复（2015）2号《行政复议决定书》，根据《中华人民共和国行政复议法》第28条第1款第1项之规定，维持被告江北地税局2015年3月30日作出的收缴原告营业税及附加费用85 680元的具体行政行为。原告不服，于2015年8月3日诉至本院，请求判令支持原告的诉讼请求。

本院认为，本案的争议焦点首先在于纳税人主体资格认定问题。对此，《中华人民共和国营业税暂行条例》第1条明确规定，销售不动产的单位和个人，为营业税的纳税人。本案中，原告冯某通过司法拍卖竞得涉案房屋所有权，在上述司法拍卖形成的房屋交易法律关系中，房屋原所有权人杨某群作为出让人、原告冯某作为买受人的身份界定是显见的、明确的。因此，根据相关法律规定，杨某群是涉案营业税及附加费用的适格纳税主体，原告冯某并不能基于代缴行为取得纳税主体资格，故对原告所作涉案纳税凭证记录纳税人错误之主张，本院不予支持。

本案的另一个争议焦点在于计征涉案营业税费的时间节点问题。《中华人民共和国营业税暂行条例》第12条规定，营业税纳税义务发生时间为纳税人提供应税劳务、转让无形资产或者销售不动产并收讫营业收入款项或者取得索取营业税收入款项凭据的当天。本案中，原告于2015年2月25日付清全部购房款项，根据上述规定，该日即产生了涉案营业税纳税义务。原告冯某于2015年3月30日实际代缴全部税费。2015年3月31日,《财政部、国家税务总局关于调整个人住房转让营业税政策的通知》(财税〔2015〕39号)开始执行。涉案房产营业税费的纳税义务发生时间、原告冯某实际代缴税费时间均早于财税〔2015〕39号文件的法定执行时间,故该文件并不适用于涉案税费缴纳情形。2015年3月30日,被告江北地税局根据当天仍在生效的财税〔2011〕12号文件,对杨某群出让的、距其购买时间未超过5年的房产征收营业税及附加费用85 680元,认定事实清楚,适用法律、法规及政策正确。原告主张依据房产证取得时间计征涉案营业税费,于法无据,本院不予支持。

综上,本院认为,被告江北地税局于2015年3月30日所作被诉税务征收行为以及被告江北区政府于2015年7月16日所作北区政行复(2015)2号《行政复议决定书》,认定事实清楚,适用法律、法规正确,税务征收程序及行政复议程序合法。原告的起诉理由不成立。据此,依照《中华人民共和国行政诉讼法》第69条之规定,判决如下:

驳回原告冯某的诉讼请求。

案件受理费50元,由原告冯某负担。

如不服本判决,可在判决书送达之日起15日内向本院递交上诉状,并按对方当事人的人数提出副本,上诉于浙江省宁波市中级人民法院,并在上诉期内凭判决书向浙江省宁波市中级人民法院立案大厅收费窗口预交上诉案件的案件受理费50元;如通过银行汇款,收款人为宁波市财政局非税资金专户,账号为37××92,开户银行为宁波市中国银行营业部;如通过邮政汇款,收款人为宁波市中级人民法院立案室,汇款时一律注明原审案号。上诉案件的案件受理费未在上诉期限内预交的,应当在上诉期限届满后7日内预交,逾期不交,作放弃上诉处理。

审　判　长　夏文俊
代理审判员　吴　姗
人民陪审员　沈小琼
二〇一五年十一月六日
代书记员　李　欢

税务事项事后备案的法律效力
——以西部某县矿业公司税收优惠争议案为例*

王桦宇**

【目　次】

一、案情概述——从12号文到76号文

(一)相关规范性文件简介

根据《企业所得税法》及其实施条例和《财政部、海关总署、国家税务总局关于深入实施西部大开发战略有关税收政策问题的通知》(财税〔2011〕58号,以下简称58号文)的规定,[1]国家税务总局发布《关于深入实施西部大开发战略有关企业所得税问题的公告》(国家税务总局公告2012年第12号,以下简称12号文)。12号文规定,自2011年1月1日至2020年12月31日,对设在西部地区以《西部地区鼓励类产业目录》中规定的产业项目为主营业务,且其当年度主营业务收入占企业收入总额70%以上的企业,经企业申请,主管税务机关审核确认后,可减按15%税率缴纳企业所得税。企业应当在年度汇算清缴前向主管税务机关提出书面申请并附送相关资料。第一年须报主管税

---

* 【基金项目】司法部国家法治与法学理论研究项目"税收法定的中国路径"(批准号:16SFB3041)。

** 法学博士,上海交通大学凯原法学院博士后研究人员。

〔1〕 58号文第2条规定:"自2011年1月1日至2020年12月31日,对设在西部地区的鼓励类产业企业减按15%的税率征收企业所得税。上述鼓励类产业企业是指以《西部地区鼓励类产业目录》中规定的产业项目为主营业务,且其主营业务收入占企业收入总额70%以上的企业。《西部地区鼓励类产业目录》另行发布。"

务机关审核确认,第二年及以后年度实行备案管理。各省、自治区、直辖市和计划单列市税务机关可结合本地实际制定具体审核、备案管理办法,并报国家税务总局(所得税司)备案。[1]

2014 年 8 月 20 日,国家发改委发布国家发展和改革委员会令第 15 号,发布经国务院批准的《西部地区鼓励类产业目录》,该目录自 2014 年 10 月 1 日起施行。该目录共包括两部分,一是国家现有产业目录中的鼓励类产业,二是西部地区新增鼓励类产业。2015 年 3 月 10 日,国家税务总局发布《关于执行〈西部地区鼓励类产业目录〉有关企业所得税问题的公告》(国家税务总局公告 2015 年第 14 号,以下简称 14 号文)。14 号文第 1 条规定:"对设在西部地区以《西部地区鼓励类产业目录》中新增鼓励类产业项目为主营业务,且其当年度主营业务收入占企业收入总额 70% 以上的企业,自 2014 年 10 月 1 日起,可减按 15% 税率缴纳企业所得税。"

2014 年 9 月 15 日,国家税务总局发布《关于税务行政审批制度改革若干问题的意见》(税总发〔2014〕107 号,以下简称 107 号文)。107 号文在"四、坚持放管结合强化事中事后管理"之"(十一)"规定了:"实施备案管理。各级税务机关应当严格区分行政审批和备案管理方式,不得以事前核准性备案方式变相实施审批。实施备案管理的事项,纳税人等行政相对人应当按照规定向税务机关报送备案材料,税务机关应当将其作为加强后续管理的资料,但不得以纳税人等行政相对人没有按照规定备案为由,剥夺或者限制其依法享有的权利、获得的利益、取得的资格或者可以从事的活动。纳税人等行政相对人未按照规定履行备案手续的,税务机关应当依法进行处理。"

2015 年 6 月 8 日,为贯彻落实国务院行政审批制度改革精神,进一步做好减免税管理有关工作,国家税务总局修订并发布《税收减免管理办法》(国家税务总局公告 2015 年第 43 号,以下简称 43 号文),自 2015 年 8 月 1 日起施

---

〔1〕 12 号文第 2 条第 2、3 款同时规定:"凡对企业主营业务是否属于《西部地区鼓励类产业目录》难以界定的,税务机关应要求企业提供省级(含副省级)政府有关行政主管部门或其授权的下一级行政主管部门出具的证明文件。企业主营业务属于《西部地区鼓励类产业目录》范围的,经主管税务机关确认,可按照 15% 税率预缴企业所得税。年度汇算清缴时,其当年度主营业务收入占企业总收入的比例达不到规定标准的,应按税法规定的税率计算申报并进行汇算清缴。"

行。2015 年 11 月 12 日,国家税务总局发布《企业所得税优惠政策事项办理办法》(国家税务总局公告 2015 年第 76 号,以下简称 76 号文)。76 号文第 2 条规定了该文件所适用的税收优惠的范围,其中关于西部大开发战略减按 15% 征收企业所得税的税收优惠包含在内。76 号文第 3 条规定,企业应当自行判断其是否符合税收优惠政策规定的条件。凡享受企业所得税优惠的,应当按照本办法规定向税务机关履行备案手续,妥善保管留存备查资料。76 号文第 21 条规定:"本办法施行前已经履行审批、审核或者备案程序的定期减免税,不再重新备案。"第 22 条规定:"本办法适用于 2015 年及以后年度企业所得税优惠政策事项办理工作。"

《中华人民共和国税收征收管理法》(以下简称《税收征收管理法》)第 51 条规定:"纳税人超过应纳税额缴纳的税款,税务机关发现后应当立即退还;纳税人自结算缴纳税款之日起三年内发现的,可以向税务机关要求退还多缴的税款并加算银行同期存款利息,税务机关及时查实后应当立即退还;涉及从国库中退库的,依照法律、行政法规有关国库管理的规定退还。"《税收征收管理法实施细则》第 78 条规定:"税务机关发现纳税人多缴税款的,应当自发现之日起 10 日内办理退还手续;纳税人发现多缴税款,要求退还的,税务机关应当自接到纳税人退还申请之日起 30 日内查实并办理退还手续。税收征收管理法第五十一条规定的加算银行同期存款利息的多缴税款退税,不包括依法预缴税款形成的结算退税、出口退税和各种减免退税。退税利息按照税务机关办理退税手续当天中国人民银行规定的活期存款利率计算。"

(二)当事人情况及其与税务局争议要点

2016 年 3 月,西部某县国家税务局某税务分局向某县矿业公司(以下简称矿业公司)出具《税务事项通知书》,大致意思为,就"设在西部地区的鼓励类产业企业减按 15% 的税率征收企业所得税"优惠备案事项,12 号文以及 14 号文规定,凡对企业主营业务是否属于《西部地区鼓励类产业目录》难以界定的,税务机关可以要求企业提供省级(含副省级)政府有关行政主管部门或其授权部门出具的证明文件;12 号文规定,企业应当在年度汇算清缴前向主管税务机关提出书面申请并附送相关资料。第一年须报主管税务机关审核确认,第二年及以后年度实行备案管理。据此,税务分局要求矿业公司出具相关证明文件,明确列示主营业务的具体项目及符合《西部地区鼓励类产业目录》中对应条款项目,逾期不能提供的需对 2013 年、2014 年、2015 年 4 季度企业所得税进行更正申报,涉及已享受的税收优惠按规定缴纳税收滞纳金。

2016 年 5 月,矿业公司委托具有论证鉴定资质的某地质勘查局对其进行的探矿及采矿工作是否属于"有色金属现有矿山接替资源勘探开发"开展论证鉴定工作,后经论证鉴定得出了矿业公司的探矿及采矿活动属于"有色金属现有矿山接替资源勘探开发",且认定"从水文地质条件角度,该矿床属难采矿床"。后矿业公司分别向该县国土资源局、该省发展和改革委员会、该省国土资源厅申请确认其"主营业务属于西部地区鼓励类产业"。2016 年 5 月,以上 3 家机构发出批复文件。在 3 份批复文件中,均明确确认矿业公司的勘探开采属于《产业结构调整指导目录(2011 年本)(修正)》鼓励类第 9 条"有色金属"第 1 款"有色金属现有矿山接替资源勘探开发"的范围。随后,矿业公司向该县国家税务局某税务分局提交上述批复文件,继续申请 2013 年、2014 年、2015 年 3 个年度的税收优惠。该税务分局经逐级请示至省国家税务局后,省局认为 2013 年的税收优惠仍应采取审批制而非按照新规定采取备案制,矿业公司不能申请享受 2013 年的企业所得税税收优惠。

(三)代理过程及最终结果

2016 年 6 月,应矿业公司委托,北京 × ×(上海)律师事务所律师介入此案,并与县、市和省三级税务机关主管处室进行了充分的沟通与交流。代理律师认为,无论是按照"程序从新,实体从旧"的规范性文件适用原则,抑或是实际上回溯实行审批制的无法执行性,还是从行政审批制度的沿革以及纳税人权利保护的角度,2014 年度的税收优惠事项申请仍处于《税收征收管理法》规定的 3 年期限范围内,也就意味着纳税人也可以应当通过补备案的方式享受该等税收优惠政策。税务机关同意 2014 年、2015 年两个年度可以依据 43 号文的规定进行税收优惠事项的补备案,但认为 2013 年度的税收优惠事项申请应适用 12 号文的规定,按照"旧事旧办法、新事新办法"的原则实行审批制,不能进行补备案,也即在 2013 年度矿业公司也不可以享受减按 15% 的所得税率享受税收优惠政策。

2016年6月,矿业公司向有管辖权的邻县人民法院提起诉讼,〔1〕要求依法撤销前述《税务事项通知书》。此后,矿业公司又委托律师出具该涉税事项的《法律意见书》。在《法律意见书》作出后,矿业公司与承办律师一道又与该县税务局及相关政府部门进行了多次协商洽谈。2016年7月,矿业公司向该县国家税务局再次申请企业所得税减免备案事项,并提交了企业所得税优惠事项备案表及相关材料。此后一周,矿业公司与该县国家税务局又再次就程序事项进行了沟通。随后,国家税务局出具非典型文本格式的《税务事项受理通知书》,通知准予受理。在该《税务事项受理通知书》中,关于"受理"的表述为"向我机关提交本表及相关材料,现我机关予以受理"。随后,矿业公司向邻县人民法院提交撤诉申请书,邻县人民法院经审查后准予撤案,案件暂时告一段落。

二、法律分析——税务事项备案的价值指向与实质功能

(一)是否属于税收优惠范围的认定

"在量能课税原则之平等课征的意义下,对于纳税义务人而言,税捐优惠(die Steuervergünstigung)中所称之优惠,指在负担能力相同的情形,相对于一般纳税义务人之比较有利的税捐负担。"〔2〕税收优惠的规定必然因为赋予一部分人税收上的特权,而违反量能课税原则意义下的平等原则,从而对经济发展产生引导功用。〔3〕在此基础上,部分应税行为因为对经济发展目的有贡献而符合功绩原则(Verdienstprinzip),由此而享有税收优惠,也因此具有了特定政策目的而具有相应正当性。〔4〕在我国推动改革开放和西部大开发战略进

〔1〕根据该省法院系统深化司法体制改革的规定,全省基层人民法院全面推行行政诉讼案件跨行政区域相对集中管辖工作。按照相关规定,该县发生的行政诉讼案件由邻县人民法院管辖。

〔2〕黄茂荣:《论税捐优惠》,载《税法总论:税捐法律关系》(第3册),台湾植根法学丛书编辑室2008年版,第341页。

〔3〕参见葛克昌:《大法官解释与公司合并亏损扣除——高雄高等行政法院2000年度诉字第254号判决评释》,载葛克昌:《所得税与宪法》(增订版),台北翰芦图书出版有限公司2003年版,第342页。

〔4〕参见张永明:《租税优惠正当性之探讨》,载张永明:《国家租税权之界限》,台北翰芦图书出版有限公司2010年版,第71~73页。

程中,税收优惠政策的使用发挥了重要的促进投资的功用,并对特定产业的发展进行相应的助力和引导。[1] 在税务征管实践中,对于税收优惠政策的适用需要秉承"有明确规定"原则,按照国务院及其财税部门的相关规定严格执行。对于其中产业归属识别存在一定争议的专业性问题,应委托负责产业指导的具体部门或相关专业机构予以论证和认定。

在本案中,某县矿业公司按照税务机关要求提供了省发展和改革委员会、省国土资源厅和县国土资源局的相关批文,证实了相关矿产开发活动属于《产业结构调整指导目录(2011 年本)(修正)》和《西部地区鼓励类产业目录》中所述"第一类鼓励类"之"九、有色金属 1、有色金属现有矿山接替资源勘探开发,紧缺资源的深部及难采矿床开采"的产业范围,应享受减按 15% 的企业所得税优惠税率享受税收优惠政策。相比 12 号文规定的"应要求企业提供省级(含副省级)……出具的证明文件",14 号文则规定"税务机关可以要求企业提供省级(含副省级)……的证明文件"。也即,12 号文从有利于纳税人的角度,明确了证明文件并非必需项。若纳税人提供了符合要求的相应证明文件,则更补强证实了纳税人主营业务属于应予享受税收优惠的产业目录。

(二)税务行政备案的法律性质

从语词学的角度,备案是指"把情况用书面形式报告给主管部门,供存档备查"。[2] 行政备案,则是指公民、法人或其他组织依法将与行政管理有关的具体事务的相关材料向行政机关报送,行政机关对报送材料收集、整理、存档备查的一种程序性事实行为和行政法律制度。[3] 在行政法学理上,有关行政备案的相关研究并不多见,原则上行政备案往往并不会造成行政相对人的权

---

〔1〕 税收优惠政策在我国的适用具有特殊性,和实体经济和产业发展关系紧密。2014 年 11 月 27 日,国务院发布《关于清理规范税收等优惠政策的通知》(国发〔2014〕62 号,以下简称 62 号文),明确要求各地各部门清理规范税收优惠政策。2014 年 12 月 22 日,财政部发布《关于贯彻落实国务院清理规范税收等优惠政策决策部署若干事项的通知》(财预〔2014〕415 号),对 62 号文的实施进行了部署和细化。2015 年 5 月 10 日,国务院发布《关于税收等优惠政策相关事项的通知》(国发〔2015〕25 号),针对处理优惠政策实际操作中出现的问题提出了设立过渡期的执行方案,并强调 62 号文规定的专项清理工作将待今后另行部署进行。

〔2〕 中国社会科学院语言研究所词典编辑室编:《现代汉语词典》(第 6 版),商务印书馆 2012 年版,第 57 页。

〔3〕 参见朱最新、曹延亮:《行政备案的法理界说》,载《法学杂志》2010 年第 4 期。

利受损，通常是作为一种行政事实行为加以理解。[1] 但当行政备案作广义上的理解时，则对行政备案的法律性质理解可能会出现多种的判定性观点。这些观点汇总起来，有"许可说""监督说""立法说""登记说""告知说""审批说""行政行为说"等多种，莫衷一是。[2] 从妥善概括的角度，目前税法上的行政备案似可作如下的界定：税务行政备案是指纳税义务人按照税法的规定，将相关涉税信息事项向税务机关报送并由税务机关存档以便进行后续管理的税务行政程序和事实行政行为。

现行法律法规没有对设定行政备案的主体权限、行政备案的定位要求和程序规范作出明确界定，[3] 导致行政备案在事实上成了一个什么都可以往里装的大"筐"，甚至部分行政机关将行政备案管理事项"行政审批化"，造成行政备案事项的"滥""乱""散""慢"尴尬格局。[4] 在税收征管实践中，也存在"以备案名义实施审批"或"以事中事后的备案理解为事前备案"等错误理解，甚至在本案中会出现了专门针对备案行为的《税务事项受理通知书》。其实，税务行政备案仅仅是一种行政事实行为，将备案表提交给税务机关即完成备案作业，并不需要经由"受理"环节。否则，若存在"受理"环节，则其与行政审批的界限开始会变得模糊。在当前和未来一段时间，行政备案的制度规范应区分于行政审批，并需紧密围绕行政备案机关及其权限、行政备案的事项范围、行政备案的程序、行政备案的后续监督检查及相关行政责任等内容进行展开与深化。

（三）税务行政备案作为公权力应受约束

"行政具有积极、主动之特性，故行政处分原则上不待相对人之申请，得依

---

〔1〕 我国台湾地区学者陈新民认为，行政事实行为是与行政法之法律行为相对之行为。事实行为的结果并不涉及法律关系，也就是不为了产生、变更或消灭一个行政法上的权利或者是义务关系，而仅仅产生了"事实效果"。参见陈新民：《中国行政法学原理》，中国政法大学出版社2002年版，第231页。

〔2〕 参见朱最新、曹延亮：《行政备案的法理界说》，载《法学杂志》2010年第4期。

〔3〕 目前，仅有部分地方政府对行政备案制定了相应的规章或规范性文件，如2010年12月14日通过，并于2011年3月1日起施行的《广州市行政备案管理办法》（广州市人民政府令第50号），该管理办法共30条，对行政备案的概念、设定范围、实施程序、监督管理和行政责任作了相应的规定。

〔4〕 参见胡小飞：《关于加强和改进行政备案工作的调研报告》，载《机构与行政》2016年第6期。

职权为之。但一部分行政作用,依其性质或法令之规定,须有相对人之申请始得为之。"[1]税务机关在依照税法行使职权过程中,应当谦卑使用其征税权和行政执法权,"将权力关进制度的笼子里",[2]自觉接受法律法规的刚性约束和合理必要的正当性约束。税收征收管理是公共财产权行使的一种体现,而公共财产权是一种应受控制的公权力,其在脱胎于行政权的财政权的基础上形成,需要特别注重公共财产取得的正当性。[3] 税务行政备案作为一种行政事实行为,并不直接对纳税义务人的实体权益产生影响,但在实践中,税务机关往往会不当理解行政备案的法律性质,将其视作为类似行政审批的具体行政行为,这也客观导致了税务行政备案的相关争议。在本案中,税务行政备案本只需要纳税义务人向税务机关提交备案表即完成该事实行为,但实际上税务机关混同了其与行政审批的界限。

"法律之解释及适用,虽以价值为指导,但仍应以理性及可以审查之程序为之,对其结果亦应给予理性及可审查之理由说明。"[4]从本案涉及的规范性文件来看,43 号文第4 条区分了减免税的类型为核准类和备案类,第5 条分别规定了核准类和备案类的减免税,第 6 条则规定了多缴税款的返还请求权。[5] 结合本案税收优惠备案情况,从 43 号文和 76 号文本身的行文表述来看,43 号文并未限制事后补办核准,76 号文则明确取消了西部鼓励类产业所得税优惠的核准而改为备案。由此可知,不仅对于备案事项未明确阐明不能回溯适用,而且特别强调未享受税收优惠而多缴税款的,可以在《税收征收管理法》规定的期限内申请减免税要求退还多缴的税款。所以,某县矿业公司在 2013 年和 2014 年两个年度的所得税优惠事项处理,并不适用 12 号文之"二"

---

〔1〕 Vgl. Erichsen/Martens, aaO. , S. 210. 转引自翁岳生:《论行政处分》,载翁岳生:《法治国家之行政法与司法》,台北元照出版有限公司 2009 年版,第 7 页。

〔2〕 《中共中央关于全面深化改革若干重大问题的决定》,人民出版社 2013 年版,第 35 页。

〔3〕 参见刘剑文、王桦宇:《公共财产权的概念及其法治逻辑》,载《中国社会科学》2014 年第 8 期。

〔4〕 陈敏:《行政法总论》,台北新学林出版股份有限公司 2011 年版,第 140 页。

〔5〕 从该规范性文件的条款叙述逻辑上看,第 6 条规定的溢缴税款返还请求权是同时及于第 5 条核准类和备案类的。如果核准类事项也存在返还请求权,那么事后进行补办核准在逻辑上也是成立的。且第 5 条规定本身也只是表述为"按本办法核准确认后执行",并未区分事前、事中和事后。核准与备案同样都是一种程序。纳税人未经核准不得享受税收优惠,经核准后方可享受税收优惠。纳税人因客观原因事先没有申请核准亦没有享受税收优惠的,补办核准并确认符合条件后则可以按照规定享受税收优惠。

所述的“首年审核,以后备案”规定,而应适用43号文第6条和76号文第8条、第16条所述的“补办备案,持续享受”规定。

(四)税务行政备案的程序意义

税务行政备案的过程只不过是纳税义务人通过备案告知税务机关其即将、正在或已经进行某项发生税法上效力的涉税行为,且依据法律法规规定无须得到行政机关的许可。在这个意义上讲,税务行政备案只是一个税务机关加强事中或事后管理监督的行政安排。税务行政备案本身的受理,作为公行政作成其他行政措施所为之各种活动,亦属于广义的行政程序。[1]《日本行政程序法》中的“申报”制度类似于备案,其第37条规定“申报于申报书所记载之事项齐全,且备具申请书之必要书状以及其他法令所规定之形式要件均符合者,于该申报到达法令所定之机关之办公处所时,该申报即为已完成程序上之义务”。[2] 而在税务事项备案过程中,税务机关一般只进行形式上的书面审查,至于实质性内容的真实性,则由纳税义务人承担法律责任。“程序是交涉过程的制度化”,[3]税务行政备案仅仅是纳税义务人单方的事实行为,不以税务机关作出相应具体行政行为而作为其成立或合法的判据。

从税法适用原则的角度观察,我国税法通常遵循的是“实体从旧,程序从新”的溯及既往原则,税务事项关涉到国家和纳税人的财产权分配,征税权力宜谦抑行使以保障纳税人权利,新的规范性文件程序上对纳税人有利的宜适用新规范性文件的规定。在本案中,行政备案虽产生实体上的权益影响,但研议适用方法时仍宜作为程序性事项来理解。首先,“实体从旧,程序从新”原则是指实体法不具备溯及力,而程序法在特定条件下具备一定溯及力。其次,从法律适用原则的角度,我国的法律体系遵循的是“有利溯及既往”原则。《税收规范性文件制定管理办法》(国家税务总局令第20号)第13条亦规定,“税收规范性文件不得溯及既往,但为了更好地保护税务行政相对人权利和利益而作的特别规定除外”。最后,国家税务总局出台的诸多规范性文件都明确了与备案相关的税收优惠政策均可在《税收征收管理法》规定的3年内补办备案并享受相关优惠政策。

---

[1] 参见陈敏:《行政法总论》,台北新学林出版股份有限公司2011年版,第759页。

[2] 应松年主编:《外国行政程序法汇编》,中国法制出版社2004年版,第549页。

[3] 季卫东:《法律程序的意义》(增订版),中国法制出版社2012年版,第33页。

三、启示与思考——申报制作为税收征管的基本方式

(一)行政审批制度改革

政府职能转变是行政体制改革的核心,是提高政府治理效能的重要内容,而行政审批制度改革则是政府职能转变和治理能力提升的突破口。[1] 行政备案按不同标准在类型上可分为许可性行政备案、确认性行政备案和监督性行政备案,[2] 而监督性行政备案成为"放管结合"的主要形式。行政审批设定行政备案的边界,应当考虑能否有助于行政目的的达成、能否提高行政的效率、是否给行政相对人增加不必要的负担等因素。对于已经通过行政许可、行政确认等方式进行事前管理的事项,以及可以通过行政检查、行政调查等方式进行监管的事项以及行政机关之间能够通过信息共享机制获取信息的事项都不应当设定行政备案。[3] 规制行政审批制度改革,需要保障《行政许可法》的实施与执行,与规范性文件的修订与废止相结合,实现行政管理立法的创新,从法律上切断审批权力与利益的联结,以立法推动国有企业逐步退出竞争性

[1] 自2001年国务院启动行政审批制度改革至今,国务院先后发布的与取消和下放行政审批项目有关的文件包括:2001年10月18日发布的《国务院批转关于行政审批制度改革工作实施意见的通知》、2002年11月1日发布的《国务院关于取消第一批行政审批项目的决定》、2003年2月27日发布的《国务院关于取消第二批行政审批项目和改变一批行政审批项目管理方式的决定》、2004年5月19日发布的《国务院关于第三批取消和调整行政审批项目的决定》、2007年10月9日发布的《国务院关于第四批取消和调整行政审批项目的决定》、2010年7月4日发布的《国务院关于第五批取消和下放管理层级行政审批项目的决定》、2012年9月23日发布的《国务院关于第六批取消和调整行政审批项目的决定》、2013年5月15日发布的《国务院关于取消和下放一批行政审批项目等事项的决定》等。除通过发布决定的方式取消和下放行政审批项目外,政府还在政府常务会议上直接决定取消和下放相关的审批事项,包括:2013年6月19日国务院常务会议决定再取消和下放32项行政审批等事项,2013年9月25日国务院常务会议决定再取消和下放75项行政审批事项,2014年1月8日国务院常务会议决定进一步推出深化行政审批制度改革的三项措施等。

[2] 参见朱最新:《行政备案类型化与法治化初探》,载中国法学会行政法学研究会编:《服务型政府与行政法:中国法学会行政法学研究会2008年年会论文集》,浙江工商大学出版社2009年版,第617~618页。

[3] 参见张红:《论行政备案的边界》,载《国家行政学院学报》2016年第3期。

的行业和领域。[1]

从行政体制改革的角度来看,政府部门逐步取消和下放行政审批事项是从不合理不正当逐步转变为合理正当的过程,对于原来规定不合理不正当的规定和做法应逐渐纠正,且即便是按照此前规定的核准事项也属于非行政许可审批,只是一种内部管理事项,本身就不具有合理性和正当性。[2] 依照107号文之"(十一)"的规定,此前本身不合理的税收优惠"核准制",在《税收征收管理法》规定的3年时限内,应予通过补办备案的方式得以纠正。在本案中,纳税人可依新的规范性文件中规定的补办备案方式履行程序后享受税收优惠。另外,在76号文出台之前,对于西部大开发税收优惠政策,虽然规定采取核准方式,但在具体操作过程中该核准方式与现今采取的备案方式所要求提交的材料及其所依托的减免税原理一致。即便是按照原来的规范性文件规定补办核准手续,其过程除徒增所谓的核准环节外,与当前的补办备案手续并无二致。所以,在技术方法上讲,当下纳税人采取的补办备案实际上也是在实质层面上达到了原规范性文件规定的事前核准的要求。

(二)纳税人权利保护

基于法治国家的理解,纳税人权利是税法的根本命题。"若从现代税法体现的人权意识出发,税法单纯是税务机关行使征税权的根据,即'征税之法',更重要的是,税法是保障纳税者基本权利的、旨在对抗税权滥用的'权利之法'。"[3] 在这个意义上,"从法律之观点,人民之金钱给付,系作为财政国中国家财政收入之核心要素,国家经由课税权之行使,将人民财产权转换成公法之

---

[1] 参见王克稳:《我国行政审批制度的改革及其法律规制》,载《法学研究》2014年第2期。

[2] 2013年国务院启动新一轮行政审批制度改革,国家税务总局从政治、大局和实现税收现代化的高度,已从当年开始取消和下放税务行政审批事项。《国家税务总局关于税务行政审批制度改革若干问题的意见》(税总发〔2014〕107号文)进一步要求,"各级税务机关应当建立行政审批事项目录动态调整机制,根据行政审批制度改革情况依法更新行政审批事项目录","对已经取消和下放行政审批事项涉及的税务部门规章和税收规范性文件,应当及时清理、修改或者废止","各级税务机关应当严格区分行政审批和备案管理方式,不得以事前核准性备案方式变相实施审批"。坚决取消和下放不必要的行政审批成为贯彻国务院文件精神不可逆转的大趋势和政策取向。

[3] [日]北野弘久:《税法学原论》(第四版),陈刚、杨建广等译,中国检察出版社2001年版,第18页。

强制性财政收入”。[1] 具体而言,纳税人权利包括两种类型:一是与税法合法性有关的相对原则性的权利;二是与税法的具体适用和实施相关而产生与日常征管程序中的权利。[2] 在我国,国家税务总局曾通过规范性文件的方式公布过我国纳税人的权利与义务,其中明确阐释了纳税人的14项权利。[3] 纳税人权利的维护并非是抽象的或仅仅写在纸面上,而是应体现在具体的税务案件中,通过实体争议或程序救济的方式呈现出来。

对于涉及享受税收优惠且具有审批性质争议的备案,现有的管理方式对征纳双方的权责划分并不清晰。从纳税人的角度来看,备案一般不具有较为规范的争议解决渠道,备案过程中产生争议,难以在本环节启动解决程序,往往要拖延至后续的征税环节或检查环节,才能进入复议、诉讼等解决程序。[4] 从理论上讲,相对人不服行政备案应当可以寻求行政复议或者行政诉讼解决,但我国行政复议法和行政诉讼法规定,只有具体行政行为才能单独申请行政复议或者提起行政诉讼。[5] 而行政备案是一种行政事实行为,不是具体行政行为,因而不能通过行政复议或行政诉讼解决。[6] 在本案中,承办律师依托《税务事项通知书》尾部注明的“救济告知”表述,并结合目前《中华人民共和国行政诉讼法》修订后司法实践的特定时点,将可能不具有可诉性的税收优惠申请程序事项纳入行政诉讼的框架中来,在某种程度上是一种救济手段的创新和纳税人权利维护方式的突破。

---

[1] 黄俊杰:《纳税人权利之保护》,北京大学出版社2004年版,第2页。

[2] 参见丁一:《纳税人权利研究》,中国社会科学出版社2013年版,第220~237页。

[3] 2009年11月30日,国家税务总局在其官方网站上发布《关于纳税人权利与义务的公告》(2009年第1号)。该公告第一次以税收规范性文件的形式,将《税收征收管理法》及其实施细则和相关税收法律、行政法规中有关纳税人权利与义务的规定进行了系统的归纳和整理,列明了纳税人享有的权利和应该履行的义务。该公告明确,纳税人在履行纳税义务的过程中,依法享有14项权利。具体包括:知情权、保密权、税收监督权、纳税申报方式选择权、申请延期申报权、申请延期缴纳税款权、申请退还多缴税款权、依法享受税收优惠权、委托税务代理权、陈述与申辩权、对未出示税务检查证和税务检查通知书的拒绝检查权、税收法律救济权、依法要求听证的权利以及索取有关税收凭证的权利。此文件被认为是中国政府重视纳税人权利保护的重要里程碑。

[4] 参见杨攀:《涉税行政审批与备案的改革边界探讨》,载《税收经济研究》2015年第4期。

[5] 参见周伟:《行政纠纷解决的第三条路径——论行政裁判制度在我国的建立》,载《江汉大学学报》(社会科学版)2014年第4期。

[6] 参见徐景波:《完善我国行政备案制度的构想》,载《江汉大学学报》(社会科学版)2015年第1期。

(三)小结

国家税务总局出台107号文、43号文和76号文的目的,是通过"核准转备案"的方式自我约束权力运行,给予市场主体更多的自主权,由纳税人自行判断纳税义务和是否享受税收优惠条件,此亦是纳税人权利在市场经济和法治社会的必然体现。在本案中,税务事项事后备案仍可在程序税法规定的范围内享受税收优惠政策,不仅符合"实体从旧,程序从新"的税法原则,而且在政策上亦贯彻国务院"转变职能、简政放权"行政审批制度改革的实质精神。税法的核心任务是正确处理国家与纳税人之间因税收产生的社会关系。[1]在立法者未完善立法之前,诚如德国P. Häberle教授所言:"当立法者长期怠于作为甚或无能为力,无从在税法上贯彻租税正义要求,积极的司法应有其作为空间。"[2]我国税收法治之路,除了继续推动贯彻落实税收法定原则之外,还应特别注重和借力税收司法之重大意义。在当前特定中国语境下,税收进入司法既具有政策必然性,亦存在技术可能性。[3] 在贯彻"税收法定原则"和妥适约束政府征税权的基本立场上,通过立法、执法和司法诸环节的共同协力,积极争取纳税人权利并营造"良法善治"的税收法治局面,虽各界持之以恒,但仍任重而道远。

附1:××县国家税务局××分局税务事项通知书

××国税通(2016)××××号

××县××矿业有限公司(纳税人识别号:××××××)

你(单位)于2015年12月×日向我局所申请的"设在西部地区的鼓励类产业企业减按15%的税率征收企业所得税"优惠备案事项,经审查报送的资料存在以下问题,特此通知如下:

---

〔1〕 参见刘剑文:《我国的税收法律制度——刘剑文教授在十届全国人大常委会第二十三次法制专题讲座上的讲稿》,载《追寻财税法的真谛——刘剑文教授访谈录》,法律出版社2009年版,第50页。

〔2〕 P. Häberle, Das nationale Steuerrecht im Textstufenvergleichin, in Kirchhof/Lehner/Raupach/Rod (HrS.), Staaten and Steuer, 2000, S. 152. 转引自葛克昌:《纳税人权利保护之立法与司法保护》,载葛克昌主编:《纳税人权利保护:税捐稽征法第一章之一逐条释义》,台北元照出版有限公司2010年版,第32页。

〔3〕 参见刘剑文、王桦宇:《两岸税法比较研究》,北京大学出版社2015年版,第313~314页。

一、根据《国家税务总局关于深入实施西部大开发战略有关企业所得税问题的公告》(国家税务总局公告2012年第12号)第2条第2款规定:“凡对企业主营业务是否属于《西部地区鼓励类产业目录》难以界定的,税务机关应要求企业提供省级(含副省级)政府有关行政主管部门或其授权的下一级行政主管部门出具的证明文件。”和《国家税务总局关于执行〈西部地区鼓励类产业目录〉有关企业所得税问题的公告》(国家税务总局公告2015年第14号)第3条的规定再次明确“凡对企业主营业务是否属于《西部地区鼓励类产业目录》中国家鼓励类产业项目难以界定的,税务机关可以要求企业提供省级(含副省级)发展改革部门或其授权部门出具的证明文件。证明文件需明确列示主营业务的具体项目及符合《西部地区鼓励类产业目录》中的对应条款项目。”以及《国家税务总局关于发布〈企业所得税优惠政策事项办理办法〉的公告》(国家税务总局公告2015年第76号)《企业所得税优惠事项备案管理目录》第49项“主营业务属于《西部地区鼓励类产业目录》中的具体项目的相关证明材料”的规定。

二、企业所申请的2013年度、2014年度企业所得税的优惠备案,根据为国家税务总局公告2012年第12号文第2条规定“企业应当在年度汇算清缴前向主管税务机关提出书面申请并附送相关资料。第一年须报主管税务机关审核确认,第二年及以后年度实行备案管理。各省、自治区、直辖市和计划单列市税务机关可结合本地实际制定具体审核、备案管理办法,并报国家税务总局(所得税司)备案”。2013年度需经税务机关审核确认、2014年度因2013年度未经审核确认故不受理备案。

根据上述规定,限你司于2016年3月25日前提供省级(含副省级)发展改革部门或其授权部门出具的证明文件。证明文件需明确列示主营业务的具体项目及符合《西部地区鼓励类产业目录》中对应条款项目。逾期不能提供的限你司在2016年4月××日前对2013年、2014年、2015年4季度企业所得税进行更正申报,涉及已享受的税收优惠按规定缴纳税收滞纳金。

如对本通知不服,可自收到本通知之日起60日内依法向××县国家税务局申请行政复议,或者自收到本通知之日起3个月内依法向人民法院起诉。

税务机关(签章)

2016年3月×日

附 2：行政起诉状

原告：××县××矿业有限公司

法定代表人：××××

住所：××省××市××县××乡×××村

邮政编码：××××××

被告：××县国家税务局×××税务分局

法定代表人：××

地址：××省××市××县××镇××路

邮政编码：××××××

请求事项

一、请求依法判决撤销被告于 2016 年 3 月 9 日作出的《税务事项通知书》(××国税通〔2016〕××××号)。

二、本案诉讼费用由被告承担。

事实与理由

原告于 2015 年 12 月×日向被告申请“设立在西部地区的鼓励类产业企业减按 15% 的税率征收企业所得税”优惠备案，被告于 2016 年 3 月×日作出《税务事项通知书》，通知要求原告对 2013 年、2014 年、2015 年 4 季度企业所得税进行更正申报，涉及已享受的税收优惠按规定缴纳税收滞纳金，根据为：其一，对原告主营业务是否属于《西部地区鼓励类产业目录》难以界定；其二，因为 2013 年、2014 年原告未申请审核，故不享受税收优惠政策。

原告认为被告作出的《税务事项通知书》适用法律错误，认定事实错误。

一、原告主营业务属于《西部地区鼓励类产业目录》，符合“设立在西部地区的鼓励类产业企业减按 15% 的税率征收企业所得税”的要求。

第一，××省×××地质勘查局×××(地质勘查资质证书为固体矿产勘查：甲级)于 2016 年 5 月出具《××省××县××矿业有限公司×××铅锌矿矿山接替资源勘探开发论证报告》，报告结论为原告于 2007 年进驻该矿山之后在 2008 年发证×××矿权外开展的铅锌矿探矿及采矿活动属于“有色金属现有矿山接替资源勘探开发”；从水文地质角度，该矿床属难采矿床。

第二，××县国土资源局于 2016 年 5 月××日出具《关于对××县××矿业有限公司属于西部地区鼓励类产业申请的复函》(普国土资函〔2016〕146 号)，复函称经审查原告×××铅锌矿的勘查开采自 2007 年起属于《产业结构调整指导目录(2011 年版)(修正)》(国家发展和改革委员会令 2013 年第 21 号)鼓励类第九条“有色金属”第 1 款中“有色金属现有矿山接替资源勘探开发”范围类矿山。

第三,××省国土资源厅于 2016 年 5 月××日出具《省国土资源厅关于对〈关于××县××矿业有限公司×××铅锌矿出具现有矿山接替资源勘探开发证明的报告〉的复函》,复函称经核实原告×××铅锌矿为有色金属(铅锌矿)现有矿山接替资源勘查开采。

第四,××省发展和改革委员会于 2016 年 5 月××日出具《省发展改革委关于确认××县××矿业有限公司等企业主营业务属于西部地区鼓励类产业范围的函》(×发改西开〔2016〕842 号),函复称确认原告 2015 年和 2016 年主营的开采铅锌矿业务属于《西部地区鼓励类产业目录》(国家发展和改革委员会 2014 年第 15 号令)第一部分《产业结构调整指导目录(2011 年本)(修正)》鼓励类第九条“有色金属”第 1 款中“有色金属现有矿山接替资源勘探开发”的范围。

二、原告可享受 2013 年、2014 年的税收优惠。

根据《国家税务总局关于发布〈企业所得税优惠政策事项办理办法〉的公告》(国家税务总局公告 2015 年第 76 号)的规定,申请“设立在西部地区的鼓励类产业企业减按 15% 的税率征收企业所得税”优惠实行备案制,按照程序从新的观点,该办法可回溯适用,故 2013 年、2014 年的税收优惠亦可补充备案,原告可依法享受税收优惠。

综上,原告依据《行政诉讼法》第 12 条规定,提起诉讼,请求法院支持原告诉讼请求,以维护原告的合法权益。

此致

××县人民法院

起诉人:××县××矿业有限公司

2016 年 6 月×日

附

1. 起诉状副本 1 份;

2. 申请人证件材料复印件 1 份;

3.《税务事项通知书》(××国税通〔2016〕××××号)复印件1份;

4.《××省××县××矿业有限公司×××铅锌矿矿山接替资源勘探开发论证报告》复印件1份;

5.《关于对××县××矿业有限公司属于西部地区鼓励类产业申请的复函》(×国土资函〔2016〕×××号)复印件1份;

6.《省国土资源厅关于对〈关于××县××矿业有限公司×××铅锌矿出具现有矿山接替资源勘探开发证明的报告〉的复函》复印件1份;

7.《省发展改革委关于确认××县××矿业有限公司等企业主营业务属于西部地区鼓励类产业范围的函》(×发改西开〔2016〕×××号)复印件1份。

附3:关于某县矿业有限公司涉税事项之法律意见书

要点:

1. ××县××矿业有限公司符合税法规定的所得税优惠条件。

2. ××县××矿业有限公司在2013年和2014年两个年度的所得税优惠,在向主管税务机关履行补办备案手续后,应得以享受。

根据《国家税务总局关于发布〈企业所得税优惠政策事项办理办法〉的公告》(国家税务总局公告2015年第76号,以下简称76号文)的规定,申请"设立在西部地区的鼓励类产业企业减按15%的税率征收企业所得税"优惠实行备案制。针对××县××矿业有限公司(以下简称××公司)是否满足所得税优惠条件以及76号文是否可以适用该项所得税优惠的问题,现提供以下法律意见以供参考:

一、××公司的主营业务属于《产业结构调整指导目录(2011年本)(修正)》和《西部地区鼓励类产业目录》中所述"第一类鼓励类"之"九、有色金属1、有色金属现有矿山接替资源勘探开发,紧缺资源的深部及难采矿床开采",符合"设立在西部地区的鼓励类产业企业减按15%的税率征收企业所得税"的要求。

(一)省级地质勘探机构论证报告证明其业务类型

××省×××地质勘查局×××(地质勘查资质证书为固体矿产勘查:甲级)于2016年5月出具《××省××县××矿业有限公司芦茅林铅锌矿矿山接替资源勘探开发论证报告》,报告结论为原告于2007年进驻该矿山之后在

2008 年发证×××矿权外开展的铅锌矿探矿及采矿活动属于"有色金属现有矿山接替资源勘探开发";从水文地质角度,该矿床属难采矿床。

(二)省级国土资源部门出具复函确认核实其业务类型

××县国土资源局于2016年5月××日出具《关于对××县××矿业有限公司属于西部地区鼓励类产业申请的复函》(×国土资函〔2016〕×××号),复函称经审查原告×××铅锌矿的勘查开采自2007年起属于《产业结构调整指导目录(2011年本)(修正)》(国家发展和改革委员会令2013年第21号)鼓励类第九条"有色金属"第1款中"有色金属现有矿山接替资源勘探开发"范围类矿山。此后,××省国土资源厅于2016年5月××日出具《省国土资源厅关于对〈关于××县××矿业有限公司×××铅锌矿出具现有矿山接替资源勘探开发证明的报告〉的复函》,复函称经核实原告×××铅锌矿为有色金属(铅锌矿)现有矿山接替资源勘查开采。

(三)省级发改委出具公函确认其主营业务符合产业目录

××省发展和改革委员会于2016年5月30日出具《省发展改革委关于确认××县宏泰矿业有限公司等企业主营业务属于西部地区鼓励类产业范围的函》(×发改西开〔2016〕842号),函复称确认原告2015年和2016年主营的开采铅锌矿业务属于《西部地区鼓励类产业目录》(国家发展和改革委员会令2014年第15号)第一部分《产业结构调整指导目录(2011年本)(修正)》鼓励类第九条"有色金属"第1款中"有色金属现有矿山接替资源勘探开发"的范围。

(四)最新的总局规范性文件规定相较此前文件更为有利于纳税人

相比《国家税务总局关于深入实施西部大开发战略有关企业所得税问题的公告》(国家税务总局公告2012年第12号,以下简称12号文)规定的"应要求企业提供省级(含副省级)……出具的证明文件",《国家税务总局关于执行〈西部地区鼓励类产业目录〉有关企业所得税问题的公告》(国家税务总局公告2015年第14号)则规定"税务机关可以要求企业提供省级(含副省级)……的证明文件"。也即,作为最新规范性文件的12号文从有利于纳税人的角度,明确了证明文件并非必须项。若纳税人提供了符合要求的相应证明文件,则更补强证实了纳税人主营业务属于应予享受税收优惠的产业目录。

二、××公司在2013年和2014年两个年度的所得税优惠事项处理,并不适用12号文之"二"所述的"首年审核,以后备案"规定,而应适用最新的

《国家税务总局关于发布〈税收减免管理办法〉的公告》(国家税务总局公告2015年第43号,以下简称43号文)第6条和76号文第8条、第16条所述的"补办备案,持续享受"规定。如此,不仅在法律上完全符合"实体从旧、程序从新"的税法原则,而且在政策上坚决贯彻国务院"转变职能、简政放权"行政审批制度改革的实质精神。

(一)从43号文和76号文本身的行文表述来看,不仅对于备案事项未明确阐明不能回溯适用,而且特别强调未享受税收优惠而多缴税款的,可以在《税收征收管理法》规定的期限内申请减免税要求退还多缴的税款

1.43号文并未限制事后补办核准。43号文第4条区分了减免税的类型为核准类和备案类,[1]第5条分别规定了核准类和备案类的减免税,[2]第6条则规定了多缴税款的返还请求权。[3] 从该规范性文件的条款叙述逻辑上看,第6条规定的溢缴税款返还请求权是同时及于第5条核准类和备案类的。如果核准类事项也存在返还请求权,那么事后进行补办核准在逻辑上也是成立的。且第5条规定本身也只是表述为"按本办法核准确认后执行",并未区分事前、事中和事后。核准与备案同样都是一种程序。纳税人未经核准不得享受税收优惠,经核准后方可享受税收优惠。纳税人因客观原因事先没有申请核准亦没有享受税收优惠的,补办核准并确认符合条件后则可以按照规定享受税收优惠。

2.76号文取消了西部鼓励类产业所得税优惠的核准而改为备案。76号文附件1.《企业所得税优惠事项备案管理目录(2015年版)》已将西部地区鼓励类产业所得税优惠(序号49)列为备案事项,对《国家税务总局关于公开行政审批事项等相关工作的公告》(国家税务总局公告2014年第10

---

[1] 43号文第4条规定:"减免税分为核准类减免税和备案类减免税。核准类减免税是指法律、法规规定应由税务机关核准的减免税项目;备案类减免税是指不需要税务机关核准的减免税项目。"

[2] 43号文第5条规定:"纳税人享受核准类减免税,应当提交核准材料,提出申请,经依法具有批准权限的税务机关按本办法规定核准确认后执行。未按规定申请或虽申请但未经有批准权限的税务机关核准确认的,纳税人不得享受减免税。纳税人享受备案类减免税,应当具备相应的减免税资质,并履行规定的备案手续。"

[3] 43号文第6条规定:"纳税人依法可以享受减免税待遇,但是未享受而多缴税款的,纳税人可以在税收征管法规定的期限内申请减免税,要求退还多缴的税款。"

号)附件《税务总局行政审批事项公开目录》之西部大开发税收优惠政策审批(项目编码24059)进行了修正。2015年8月1日起,该西部鼓励类产业所得税优惠无须税务机关审批核准,径行依法备案即可。也即,对于此前年度税收优惠享受,即便目前拟补办核准的,既无须也无法进行核准作业,只能采取备案方式。

(二)从税法适用原则的角度,我国税法遵循的是"实体从旧,程序从新"的溯及既往原则,税务事项关涉到国家和纳税人的财产权分配,征税权力宜谦抑行使以保障纳税人权利,新的规范性文件程序上对纳税人有利的宜适用新规范性文件的规定

1."实体从旧,程序从新"原则是指实体法不具备溯及力,而程序法在特定条件下具备一定溯及力。"实体从旧,程序从新"原则包括两方面的内容:一是有关税收权利义务的产生、变更和灭失的税收实体法,如在应税行为或事实发生后有所变动,除非法律有特别规定外,否则对该行为或事实应适用其发生当时的税法规定,即遵循法律不溯及既往的原则;而税务机关在适用征税程序或履行税收债务时,则不问税收债权债务发生的时期,征管程序上一律适用新法。二是对于新法公布实施以前发生的税收债务,在新法公布实施以后进入履行程序的,新法对其具有拘束力,即遵循新法优于旧法的原则。基于此原则,申请减免税属于程序性规定,且在《税收征收管理法》规定的3年期限内,纳税人在补办备案手续后应予享受所得税优惠。

2.从法律适用原则的角度,我国的法律体系遵循的是"有利溯及既往"原则。《立法法》第93条规定:"法律、行政法规、地方性法规、自治条例和单行条例、规章不溯及既往,但为了更好地保护公民、法人和其他组织的权利和利益而作的特别规定除外。"《税收规范性文件制定管理办法》(国家税务总局令第20号)第13条亦规定:"税收规范性文件不得溯及既往,但为了更好地保护税务行政相对人权利和利益而作的特别规定除外。"与此同时,43号文和76号文本身亦未有明确规定备案事项不能回溯的规定。基于纳税人权利保护的立场,并按照上述法律和规范性文件规定,76号文关于"核准转为备案"以及"补办备案"的规定有利于税务行政相对人,应予溯及既往。

3.国家税务总局出台的诸多规范性文件都明确了与备案相关的税收优惠政策均可在《税收征收管理法》规定的3年内补办备案并享受相关优惠政策。《国家税务总局关于发布〈非居民企业从事国际运输业务税收管理暂行办法〉

的公告》(国家税务总局公告2014年第37号,以下简称37号文)公布的《非居民企业从事国际运输业务税收管理暂行办法》第11条至第15条规定了纳税人的享受税收优惠的备案义务,但同时也明确了3年内补办备案后享受税收优惠的有效性。[1] 该37号文的第11条至第15条后被《国家税务总局关于发布〈非居民纳税人享受税收协定待遇管理办法〉的公告》(国家税务总局公告2015年第60号,以下简称60号文)更新。但该60号文第14条仍规定了3年内可以要求退还税款的权利以及税务机关查实后退还税款的责任。[2]

(三)从行政体制改革的角度来看,政府部门逐步取消和下放行政审批事项是从不合理不正当逐步转变为合理正当的过程,对于原来规定不合理不正当的规定和做法应逐渐纠正,且即便是按照此前规定的核准事项也属于非行政许可审批,只是一种内部管理事项,本身就不具有合理性和正当性,纳税人可依新的规范性文件中规定的补办备案方式履行程序后享受税收优惠

1. 2013年国务院启动新一轮行政审批制度改革,国家税务总局从政治、大局和实现税收现代化的高度,已从当年开始取消和下放税务行政审批事项。《国家税务总局关于税务行政审批制度改革若干问题的意见》(税总发〔2014〕107号,以下简称107号文)进一步要求,“各级税务机关应当建立行政审批事项目录动态调整机制,根据行政审批制度改革情况依法更新行政审批事项目录”,[3]“对已经取消和下放行政审批事项涉及的税务部门规章和税收规范性文件,应当及时清理、修改或者废止”,[4]“各级税务机关应当

〔1〕 37号文第15条明确规定:“非居民企业可享受但未曾享受税收协定待遇,且因未享受本可享受的税收协定待遇而多缴税款的,可自结算缴纳该多缴税款之日起三年内向主管税务机关提出追补享受税收协定待遇的要求,并按本办法规定补办备案手续,退还多缴的税款;超过前述规定时限的,主管税务机关不予受理。”此条款即体现了补办备案手续的可行性。

〔2〕 60号文第14条规定:“非居民纳税人可享受但未享受协定待遇,且因未享受协定待遇而多缴税款的,可在税收征管法规定期限内自行或通过扣缴义务人向主管税务机关要求退还,同时提交本办法第七条规定的报告表和资料,及补充享受协定待遇的情况说明。主管税务机关应当自接到非居民纳税人或扣缴义务人退还申请之日起30日内查实,对符合享受协定待遇条件的办理退还手续。”

〔3〕 参见107号文之“(五)公开税务行政审批事项目录”。

〔4〕 参见107号文之“(八)抓紧清理税务行政审批项目涉及的文件依据、征管流程和表证单书”。

严格区分行政审批和备案管理方式，不得以事前核准性备案方式变相实施审批”。[1] 坚决取消和下放不必要的行政审批成为贯彻国务院文件精神不可逆转的大趋势和政策取向。

2. 国家税务总局出台107号文、43号文和76号文的目的，是通过“核准转备案”的方式自我约束权力运行，给予市场主体更多的自主权，由纳税人自行判断纳税义务和是否享受税收优惠条件。依照107号文之“(十一)”的规定，“实施备案管理的事项，纳税人等行政相对人应当按照规定向税务机关报送备案材料，税务机关应当将其作为加强后续管理的资料，但不得以纳税人等行政相对人没有按照规定备案为由，剥夺或者限制其依法享有的权利、获得的利益、取得的资格或者可以从事的活动”。此前本身不合理的税收优惠“核准制”，在《税收征收管理法》规定的3年时限内，应予通过补办备案的方式得以纠正。

另外，在国家税务总局76号文出台之前，对于西部大开发税收优惠政策，虽然规定采取核准方式，但在具体操作过程中该核准方式与现今采取的备案方式所要求提交的材料及其所依托的减免税原理一致。即便是按照原来的规范性文件规定补办核准手续，其过程除徒增所谓的核准环节外，与当前的补办备案手续并无二致。所以，在技术方法上讲，当下纳税人采取的补办备案实际上也是在实质层面上达到了原规范性文件规定的事前核准的要求。

结论

××公司主营业务符合税法规定的产业目录，实质上具备享受优惠政策的资格，同时76号文关于备案事项的规定可以回溯适用，两公司可就2013年、2014年两个年度的所得税优惠事项向主管税务机关补办备案手续并享受税收优惠政策。

北京××(上海)律师事务所

×××律师

2016年××月××日

---

〔1〕 参见107号文之“(十一)实施备案管理”。

附4:企业所得税优惠事项备案表

(　　　)年度

<table>
<tr><td>纳税人识别号</td><td>××××××</td><td>纳税人名称</td><td>某县矿业有限公司</td></tr>
<tr><td>经办人</td><td>×××</td><td>联系电话</td><td>×××××××××</td></tr>
<tr><td colspan="4">优惠事项备案情况</td></tr>
<tr><td>优惠事项名称</td><td colspan="3">设在西部地区的鼓励类产业企业减按15%的税率征收企业所得税</td></tr>
<tr><td>备案类别(√)</td><td>正常备案(√)</td><td colspan="2">变更备案(　)</td></tr>
<tr><td>享受优惠期间</td><td colspan="3">自2013年　1月1日至　2020　年12月31日</td></tr>
<tr><td>主要政策依据文件及文号</td><td colspan="3">《西部地区鼓励类产业目录2015》《产业结构调整指导目录(2011年本)(修正)》;国家税务总局公告2012年第12号;国家税务总局公告2015年第14号;国家税务总局公告2015年第43号</td></tr>
<tr><td>具有相关资格的批准文件(证书)及文号(编号)</td><td>采矿许可证(×××××××××)</td><td>文件(证书)有效期</td><td>自2012年12月×日至2031年12月×日</td></tr>
<tr><td>有关情况说明</td><td colspan="3">《产业结构调整指导目录(2011年版)(修正)》第一类鼓励类第9条有色金属第1款紧缺资源的深部及难采矿床开采。××××××</td></tr>
<tr><td rowspan="8">企业留存备查资料清单</td><td colspan="3">1.《西部地区鼓励类产业目录2015年》</td></tr>
<tr><td colspan="3">2.《产业结构调整指导目录(2011年本)(修正)》</td></tr>
<tr><td colspan="3">3.《国家税务总局关于深入实施西部大开发战略有关企业所得税问题的公告》(国家税务总局公告2012年第12号)</td></tr>
<tr><td colspan="3">4.《国家税务总局关于执行〈西部地区鼓励类产业目录〉有关企业所得税问题的公告》(国家税务总局公告2015年第14号)</td></tr>
<tr><td colspan="3">5.《税收减免管理办法》(国家税务总局公告2015年第43号)</td></tr>
<tr><td colspan="3">6.《国土资源部关于发布实施〈全国矿产资源规划(2008—2015年)〉的通知》(国土资发〔2008〕309号)</td></tr>
<tr><td colspan="3">7.《国土资源部关于促进深部找矿工作指导意见》(国土资发〔2007〕299号)</td></tr>
<tr><td colspan="3">8.《采矿许可证》(正副本)</td></tr>
</table>

续表

企业声明	我单位已知悉本优惠事项全部相关政策和管理要求。此表是根据《企业所得税法》及其实施条例和国家税收规定填报的,是真实、完整的,提交的资料真实、合法、有效。 (企业公章) 财务负责人:××× 法定代表人(负责人):××× 2015年12月××日
税务机关回执	您单位于______年____月____日向我机关提交本表及相关资料。我机关意见:__________。特此告知。 (税务机关印章) 经办人:______年____月____日

填报说明

一、企业向税务机关进行企业所得税优惠事项备案时填写本表。

二、企业同时备案多个所得税优惠事项的,应当分别填写本表。

三、纳税人识别号、纳税人名称:按照税务机关核发的税务登记证件规范填写。商事登记改革后,不再取得税务登记证件的企业,纳税人识别号填写"统一社会信用代码"。

四、优惠事项名称:按照《企业所得税优惠事项备案管理目录》中的"优惠事项名称"规范填写。

五、备案类别:企业根据情况选择填写"正常备案""变更备案"。

变更备案:是指企业享受定期减免税事项,在其备案后的有效年度内,税收优惠条件发生变化,但仍然符合税收政策规定,可以继续享受优惠政策。

六、享受优惠期间:填写优惠事项起止日期。对于优惠期间超过一个纳税年度且有具体起止时间的定期减免税,填写相应的起止期间。对于定期减免税以外的其他优惠事项,填写享受优惠事项所属年度的1月1日(新办企业填写成立日期)至12月31日(年度中间停业,填写汇算清缴日期)。

七、主要政策依据文件及文号:按照《企业所得税优惠事项备案管理目录》中的"主要政策依据"规范填写。"主要政策依据"涉及税法和具体税收政策文件的，填写直接相关的政策依据。

八、具有相关资格的批准文件（证书）及文号（编号）：企业享受优惠事项，按照规定需要具备相关资格的，应当填写有关部门的批准文件或颁发的相关证书名称及文号（编号）。按照规定，不需要取得上述批准文件（证书）的，填写“无”。

文件（证书）包括但不限于：高新技术企业证书、动漫企业证书、集成电路生产企业证书、原软件企业证书、原资源综合利用认定证书、非营利组织认定文件、远洋捕捞许可证书等。

九、文件（证书）有效期：按照批准文件或颁发证书的实际内容填写。

十、有关情况说明：企业简要概述享受优惠事项的具体内容，如“从事蔬菜种植免税”“从事公路建设投资三免三减半”等。企业备案的优惠事项需要符合国家规定的特定行业、范围或者对优惠事项实行目录管理的，企业应当指明符合哪个特定行业、范围或目录中的哪一个具体行业或项目。

特定行业、范围、目录包括但不限于：《享受企业所得税优惠政策的农产品初加工范围（试行）》《产业结构调整指导目录》《公共基础设施项目企业所得税优惠目录》《环境保护节能节水项目企业所得税优惠目录》《国家重点支持的高新技术领域》《资源综合利用企业所得税优惠目录》等。

部分优惠事项对承租、承包等有限制的，企业应予以说明。

备案时一并附送相关书面资料的，在本栏列示相关资料名称。

十一、企业留存备查资料清单：按照《企业所得税优惠事项备案管理目录》中“主要留存备查资料”，结合企业实际情况规范填写。

十二、税务机关接收本表和附报资料后，应当对本表的填写内容是否齐全，提交资料是否完整进行形式审核。受理环节不核实企业备案资料真实性，备案资料真实性、合法性由企业负责。税务机关应当在税务机关回执栏中标注受理意见，并注明日期，加盖税务机关印章。

十三、本表一式二份。一份交付企业作为提交备案的证明留存，一份由税务机关留存。采取网络备案的，其留存情况由省、自治区、直辖市和计划单列市国家税务局、地方税务局联合规定。

附5:××省××市××县国家税务局税务事项通知书

××国税通〔2016〕××号

××县××矿业有限公司(纳税人识别号:××××××××××)

事由:《税务事项通知书》(受理通知)

依据:《财政部、海关总署、国家税务总局关于深入实施西部大开发战略有关税收政策的通知》财税〔2011〕58号第2条

通知内容:你单位于2016年××月××日申请的企业所得税减免备案事项,经审核,符合受理条件,准予受理。

特此通知。

税务机关(签章)

二〇一六×月×日

附6:撤诉申请书

申请人:××县××矿业有限公司

法定代表人:××××

住所:××省××市××县××乡×××村

邮政编码:××××××

被申请人:××县国家税务局×××税务分局

法定代表人:××

地址:××省××市××县××镇××路

邮政编码:××××××

请求事项

申请人诉被申请人××县国家税务局×××税务分局撤销具体行政行为一案,已由贵院于2016年×月××日立案,现申请撤诉。

事实与理由

2016年×月×日,××县国家税务局制作并向申请人送达《税务事项通知书》,就同一事实作出新的行政行为,受理了申请人的企业所得税减免备案事项申请,故依据《行政诉讼法》第62条等相关规定,特申请撤回针对此前具体行政行为的起诉。请贵院予以批准。

此致

××县人民法院

申请人：××县××矿业有限公司
2016年×月××日

附件：

××县国家税务局税务事项通知书(××国税通〔2016〕××××)复印件一份

附7：××省××县人民法院行政裁定书

(2016)×××××行初××号

原告××县××矿业有限公司

地址：××省××市××县××乡×××村

组织机构代码：×××××××××

法定代表人：×××

委托代理人：×××，××

被告××县国家税务局×××税务分局

地址：××省××市××县××镇××路

法定代表人：××，××

委托代理人：××，×××

原告××县××矿业有限公司诉被告××县国家税务局×××税务分局税务行政管理一案，原告以××县国家税务局就同一事实作出新的具体行政行为，受理了原告的企业所得税减免备案事项申请为由，于2016年×月××日向本院提出撤回起诉申请。

本院认为，原告撤诉申请复核法律规定，依照《中华人民共和国行政诉讼法》第62条的规定，裁定如下：

准予原告××县××矿业有限公司撤回起诉。

案件受理费50元，减半收取25元，由原告××县××矿业有限公司负担。

审　判　长　×××
代理审判员　×××
人民陪审员　×××
二〇一六年×月××日
书　记　员　×××

税务行政争议中的司法角色
——以复议前置为视点*

郭志东**

【目　次】

目前,学界关于税务行政复议前置制度的讨论往往会陷入一种固定模式:从保护纳税人诉权立场出发,分析复议前置的实践状态并揭示其对纳税人诉权的损害,最后是呼吁修法废除。这种讨论模式是将现实问题的解决诉诸政治实践(立法),而非在现行法律体系内做出努力。其实,在税务行政争议解决中,在制度设计上是复议前置还是复议选择,取决于国家税权与纳税人权利如何实现平衡,并涉及法治基本原则在我国的特殊呈现。除了呼吁法律的革故鼎新,许多价值平衡可以通过法律解释和个案裁判实现——从当下我国的法治现状出发,确立适用于个案的司法规则。需要明确的是,本文不是一般性地讨论司法机关应当在税务行政争议中如何作为,而是在现行法律体系内,结合个案讨论司法机关在个案裁判和解释法律中的应对策略和裁判立场。启发笔者展开讨论的正是一起看似普通的税务行政诉讼案件。

---

* 【基金项目】中国政法大博士研究生创新实践项目"法治的理想与困境:我国税收征管机制运行的法社会学研究"(批准号:2015BSCX02)阶段性成果。本文写作过程中得到了诸多师友的真诚帮助:与施正文教授的数次讨论催生了本文的基本观点,张树义教授对本文核心案例的分析奠定了文章基调,张力博士、马允博士、贺燕博士对本文的评论意见促进了笔者的进一步思考,一并致谢,然文责自负。

** 中国政法大学法学院博士研究生。

2014 年 4 月,广东省恩平市大宇陶瓷有限公司(以下简称大宇公司)诉恩平市国家税务局税务征收强制措施违法纠纷案一审结束,原告的诉讼请求或是被指示另寻救济途径,或是被驳回。本案案情并不复杂,简言之,恩平市政府在 2011 年以 1583 万元收回大宇公司一项土地使用权。其后,主管税务机关声称:大宇公司应当就此项收入缴纳企业所得税,并在履行相关法律程序后予以强制执行。原告不服,向广东省开平市法院提起行政诉讼。[1] 法院认为,本案核心争议在于:(1)原告该项所得应否缴企业所得税;(2)被告采取之强制措施是否违法。对于这两项争议,法院采取了不同的应对策略:对争议(1)采取回避态度,对争议(2)则进行了较为全面的分析。法院的区分依据似乎是前者属于纳税争议而后者属于一般行政争议。[2]

根据《中华人民共和国税收征收管理法》(以下简称《税收征收管理法》)第 88 条,法院主张"原告在纳税上发生的争议,包括是否应免征或不征企业所得税,征收税款金额是否正确等存在异议属于复议前置行为。原告在庭审中确认向江门市国家税务局提出复议申请,但复议机关决定不予受理。本院认为不予受理结果不能视为原告已经完成该复议前置程序。原告不服该不予受理结果,可以就该不予受理决定向有管辖权的法院提起诉讼,而不能直接对被告的征收决定提起行政诉讼"。[3] 在看似"轻描淡写"的法院判决意见中隐藏着丰富的信息:(1)原告已就相关争议提起行政复议,复议机关也已作出不予受理决定;(2)法院对复议前置持实质解释立场,法院认为在特定类型的争议中,复议程序非但要前置而且要实质性前置。而在司法系统中,持有此种观点者,并非个例。

一、判例回顾:复议前置解释的立场之争

大宇公司案中所出现的法律争议,曾在不同地区的司法实践中数次上演。其中,最具影响力并对上述实质性判决意见的形成产生重要影响的是"绍兴县富

---

[1] 参见"恩平市大宇陶瓷有限公司与恩平市国家税务局税务征收强制措施违法纠纷案",广东省开平市人民法院行政判决书(2014)江开法行初字第 9 号。

[2] 参见《税收征收管理法》第 88 条,另见《税务行政复议规则》(2015 年)第 14 条。

[3] "恩平市大宇陶瓷有限公司与恩平市国家税务局税务征收强制措施违法纠纷案",广东省开平市人民法院行政判决书(2014)江开法行初字第 9 号。

强福利厂诉县国家税务局案”。该案使各方围绕税务行政复议前置制度展开了激烈争辩。在经过初审、终审、再审程序后,案件最终尘埃落定,但相关争议却从未终止。

2005年,绍兴县国家税务局称绍兴县富强福利厂(以下简称富强厂)超范围享受福利企业先征后返增值税371万余元,遂向富强厂追缴税款。富强厂不服,向绍兴市国家税务局提起行政复议。绍兴市国家税务局以纳税人缴清税款时间超过税务机关规定期限为由,作出不予受理决定。2005年11月,富强厂向绍兴县人民法院提起行政诉讼。[1]

案件审理过程中,原被告围绕诉权问题展开激烈争辩。原告请求法院撤销涉案行政行为,而被告认为复议机关以缴清税款时间超过规定期限为由,作出不予受理决定,原告仅能对该不予受理决定起诉,并应以复议机关为被告。[2]

绍兴县人民法院一审认为,纳税争议应当复议前置,在复议机关不予受理时,“当事人可以对复议机关不予受理的决定提起行政诉讼,而不能直接就原处理行为提起行政诉讼”。[3] 然而,绍兴市中级人民法院二审判决意见与此完全相反。二审法院援引《最高人民法院关于执行〈中华人民共和国行政诉讼法〉若干问题的解释》第33条第2款[4]和《行政复议法》第19条,[5]认为二者“都规定了行政相对人在复议机关不予受理复议申请的情况下是诉原具体行政行为还是诉不予受理的复议决定有选择权”。富强厂“收到不予受理的决定书后,在法定期限内对原具体行政行为提起的行政诉讼,符合法律、法规的规定”。[6]

---

[1] 参见马国贤、马惟菁:《对复议前置的不予受理决定不服,可以提起行政诉讼》,载《人民司法·案例》2007年第16期。

[2] 同上。

[3] 同上。

[4] 《最高人民法院关于执行〈中华人民共和国行政诉讼法〉若干问题的解释》第33条第2款规定:“复议机关不受理复议申请或者在法定期限内不作出复议决定,公民、法人或者其他组织不服,依法向人民法院提起诉讼的,人民法院应当依法受理。”

[5] 《行政复议法》第19条规定:“法律、法规规定应当先向行政复议机关申请行政复议、对行政复议决定不服再向人民法院提起行政诉讼的,行政复议机关决定不予受理或者受理后超过行政复议期限不作答复的,公民、法人或者其他组织可以自收到不予受理决定书之日起或者行政复议期满之日起十五日内,依法向人民法院提起行政诉讼。”

[6] 马国贤、马惟菁:《对复议前置的不予受理决定不服,可以提起行政诉讼》,载《人民司法·案例》2007年第16期。

对于终审裁定,绍兴县国税局表示不服并提出再审申请,并在申请中指出,"对复议机关作出不予受理决定的,不能当作已经经过行政复议的必经程序","行政复议为提起行政诉讼的必经程序,行政相对人未经行政复议,当然不具有对实体问题的起诉权,否则,就是在事实上取消了行政诉讼的前置条件"。[1]

2006 年 6 月,浙江省高级人民法院启动了再审程序,重申了一审法院的判决意见,并给出更加明确的裁判理由:不予受理决定仅是在程序上拒绝复议请求,"并未对原具体行政行为进行实体审查,也即复议程序尚未实质启动,故不能视同已复议维持原具体行政行为","只有在复议机关启动了复议程序,并对申请复议的具体行政行为作出实质性结论后,才可对原具体行政行为提起诉讼"。[2] 就此,实质性解释立场得以充分体现。

本案作为典型案例刊载于《人民司法》杂志并附有评析意见。文章作者(浙江省高级人民法院法官)对本案的评析意见指出,对于此类案件"法院能不能直接受理,法律规定不甚明确,理论和实务界一直存有争议,亟须统一认识,以统一法院的裁判标准"。[3] 浙江省高级人民法院似乎试图借此扩大本案影响并最终确立一套稳固的裁判标准以消弭分歧。实践证明,这种努力确实取得了预期效果,相似的判决结果在福建、[4]重庆、[5]广东[6]相继出现。在法院系统内,对复议前置制度的实质性解释似乎占据了主流位置并形成了通行司法规则。

然而,相关方所试图确立的仅仅是多种立场中的一种,且未必恰当,也不可能杜绝与之相左的意见表达。2009 年,《山东省行政复议条例》第 23 条明确将与之立场相左的内容引入地方性法规:"申请人对行政复议机关作出的不予受理

---

[1] 马国贤、马惟菁:《对复议前置的不予受理决定不服,可以提起行政诉讼》,载《人民司法·案例》2007 年第 16 期。

[2] 同上。

[3] 同上。

[4] 《龙岩市东霞电线电缆有限公司诉龙岩市国家税务局税务行政复议案》(CLI. C. 356839),福建省龙岩市新罗区人民法院(2008)龙新行初字第 8 号判决书。

[5] 《重庆凯联机电有限公司诉重庆光大机械厂有限公司返还财产纠纷案》(CLI. C. 331603),重庆市九龙坡区人民法院(2010)九法民初字第 2859 号判决书。

[6] 《恩平市大宇陶瓷有限公司与恩平市国家税务局税务征收强制措施违法纠纷案》,广东省开平市人民法院(2014)江开法行初字第 9 号行政判决书。

决定不服提起行政诉讼时……法律、法规规定行政复议为提起行政诉讼必经程序的,可以对被申请行政复议的具体行政行为提起行政诉讼,也可以对行政复议机关作出的不予受理决定提起行政诉讼。"

综观本案发展过程,三级法院出现了两种对抗的观点,并最终以初审法院的意见得到维持而告终。通过对各个判决意见简单梳理,我们能够很容易地发现:三级法院各自寻找到了支持自身主张的法律依据,并展开平行式论证,从而形成了"两个以上彼此独立的法条的适用主张"。[1] 看似相互对立的判决意见之间并未进行任何实质交锋,有的只是立场上的分歧和凭借审级优位的压服(绍兴市中级人民法院压服绍兴县人民法院,浙江省高级人民法院压服绍兴市中级人民法院)。三级法院所援引的法律条文都没有针对案件争议提供明确的答案,有的只是暧昧不清和语焉不详。由于案件的裁判意见仅仅是在表明立场,相比裁判结果,此类案件所提示出的法院解释立场本身更加值得注意。而单纯的立场分歧,为我们进行价值分析提供了可能和空间。

二、存废之间:复议前置与自由选择

前文已述,本文并不试图讨论税务行政复议前置制度的合理性以及相关制度如何改进,仅是尝试通过梳理制度的历史沿革,揭示立法者的努力目标和中国法治建设的历史实际。至于此间司法裁判应处于何种立场,该是不言自明。

从制度缘起观之,税务复议前置制度有其历史特殊性。早在1980年,《中华人民共和国中外合资经营企业所得税法》第15条便明确规定:"合营企业同税务机关在纳税问题上发生争议时,必须先按照规定纳税,然后再向上级税务机关申请复议。如果不服复议后的决定,可以向当地人民法院提起诉讼。"这一条文是"新中国成立以来,有关行政诉权的最早的、较为明确的规定"。[2] 由此可见,税务行政复议前置制度与当代中国行政诉讼制度相伴而生;而对于税务行政争议的解决形式而言,立法者自始便奉行复议前置。这种制度安排历经1986年《中华人民共和国税收征收管理暂行条例》和1992年《税收征收管理法》(以及

[1] 刘星:《多元法条主义》,载《法制与社会发展》2015年第1期。

[2] 江必新:《完善行政诉讼制度的若干思考》,载《中国法学》2013年第1期。

其后3次修正),从未变更。[1] 随着1989年《中华人民共和国行政诉讼法》(以下简称《行政诉讼法》)第37条确定了复议选择原则,起码在规范层面上,税务行政复议前置成为了一种例外。

总体而言,《行政诉讼法》在行政复议与行政诉讼衔接方式上确立的自由选择模式,是一种契合中国实际的选择,表达了对行政相对人自由选择权的尊重并减少了司法介入的程序性障碍。分析者认为,"《行政诉讼法》之所以这样规定,主要是基于两方面的考虑:一是尊重和保障相对人的诉讼权利。如果采取复议前置原则,在客观上就会形成对公民诉讼权利的限制,同时由于复议机关和原处理机关往往不在同一地方,会给相对人带来不便"。二是便于同现行法律法规相衔接。[2]

在行政复议与行政诉讼衔接方式确立20年后,学界围绕复议前置制度产生了严重分歧。有学者认为,行政复议在实践中未发挥其应有作用,原因在于自由选择模式使得过多的行政争议流向诉讼,应当全面推行复议前置制度,以做调整;与之针锋相对的主张是,中国对特定类型行政争议所设定之前置性行政复议的实践状态与制度预期有明显出入,由于行政复议缺乏独立性和公正性,其往往流于形式,所起到的主要作用就是限制纳税人的诉权,故而应当废除。

其实,此种争议由来已久。早在《行政诉讼法》颁布之前,便有将复议前置作为原则的意见。[3] 有学者主张,鉴于德国、法国、日本和苏联等国均实行复议前置,"在建立和完善我国的行政诉讼制度时,除法律另有规定的外,应当建立复议前置制度"。[4] 美国法对行政争议的处置坚持"穷尽行政救济原则"和"司法最终原则","要求所有的行政争议被诉至法院之前,行政相对人都应当首先寻求行政内部救济,只有在某些特殊情形下,才允许直接寻求司法救济"。[5] 以此为参照,我国的复议自由选择模式是一种偏差。此种声音的重新出现有其相应的时代背景,"近年来包括行政复议在内的整个行政救济制度面临变革的背景下,现行所有的行政复议制度安排都无法摆脱和逃避受质疑的命运,自由选择模

[1] 《税收征收管理法》全面修订工作已经展开,从已公布的《税收征收管理法修订草案(征求意见稿)》看,目前没有迹象表明复议前置规则有可能被废除。

[2] 郁忠民:《行政复议与行政诉讼的比较研究》,载《现代法学》1991年第6期。

[3] 参见张树义:《〈行政诉讼法(草案)〉若干争论问题再思考》,载《法学》1989年第3期。

[4] 金俊银、李传敢:《行政诉讼的起诉要件及效力初探》,载《政法论坛》1988年第1期。

[5] 郑烁:《论美国的"穷尽行政救济原则"》,载《行政法学研究》2012年第3期。

式自然亦不能例外,要求变现有的自由选择模式为行政复议先行模式的声音开始出现"。[1] 随着纠纷解决方式多元化成为时代主题,将行政复议作为中国行政争议解决的主要渠道,成为行政法学界的共识。[2] 有学者明确主张应当"原则上确立行政复议前置",以"走出当前'行政复议疲软混乱'、老百姓'信访不信法'等怪圈,最为有效的制度设计就是对所有可诉行政行为均实行行政复议前置,让所有可诉的行政行为都能够进入行政复议的渠道"。[3]

不难想象,全面推行复议前置的主张遭遇到了广泛批评。有学者提出,"行政复议在未来应成为我国解决行政争议的主渠道的思路和观点并无争议,但为了让行政复议成为解决行政争议的主渠道而强制把行政复议作为行政诉讼的先行程序,却是本末倒置","行政复议作为与行政诉讼功能相当、处于平行关系的救济机制,自由选择模式恰恰可以满足当事人根据自身需要通过选择来权衡利弊,实现自己的利益"。[4] "在'权利本位'高扬的时代,尊重当事人对法律救济程序的自主选择已经成为时代潮流,为世界各个国家所接受。只有竞争才能促进发展,我们有理由相信行政复议与行政诉讼制度的优劣只有在相对人的自由选择中才能得到充分辨识,并为各自的发展提供相应的生长空间。"[5]

具体到税务行政争议,学界要求"拓宽救济渠道,废止税收复议前置和先缴税后救济制度"[6]的呼吁更是由来已久。根据瑟仁伊教授对税务司法制度的概括性比较,一个可以很容易观察到的现象是,不遗余力地为纳税人提供更加多元的权利救济渠道已经形成一种国际性趋势。[7] 然而,我国的制度实践却与之背道而驰。对于此种制度性安排,刘剑文教授从保护纳税人权利立场出发旗帜鲜明地提出"通过废止'两个前置'(纳税前置和复议前置——引者注)程序以畅通

---

〔1〕 杨伟东:《复议前置抑或自由选择——我国行政复议与行政诉讼关系的处理》,载《行政法学研究》2012 年第 2 期。

〔2〕 参见杨伟东:《复议前置抑或自由选择——我国行政复议与行政诉讼关系的处理》,载《行政法学研究》2012 年第 2 期;郑烁:《论美国的"穷尽行政救济原则"》,载《行政法学研究》2012 年第 3 期。

〔3〕 宋艳慧:《经复议案件行政诉讼被告制度的改革》,载《人民司法·应用》2014 年第 7 期。

〔4〕 杨伟东:《复议前置抑或自由选择——我国行政复议与行政诉讼关系的处理》,载《行政法学研究》2012 年第 2 期。

〔5〕 赵保胜:《行政复议的价值取向与制度建构》,载《法治研究》2015 年第 4 期。

〔6〕 施正文:《论程序法治与税收正义》,载《法学家》2004 年第 5 期。

〔7〕 参见[美]维克多·瑟仁伊:《比较税法》,丁一译,北京大学出版社 2006 年版,第 215 ~ 220 页。

纳税人的权利救济渠道",[1]并指出,修订中的《税收征收管理法》"对于复议前置问题的存废应当朝着更加全面地保护纳税人权利、更加优质地为纳税人服务的方向转变,亦即赋予纳税人以完整、真实和有效的救济权"。[2]

更加尖锐的批评来自于税收征管实践和纳税人。在东霞电线电缆公司诉龙岩市国家税务局案中,原告直言"《税收征收管理法》第 88 条第 1 款、《税务行政复议规则(暂行)》第 14 条第 2 款有'霸王条款'之嫌,不符合现代社会法治精神,不利于保护原告的合法权益"。[3] 一般而言,"法律之所以规定复议前置,一是复议机关和行政行为作出机关存在管理与被管理的关系,行政效率的优越性容易凸显,从而更容易将纠纷解决在行政机关内部,减轻行政相对人的诉讼成本,缩短解决争议的时间;二是由于一些问题专业性极强,行政机关具备解决此类争议的专业优势"。[4] 然而,支持复议前置的种种理由在税务行政争议中统统陷入尴尬境地。其一,在多重原因的共同作用下,我国的税务行政案件数量极少;其二,复议机关缺乏必要的中立性,使得复议程序很难获得纳税人的信任;其三,在税收领域,法院的诉讼负担不是过重而是过轻,以至于法院没有起到其应有的作用。[5]

学界围绕复议前置展开讨论的一个重要背景,是相关法律(《行政诉讼法》《税收征收管理法》等)的修订。而在 2014 年,修订后的《行政诉讼法》坚持了复议自由选择模式,并在总则部分(第 3 条第 1 款)规定,"人民法院应当保障公民、法人和其他组织的起诉权利"。虽然条文内容主要针对立案难问题,但保护行政诉权被作为一项具有原则性意义的立法目标被确立了下来。

"一个国家的法治有它的生长逻辑和建设方略",[6]而行政诉讼法先于实体法和复议法——这一独特的立法安排,在一定程度上能够揭示出中国法治建设的特殊需求和独特逻辑。这种立法安排是对中国改革开放时期特殊国情的因

[1] 刘剑文:《〈税收征收管理法〉修改的几个基本问题——以纳税人权利保护为中心》,载《法学》2015 年第 6 期。

[2] 同上。

[3] 《龙岩市东霞电线电缆有限公司诉龙岩市国家税务局税务行政复议案》(CLI. C. 356839),福建省龙岩市新罗区人民法院(2008)龙新行初字第 8 号判决书。

[4] 李志强、郭喜珂:《行政复议机关作共同被告相关问题浅析》,载《山东审判》2016 年 1 期。

[5] 熊伟:《法治财税:从理想图景到现实诉求》,载《清华法学》2014 年第 5 期。

[6] 何海波:《行政法治,我们还有多远》,载《政法论坛》2013 年第 6 期。

应,同时也提示了立法者对司法机关尽早介入行政争议、实现司法权对行政权及时制约的迫切期待。参与主持《行政诉讼法》起草工作的江平教授将《行政诉讼法》的制定喻为“宪政路上的里程碑”,并指出“《行政诉讼法》包含现代人权精神、私权神圣、人的权利至高无上等理念”。[1] 但客观而论,此种期待至今仍未完全成为现实。学界有关复议前置制度的讨论,准确无误地提示出:在当今中国,尊重和保护纳税人权利是一项需要长久坚持的优位价值和推进中国法治建设的现实需要。

三、裁判立场:司法权威与中国法治建设

在我国,许多在西方理论家看来不需讨论的基础性问题,却需要慎重对待并努力加以解决,司法权威便是其中之一。[2] 对于司法权威的重要性,有学者明确指出“提升司法权威,督促财税机关依法行政”[3]是税务行政诉讼的核心价值,“如果失去这一股制约力量,让行政如脱缰野马不受拘束,那么法治国家和法治财税都不可能变为现实”。[4] 而对于处在转型期的中国而言,此点更加重要。社会转型意味着将出现许多法律无法恰当应对的现实问题。“如果法官仅仅从法律文义和立法意图去寻找答案,以回答当事人在个案提出的问题,他们可能找不到答案或者找到了离题万里的答案。”[5]此时便出现了“法外空间”:一个需要司法发挥作用的广阔场域。本来,这是一个塑造司法权威的绝佳时代,但现实是,期待中国司法机关通过个案裁判推动法律改善和社会进步,往往会被批评为不切实际。

“在转型社会,司法本来可以大有作为,因为社会正在经历缓慢而痛苦的合法性重构——从前合法的,渐渐失去了它们的合法性基础;从前不合法的,渐渐建立起了合法性基础——合法性重构造成了许多变动不居的情形,任何立法都难以周全地预知和事先准备预案,而司法却要一如既往地承担起个案救济的职

---

[1] 江平:《沉浮与枯荣:八十自述》,陈夏红整理,法律出版社 2010 年版,第 346 页。
[2] 何海波:《行政法治,我们还有多远》,载《政法论坛》2013 年第 6 期。
[3] 熊伟:《法治财税:从理想图景到现实诉求》,载《清华法学》2014 年第 5 期。
[4] 同上。
[5] 方流芳:《能动司法与被动司法》,载方流芳财新博客,最后访问日期:2012 年 12 月 28 日。

能。"[1]改革开放以来,中国确实经历了深刻的社会结构变迁,但中国的司法机关在其中却少有作为。这一方面源于中国法院的尴尬处境,另一方面(更重要的)源于中国法院的消极。

在中国国家权力结构中,法院处于显而易见的弱势地位。"法院在整个政权中的位势和实力,并不总是能够支撑法院履行法定职能,相反,法定职能常常成为法院难以承受之重。弱势法院的政治就是避免接手无力应对的案件,为此,即使限制当事人的诉权,也在所不惜。"[2]此即"司法沉默"(类似的定义有"司法消极"和"司法被动")。各类前置性程序是司法沉默的典型表现,有些是源于法律规定,有些则是事实上的(许多来自法院的自主创设)。当法院不假思索地认同行政机关对事实的判断及其对法律的解释,法院便失去了作出独立判断的能力。当这种实践成为某种司法惯例时,制度性的权力错位便难以纠正。

塑造法院权威、发挥司法职能的前提是有大量的司法判例,因此保护纳税人行政诉权变得十分关键。然而,对于纳税人提起的行政诉讼,法院或是通过巧妙回避而拒绝提供救济,或是在事实认定与法律解释上依赖于行政机关。此时,当事人不是面对一个对手而是同时面对行政机关和法院。税务行政诉讼的大量出现,是发挥司法机关作用的基础。但司法沉默每时每刻都在摧毁这种基础。一个经验性事实是,在中国国家税收收入、税务执法数量连年高速增长之际,税务争议案件却异常稀少。这种现象的产生或许源于更加复杂的体制性因素,[3]但可以相信的是,司法沉默是其中的关键性因素。

通过保护当事人诉权,塑造司法权威,以发挥司法机关制约行政权的作用,是中国法治建设的现实需要。对于中国司法机关而言,这是一个困境与机遇并存的时代,这是一个应当发声而非沉默的时代。而如何唤醒中国司法这个"沉睡的美人",考验着所有中国法治建设者的智慧。

---

[1] 方流芳:《能动司法与被动司法》,载方流芳财新博客,最后访问日期:2012 年 12 月 28 日。

[2] 同上。

[3] 参见施正文:《高法定税负:中国税收事业科学发展的枷锁》,载施正文主编:《中国税法评论》(第 1 辑),中国税务出版社 2012 年版,第 20 ~ 32 页。

四、结　语

就个案而言,问题的解决可以通过分类——事实区分和法律界定,发现可恰当适用的法律规则,形成大体有效的解决方案。事实上,对于本文所涉及的法律争议,早在2003年便有研究者提出了可能有效的解决方案:“对于在复议前置的条件下,行政复议机关决定不予受理,行政相对人不服提起行政诉讼的,应当分别不同情况予以处理。”具体而言,应当区分“由于行政相对人自身的原因所致的不予受理”和“由于行政复议机关的原因所致的不予受理”。[1] 对于前者,相对人仅有权对不予受理决定提起诉讼;对于后者,相对人同时有权对原行政行为起诉。

然而,本文的努力方向不是一般性地讨论司法机关在税务行政争议当中的角色,也不是就事论事地处理个案争议,而是试图阐明一种切合中国实际的裁判立场。“由于法律标准不可能对每种具体情形而设定,因此在其中就需要裁判者进行具体化的个别判断来充实这种标准。”[2] 个案裁判所具有的溢出效果,需要每一个司法裁判者予以谨慎对待。鼓励而非遏制当事人对公权力的挑战——这是司法裁判中法院应当充分考虑的公共政策,更是中国法治建设的现实需要。

---

[1] 倪志凤:《复议前置与行政诉讼衔接的思考》,载《法学杂志》2003年第5期。

[2] 陈景辉:《实践理由与法律推理》,北京大学出版社2012年版,第23页。

偷税认定的理论争议与实践检思
——以主观故意的认定为视角

薛　娟*

【目　次】

广东省深圳市中级人民法院行政审判庭一份生效裁判[1]的曝光使偷税是否应当具备主观故意这个自《中华人民共和国税收征收管理法》(以下简称《税收征收管理法》)(2001)颁布实施以来就争议不断的问题再一次成为焦点。《中华人民共和国刑法修正案(七)》(以下简称《刑法修正案(七)》)出台之后,原偷税罪被逃税罪所取代,逃税罪的构成要件也进行了相应修改,并明确包含主观故意。但《税收征收管理法》的修订没有及时跟进,这加剧了行政法上偷税认定的乱相。鉴于此,本文试图以主观故意为切入点,对偷税行为认定进行探讨。

一、偷税认定:理论争鸣与实践回应

(一)偷税是否以主观故意为要件的理论思辨

对于主观故意是否是偷税的构成要件这一问题,无论是理论界还是实务界都存在截然相反的两种观点。支持偷税必须具备主观故意(以下简称主观故意说)的学者认为,将主观故意作为认定偷税的构成要件贴近人们的生活习惯,较

---

* 注册税务师,四川省眉山市地税局稽查局局长。

〔1〕 (2014)深中法行终字第538号。

为符合习惯法则对偷税行为的理解;[1]偷税作为行政违法行为与原刑法所惩处的偷税罪(《刑法修正案(七)》施行前原《中华人民共和国刑法》(以下简称《刑法》)第 201 条[2])只是违法的程度不同,主观方面的表现应当保持一致。同时,国家税务总局在制发的数个税收规范性文件[3]中区分纳税人实施税收违法行为的主观状态给予不同的处理,在回复最高人民检察院的复函《国家税务总局办公厅关于呼和浩特市昌隆食品有限公司有关涉税行为定性问题的复函》(国税办函〔2007〕513 号)中明确提出"偷税应当具备主观故意"的意见,在数个个案批复[4]中强调"不能证明主观故意的不认定为偷税",这些都是主观故意应作为偷税构成要件的最好例证。

反对偷税必须具备主观故意(以下简称过错推定说)的人士则认为,《税收征收管理法》第 63 条明确规定了偷税行为的构成:一是具备该条所列举的违法手段(客观手段);二是造成不缴或少缴税款结果(行为结果),但主观故意并非法定的偷税构成要件之一。此外,综观整个《税收征收管理法》,所有的法律责任条款中均未对行为人实施违法行为时的主观状态作出要求,其理论基础就在于行政违法行为实行过错推定的归责原则。

(二)税务实践中有关偷税认定的不同做法

有关偷税是否以主观故意为要件的理论争议长期存在,而实务当中对此的做法也不尽统一。以税务稽查部门为例,出于各自对《税收征收管理法》第 63 条的

〔1〕 参见袁森庚:《论偷税故意》,载《税务与经济》2007 年第 6 期。

〔2〕 《刑法》第 201 条第 1 款规定:"纳税人采取伪造、变造、隐匿、擅自销毁账簿、记账凭证,在账簿上多列支出或者不列、少列收入,经税务机关通知申报而拒不申报或者进行虚假的纳税申报的手段,不缴或者少缴应纳税款,偷税数额占应纳税额的百分之十以上不满百分之三十并且偷税数额在一万元以上不满十万元的,或者因偷税被税务机关给予二次行政处罚又偷税的,处三年以下有期徒刑或者拘役,并处偷税数额一倍以上五倍以下罚金;偷税数额占应纳税额的百分之三十以上并且偷税数额在十万元以上的,处三年以上七年以下有期徒刑,并处偷税数额一倍以上五倍以下罚金。"

〔3〕 参见《国家税务总局关于纳税人善意取得虚开的增值税专用发票处理问题的通知》(国税发〔2000〕187 号)、《国家税务总局关于印花税违章处罚有关问题的通知》(国税发〔2004〕15 号,已废止)、《纳税评估管理办法(试行)》(国税发〔2005〕43 号)、《国家税务总局关于企业虚报亏损适用税法问题的通知》(国税函〔2005〕190 号,已废止)。

〔4〕 参见《国家税务总局关于税务检查期间补正申报补缴税款是否影响偷税行为定性有关问题的批复》(税总函〔2013〕196 号)、《国家税务总局关于北京聚菱燕塑料有限公司偷税案件复核意见的批复》(税总函〔2016〕274 号)。

不同理解，全国各地的税务稽查局在偷税认定上衍生出4种不同的处理方式。

1. 方式一：偷税定性不考虑主观故意

此种处理方式主张，偷税认定不问主观故意，具备《税收征收管理法》第63条所列举的违法手段并造成不缴或少缴税款后果的税收违法行为明确定性为偷税，依法追缴税款、加收滞纳金并处所偷税款50%以上5倍以下的罚款。

可以看到，此种处理方式直接依据《税收征收管理法》第63条的字面表述解读偷税构成要件，其优势是依据明确、操作简便，但其所面对的最大问题是偷税定性普遍化。尤其是非主观故意少缴税款的纳税人（主要是过失不实申报的纳税人）很难接受"被偷税"的事实和因此被处罚的结果，执法阻力较大，容易引发税企争议，带来行政复议和行政诉讼风险。同时，由于原偷税罪的犯罪构成中包括主观故意，一旦进入行政诉讼程序，如果司法机关认为偷税应当与原偷税罪主观状态趋同，税务稽查局很容易败诉。

茂名市天普药业有限公司（以下简称天普公司）诉茂名国税第一稽查局行政处罚案[1]即是如此。该案中，茂名国税第一稽查局认定，天普公司作为药品批发企业，在明知应当按照17%税率计征销项税的情况下，通过杨某平等人以个人名义代开发票（按3%税率计征增值税），以达到少缴税款目的的行为显然已构成偷税，依据《税收征收管理法》第63条规定定性为偷税，决定追缴所偷税款、加收滞纳金并处0.5倍的罚款。天普公司不服茂名国税第一稽查局的行政处罚决定提起诉讼。一审、二审法院均持"偷税应当具备主观故意"的观点，认定茂名国税第一稽查局无证据证明天普公司少缴税款行为存在主观故意，判决茂名国税第一稽查局认定事实不清，依法撤销其处罚决定。该案一审、二审均败诉的原因比较复杂，既与法院认定天普公司主管税务机关超越权限代开发票对天普公司少缴税款负有责任有关，也与法院在偷税构成要件上与茂名国税第一稽查局未形成共识有关。利用一般纳税人和小规模纳税人增值税税率差、通过以自然人名义申请代开发票的方式达到少缴税款目的的行为人，其主观故意是非常明显的，但茂名国税第一稽查局在检查过程中为什么没有主动搜集、获取证明天普公司存在偷税主观故意的相关证据，很可能是与其所持偷税不问主观状态的观点有关。

茂名案中一审、二审法院的观点是一致的，但这并不意味着司法机关在偷税

---

〔1〕 参见（2014）茂南法行初字第28号、（2015）茂中法行终字第49号。

认定是否考虑主观状态问题上的观点是完全统一的。从深圳市天诚交通发展有限公司(以下简称天诚公司)诉深圳地税第一稽查局税务行政征收案[1]中即可窥见一斑。

该案中,深圳地税第一稽查局认定天诚公司在法定申报期限内经税务机关通知申报而拒不申报,未按规定期限解缴已扣税款的行为已构成偷税,依据《税收征收管理法》第32条及第63条第2款规定,决定向天诚公司追缴已扣未缴个人所得税并加收滞纳金。一审法院认为,天诚公司在已经不可能控制投资人的投资收益的情形下,多次致函要求地税第一稽查局直接向投资人追缴(个人所得税),并已提供投资人的财产线索,其行为符合法律规定。且从天诚公司不断发函请求地税第一稽查局扣划投资人个人所得税的举动看,天诚公司亦无偷税的故意。天诚公司的行为不属于经通知申报而拒不申报的行为,其不构成偷税,判决撤销深圳地税第一稽查局《税务处理决定书》。

深圳地税第一稽查局不服提出上诉称:偷税行为的构成要件仅包括行为、结果这两项要件,并无明文规定须以行为人的主观故意为必要条件。偷税行为的行为方式或手段虽可能在某种程度上潜存行为人的主观支配性或能动性,但并非以此为必要或作为构成要件,行为人只需具备《税收征收管理法》第63条第1款规定的任一情形即构成偷税,而对其主观过错在所不问,即行为人是否存在主观故意不影响偷税行为的认定。依据《最高人民法院关于审理偷税抗税刑事案件具体应用法律若干问题的解释》第2条第2款的规定,天诚公司已办理《税务登记证》,该证上载明扣缴义务为依法确定,故天诚公司属已依法办理扣缴税款登记的情形,即属经税务机关通知申报。

与深圳地税第一稽查局和一审法院在偷税是否应当具备主观故意问题上观点的泾渭分明不同,二审法院采取了较为明智的做法——回避主观故意是否是偷税构成要件这一争议问题,从否定天诚公司存在经通知申报而拒不申报的违法行为角度出发,判定地税第一稽查局认定天诚公司构成偷税缺乏主要证据,维持了一审判决。二审法院的裁判意见从一个侧面反映出司法机关内部在此问题上的分歧。

2. 方式二:偷税定性上不考虑主观故意,但回避明确的偷税定性

此种方式主张,偷税定性上不考虑主观故意,对具备《税收征收管理法》第

---

[1] 参见(2014)深罗法行初字第60号、(2014)深中法行终字第538号。

63 条所列举的违法手段并造成不缴或少缴税款结果的税收违法行为依据第 63 条进行处理,但在《税务处理决定书》《税务行政处罚决定书》中均回避明确的偷税定性。此种处理方式与前述第一种处理方式本质上是一致的,但由于在《税务处理决定书》《税务行政处罚决定书》中没有明确的定性表述,通常不会引发纳税人激烈的对抗情绪,从而减少了执法阻力。

在合肥晨阳橡塑有限公司(以下简称晨阳公司)诉安徽长丰地税稽查局行政处罚案[1]中,二审判决书载明"本案中,长丰地税稽查局对晨阳公司作出的行政处罚,内容均为对单位少申报缴纳税款或者对个人所得税未履行代扣代缴的法定义务的行为进行处罚,从上述处罚的内容上看,不属于税务稽查局的法定职责"。长丰地税稽查局再审申诉中称"长丰地税稽查局在《税务行政处罚决定书》(长地税稽罚〔2013〕4 号)中,对晨阳公司'少申报缴纳城镇土地使用税'及'已扣未缴个人所得税'违法行为,已按照《税收征收管理法》第 63 条规定,定性为偷税进行处罚"。结合前述情况,可以推断出长丰地税稽查局应当就是采取了在文书中回避明确定性的处理方式,即根据《税收征收管理法》第 63 条对晨阳公司少缴(扣缴)税款予以处罚,但未在《税务行政处罚决定书》中对晨阳公司违法行为明确表述为偷税。

晨阳公司不服长丰地税稽查局税务行政处罚决定提起诉讼,一审法院认定长丰地税稽查局作出的《税务行政处罚决定书》,事实清楚、证据充分、程序合法、适用法律正确。二审法院因《税务行政处罚决定书》没有明确作出偷税定性,认为长丰地税稽查局超越管辖权限对"偷、逃、抗、骗"以外的税收违法案件实施了稽查,行政处罚属于超越职权,撤销了一审判决和长丰地税稽查局长地税稽罚〔2013〕4 号《税务行政处罚决定书》。再审法院认定稽查局可以对各类税收违法案件进行查处,长丰地税稽查局具有查处本案晨阳公司税务违法行为的法定职权,作出的《税务行政处罚决定书》事实清楚,证据充分,程序合法,判决撤销二审判决,维持一审判决。

晨阳案因涉及税务稽查局职权的司法认定以及裁判意见的一波三折而广受各界关注,当之无愧地成为 2015 年度"最吸睛"税案。但综观该案会发现,其"走红"纯属意外。晨阳公司和长丰地税稽查局最初的讼争是少缴的城镇土地

〔1〕 参见(2014)长行初字第 00007 号、(2015)合行监字第 00020 号、(2015)合行再终字第 00002 号。

使用税和未扣缴的个人所得税是否应当予以处罚。但当二审法院以长丰地税稽查局超越职权为由撤销其作出的《税务行政处罚决定书》之后,整个案件的争议焦点完全转移到稽查局能否查处“偷、逃、抗、骗”以外的税收违法案件上来。但事实上,晨阳案是一个不折不扣的偷税案,长丰地税稽查局是依据《税收征收管理法》第63条作出处罚,只是在《税务行政处罚决定书》中以纳税人更容易接受的“少缴、未代扣代缴”等表述替代了容易激化矛盾的“偷税”字样而已。法律文书中的“暧昧”表述使得晨阳案一波三折、跌宕起伏,意外地引发了一场规模空前的关于税务稽查局职权的大讨论。

3. 方式三:偷税定性上考虑主观故意

此种方式主张偷税定性上应当考虑主观故意。对于能证实主观故意的少缴税款行为定性为偷税,依据《税收征收管理法》第63条追缴税款、加收滞纳金并处罚款。对于纳税人过失造成不实申报少缴税款,比如税会差异未调整、政策理解有误等情形,直接引用相关实体法追缴税款,引用《税收征收管理法》第32条加收滞纳金,不处罚款。

此种处理方式对过失不实申报造成的不缴少缴税款既不认定为偷税又不处以罚款,故其面对的执法阻力最小。但是,故意和过失的判断是一个法律难题,《税收征收管理法》及其实施细则也未作出明确的规定,这就使得稽查人员在认定纳税人少缴税款的行为是否具有主观故意时的自由裁量空间过大,或出于权力“寻租”,或出于减少执法阻力,或受限于执法水平,采取此种处理方式的稽查局很难避免陷入过失认定扩大化的泥沼,其结果是作出偷税认定的案件越来越少,不予处罚的案件越来越多,税收违法成本降低导致纳税遵从下降,极易诱发税收道德风险,也与《税收征收管理法》维持正常的税收征管秩序、惩处税收违法行为的立法目的越来越远。

4. 方式四:偷税定性上考虑主观故意,对过失不实申报作其他定性

此种方式主张偷税定性上应当考虑主观故意,对于能证实主观故意的少缴税款行为定性为偷税,依据《税收征收管理法》第63条追缴税款、加收滞纳金并处罚款;对于纳税人过失造成不实申报少缴税款,比如税会差异未调整、政策理解有误等情形,定性为《税收征收管理法》第64条第2款规定的不申报不缴纳税款,追缴税款、加收滞纳金并处罚款。

采取此种处理方式的稽查局认为,偷税定性必须具备主观故意。纳税人因税会差异未调整、政策理解有误等过失造成少缴税款的,其对于少缴的税款既未

申报也未缴纳,属于《税收征收管理法》第 64 条第 2 款规定的"不进行纳税申报,不缴或者少缴应纳税款",应当追缴其不缴或者少缴的税款、滞纳金,并处不缴或者少缴的税款 50% 以上 5 倍以下的罚款。

此种处理方式相对于第一种和第二种处理方式来讲,因未将过失不实申报定性为偷税而更易为纳税人所接受,引发税务行政复议和诉讼的可能性较小。相对于第三种处理方式来讲则因对纳税人不缴或少缴税款的行为仍处以了罚款,体现了维持税收征管秩序、惩处违法行为的立法目的。此种处理方式因具有一定的合理性和可操作性,为较多稽查局所采用,凡有不缴或少缴税款行为的,如果无法归结到"偷、逃、骗、坑、欠"中,均依据第 64 条第 2 款处理。该款规定也因此成为《税收征收管理法》纳税人法律责任中的"兜底条款"。

但此种处理方式也将面临两个方面的问题。一是追征期受到限制。由于《税收征收管理法》未对其第 64 条第 2 款规定的不申报不缴或少缴税款的追征期作出规定,如何追征税款成为一个问题。长期以来采取此种处理方式的稽查局是参照偷税对定性为不申报不缴或少缴的税款进行无限期追征。国税函〔2009〕326 号文[1]出台之后,引用《税收征收管理法》第 64 条第 2 款对过失造成的不缴或少缴税款进行处理的稽查局面临追征期最长不超过 5 年的限制,依据国税函〔2009〕326 号文决定对超过 3 年或 5 年的不缴或少缴税款不再追征的,如果司法机关不认同其处理意见,相关人员存在被追究渎职犯罪的风险。

二是第 64 条第 2 款的适用范围存在争议。根据文义解释,该款规定应当适用于所有不申报、不缴或少缴税款的纳税人。但《国家税务总局办公厅关于税收征收管理法有关条款的复函》(国税办函〔2007〕647 号)中对该款规定作出限制性的解释:《税收征收管理法》第 64 条第 2 款规定是与《税收征收管理法》第 63 条的规定相区别,适用第 63 条规定之外的未办理税务登记的纳税人在发生纳税义务以后不进行纳税申报,从而造成不缴或者少缴税款结果的情

[1] 《国家税务总局关于未申报税款追缴期限问题的批复》(国税函〔2009〕326 号)规定:"税收征管法第六十四条第二款规定的纳税人不进行纳税申报造成不缴或少缴应纳税款的情形不属于偷税、抗税、骗税,其追征期按照税收征管法第五十二条规定的精神,一般为三年,特殊情况可以延长至五年。"该文主送新疆维吾尔自治区地方税务局,抄送各省、市、自治区国家税务局、地方税务局。

形。根据这一限制性解释,已办理税务登记证的纳税人因过失不实申报造成的不缴或少缴税款不应当适用《税收征收管理法》第 64 条第 2 款的规定予以定性及处理、处罚。

综上,基于对主观故意是否是偷税构成要件的认识不同,各地税务稽查局对《税收征收管理法》第 63 条规定的理解产生分歧,衍生出前述 4 种不同的处理方式。这一结果直接导致某些性质相同的税收违法行为,比如过失造成的不缴或少缴税款,仅仅因为发生的地点不同,其承担的法律责任则迥异。税务稽查局偷税定性的乱象中潜藏着巨大的执法风险。

二、法理探索:偷税不以主观故意为要件

(一)行政违法行为的归责实行过错推定原则

从法理层面来讲,刑法、民商法、行政法作为不同的法律部门,所调整的法律关系不同、对违法行为追究的法律责任不同,三大部门法不可能形成或确立一套统一的违法行为归责原则,当然这并不意味着三大部门法的归责原则中没有相同或类似的要素。自公元前 287 年《阿奎利亚法》首次提出过错责任原则以来,大陆法系国家的刑法、民商法、行政法等部门法逐步形成了各自的违法行为归责原则,这其中,"过错责任"成为三大部门法归责原则的共同基础。因为无论在刑事、民商事还是行政管理领域,行为人"无过错即无责任"(no liability without fault)。

以过错责任为基础,我国的三大部门法也根据其调整的法律关系的特点,进一步形成或发展了自身的归责原则,并确立了各自的违法行为构成标准。其中,刑法因其所采取的责任追究方式是包括剥夺生命权在内的最严厉的制裁措施,故其进一步地区分行为人的主观状态对过错责任进行了限缩,规定故意犯罪应当负刑事责任,过失犯罪只有造成实害结果的应当负刑事责任,既无故意也无过失不承担刑事责任。[1] 民商法则出于对某些特殊的民商事行为进行特殊规制而在过错责任的基础上进一步衍生出过错推定责任和无过错责任。[2] 行政法

〔1〕 参见《刑法》第 14、15、16 条。

〔2〕 参见《中华人民共和国侵权责任法》(以下简称《侵权责任法》)第 6、7 条。

在理论层面逐步形成和确立了过错推定[1]的归责原则。基于过错推定的归则原则,行政违法行为的构成不考虑主观状态。值得注意的是,不同于《刑法》《侵权责任法》将归责原则明确写入法条,过错推定原则是行政违法行为归责原则这一理论界通说的观点并未被《中华人民共和国行政处罚法》(以下简称《行政处罚法》)直接在法条中予以明确,这也是导致行政违法行为构成中是否应当包括主观故意这一问题频繁引发争议的主要原因。

三大部门法归责原则的内在差异决定了行政违法行为的归责不能简单地套用刑法和民商法的原则,而《行政处罚法》没有明确规定归责原则也无法得出行政违法行为的归责应当套用刑法和民商法规定的结论。因此,在偷税认定上参照适用刑法关于原偷税罪的认定将主观故意作为偷税构成要件的观点缺乏法理基础。

(二)行政违法行为的归责不问主观状态

首先,行政法作为公法,其最主要的价值之一在于维护社会公共利益和社会公共秩序。这一价值追求对行政法律制度的要求之一就是创设法律责任条款,以确保当社会公共利益受到侵害、社会公共秩序被破坏时,行政机关能够依据这些法律责任条款制裁实施致害行为的行为人。这样的制裁不考虑行为人侵害社会公共利益和破坏社会公共秩序时的主观状态,因为无论是过失违法行为还是故意违法行为都已然对社会公共利益和社会公共秩序造成了损害。故意的行为人被追责理所应当,过失的行为人也应当为自己没有尽到足够谨慎小心的义务所造成的损害承担相应的法律责任。

其次,行政法的首要原则是依法行政。这就要求行政执法机关只能在法律框架范围内行使职权,对于违法行为的追究只能依法进行,既不能人为地扩大追究范围,也不能擅自地缩小追究范围。当法律没有规定将主观故意作为某一违法行为的构成要件时,不得进行法外推定。我国绝大多数的行政法法律责任条款在立法时都没有将主观故意作为构成要件,早期制定的少数条款中涉及主观故意的内容在后期修法时逐步删改也成为行政法修订的趋势,《商标法》《产品质量法》等法律的修订删除相关法律责任条款中的"明知"内容就是这一趋势的

[1] 过错推定也称过失推定,是指在证实违法行为和损害事实之间存在因果关系的情况下,如果行为人不能证明对损害的发生无过错,就从损害事实本身推定其有过错,并为此追究行为人法律责任。

体现。

再次,行政违法行为与刑事违法行为相比,具有涉及面更广、数量更大、情节更轻微的特点。以税收违法行为为例,2014 年度,全国税务稽查局共查处纳税人 152 349 户,有问题户数为 149 155 户,存在税收违法行为的户数占被检查户数的比例达到98%。[1] 这其中涉嫌犯罪移送司法机关的户数仅为3045 户,占有问题户数的比例仅为2%。[2] 公安、工商、质监等其他行政机关查处的行政违法行为情况也类似。面对如此面广、量大、情节轻微的违法行为,要求行政机关逐一甄别行为人的主观状态不仅将导致行政资源的过度耗费,与行政效率原则相悖,也使得行政管理秩序难以正常维持。更重要的是,绝大部分行政机关行政职权有限,在行政执法过程中搜集充分的证据证实行为人实施违法行为时的主观状态实质上是一项"不可能完成的任务"。"法律不强人所难"对执法者来说同样适用,从这一层意义上讲行政违法行为归责"只能"不问主观状态。

最后,行政违法行为的归责以不问主观状态为原则,以考虑主观故意为例外。行政法的价值追求、行政执法的基本原则以及行政违法行为的特点决定了行政违法行为的归责不问主观状态,但这并不排斥基于特殊的立法目的对某些特殊的行政违法行为归责时考虑主观状态的例外,只是这样的例外,应当由法律以明示或默示的方式作出规定。以税法为例,现行《中华人民共和国税收征收管理法实施细则》第 81 条规定,《税收征收管理法》第 52 条所称纳税人、扣缴义务人计算错误等失误,是指非主观故意的计算公式运用错误以及明显的笔误。这属于明示考虑主观故意的情形。《中华人民共和国发票管理办法》(以下简称《发票管理办法》)第 39 条第 2 款规定,知道或者应当知道是私自印制、伪造、变造、非法取得或者废止的发票而受让、开具、存放、携带、邮寄、运输的。这属于默示考虑主观故意的情形。

(三)主观状态影响行政违法行为追责

主观状态并非行政违法行为构成要件之一并不意味着其对违法行为的追责不造成影响,根据《行政处罚法》第 4 条规定,设定和实施行政处罚必须以事实

---

[1] 参见国家税务总局稽查局编:《2015 中国税务稽查年鉴》,中国税务出版社 2016 年版,第 407 页。

[2] 同上书,第 413 页。

为依据,与违法行为的事实、性质、情节以及社会危害程度相当。本条规定明确了行政处罚的追责原则(归责之后追究法律责任的原则)——过罚相当。要实现过罚相当,行为人的主观状态就成为行政违法行为在追责时应当考虑的因素之一。相同的违法行为,行为人主观状态为故意的,其行为的性质更恶劣、社会危害性更大,理应比主观上是过失的行为人承担更严重的法律责任。行为人主观状态对追究其法律责任的影响主要通过行政机关实施行政裁量权来实现。因此,对主观故意的行政违法行为,行政机关可以选择较为严厉的处罚措施或处以较重的罚款。对过失造成的行政违法行为,行政机关可以选择较为温和的处罚措施或处以较轻的罚款,以此来确保过罚相当原则落到实处。

通过以上法理探讨,本文得出两点结论:一是行政违法行为的归责不问主观状态,法律明示或默示除外。二是行政违法行为的追责应当考虑行为人实施行政违法行为时的主观状态,以确保过罚相当。而偷税作为税收行政违法行为,在法无特殊规定时理应遵循行政违法行为归责和追责的一般原则,即归责时不问主观状态、追责时应当过罚相当。

三、法解释学:偷税是否以主观故意为要件

根据文义解释,《税收征收管理法》第 63 条规定的偷税构成要件仅包括行为要件(手段)和结果要件(不缴少缴税款),不包括主观故意。值得注意的是,尽管根据文义解释偷税的构成要件不包括主观故意,但第 63 条所列的偷税手段中,伪造、变造、隐匿、擅自销毁账簿、记账凭证,在账簿上多列支出或者不列、少列收入,经税务机关通知申报而拒不申报,故意进行虚假申报等手段主观上必然是故意的,也就是说前述这些手段中内化了主观故意,而过失造成的虚假申报主观上则不是故意的。

根据立法者主观目的解释,偷税不问主观故意。《新税收征收管理法及其实施细则释义》(以下简称《释义》)在对第 64 条第 2 款进行解释时明确:此款规定的纳税人不进行纳税申报,是指纳税人发生法律、行政法规规定的纳税义务,超过规定的期限未进行纳税申报,不缴或者少缴税款的行为。本条所指的不申报是指超过了应纳税期,没有进行纳税申报的行为。纳税人按期进行了申报,但申报不实,此与虚假纳税申报的含义是一致的,如果造成不缴或者少缴税款的结

果,属于偷税,应按照《税收征收管理法》第63条的规定处理。[1] 一般认为,《释义》是对《税收征收管理法》的解读,实际上,《税收征收管理法》由国家税务总局征管司牵头组织修订,通过《释义》,可以捕捉到《税收征收管理法》每一条款设计的基本态度和价值考量(立法目的),进而更为精准地把握每一条款,而不至于作出相反或背道而驰的理解。《释义》中明确将申报不实(过失)归入虚假申报中,对于造成不缴或者少缴税款结果的认定为偷税,从一个侧面反映出立法者对偷税不问主观状态持肯定的态度。此外,2015年1月5日,国务院法制办公室公布的《税收征收管理法修订草案(征求意见稿)》(以下简称《征求意见稿》)取消了"偷税"概念,将采取欺骗、隐瞒手段进行虚假纳税申报或者不申报的行为定性为"逃避缴纳税款",[2] 实现了与《刑法》的衔接。将过失造成的未缴少缴税款[3] 从逃税中分离,另立条款规定了与逃税相比较轻的法律责任,使过失造成的行政违法行为也要担责这一立法思想在《税收征收管理法》修订中继续延续。《征求意见稿》的前述规定也反映出立法者对于过失不实申报行为应当承担法律责任的立场。

从体系解释的角度来看,《税收征收管理法》第63条、第65条、第66条、第67条、第68条、第64条第2款分别规定了偷税、逃避缴纳欠税、骗取出口退税、抗税、欠税以及不申报不缴少缴税款等违法行为的法律责任,上述法律责任条款涵盖了与所有与不缴少缴税款相关的税收违法行为,确保了不缴少缴税款违法行为法律责任条款的周延。如果认为主观故意是偷税的构成要件,那么过失造成的不实申报不能被评价为偷税,由于其也不能被归入其他的违法行为中,就会造成过失不实申报在《税收征收管理法》中缺乏对应的法律责任条款。秉持此种观点将导致《税收征收管理法》中与不缴少缴税款相关的法律责任体系在执行中变得不周延。同时,结合《税收征收管理法》第60条、第61条、第62条的规定来看,情节更轻微的违法行为,如未按规定报告全部银行账号、未按规定报送纳税申报资料等,均规定了法律责任条款且并不排除过失情形。按照归责时"举

---

[1] 参见国家税务总局征管司编:《新税收征收管理法及其实施细则释义》,中国税务出版社2002年版,第343页。

[2] 参见国务院法制办公室:《税收征收管理法修订草案(征求意见稿)》,2015年1月5日公布,第99条。

[3] 同上。

轻以明重”的原则，情节更为严重的造成了不缴少缴税款危害结果的不实申报也理应承担相应的法律责任。因此，认为只要主观上是过失的（或不能证实是故意的），就不承担法律责任的观点，将使得《税收征收管理法》的法律责任体系在执行中显失均衡。

由此，本文通过以上税法解释得出两点结论：一是主观故意不是现行《税收征收管理法》第63条规定的偷税行为的构成要件。二是认为主观故意是偷税构成要件的观点可能导致《税收征收管理法》法律责任条款在执行中的不周延和显失公正。

四、税法检思：《税收征收管理法》关于“偷税”的修订

偷税不问主观状态符合行政法过错推定的归责原则和《税收征收管理法》第63条的立法本意。但是应当承认，这一结论显然与“偷税”行为的名称所蕴含的意义不相符合，导致偷税定性的普遍化，难以被纳税人所接受，从而加大其执行的难度。同时也给行刑衔接带来困扰，并最终使得偷税定性呈现一片乱相。因此，《征求意见稿》对第63条进行了全面的调整。[1]

首先，以“逃税”取代“偷税”。考虑到“偷”字本身带有明显的主观故意和强烈的贬义、《刑法》也将偷税罪改为逃税罪，《征求意见稿》选择了与《刑法》趋同的态度，取消了“偷税”，代之以“逃税”。

其次，逃税全面承接逃税罪的构成要件，实现了行政和刑事的无缝衔接。需要注意的是，《征求意见稿》第97条规定，纳税人采取欺骗、隐瞒手段进行虚假纳税申报或者不申报，逃避缴纳税款的，由税务机关追缴其不缴或者少缴的税款，并处不缴或者少缴的税款50%以上3倍以下的罚款；涉嫌犯罪的，移送司法机关依法处理。根据以上规定，逃税行为的构成要件仍然只包括违法手段和行为结果，不包括主观故意，只不过“欺骗、隐瞒”手段中必然内化了主观故意。实施了欺骗、隐瞒手段的纳税人必然具备逃税的主观故意，但主观故意仍然不是逃税独立的构成要件——《征求意见稿》关于逃税的规定同样是符合过错推定归责原则不问主观故意的。

---

〔1〕 参见国务院法制办公室：《税收征收管理法修订草案（征求意见稿）》，2015年1月5日公布，第97条、第99条。

最后,确保了过罚相当。《征求意见稿》第99条第1款规定,纳税人、扣缴义务人因过失违反税收法律、行政法规,造成未缴或者少缴税款的,税务机关除按照本法第86条的规定追缴其未缴或者少缴的税款外,并处未缴或者少缴税款50%以下的罚款。将过失造成的未缴少缴税款从逃税中分离并规定给予相对逃税较轻的处罚,并不是对过错推定原则的否定或者过错推定的例外,事实上,以上规定正是对行政违法行为不问主观状态观点的承继:尽管纳税人主观上是过失的,但只要造成了税款的未缴少缴,就应当承担相应的法律责任。同时,鉴于《行政处罚法》未对主观故意影响追责时的处罚裁量作出明确规定,将过失造成的未缴少缴税款从逃税中分离也避免了不问主观故意可能导致的追责时的"一刀切",进一步确保对主观状态不同的税收违法行为追责时的过罚相当。

五、完善路径:《税收征收管理法》"法律责任"的重构

《征求意见稿》以"逃税"取代"偷税"彻底解决了关于偷税是否应当具备主观故意的争议,将过失造成的不缴少缴税款所应承担的法律责任条款单立并规定比主观上故意的逃税行为更轻的法律责任也在一定程度上体现出了"过罚相当"。单就这一问题而言,《征求意见稿》的修订可圈可点。但是站在《税收征收管理法》"法律责任"一章的整体修订视角来观察,《征求意见稿》仍然囿于在原有框架下进行"修修补补",缺乏税收违法行为法律责任追究的整体制度设计,此种修法思路可能导致类似"偷税是否应当具备主观故意"这样的问题"此消彼长"。毕竟偷税的主观状态问题并不是因为税收违法行为归责原则已经明确被厘清,而是因为"偷税"本身被"逃税"取代而消灭。以虚开发票为例,《征求意见稿》第108条规定,虚构、虚增交易,开具或者接受与经营交易事实不符的发票或者抵扣列支凭证的,构成虚开发票。虚开发票的,处虚开税额二倍以下罚款;涉嫌犯罪的,移送司法机关依法处理。由于《征求意见稿》归责原则不明确,上述规定仍然不能解决虚开发票行为是否应当具备虚开和逃税的双重故意这样的争议。同时,除虚开发票,其他税收违法行为归责时也可能出现是否应当考虑主观故意的问题。如果《征求意见稿》在违法行为追责方面仅仅立足于"就问题解决问题",没有确立重新构建法律责任框架的修法思路,那么修法将仍然是"治标不治本"。

有鉴于此,笔者建议以《征求意见稿》对"偷税"条款的修订为契机对"法律

责任”一章进行重构,明确税收违法行为的归责原则,重新搭建税收违法行为法律责任体系,以制度设计避免类似偷税、虚开定性这样的争议发生,切实维护纳税人的合法权益。

(一)确立税收违法行为的归责原则

《行政处罚法》没有对行政违法行为的归责原则进行明确是导致行政违法行为归责时争议不断的根本原因。因此,在《税收征收管理法》修订时在税收领域规定违法行为的归责原则是立法者可以考量的内容之一。笔者认为,可以在《征求意见稿》“法律责任”一章的开篇对税收违法行为的归责原则作出明确的规定,具体的内容可以包括以下三个方面:

一是确立税收违法行为实行过错推定的归责原则。明确在税务机关证实税收违法行为和损害事实(不缴少缴税款、破坏税收征管秩序等)之间存在因果关系的情况下,如果纳税人、扣缴义务人不能证明对损害的发生无过错,就从损害事实本身推定其有过错,并追究其法律责任。在过错推定原则下,税收违法行为归责不问主观状态,既解除《征求意见稿》依靠在每一个法律责任条款中“字斟句酌”地来明确违法构成中是否包含主观状态的窘境,也能填补各法律责任条款关于违法行为构成规定的“百密一疏”,为税收违法行为归责起到提纲挈领的作用。

二是明确税收违法行为过错推定的例外情形。一方面,在不问主观故意实施过错推定的原则下,对于某些确需考虑主观状态进行归责的违法行为,在其法律责任条款中将主观状态作为违法行为构成要件进行明示或默示的表述。另一方面,在过错推定原则中为其他税收法律、法规(如《发票管理办法》等)保留例外条款,以协调和其他税收法律、法规的衔接。

三是确立税收违法行为免责原则。过错推定原则是允许当事人抗辩的原则,如果纳税人、扣缴义务人能够证明对损害的发生无过错(故意和过失),就不应当追究其法律责任。现行《税收征收管理法》只对因税务机关责任造成的纳税人、扣缴义务人未缴少缴税款进行了法律责任的豁免(免予加收滞纳金、不处罚款),这样严格限定的豁免并不符合过错推定原则的要求。建议在《征求意见稿》中明确,纳税人、扣缴义务人能够证明对损害的发生无过错,或能够证明损害的发生缘于税务机关以及其他有行政管理职权的单位责任,应当免除纳税人、扣缴义务人的法律责任,在《税收征收管理法》立法中体现对纳税人权利的实质性保护。

(二)重塑税收违法行为的法律责任体系

对税收违法行为的追责过于严苛以及赋予税务机关的行政处罚自由裁量权过大是现行《税收征收管理法》饱受诟病的重要原因。在构建和谐征纳关系的大背景下,借《税收征收管理法》修订之机,重塑税收违法行为法律责任体系是积极回应各界对减轻纳税人负担、维护纳税人合法权益呼声的明智之举。笔者建议《征求意见稿》从以下三个方面入手,全面调整和重塑税收违法行为法律责任体系:

一是减少命令性规范、增加授权性规范。现行《税收征收管理法》与未缴少缴税款相关的法律责任条款大多是命令式规范,这导致纳税人、扣缴义务人一旦违法,税务机关必须对其进行处罚,法律责任较重。建议《征求意见稿》对主观恶性不大的税收违法行为,比如过失造成的不缴少缴税款等,将法律责任条款由"应当处罚"的命令性规范改为"可以处罚"的授权性条款,由税务机关根据个案情况对是否进行处罚予以自由裁量,减轻纳税人负担、减少征纳双方的冲突与对立,构建和谐的征纳关系。

二是明确可以从轻或减轻处罚的情形。《行政处罚法》第 27 条规定的从轻、减轻处罚的情形是适用于税务行政处罚的,但由于现行《税收征收管理法》中多数与未缴少缴税款相关的法律责任条款都规定了罚款的最低幅度,导致长期以来,税务机关以特殊法优于一般法为由拒绝对纳税人、扣缴义务人适用从轻减轻处罚的规定,损害其合法权益。笔者建议,在《征求意见稿》中引入《行政处罚法》第 27 条规定,明确对符合规定情形的税收违法行为从轻、减轻处罚。

三是设计鼓励纳税人、扣缴义务人主动纠错机制。纳税人、扣缴义务人违反税法规定的,如果在税务机关对其实施税务检查前主动纠正其违法行为的,除极为特殊的情况外,如情节特别严重、金额特别巨大、社会影响特别恶劣等,原则上应当免予处罚。通过免予追责引导纳税人积极开展自查自纠、主动纠正违法行为、防范税收风险、形成纳税遵从。

附 1:广东省茂名市中级人民法院行政判决书

(2015)茂中法行终字第 49 号

上诉人(原审被告):茂名市国家税务局第一稽查局,住所地:茂名市。

法定代表人:吴某,局长。

委托代理人:杨某星,广东文业律师事务所律师。

委托代理人:杨某。

被上诉人(原审原告):茂名市天普药业有限公司(原为茂名市国阳药业有限公司),住所地:茂名市。

法定代表人:陈某荣,经理。

委托代理人:李某贤,广东大贤东宇律师事务所律师。

委托代理人:程某,广东大贤东宇律师事务所律师。

上诉人茂名市国家税务局第一稽查局因税务行政处罚一案,不服茂名市茂南区人民法院作出的(2014)茂南法行初字第28号行政判决,向本院提起上诉。本院受理后,依法组成合议庭审理了本案,现已审理终结。

原审法院查明的事实:原告茂名市天普药业有限公司是具备中成药、化学药制剂、抗生素制剂等医药批发经营资质的企业法人,曾通过招投标方式竞得高州市人民医院的医药供应合同。当时因医院所需的部分药品由医药代表垄断,原告无法直接通过厂家拿货,为了能够履行其与医院的供货合同,原告采取医药行业的普遍做法,由医药代表个人挂靠原告茂名市天普药业有限公司向高州市人民医院供货,而原告负责配送药品,收取配送费用作为回报。又查明,本案涉案代开发票的具体发票流程如下:发票开出前由与原告合作的医药代表向茂南区国税局提出开票申请,附上高州市人民医院出具的开票证明作为审批资料,部分开票证明上注明"此笔货款是汇入本人合作方茂名市国阳药业有限公司的账户内",茂南区国税局的工作人员收到申请和开票证明等资料后,认为开票合法的,原告的合作医药代表才能够以个人名义开出发票。再查明,被告市国税局第一稽查局根据(201322)《税务稽查任务通知书》于2013年7月2日将原告公司确定为待稽查对象并经审批立案,对原告立案检查,并于2013年7月3日发出茂国税一稽检通一〔2013〕14号《税务检查通知书》,对原告2009年1月1日至2011年12月31日期间涉税情况进行检查。被告稽查局根据高州市人民检察院扣押原告公司有关账册、凭证等有关资料对原告公司2009年1月1日至2011年12月31日的纳税情况进行检查,查实原告如下涉税情况:在2009年1月1日至2011年12月31日之间,原告公司通过杨胜平等人(××)在茂南区国家税务局代开发票共136份,合计金额197 319 733.86元(含税),该金额与被告查实的原告未按规定缴纳税款的交易金额一致。未按规定缴纳的税款分别有:2009年至2011年增值税合计22 923 211.97元;2009年至2011年企业所得税合计2 112 815.39元。被告稽查局于2014年3月4日作出茂国税一稽处

〔2014〕4 号《税务处理决定书》,限原告在收到决定书之日起 15 日内到茂名市茂南区国家税务局办税服务厅将上述税款和滞纳金(上述少缴的税款,从滞纳之日起按日加收 5‱的滞纳金)缴交入库。原告若同被告在纳税上有争议,必须先依照本决定的期限缴纳税款及滞纳金或者提供相应的担保,然后可自上述款项缴清或者提供相应担保被税务机关确认之日起 60 日内依法向茂名市国家税务局申请行政复议。被告于 2014 年 3 月 4 日向原告送达该《税务处理决定书》。原告对被告稽查局作出的处理决定不服,向被告提出原告应补缴的税款 25 036 027. 36 元及滞纳金由陈某及钟某清个人提供纳税担保,并于 2014 年 5 月 19 日向茂名市国家税务局申请行政复议,茂名市国家税务局于 2014 年 5 月 22 日以原告未能依照被告根据法律、法规确定的税额、期限,缴纳税款和滞纳金,或者提供相应的担保为由作出茂国税复不受字〔2014〕第 2 号《不予受理决定书》。原告于 2014 年 6 月 3 日向原审法院提起诉讼。另查明,2014 年 9 月 11 日,茂南区国家税务局从原告的存款账户内划扣了税款 25 612 809. 52 元和滞纳金 18 443 591. 01 元。

原审法院认为:根据《中华人民共和国税收征收管理法》第 5 条、第 14 条及《中华人民共和国税收征收管理法实施细则》第 9 条第 1 款的规定,被告茂名市国家税务局第一稽查局作为省以下税务局的稽查局,有查处偷税、逃避追缴欠税、骗税、抗税案件的权力。被告市国税第一稽查局主张原告茂名市天普药业有限公司在收到茂国税一稽处〔2014〕4 号《税务处理决定书》后未能依照被告根据法律、法规确定的税额、期限,缴纳税款和滞纳金,或者提供相应的担保,原告已丧失申请行政复议权,进而丧失诉权。本案作为纳税争议案件,属于复议前置类案件。原告在收到茂国税一稽处〔2014〕4 号《税务处理决定书》后,积极配合补缴税款,向被告提出由陈彪及钟伟清个人提供纳税担保,并于 2014 年 5 月 19 日申请行政复议。茂名市国家税务局于 2014 年 5 月 22 日以原告未能依照被告根据法律、法规确定的税额、期限,缴纳税款和滞纳金,或者提供相应的担保为由作出茂国税复不受字〔2014〕第 2 号《不予受理决定书》。本院认为,法律、法规规定的行政复议前置程序,仅仅是在程序上要求提起行政诉讼之前先行申请行政复议,穷尽行政救济方式。只要提出了复议的申请,即满足了规定的程序条件。法律及相关司法解释并没有对此作出必须先行经过行政复议实体审查的强制性规定。至于复议机关是否受理复议申请,不影响复议申请人因不服原具体行政行为而提起诉讼。因此对被告主张原告丧失诉权本院不予认可。被告主张,

2009 年至 2011 年期间高州市人民医院从原告公司购进药品金额合计 334 980 077. 22 元(含税),而同期原告公司销售给高州市人民医院的往来账面上只反映金额合计 137 660 343. 36 元(含税),原告少列 197 319 733. 86 元(含税),原告是这部分收入的纳税义务人。被告提供了分别来源于原告及高州市人民医院的双方往来账簿、原告自己开具的增值税普通发票、通过个人代开加盖原告公司发票专用章和银行账号章的税务机关统一代开发票、付款证明等材料佐证。原告以医药行业特殊性为由,主张原告与杨胜平等人是协作型联营的关系,代开发票所涉及的收入实际是医药代表的收入,纳税义务人应为杨某平等医药代表。对此原告提供《药品暂代保管协议书》《退货签收声明》《货款结清(声明)保证书》、结算签收表、银行进账单、跨系统业务回单、中国工商银行客户存款对账单佐证。本院认为双方提供的往来账簿、付款凭证以及相关发票能证实原告与高州市人民医院之间确实存在购销关系,高州市人民医院已将全部货款打入原告茂名市天普药业有限公司在中国银行茂名分行的账户。原告提供的《药品暂代保管协议书》、高州市人民医院提交茂南区国税局的《证明》等材料能证明原告、高州市人民医院与邱某朝等人这三方之间存在交易往来,但不足以证实涉案的交易存在于邱某朝等医药代表与高州市人民医院之间。因此,被告茂名市国家税务局第一稽查局主张原告茂名市天普药业有限公司为涉案发票的纳税义务人于法有据,应予认可。依照《中华人民共和国增值税暂行条例》第 1 条、第 2 条第 1 项、第 5 条、第 6 条及《中华人民共和国增值税暂行条例实施细则》第 14 条、《中华人民共和国企业所得税法》第 1 条、第 4 条、第 5 条、第 6 条及国家税务总局国税发[2008]30 号《企业所得税核定征收办法(试行)》第 4 条第 1 项、第 6 条、第 8 条之规定,原告作为与高州市人民医院购销关系中的纳税义务人,应当补缴少缴部分的税款。根据国税函[2004]1024 号《国家税务总局关于加强和规范税务机关代开普通发票工作的通知》第 1 条的规定,代开发票是指由税务机关根据收款方(或提供劳务服务方)的申请,依照法规、规章以及其他规范性文件的规定,代为向付款方(或接受劳务服务方)开具发票的行为。在本案中,由茂南区国税局提供的《代开发票申请表》可以看出,代开发票的付款人是高州市人民医院,收款方是医药代表个人而非原告,发票品名为药品一批且金额巨大,明显该发票涉及药品销售。茂南区国税局作为税法法规实施和执行的行政机关,对于代开发票申请有全面审查的义务。在医药代表(××)申请代开发票时,茂南区国税局应当清楚个人不能销售药品,但其在长达 3 年的时间里一直同意医药代表代开发票的申请,开出的发票多达136份,因此茂南区国税局对原告茂名市天普药业有限公司的少缴税款行为负有责任。原告收到被告作出的《税务行政处罚决定书》后,一直积极主动配合税务机关,愿意补缴税款。茂南区国家税务局于2014年9月11日划扣了原告少缴的税款25 612 809.52元和滞纳金18 443 591.01元,原告行为实际未造成国家损失。此外,被告无证据证明原告的少缴税款行为存在主观故意。因此,被告认为原告少缴税款的行为构成偷税的主张,属认定事实不清,不予以认可。综上,被告市国税第一稽查局对原告茂名市天普药业有限公司作出茂国税一稽罚〔2014〕3号《税务行政处罚决定书》认定事实不清,应予撤销。案经原审法院审判委员会讨论决定,依照《中华人民共和国行政诉讼法》第54条第2项第1目的规定,判决撤销被告茂名市国家税务局第一稽查局于2014年3月4日作出的茂国税一稽罚〔2014〕3号《税务行政处罚决定书》。案件受理费50元,由被告茂名市国家税务局第一稽查局负担。

上诉人茂名市国家税务局第一稽查局不服原审判决,上诉称:

一、一审判决认定"被告主张原告丧失诉权本院不予认可"实属错误,被上诉人未履行税务行政复议前置程序,已丧失诉权,法院应驳回其起诉。上诉人于2014年3月4日对被上诉人作出茂国税一稽处〔2014〕4号《税务处理决定书》,限被上诉人自收到本决定书之日起15日内到茂名市茂南区国家税务局办税服务厅缴纳偷税的税款和滞纳金,并按照规定进行相关财务调整。被上诉人没有在《税务处理决定书》确定的期限内缴纳税款和滞纳金,或提供相应的担保,丧失了对税务处理决定提出行政复议的权利,进而丧失提出行政诉讼的权利。

1. 被上诉人没有在规定的期限内缴纳税款、滞纳金或提供相应的担保,不符合申请行政复议的条件。根据法律规定,被上诉人应在收到上诉人作出的《税务处理决定书》15日内提供担保,上诉人作出《税务处理决定书》的时间是2014年3月4日,被上诉人当日签收,而被上诉人办理税务担保时间是2014年3月21日,早已超过法定的15日期限,不符合申请行政复议的条件。

2. 一审判决称"行政复议前置程序只是程序的要求,不必经过实体审查"没有依据。《中华人民共和国税收征收管理法》第88条第1款规定:"纳税人、扣缴义务人、纳税担保人同税务机关在纳税上发生争议时,必须先依照税务机关的纳税决定缴纳或者解缴税款及滞纳金或者提供相应的担保,然后可以依法申请行政复议;对行政复议决定不服的,可以依法向人民法院起诉。"《税务行政复议规则》第33条第1、2款规定:“申请人对本规则第十四条第(一)项规定的行为不服的,应当先向行政复议机关申请行政复议;对行政复议决定不服的,可以向人民法院提起行政诉讼。申请人按照前款规定申请行政复议的,必须依照税务机关根据法律、法规确定的税额、期限,先行缴纳或者解缴税款和滞纳金,或者提供相应的担保,才可以在缴清税款和滞纳金以后或者所提供的担保得到作出具体行政行为的税务机关确认之日起60日内提出行政复议申请。”根据上述法律法规的规定,税务行政复议前置程序不仅要求提起行政诉讼前应先行申请行政复议,还要求必须经过行政复议的实体审查,对实体审查结果不服的,才可以提起行政起诉。被上诉人没有在《税务处理决定书》确定的期限内缴纳税款、滞纳金或提供相应的担保,被上诉人已丧失申请行政复议和提起行政诉讼的权利,法院应驳回其起诉。

二、一审判决认定“茂南区国税局对原告的少缴税款行为负有责任,被告认为原告少缴税款的行为构成偷税的主张属认定事实不清,不予以认可”实属错误。

1. 茂南区国税局代开发票行为符合法律规定。根据国家税务总局规定,纳税人提供相应资料,报经税务机关审核,符合代开条件的税务机关应当为申请人当场代开相关发票。茂南区国税局在为杨某平等人代开136份发票业务过程中,茂南区国家税务局已对杨某平等人代开发票的申请资料进行了审查,符合代开条件。根据杨某平等人提交给茂南区国税局的所有代开发票申请资料(包括高州市人民医院出具的交易证明)显示,全部都是杨某平等个人与高州市人民医院之间的交易,没有任何证据显示杨某平等人是挂靠被上诉人与高州市人民医院进行交易的。在代开发票过程中,茂南区国税局完全不知道被上诉人与高州市人民医院存在交易关系。被上诉人故意隐瞒个人不能销售药品的事实,采用变换多个自然人代开发票的手段逃避茂南区国家税务局的核查以达到少缴税款的目的。茂南区国税局已尽审查义务,代开发票行为符合法律规定,不存在任何过错,被上诉人对其少缴税款行为承担完全责任。

2. 被上诉人故意偷税的行为显而易见。被上诉人以杨某平等人的名义在茂南区国税局代开的发票共136份,在被上诉人取得了上述发票后私自加盖有被上诉人发票专用章和银行账号章,且经高州市人民医院指证,上述发票全部是由被上诉人提供给高州市人民医院,高州市人民医院也将所有货款打入被上诉人的账户,双方发生的业务往来是真实的,一审判决也认定了被上诉人为涉案发票的纳税义务人。而被上诉人作为药品批发企业,在明知应当按照17%税率计征销项税的情况下,通过杨某平等人以个人名义代开发票(按3%税率计征),以达到少缴税款的目的。被上诉人的行为显然已构成偷税,应适用《中华人民共和国税收征收管理法》第32条及第63条规定,对被上诉人追缴少缴的税款和滞纳金,并处罚款。

综上所述,一审判决认定事实错误,适用法律错误,上诉请求:

1. 撤销广东省茂名市茂南区人民法院(2014)茂南法行初字第28号行政判决;

2. 维持上诉人茂名市国家税务局第一稽查局于2014年3月4日作出的茂国税一稽罚〔2014〕3号《税务行政处罚决定书》;

3. 本案一、二审诉讼费由被上诉人承担。

被上诉人茂名市天普药业有限公司答辩称:

一、本案是被上诉人对上诉人作出的处罚决定不服而提起的诉讼,不属于复议前置的案件,亦不以缴纳罚款为起诉要件,被上诉人在法定的期间内提起诉讼完全符合法律规定,上诉人称被上诉人"未履行税务行政复议前置程序,已丧失诉权"是错误的。

1.《中华人民共和国税收征收管理法》第88条第2款规定:"当事人对税务机关的处罚决定、强制执行措施或者税收保全措施不服的,可以依法申请行政复议,也可以依法向人民法院起诉。"

2. 上诉人作出的茂国税一稽罚〔2014〕3号《税务行政处罚决定书》倒数第1段"如对本决定不服,可以自收到本决定之日起六十日内向茂名市国家税务局申请行政复议,或者自收到本决定之日起三个月内依法向茂南区人民法院起诉……"

3. 被上诉人于2014年3月4日签收茂国税一稽罚〔2014〕3号《税务行政处罚决定书》,于2014年5月29日提起诉讼,符合法律规定,未丧失诉权。

二、一审判决认定"茂南区国家税务局对原告的少缴税款行为负有责任,被告认为原告少缴税款的行为构成偷税的主张属认定事实不清,不予以认可"是正确的,应予维持。

1. 上诉人一直主张被上诉人与杨某平等人联营,为他们代收货款及提供仓储服务,而136份代开发票所涉药品收入是杨某平等医药代表的个人收入,应当由杨某平等人为其自身的收入承担纳税义务,也正因如此,被上诉人才会在杨某平等医药代表个人申请代开发票前,如实向茂南区国税局的工作人员及相关领导反映了杨某平等医药代表挂靠经营被上诉人经营,销售的药物由杨某平等人提供给医院，款项全部归他们所有，被上诉人只是提供仓储服务，代为收取医院支付的款项并将其转入杨某平等人的指定账户等情况，咨询如何确定有关的纳税义务人。而茂南区国家税务局的工作人员及有关领导经讨论后，认为此种情况由医药代表代开发票不违法，杨某平等人才申请代开发票的。正因被上诉人与医药代表联营经营，为杨某平等人代收货款是被上诉人的联营义务，所以被上诉人才在发票上加盖发票专用章、银行账户章，被上诉人的盖章行为只代表被上诉人履行对杨某平的联营义务而已，不能就此认定被上诉人为偷税行为。

2. 个人不能销售药品是《中华人民共和国药品管理法》《医疗器械监督管理条例》《药品流通监督管理办法》规定的，该事实已通过法律法规的形式对外公开，是为公众所知悉的事实，不是被上诉人想隐瞒就可以隐瞒的。而茂南区国税局的有关工作人员因自身业务水平不精未能全面了解有关的法律规定就误导被上诉人及有关医药代表申请个人代开发票，明显存在审查过错。上诉人在上诉状中称“被上诉人故意隐瞒个人不能销售药品的事实，采取变换多个自然人代开发票的手段逃避茂南区国家税务局的审查以达到少缴税款的目的。茂南区国税局已尽审查义务”的说法是无稽之谈，明显偏袒其下属，为其下属推卸责任。因此，既然原审判决认定被上诉人为纳税义务人，那么将杨某平等人列为纳税义务人并为其代开发票的过错亦在于茂南区国税局，应由其承担相应的责任。

3. 被上诉人收到上诉人作出的税务行政处理决定书、税务行政处罚决定书后，一直积极配合税务机关，提供担保，表示愿意补缴税款，并在一审期间补缴了税款 25 612 809. 52 元及滞纳金 18 443 591. 01 元，正好表明被上诉人主观上无偷税的故意，此外上诉人无证据证明被上诉人有少缴税款的故意，一审判决对以上事实予以认定是正确的。

综上，被上诉人认为，原审判决认定事实清楚，适用法律正确，上诉人上诉无理，应当驳回上诉人的上诉请求，维持原审判决。

经审理查明，原审判决查明的事实清楚，本院予以确认。

本院另查明，上诉人茂名市国家税务局第一稽查局于 2014 年 3 月 4 日对被上诉人作出茂国税一稽罚〔2014〕3 号《税务行政处罚决定书》，认定被上诉人存在《税收征收管理法》第 63 条第 1 款规定的偷税行为，决定对被上诉人处以所偷增值税合计 22 923 211. 97 元 50% 的罚款，罚款金额 11 461 605. 98 元；决定对被上诉人处于所偷企业所得税合计 2 112 815. 39 元 50% 的罚款，罚款金额 1 056 407. 70 元。罚款金额合计 12 518 031. 68 元。限被上诉人自决定书送达之日起15日内到茂名市茂南区国家税务局办税服务厅缴纳入库。

本院认为,上诉人茂名市国家税务局第一稽查局上诉提出两个主张,第一个主张,认为被上诉人没有诉权,法院应驳回其起诉;第二个主张,认为被上诉人少缴税款构成偷税,一审判决否认被上诉人偷税为错误。

首先,被上诉人有没诉权问题,上诉人称被上诉人茂名市天普药业有限公司在收到茂国税一稽处〔2014〕4号《税务处理决定书》后,未能依照上诉人根据法律、法规确定的税额、期限,缴纳税款和滞纳金,或者提供相应的担保,被上诉人丧失申请行政复议权,进而丧失诉权。本案作为纳税争议案件,属于复议前置类案件。被上诉人在收到茂国税一稽处〔2014〕4号《税务处理决定书》后,积极配合补缴税款,向上诉人提出由陈某及钟某清个人提供纳税担保,并于2014年5月19日申请行政复议。上诉人却于2014年5月22日以被上诉人未能依照上诉人根据法律、法规确定的税额、期限,缴纳税款和滞纳金,或者提供相应的担保为由作出茂国税复不受字〔2014〕第2号《不予受理决定书》。原审法院认为,法律、法规规定的行政复议前置程序,侧重保护行政相对人的合法权益,穷尽行政救济方式,只要提出了行政复议的申请,即可满足规定的程序条件。法律及相关司法解释并没有对此作出必须先行经过行政复议实体审查的强制性规定。原审法院这一认定,理据充分,本院予以认可。本案中,虽上诉人对被上诉人的复议申请作出了不予受理决定,但被上诉人在其诉求未得到救济的情况下向法院提起行政诉讼,并无不妥。因此,对上诉人主张被上诉人丧失诉权,本院亦不予采信。

其次,上诉人主张一审判决认定"茂南区国税局对原告的少缴税款行为负有责任,被告认为原告少缴税款的行为构成偷税的主张属认定事实不清,不予以认可"实属错误。原审法院认为,2009年至2011年期间高州市人民医院从被上诉人公司购进药品金额合计334 980 077.22元(含税),而同期被上诉人公司销售给高州市人民医院的往来账面上只反映金额合137 660 343.36元(含税),被上诉人少列197 319 733.86元(含税),被上诉人是这部分收入的纳税义务人。上诉人提供了分别来源于被上诉人及高州市人民医院的双方往来账簿、被上诉人自己开具的增值税普通发票、通过个人代开加盖被上诉人公司发票专用章和银行账号章的税务机关统一代开发票、付款证明等材料佐证。被上诉人以医药行业特殊性为由,主张被上诉人与杨某平等人是协作型联营的关系,代开发票所涉及的收入实际是医药代表的收入,纳税义务人应为杨某平等医药代表。对此被上诉人提供《药品暂代保管协议书》《退货签收声明》《货款结清(声明)保证书》、结算签收表、银行进账单、跨系统业务回单、中国工商银行客户存款对账单佐证。本院认为双方提供的往来账簿、付款凭证以及相关发票能证实被上诉人与高州市人民医院之间确实存在购销关系,高州市人民医院已将全部货款打入被上诉人茂名市天普药业有限公司在中国银行茂名分行的账户。被上诉人提供的《药品暂代保管协议书》、高州市人民医院提交茂南区国税局的《证明》等材料能证明被上诉人、高州市人民医院与邱某朝等人这三方之间存在交易往来,但不足以证实涉案的交易存在于邱某朝等医药代表与高州市人民医院之间。因此,上诉人主张被上诉人茂名市天普药业有限公司为涉案发票的纳税义务人于法有据,应予认可。依照《中华人民共和国增值税暂行条例》第1条、第2条第1项、第5条、第6条及《中华人民共和国增值税暂行条例实施细则》第14条,《中华人民共和国企业所得税法》第1条、第4条、第5条、第6条及国家税务总局国税发〔2008〕30号《企业所得税核定征收办法(试行)》第4条第1项、第6条、第8条之规定,被上诉人作为与高州市人民医院购销关系中的纳税义务人,应当补缴少缴部分的税款。根据国税函〔2004〕1024号《国家税务总局关于加强和规范税务机关代开普通发票工作的通知》第1条的规定,代开发票是指由税务机关根据收款方(或提供劳务服务方)的申请,依照法规、规章以及其他规范性文件的规定,代为向付款方(或接受劳务服务方)开具发票的行为。在本案中,由茂南区国税局提供的《代开发票申请表》可以看出,代开发票的付款人是高州市人民医院,收款方是医药代表个人而非被上诉人,发票品名为药品一批且金额巨大,明显该发票涉及药品销售。茂南区国税局作为税法法规实施和执行的行政机关,对于代开发票申请有全面审查的义务。在医药代表(××)申请代开发票时,茂南区国税局应当清楚个人不能销售药品,但其在长达3年的时间里一直同意医药代表代开发票的申请,开出的发票多达136份,因此茂南区国税局对被上诉人茂名市天普药业有限公司的少缴税款行为负有责任。被上诉人收到上诉人作出的《税务行政处罚决定书》后,一直积极主动配合税务机关,愿意补缴税款。茂南区国家税务局于2014年9月11日划扣了被上诉人少缴的税款25 612 809.52元和滞纳金18 443 591.01元,被上诉人的行为实际未造成国家损失。此外,上诉人无证据证明被上诉人少缴税款行为存在主观故意。原审上述认定与事实相符,证据充分,本院予以支持。因此,上诉人认为被上诉人少缴税款的行为构成偷税的主张,理据不足,本院亦不予认可。

综上所述,上诉人对被上诉人茂名市天普药业有限公司作出茂国税一稽罚〔2014〕3号《税务行政处罚决定书》认定事实不清,应予撤销。原审判决正确,本院依法维持。上诉人上诉理由不足,应予驳回。依照《中华人民共和国行政诉讼法》第61条第1项的规定,判决如下:

驳回上诉,维持原判。

二审案件受理费50元,由上诉人茂名市国家税务局第一稽查局负担。

本判决为终审判决。

审　判　长　徐少伟
审　判　员　王志华
代理审判员　封桢莉
二〇一五年四月三十日
书　记　员　邹君萍
速　录　员　黎国华

附2:广东省深圳市中级人民法院行政判决书

(2014)深中法行终字第538号

上诉人(原审被告):深圳市地方税务局第一稽查局,住所地广东省深圳市罗湖区梅园路西804栋。法定代表人刘某锋,局长。委托代理人赵某爽,深圳市地方税务局第一稽查局工作人员。委托代理人王某伟,广东卓建律师事务所律师。

被上诉人(原审原告)深圳市天诚交通发展有限公司,住所地广东省深圳市盐田区沙头角深沙路178号稳盛工贸大厦A座2楼。法定代表人李某清,董事长。委托代理人施某文,男,汉族。委托代理人刘某光,男,汉族。

上诉人深圳市地方税务局第一稽查局(以下简称地税第一稽查局)因与被上诉人深圳市天诚交通发展有限公司(以下简称天诚公司)税务行政征收一案,不服广东省深圳市罗湖区人民法院(2014)深罗法行初字第60号行政判决,向本院提起上诉。本院受理后,依法组成合议庭对本案进行审理,现已审理终结。

原审认定,天诚公司于1993年至1996年期间陆续与多名个人签订《承包经营出租小汽车合同》或《关于出租的士及出租牌融资合同》等一系列合同,约定由个人向天诚公司投入资金，该司承诺将一定期限内经营特定出租车的预期营运收益分配给个人。2003 年 11 月 13 日，天诚公司作为甲方、多名个人作为乙方签订《补充协议》，该协议约定新车下地后，甲方从 2003 年 12 月起每月 26 日前付给乙方当月投资收益人民币 7 × ×0 元，每逾期 1 日按日 3‰支付滞纳金；其他一切税费由甲方承担。2006 年，多名个人与天诚公司发生纠纷诉至法院，请求天诚公司支付出租小汽车租金、滞纳金及利息。2007 年 1 月 24 日，深圳市地方税务局第四稽查局向天诚公司发出深地税四稽责字(2007)第 4001 号《责令限期代扣代缴税款通知书》，以天诚公司 2004 年 1 月 1 日至 12 月 31 日期间向罗某东等 32 人支付承包费，但未代扣代缴其个人所得税人民币 54 × × ×8.1 元为由责成天诚公司于 2007 年 1 月 30 日前将应扣未扣税款人民币 54 × × ×8.1 元扣缴入库。2007 年 1 月 24 日，深圳市地方税务局第四稽查局向天诚公司发出深地税四稽责字(2007)第 4002 号《责令限期代扣代缴税款通知书》，责成天诚公司将罗某东等 32 人 2005 年度个人所得税扣缴入库。2007 年 3 月 21 日，深圳市地方税务局第四稽查局向天诚公司发出深地税四发(2007)2 号《关于撤销〈责令限期代扣代缴税款通知书〉的通知》，以深圳市地方税务局机构及征管职能调整，不能继续稽查工作，需将天诚公司的涉税案件交由地税第一稽查局检查处理为由撤销深地税四稽责字(2007)第 4001、4002 号《责令限期代扣代缴税款通知书》。2007 年 5 月 15 日，天诚公司致函深圳市地方税务局第四稽查局及地税第一稽查局，询问撤销深地税四稽责字(2007)第 4001、4002 号《责令限期代扣代缴税款通知书》是否可理解为无必要履行承包经营取得所得征税的义务。地税第一稽查局未明确其及深圳市地方税务局第四稽查局是否针对天诚公司上述致函予以回复。2010 年 5 月 10 日，广东省高级人民法院作出(2009)粤高法民四终字第 74 – 120 号《民事判决书》，认定天诚公司与多名个人之间签订的合同虽名为承包经营或融资合同，但实质内容系个人以一次性缴交承包金的方式向天诚公司提供投资款，由该司营运出租车，双方在营运收入中共同分配收益，遂判令天诚公司向各投资人补足相应的投资收益差额及逾期付款违约金。2010 年 6 月 7 日，天诚公司致函地税第一稽查局，希望明示其是否需要履行代扣代缴义务。2010 年 6 月 11 日，地税第一稽查局向天诚公司发出深地税一事通(2010)20005 号《税务事项通知书》，告知天诚公司向投资人支付投资收益时应按利息、股息、红利所得履行代扣代缴个人所得税的义务。天诚公司因担心向深圳市中级人民法院支付执行款，该款项被投资人领取后，其无法履行代扣代缴义务，将被税务机关追责,于2010年11月22日通过EMS方式向深圳市地方税务局盐田分局邮寄《关于恳请向深圳市中级人民法院发〈税务协助执行通知书〉防止巨额国家税款流失的再次紧急请示报告》,后分别于2010年12月10日、2014年12月24日通过EMS方式向地税第一稽查局邮寄《关于纳税的再次紧急报告》《关于恳请扣缴个人所得税的再次紧急请示》。天诚公司在上述报告中均表示希望深圳市地方税务局盐田分局、地税第一稽查局向深圳市中级人民法院发出《税务协助执行通知书》,扣划投资者在深圳市中级人民法院的执行款,作为天诚公司代扣代缴投资者个人所得税的应纳税款,从而避免国家税款的流失。2011年2月15日,深圳市中级人民法院作出(2010)深中法执字第626－651号《结案通知书》,该通知书载明因地税第一稽查局函请协助划缴投资人所收投资收益的个人所得税,故深圳市中级人民法院协助深圳市地方税务局盐田分局、地税第一稽查局共扣缴经广东省高级人民法院判决天诚公司应向投资人补足投资收益差额的个人所得税款共人民币63××9.91元。2011年2月22日,深圳市地方税务局盐田分局向深圳市中级人民法院发函表示已收到周某豪等14名投资人的投资收益执行款的个人所得税人民币26××8.94元,并开具完税凭证。2012年2月22日,地税第一稽查局发函给深圳市地方税务局盐田分局,要求其为深圳市中级人民法院协助扣缴的天诚公司应扣缴的个人所得税人民币36××0.97元开具完税凭证。得知地税第一稽查局未全部扣缴投资人应缴税款,天诚公司于2011年4月20日向深圳市地方税务局盐田分局邮寄《关于恳请贵局及时征缴巨额国家税款的紧急请示》,要求税务机关继续扣缴天诚公司已向投资人支付的人民币2××0多万元投资收益所涉及的个人所得税。2011年6月16日,天诚公司向地税第一稽查局递交《承诺函》,称广东省高级人民法院认定天诚公司与投资人之间是投资关系,并判决在已支付约人民币2××0万元投资收益的基础上再支付约人民币4××万元投资收益,合计为约人民币2××0万元投资收益,按税率20%计算需征缴税款约人民币4××万元;经协调地税第一稽查局已于2011年6月9日明确表示全力支持扣缴投资收益个人所得税,故天诚公司承诺在深圳市地方税务局盐田分局向法院发出扣缴投资收益个人所得税公函后向法院指定账号全额交纳执行款以确保税款足额扣缴,即视为天诚公司已完成代扣代缴义务。地税第一稽查局的工作人员张某灵已于2011年6月16日签收天诚公司递交的《承诺函》。2012年7月9日,地税第一稽查局向天诚公司发出《税务检查通知书》,以对天诚公司涉税情况进行检查为由要求其提供2003年1

月1日至2008年12月31日期间的相关资料。经调查,2013年11月25日,地税第一稽查局向天诚公司发出深地税一稽处(2013)46号《税务处理决定书》,认定周某豪等33名投资人因出租车投资合同所产生的投资收益所得的税费按约定应由天诚公司承担,天诚公司系投资人投资收益个人所得税的扣缴义务人,且因天诚公司书面承诺代投资人(纳税人)支付税款,故无论天诚公司向投资人支付投资收益时是否代扣税款,均视为其已扣税款,天诚公司应在法定申报期限内将已扣税款缴入国库,经查实天诚公司在2003年12月至2008年8月期间已支付周某豪等33名投资人投资收益共计人民币12××× ×02.84元,已扣未缴利息、股息、红利所得个人所得税共计人民币31×× ××0.71元,依据《中华人民共和国税收征收管理法》第63条第2款及参照《国家税务总局转发〈最高人民法院关于审理偷税抗税刑事案件具体应用法律若干问题的解释〉的通知》第1条第2款规定,天诚公司在法定申报期限内经税务机关通知申报而拒不申报,未按规定期限解缴已扣税款的行为已构成偷税,遂依据《中华人民共和国税收征收管理法》第32条及第63条第2款规定,决定向天诚公司追缴2003年12月至2008年8月期间已扣未缴利息、股息、红利所得个人所得税人民币31×× ××0.71元及加收滞纳金人民币38×× ××0.61元,共计人民币69×× ××1.32元。原审认为,本案的争议焦点是天诚公司的行为是否构成偷税,地税第一稽查局对天诚公司作出行政处罚是否符合法律规定。《中华人民共和国税收征收管理法》(2001年)第63条规定,偷税的行为方式是伪造、变造、隐匿、擅自销毁账簿、记账凭证;在账簿上多列支出或不列、少列收入;经税务机关通知申报而拒不申报或进行虚假的纳税申报。从上述行为方式来看,均为故意违反有关税法不缴或少缴应纳税款的行为,行为人主观故意性明显。本案深圳市地方税务局第四稽查局自2007年获悉天诚公司存在应扣未扣税款的情形后于2007年1月24日发出深地税四稽责字(2007)第4001、4002号《责令限期代扣代缴税款通知书》,责成天诚公司限期将应扣未扣税款扣缴入库。2007年3月21日,深圳市地方税务局第四稽查局向天诚公司发出《关于撤销〈责令限期代扣代缴税款通知书〉的通知》,告知天诚公司因深圳市地方税务局机构及征管职能调整,深圳市地方税务局第四稽查局不能继续稽查工作,天诚公司的涉税案件将交由地税第一稽查局检查处理。2007年5月15日,天诚公司致函深圳市地方税务局第四稽查局及地税第一稽查局,询问撤销深地税四稽责字(2007)第4001、4002号《责令限期代扣代缴税款通知书》是否可理解为无必要履行承包经营取得所得征税的义务,地税第一稽查局未对此予以回复。2010 年 6 月 7 日,天诚公司收到广东省高级人民法院的终审判决后致函地税第一稽查局希望明示其是否需履行代扣代缴的义务。2010 年 6 月 11 日,地税第一稽查局才向天诚公司发出深地税一事通(2010)20005 号《税务事项通知书》,告知天诚公司应履行代扣代缴的义务。地税第一稽查局直至 2012 年 7 月 9 日才重新启动对天诚公司的税务稽查工作,在长达 5 年的期间内,地税第一稽查局对天诚公司的行为一直未核查,亦未作处理。对此,地税第一稽查局的解释是 2007 年 3 月深圳市地方税务局进行机构调整,撤销了深圳市地方税务局第四稽查局,该局相应的稽查职能交由地税第一稽查局处理,因地税第一稽查局接手该案时,天诚公司与投资人正处于民事诉讼期间,天诚公司与投资人之间对合同的性质和法律效力有争议,投资人通过合同取得的收益被认定为承包经营所得和认定为投资所得的税率和计税方法均不同,故地税第一稽查局 2007 年并未对该案作进一步处理,直至 2012 年 7 月 9 日才正式起动立案稽查。因天诚公司与投资人是否处于民事诉讼期间不构成地税第一稽查局不对天诚公司的涉税行为进行处理的理由,若地税第一稽查局认为因处于民事诉讼期间而无法确定天诚公司应缴纳何种税款及缴纳税款的总额,那么天诚公司作为非税务专业人士理应更不知道是否有扣缴投资人个人所得税的义务,在天诚公司不知晓是否应当履行扣缴投资人个人所得税的情形下,地税第一稽查局对天诚公司的疑问又不答复,导致天诚公司最终未履行代扣代缴的义务,从这个角度来看,天诚公司无偷税的主观故意。此外,天诚公司早在 1993 年至 1996 年期间与多名投资人签订《承包经营出租小汽车合同》《转承包协议》《融资车辆补充协议》《补充协议》等一系列合同,2006 年因与投资人发生纠纷诉至法院,经法院最终认定为投资合同关系,天诚公司才知晓投资人取得的投资收益应缴纳个人所得税,其作为扣缴义务人应对其税款进行扣缴。天诚公司在民事诉讼中以代扣代缴税款为由主张停止支付投资收益,广东省高级人民法院对天诚公司提出的抗辩不予采纳,在终审判决中亦未对税款问题作出处理。多年来,天诚公司已向投资人支付大笔投资收益,却从未代扣代缴个人所得税。在广东省高级人民法院作出终审判决判令天诚公司向投资人补足相应的投资收益差额及逾期付款违约金约人民币 4 × × 多万元后,天诚公司倍感焦虑,因一旦天诚公司向深圳市中级人民法院支付执行款,而该款项又被投资人领走,就意味着天诚公司无法履行代扣代缴义务,将被税务机关追责,但若天诚公司不将该笔款项交给深圳市中级人民法院,而改交给税务机关作为其代扣代缴投资人收益个人所得税的款项，深圳市中级人民法院将以天诚公司不履行生效判决为由对其强制执行。为此，经与深圳市中级人民法院沟通后，天诚公司多次向深圳市地方税务局盐田分局、地税第一稽查局请示，要求深圳市地方税务局盐田分局、地税第一稽查局向深圳市中级人民法院发出《税务协助执行通知书》，扣划投资人在深圳市中级人民法院的执行款权益，作为天诚公司代扣代缴投资人个人所得税的应纳税款。2011 年 2 月 21 日，深圳市地方税务局盐田分局、天诚公司共计扣缴投资人投资收益的个人所得税款人民币 63× ××9.91 元。也就是说，税务机关只扣缴了天诚公司应付投资人而未支付的投资收益差额应缴纳的税款，对于天诚公司已向投资人支付的约人民币 2××0 多万元投资收益所涉及的个人所得税未予以扣缴。地税第一稽查局解释当时划扣税款之时，案件还未立案稽查，根据广东省高级人民法院的民事判决，地税第一稽查局只掌握到天诚公司还拖欠未付的投资收益约为人民币 3××多万元，对于该款项肯定没扣缴相应的投资人个人所得税，故地税第一稽查局发函请深圳市中级人民法院协助划缴税款。对此，依据《税收征收管理法实施细则》(2002 年) 第 94 条规定，纳税人拒绝代扣、代收税款的，扣缴义务人应向税务机关报告，由税务机关直接向纳税人追缴税款、滞纳金。天诚公司作为扣缴义务人，在已经不可能控制投资人的投资收益的情形下，多次致函要求地税第一稽查局直接向投资人追缴，并已提供投资人的财产线索，天诚公司的行为符合法律规定。且从天诚公司不断发函请求地税第一稽查局扣划投资人个人所得税的举动看，天诚公司亦无偷税的故意。综上，天诚公司的行为不属于经通知申报而拒不申报的行为，其不构成偷税，地税第一稽查局作出行政处罚适用法律错误。为此，依照《中华人民共和国行政诉讼法》第 54 条第 2 款第 2 项之规定，判决撤销地税第一稽查局作出深地税一稽处(2013)46 号《税务处理决定书》的具体行政行为。案件受理费人民币 50 元由地税第一稽查局负担。上诉人地税第一稽查局不服原审判决上诉称，《最高人民法院关于执行〈中华人民共和国行政诉讼法〉若干问题的解释》第 45 条规定，起诉状副本送达被告后，原告提出新的诉讼请求的，人民法院不予准许。事实和理由是诉讼请求的基础和支撑，诉讼请求变更和增加的本质是诉请所依据的事实和理由的增加与变更，对原告在起诉状副本送达被告后新的诉讼请求不予准许，意味着对其新增加的事实和理由的不予准许。因此，原审法院以天诚公司在地税第一稽查局已收到起诉状副本后才提交的《行政起诉状的补充和强调》作为本案的事实基础，并据此延伸分析，显然违反上述法律规定,对于地税第一稽查局是不公平的。依据《最高人民法院关于行政诉讼证据若干问题的规定》第7条第1款关于原告应在开庭审理前或人民法院指定的交换证据之日提供证据的规定,天诚公司超过举证期限提交的证据材料依法不得采信,但原审法院不仅采信天诚公司超过举证期限提交的证据材料,还据此否定地税第一稽查局提交的证据材料,并在此基础上认定与实际情况不符的大量事实,如原审法院认定天诚公司收到广东省高级人民法院终审判决后多次向地税第一稽查局、深圳市地方税务局盐田分局致函,要求其向深圳市中级人民法院发出《税务协助执行通知书》,扣划投资人在深圳市中级人民法院的执行款,作为天诚公司代扣代缴投资人个人所得税的应纳税款,并据此认为天诚公司无偷税故意,即系在采信天诚公司超过举证期限提交的证据材料的基础上予以认定。另深圳市地方税务局第四稽查局撤销深地税四稽责字(2007)第4001、4002号《责令限期代扣代缴税款通知书》,并非免除天诚公司对投资人个人所得税的代扣代缴义务,天诚公司在本案并未举证证明其于2007年5月15日向深圳市地方税务局第四稽查局、地税第一稽查局致函,原审法院以民事判决为据作出相关认定显然失当,不能据此认定地税第一稽查局存在稽查不作为的事实。且根据天诚公司提交的其于2010年6月7日向地税第一稽查局的致函,可认定天诚公司于2007年5月15日系向深圳市地方税务局第四稽查局致函,并非向地税第一稽查局致函询问是否需要履行代扣代缴义务,地税第一稽查局不是答复主体,且天诚公司2010年6月7日致函的目的是以暂缓支付投资人的投资收益为谈判条件要求地税第一稽查局出具《免收税款通知书》,并非致函希望明示其是否需要履行代扣代缴义务,地税第一稽查局亦无回复的必要,故原审判决认定天诚公司于2007年5月15日向地税第一稽查局致函,该局未予以回复等均系偏袒天诚公司的断章取义,系错误认定。地税第一稽查局的工作人员于2011年6月16日签收天诚公司递交的《承诺函》,并不意味该局对《承诺函》内容的认可,《承诺函》仅是天诚公司的单方承诺,证明天诚公司迟至2011年6月仍未对其已向投资人支付的2003年1月至2008年12月期间投资收益所涉及的个人所得税履行代扣代缴义务,存在严重的未依法申报的违法行为,原审法院对《承诺函》进行了错误和过度解读。从2007年1月开始,深圳市地方税务局第四稽查局、地税第一稽查局先后对天诚公司发出相关税务文书,数次明确告知天诚公司应履行代扣代缴个人所得税的义务,但天诚公司却以投资人拒付税款、出租车行业适用定额税等各种借口推诿,试图将扣缴义务转移至税务机关。因地税第一稽查局的职能调整和稽查权限尚未完全确定，且因对天诚公司与投资人之间投资协议性质及效力的不同认定将会对天诚公司是否存在代扣代缴个人所得税的税基、税率等均产生显著差异，从执法权威性和确定性的角度考虑，需等待广东省高级人民法院的终审判决，地税第一稽查局已在该判决作出后即启动相应的稽查程序，明确函告天诚公司应履行代扣代缴义务，因此原审法院认定地税第一稽查局在长达5年的期间内对天诚公司的行为一直未核查处理等偏离客观情况。天诚公司主张其向深圳市中级人民法院支付的执行款应用于划缴其已向投资人支付的投资收益所涉及的个人所得税及按民事判决应支付的投资收益差额所涉及的个人所得税，以实现其履行代扣代缴的事实结果，但该主张既不合法亦不合理。因天诚公司向深圳市中级人民法院支付的执行款系天诚公司应向投资人支付的2006年至2008年期间投资收益差额，税务机关在强制执行阶段有权划缴的仅能是投资人当次诉讼所涉及的个人所得税，对于诉讼之前已支付的投资收益所涉及的个人所得税无权强行划缴，二者不能相互混淆，且天诚公司已向投资人支付的投资收益系税后收益，即该投资收益所涉及的个人所得税已被天诚公司事先扣除，不存在事后追缴的事实根据，而天诚公司与投资人之间已明确约定经营过程中涉及的个人所得税等一切税费均由天诚公司负担，应认定为扣缴义务人已扣已收税款，税务机关当然不能再向投资人追缴天诚公司已支付的投资收益所涉及的个人所得税。广东省高级人民法院作出的终审判决已最终认定天诚公司与投资人之间签订的合同的性质是投资合同，即该合同的性质在天诚公司与投资人签订时是投资合同，并不是在广东省高级人民法院作出终审判决后改变为投资合同，故天诚公司自2003年开始支付投资收益时未代为扣缴税款和进行纳税申报即存在经通知申报而拒不申报的偷税行为表现。此外，《中华人民共和国税收征收管理法》第63条第1款规定，纳税人伪造、变造、隐匿、擅自销毁账簿、记账凭证，或在账簿上多列支出或不列、少列收入，或者经税务机关通知申报而拒不申报或者进行虚假的纳税申报，不缴或少缴应纳税款的，是偷税。即偷税行为的构成要件仅包括行为、结果这两项要件，并未明文规定须以行为人的主观故意为必要条件。偷税行为的行为方式或手段虽可能在某种程度上潜存行为人的主观支配性或能动性，但并非以此为必要或构成要件，行为人只需具备《中华人民共和国税收征收管理法》第63条第1款规定的任一情形即构成偷税，而对其主观过错在所不问，即行为人是否存在主观故意不影响偷税行为的认定，故原审法院认为偷税行为均为故意违反有关税法不缴或少缴应纳税款的行为于法无据,无相关权威司法判例佐证,系单纯依靠自己的事实分析所作出的推论,无法令人信服。人的主观状态本身具有相当的或然性和高度的复杂性,《中华人民共和国税收征收管理法》第63条第1款所列的大多情形可能涉及及隐含的行为人主观心态,既包括行为人对不缴或少缴税款结果的积极追求,也包括行为人对不缴或少缴税款结果的放任自流,不仅包括行为人对其结果产生的默示或追求,还包括行为人对税款流失的侥幸和漠视,本案天诚公司对于投资人应当缴纳的个人所得税款的流失存在严重的侥幸和推卸责任的心态。原审法院以主观故意为偷税的构成要件系混淆税法与刑法规定的区别,刑法上的逃税罪与税法上的偷税在主观状态等方面存在显著差别,不能相互套用和类比,不能以刑法逃税罪以主观故意为构成要件就类推认为税法上的偷税也须以主观故意为构成要件。若以主观故意作为偷税的构成要件,将不可避免涉及对主观状态的细分,而主观状态的差异将导致偷税认定的与否及偷税处理金额、处罚幅度的不同,这无疑人为加剧法律适用的难度,还极大增加税务机关执法取证的难度。依据《最高人民法院关于审理偷税抗税刑事案件具体应用法律若干问题的解释》第2条第2款规定,天诚公司已办理《税务登记证》,该证上载明扣缴义务为依法确定,故天诚公司属已依法办理扣缴税款登记的情形,即属经税务机关通知申报。税务机关已向天诚公司先后发出《责令限期代扣代缴税款通知书》《税务事项通知书》等相关文书,天诚公司一直未依法进行合格有效的纳税申报,其亦从未提交有关办妥扣缴税款登记后向主管税务机关申报缴纳2003年至2008年投资人个人所得税和经地税第一稽查局通知及稽查后向该局申报缴纳2003年至2008年投资人个人所得税的有效证据材料,其所提交的数次致函也仅仅是推卸扣缴义务、要求税务机关予以协助配合的请求和单方承诺,并非纳税申报,故天诚公司显然存在拒不申报的情形。鉴于作为扣缴义务人的天诚公司与作为纳税人的投资人之间存在扣缴义务人代纳税人支付税款的书面承诺,故依据《最高人民法院关于审理偷税抗税刑事案件具体应用法律若干问题的解释》第1条第2款规定,直接认定扣缴义务人即天诚公司已扣、已收税款,至于其事实上是否在支付或未支付投资收益时已代为扣除投资人应缴纳的个人所得税,在所不问,均视为天诚公司已扣税款,天诚公司应对其实际上未扣未收税款与法律意义上已扣已收税款的脱节承担责任,这是天诚公司故意曲解投资合同性质、对出租车经营模式和投资收益支付方式不合理设置、消极懈怠履行代扣代缴义务、意图将其代扣代缴的法定义务移转至税务机关等原因造成的，天诚公司事实上已造成税款流失和无法及时扣缴入库的法律后果，符合偷税的结果要件。因已认定天诚公司已扣已收税款，故地税第一稽查局没必要再向纳税人追缴税款，直接要求代扣代缴义务人将已扣已收的税款解缴至税务机关即可。而原审法院以《中华人民共和国税收征收管理法实施细则》第九十四条为据认为天诚公司无主观故意属适用法律错误，因适用该条的前提是纳税人拒绝代扣代收税款，而本案天诚公司未举证证明投资人拒绝代扣代收税款，天诚公司系已扣已收税款。综上，原审判决认定事实不清、适用法律错误、审判程序不当，依法应予改判。地税第一稽查局为维护其合法权益，诉至本院请求撤销(2014)深罗法行初字第60号行政判决，并判令驳回天诚公司的诉讼请求及由该公司负担本案诉讼费用。

被上诉人天诚公司答辩称，《中华人民共和国税收征收管理法》第63条规定，纳税人伪造、变造、隐匿、擅自销毁账簿、记账凭证，或在账簿上多列支出或不列、少列收入，或者经税务机关通知申报而拒不申报或者进行虚假的纳税申报，不缴或少缴应纳税款的，是偷税；扣缴义务人采取前款所列手段，不缴或少缴已扣已收税款的也构成偷税。即偷税主观故意是认定偷税的必备法律要件，偷税是税法上最典型、最常见的故意违法行为。天诚公司与投资人签订的合同名为“承包经营出租小汽车合同”，该公司一直认为该合同性质为承包合同，直至广东省高级人民法院作出终审判决，才最终明确该合同性质为投资合同，由此可见对该合同性质的正确认识需要专门法律知识，不能要求天诚公司有如此强的专业知识。天诚公司与投资人签订的合同约定一切税费由天诚公司承担，该税费按当事人意思表示应仅限于与承包合同有关的税费，具体来说就是每月向税务机关缴纳的定额税，即双方的真实意思表示是对与承包合同有关的一切税费由天诚公司承担，而不是后来认定的与投资合同有关的一切税费由天诚公司承担。天诚公司多年来一直是按承包合同依法履行缴纳定额税的扣缴义务，既然天诚公司签订合同时缺乏对合同性质为投资合同的意思表示，则超出定额税的其他税款是不包括在双方关于一切税费由天诚公司承担的意思表示之中，天诚公司主观上不可能有偷逃与投资合同相关的个人所得税的故意。深圳市地方税务局第四稽查局作出的深地税四稽责字(2007)第4001号《责令限期代扣代缴税款通知书》已明确认定天诚公司支付2004年1月1日至2005年12月31日期间承包费时已代扣代缴的个人所得税为0元，并责成天诚公司将应扣未扣税款扣缴入库,即深圳市地方税务局第四稽查局已认定天诚公司向投资人支付的承包费是税前所得,而不是已扣税款的税后所得。后地税第一稽查局等税务机关向深圳市中级人民法院发函要求协助扣缴天诚公司应向投资人支付的投资收益差额所涉及的个人所得税时,该局所扣税款再次证明天诚公司向投资人支付的投资收益系税前所得,而不是已扣税款的税后所得。地税第一稽查局等税务机关在多数时间和场合均认为天诚公司并没有已扣税款,但在作出《税务处理决定书》时却认定天诚公司已扣税款,前后矛盾,已违反诚实信用的税法原则,严重影响天诚公司正确认识和履行其纳税义务,既然作为具有高度税法职业性和专业性的税务机关在扣税问题上出尔反尔,缺乏应有的专业性,那更不可能要求作为普通企业的天诚公司对是否扣税具有专业认识,因此天诚公司不具有偷税的主观故意。《最高人民法院关于审理偷税抗税刑事案件具体应用法律若干问题的解释》第1条第2款规定的书面承诺,其要义是扣缴义务人在对其扣缴税款的种类和税负有真实意思表示的情况下所作出的专门性书面约定,本案关于税费的合同条款既不是天诚公司与投资人的真实意思表示,亦不是专门性约定。纳税义务是法定义务,当事人不得在合同中对此作出变更约定,天诚公司与投资人关于承包收益的一切税费由天诚公司承担的约定条款不能变更投资人是投资收益的纳税人,并依法缴纳税款的法律义务。天诚公司与投资人签订合同时对于合同性质、未来需缴纳哪些税种及纳税义务的具体数额并没有明确的认识,更不可能就税款承担作出明确具体的约定,实际上只是一个意向性的概括约定,其意思表示是不确定的,所以不符合《最高人民法院关于审理偷税抗税刑事案件具体应用法律若干问题的解释》第1条第2款关于扣缴义务人书面承诺代纳税人支付税款的规定所要求的要件,不能据此认定扣缴义务人已扣已收税款。天诚公司曾在民事诉讼中以代扣代缴个人所得税为由主张停止支付投资收益,但法院以天诚公司未提交实际代缴税款的证据材料为由不予采纳,且法院在确定投资收益分配问题时,对天诚公司为司机购买的社保费等一并进行了考虑,就是没考虑税款问题,这表明法院在判决中所确定的天诚公司应支付的投资收益是税前所得。因此,天诚公司未实施已扣税款的行为。另地税第一稽查局于2010年6月11日告知天诚公司向投资人支付投资收益时需履行代扣代缴个人所得税的义务,天诚公司即已通知投资人应缴纳个人所得税,但投资人不同意从投资收益差额中扣税,并申请强制执行,故投资人已明确表示拒绝代扣代收税款。天诚公司已将投资人拒绝代扣代收税款告知地税第一稽查局,该局依法应直接向投资人追缴税款及滞纳金，但地税第一稽查局未依法履行追缴义务。此外，依据《中华人民共和国税收征收管理法》第86条规定，对于超过5年时效的税收违法行为，不应给予行政处罚。该法第52条规定，只有对偷税、抗税、骗税可无限期追缴税款，追究其他税收违法行为的最长时效为5年。即使天诚公司被认定为已扣税款而未向税务机关缴纳已扣的税款，该行为因天诚公司缺乏主观故意只能被认定为其他税收违法行为，故已过5年追缴时效，地税第一稽查局不应再予以追缴。综上，地税第一稽查局的上诉请求没有法律依据，原审判决认定事实清楚、适用法律正确，请求依法驳回地税第一稽查局的上诉，维持(2014)深罗法行初字第60号行政判决。

经审理查明，原审判决查明事实清楚，本院予以确认。本院认为，本案被诉具体行政行为是地税第一稽查局以天诚公司偷税为由向其追缴税款及滞纳金的行为，人民法院依法对该行为的合法性进行审查。地税第一稽查局以天诚公司存在经税务机关通知申报而拒不申报，未缴纳已扣已收税款的行为为由，认定天诚公司构成偷税，但地税第一稽查局提交的证据材料不足以证明天诚公司存在经通知申报而拒不申报的行为，因天诚公司多次与地税第一稽查局等税务机关沟通，询问其是否存在代扣代缴义务、按何税种税率履行代扣代缴义务、能否在其支付的投资收益差额中扣划其应代扣代缴的应纳税款等，并已提交《承包经营出租小汽车合同》《补充协议》及《民事判决书》等相关材料，故天诚公司不存在经通知申报而拒不申报的违法行为，地税第一稽查局认定天诚公司构成偷税缺乏主要证据，本院不予支持。此外，《中华人民共和国税收征收管理法》第63条第2款规定，扣缴义务人偷税的，由税务机关追缴其不缴或少缴的税款及滞纳金。因天诚公司未构成偷税，税务机关依法不得向其追缴税款及滞纳金，故地税第一稽查局以《中华人民共和国税收征收管理法》第63条第2款规定为据作出被诉税务处理决定，属适用法律错误。综上，地税第一稽查局以天诚公司构成偷税为由作出深地税一稽处(2013)46号《税务处理决定书》，向天诚公司追缴税款及滞纳金，不符合具体行政行为合法性的要求，依法应予撤销。对于地税第一稽查局提出判令驳回天诚公司诉讼请求的上诉请求，本院不予支持。原审判决认定本案被诉具体行政行为为行政处罚及以《中华人民共和国行政诉讼法》第54条第2款第2项为据判决撤销被诉税务处理决定有误，但该判决实体处理恰当，依法予以维持。为此，依照《中华人民共和国行政诉讼法》第89条第1款第1项之规定，判决如下：驳回上诉,维持原判。本案二审案件受理费人民币50元,由上诉人深圳市地方税务局第一稽查局负担。本判决为终审判决。

审　判　长　何连塘
审　判　员　罗毓莉
代理审判员　谭晓鹏
书　记　员　黄华聪
二〇一五年十二月二十一日

附3:安徽省合肥市中级人民法院行政判决书

(2015)合行再终字第00002号

申诉人(一审被告、二审被上诉人):长丰县地方税务局稽查局,住所地安徽省长丰县水湖镇长丰路187号。

负责人:戚某东,局长。

委托代理人:程某海。

委托代理人:刘某杰,安徽征宇律师事务所律师。

被申诉人(一审原告、二审上诉人):合肥晨阳橡塑有限公司,住所地安徽省长丰县岗集镇。组织机构代码74894618-9。

法定代表人:周某庭,董事长。

委托代理人:陈某娥,安徽正茂律师事务所律师。

申诉人长丰县地方税务局稽查局(以下简称长丰地税稽查局)与被申诉人合肥晨阳橡塑有限公司(以下简称晨阳公司)税务行政处罚一案,安徽省长丰县人民法院于2014年5月30日作出(2014)长行初字第00007号行政判决。晨阳公司不服,向本院提起上诉。本院于2014年10月15日作出(2014)合行终字第00164号行政判决,已经发生法律效力。长丰地税稽查局不服,向本院提出申诉。本院于2015年4月27日作出(2015)合行监字第00020号行政裁定,决定本案由本院再审。本院依法另行组成合议庭公开开庭审理了本案。长丰地税稽查局的委托代理人程某海、刘某杰,晨阳公司的委托代理人陈某娥到庭参加诉讼。本案现已审理终结。

一审查明:晨阳公司成立于2003年5月22日,注册资本100万元,股东为周某庭、张某菊。2006年8月,晨阳公司申报办理了税务登记证。2006年4月,长丰县人民政府为晨阳公司颁发了占地面积 26 392. 75 平方米的国有土地使用证。同年 4 月 25 日晨阳公司与岗集镇岗集村委会签订土地租赁协议,租用岗集村委会土地约 55 亩。2010 年 1 月,长丰县人民政府为晨阳公司颁发了占地面积 20 000 平方米的国有土地使用证。2008 年 5 月,晨阳公司申请变更注册资本、营业期限。2008 年 5 月 16 日,安徽嘉华会计师事务所为晨阳公司出具了安嘉华验字〔2008〕047 号验资报告:经审验,截至 2008 年 5 月 12 日,周某庭、张某菊缴纳了新增注册资本人民币 900 万元,股东以货币出资 270 万元,资本公积金转增 630 万元,变更后的累计注册资本人民币 1000 万元。2008 年 5 月 22 日,长丰县工商行政管理局核准了晨阳公司注册资本、营业期限的变更登记。

2011 年长丰地税稽查局根据合肥市地方税务局、长丰县地方税务局《关于开展 2011 年税收专项检查的通知》,于 2011 年 8 月 9 日向晨阳公司送达了《税务检查通知书》及《税务阳光稽查告知书》,对晨阳公司 2008 年至 2010 年度的税务进行检查,通过检查发现:

(一)2008 年至 2010 年,晨阳公司每年应缴纳城镇土地使用税为 164 667. 49 元(2. 60 元/平方米 ×666. 67 平方米 ×95 亩),而晨阳公司 2008 年缴纳城镇土地使用税为 69 333. 68 元,2009 年缴纳城镇土地使用税为 68 977. 43 元,2010 年缴纳城镇土地使用税为 121 007. 59 元,3 年少缴纳城镇土地使用税 234 683. 77 元。

(二)2009 ~2010 年,晨阳公司未按规定申报缴纳已代扣的工资薪金所得个人所得税 10 253. 06 元。

(三)2009 ~2010 年,晨阳公司未按规定代扣代缴工资薪金所得个人所得税 73 412. 15 元。

(四)2006 年 12 月,晨阳公司将未分配利润中 500 万元调整为资本公积金。2008 年 5 月,晨阳公司以资本公积金 630 万元(另 130 万元由债权转资本公积金)转增注册资本。晨阳公司未按规定代扣代缴 500 万元所得的个人所得税 100 万元。

2012 年 9 月 3 日,晨阳公司补缴了 2008 ~ 2010 年城镇土地使用税 234 683. 77 元及滞纳金 131 440. 21 元。2013 年 12 月 12 日,长丰地税稽查局向晨阳公司送达了《税务处理决定书》《税务行政处罚事项告知书》。2013 年 12 月 19 日,长丰地税稽查局作出长地税稽罚〔2013〕4 号《税务行政处罚决定书》。2014 年 1 月 10 日,晨阳公司缴纳了 2009 ~2010 年未按规定申报缴纳已代扣的工资薪金所得个人所得税 10 253. 06 元及罚款 5126. 53 元、缴纳了 2009 ~2010

年未按规定代扣代缴工资薪金所得个人所得税 73 412.15 元及罚款 36 706.08 元。晨阳公司对长丰地税稽查局作出的长地税稽罚〔2013〕4 号《税务行政处罚决定书》第 1 项罚款 117 341.89 元和第 3 项罚款中的 50 万元的决定不服,向长丰县人民法院提起行政诉讼。

一审认为:长丰地税稽查局作为查处偷税、逃避追缴欠税、骗税、抗税案件的税务机构,根据税收专项检查的规定,在本县范围内对 2008 年至 2010 年的税收开展专项检查工作,是其法定职责。晨阳公司作为已向税务机关申报办理税务登记的纳税人、扣缴义务人,有向税务机关如实申报的义务。长丰地税稽查局实施税务检查时,向被检查人晨阳公司送达了税务检查通知书,在税务检查过程中,税务机关检查了晨阳公司的相关资料,制作了税务稽查(检查)底稿,并与晨阳公司的有关人员核对且签字认可。晨阳公司 2008 年 5 月新增注册资本时,以资本公积金转增注册资本 630 万元,其中 500 万元资本公积金是未分配利润,以该 500 万元资本公积金转增注册资本,实际上是晨阳公司将公积金向股东分配了股息、红利,股东以分得的股息、红利增加注册资本,对属于个人股东分得再转增注册资本部分应按照"利息、股息、红利所得"项目征收个人所得税。

晨阳公司在 2008 年至 2010 年间,未按其实际占用的土地面积申报,少申报缴纳城镇土地使用税,2009 年至 2010 年未按规定申报已代扣的工资薪金所得个人所得税,2008 年未按规定代扣代缴利息、股息、红利所得个人所得税,2009 年至 2010 年未按规定代扣代缴工资薪金所得个人所得税。长丰地税稽查局稽查时,针对晨阳公司存在的违法事实,经调查核实后,其作出的《税务行政处罚决定书》,事实清楚、证据充分、程序合法、适用法律正确。虽然晨阳公司在长丰地税稽查局作出处罚决定前分别缴纳了城镇土地使用税、滞纳金,这仅是晨阳公司作为纳税人履行了应纳税款的义务,并不能否定其在纳税申报上行为的违法性。

晨阳公司所称的股东变更出资方式用货币资金置换资本公积金出资,由会计师事务所审核并经工商管理部门核准登记,与事实不符。晨阳公司的诉讼请求缺乏事实和法律依据,不予支持。经一审法院审判委员会讨论决定,依照《最高人民法院关于执行〈中华人民共和国行政诉讼法〉若干问题的解释》第 56 条第 4 项之规定,判决:驳回原告晨阳公司的诉讼请求。案件受理费 50 元,由原告晨阳公司负担。

晨阳公司上诉称:

（一）一审判决认定事实错误。

1. 2008年5月，晨阳公司注册资本由100万元增资到1000万元，把其中500万元从晨阳公司账面以资本公积金转增注册资本。同年8月双墩分局从网上发现上述情况，经长丰地税稽查局同意，晨阳公司立即纠正，会计在财务上已经把资本公积金出资部分冲回，即500万元资本公积金至今仍在晨阳公司账上，没有进行分红和转增注册资本。晨阳公司股东周某庭、张某菊于2008年9月9日至12月分6次向晨阳公司基本账户存入630万元货币，由嘉华会计师事务所出具了审核报告。晨阳公司以资本公积金转增注册资本500万元的行为得以纠正。长丰地税稽查局以晨阳公司2008年度未按规定代扣代缴利息、股息、红利个人所得税100万元，处以50万元罚款，没有事实和法律依据。

2. 长丰地税稽查局在2011年8月9日～10月19日对晨阳公司税务稽查后，指出晨阳公司少缴纳2008年至2010年间城镇土地使用税234 683.77元，晨阳公司于2012年9月3日补缴税款的同时缴纳了滞纳金131 440.21元。但长丰地税稽查局又对晨阳公司处以117 341.89元罚款，系重复处罚。

（二）一审判决证据不足。长丰地税稽查局向晨阳公司送达长地税稽处（2013）4号《税务处理决定书》和长地税稽罚（2013）4号《税务行政处罚决定书》的前期程序中，违反了稽查人员实施稽查前的准备工作的相关规定，没有向晨阳公司下达《税务稽查通知书》，告知晨阳公司检查时间、需要准备的资料，违反了《安徽省地方税务稽查工作管理暂行办法》第27条第4项规定。长丰地税稽查局没有依法向晨阳公司发出限期缴纳税款通知书，违反了《中华人民共和国税收征收管理法实施细则》第73条规定，从事生产、经营的纳税人、扣缴义务人未按照规定的期限缴纳或者解缴税款的，纳税担保人未按照规定的期限缴纳所担保的税款的，由税务机关发出限期缴纳税款通知书。一审判决没有确认2011年8月9日的《税务稽查通知书》《税务阳光稽查告知书》与2013年12月13日的《税务处理决定书》、2013年12月19日的《税务行政处罚决定书》之间在程序上存在延续性和证据之间关联性，长丰地税稽查局也没有证据证明这些文书之间存在延续性和关联性，因此不能判定长丰地税稽查局作出的具体行政处罚具有合法性。

（三）一审判决适用法律错误。《安徽省财政厅、安徽省工商行政管理局关于会计师事务所鉴证业务实行防伪标识管理的通知》第1条第3款规定："事务所在鉴证业务报告上粘贴防伪标识，仅证明各事务所出具的鉴证业务报告主体上的合法性和形式上的真实性,各事务所及注册会计师对鉴证业务报告内容的真实性和合法性依法承担相应的责任。"这份作为行业的管理文件,不能否定晨阳公司提交的审核报告内容的真实性。一审依据该通知,对晨阳公司提交的证据不予认定,是适用法律的错误。

长丰地税稽查局答辩称:

(一)晨阳公司作为个人所得税的法定扣缴义务人,在应税事实发生后,拒不依法代扣代缴增资股东周某庭、张某菊的个人所得税。长丰地税稽查局作为税务稽查部门,依法履行职权,对晨阳公司的偷逃税款行为予以处罚,有其事实和法律依据。

(二)晨阳公司在接到税务机关的纳税要求后,不仅没有履行税法义务,相反却以"对税收政策理解有误"为由,通过私下编造、篡改、调整、冲抵账目的方式,回避该公司将未分配利润交由二股东增资的事实,以图逃避扣缴义务。

(三)《中华人民共和国税收征收管理法》第 63 条第 1 款规定:"纳税人伪造、变造、隐匿、擅自销毁账簿、记账凭证,或者在账簿上多列支出或者不列、少列收入,或者经税务机关通知申报而拒不申报或者进行虚假的纳税申报,不缴或者少缴应纳税款的,是偷税。对纳税人偷税的,由税务机关追缴其不缴或者少缴的税款、滞纳金,并处不缴或者少缴的税款百分之五十以上五倍以下的罚款;构成犯罪的,依法追究刑事责任。"因此,长丰地税稽查局向晨阳公司追缴少缴的税款、滞纳金,并处以罚款的行为,符合法律规定,应予以维持。

(四)长丰地税稽查局的税务稽查行为程序合法,实施得当,也给予了晨阳公司陈述、申辩、解释、举证的权利,并无违法之处。

经审查,一审对证据的分析认定符合法律规定,二审予以确认。

二审认为:《中华人民共和国税收征收管理法》第 14 条规定,本法所称税务机关是指各级税务局、税务分局、税务所和按照国务院规定设立的并向社会公告的税务机构。《中华人民共和国税收征收管理法实施细则》第 9 条第 1 款规定,《税收征管法》第 14 条所称按照国务院规定设立的并向社会公告的税务机构,是指省以下税务局的稽查局。稽查局专司偷税、逃避追缴欠税、骗税、抗税案件的查处。本案中,长丰地税稽查局对晨阳公司作出的行政处罚,内容均为对单位少申报缴纳税款或者对个人所得税未履行代扣代缴的法定义务的行为进行处罚,从上述处罚的内容上看,不属于税务稽查局的法定职责。长丰地税稽查局在本案中作出的行政处罚属于超越职权,一审部分事实认定不当,依照《中华人民共和国行政诉讼法》第54条第2项第4目之规定,判决:一、撤销安徽省长丰县人民法院(2014)长行初字第00007号行政判决;二、撤销长丰县地方税务局稽查局长地税稽罚〔2013〕4号《税务行政处罚决定书》。本案一、二审案件受理费各50元,均由长丰县地方税务局稽查局负担。

长丰地税稽查局申诉称:

(一)税务稽查局具有法定职权。按照我国现行税法规定,各级税务稽查局具有查处各类税收违法行为的法定职权。

1.《中华人民共和国税收征收管理法》第14条规定,本法所称税务机关是指各级税务局、税务分局、税务所和按照国务院规定设立的并向社会公告的税务机构。

2.《中华人民共和国税收征收管理法实施细则》第9条规定,《税收征管法》第14条所称按照国务院规定设立的并向社会公告的税务机构,是指省以下税务局的稽查局。稽查局专司偷税、逃避追缴欠税、骗税、抗税案件的查处。国家税务总局应当明确划分税务局和稽查局的职责,避免职责交叉。

3.《国家税务总局关于稽查局职责问题的通知》(国税函〔2003〕140号)规定,《中华人民共和国税收征收管理法实施细则》第9条第2款规定"国家税务总局应当明确划分税务局和稽查局的职责,避免职责交叉"。为了切实贯彻这一规定,保证税收征管改革的深化与推进,科学合理地确定稽查局和其他税务机构的职责,国家税务总局正在调查论证具体方案。在国家税务总局统一明确之前,各级稽查局现行职责不变。稽查局的现行职责是指:稽查业务管理、税务检查和税收违法案件查处;凡需要对纳税人、扣缴义务人进行账证检查或者调查取证,并对其税收违法行为进行税务行政处理(处罚)的执法活动,仍由各级稽查局负责。

4.《国家税务总局关于印发〈税务稽查工作规程〉的通知》(国税发〔2009〕157号)第2条第2款规定,税务稽查由税务局稽查局依法实施。稽查局主要职责,是依法对纳税人、扣缴义务人和其他涉税当事人履行纳税义务、扣缴义务情况及涉税事项进行检查处理,以及围绕检查处理开展的其他相关工作。稽查局具体职责由国家税务总局依照《中华人民共和国税收征收管理法》《中华人民共和国税收征收管理法实施细则》有关规定确定。

(二)二审判决适用法律法规不当。

1.与现行国家税法规定不符。二审判决认为"稽查局专司偷税、逃避追缴欠税、骗税、抗税案件的查处",据此认定稽查局能且只能负责上述案件查处,其他税收违法行为稽查局一律不得查处。此种逻辑推理与《中华人民共和国税收征收管理法实施细则》立法原意不符,与现行税务稽查执法体制不符。《中华人民共和国税收征收管理法实施细则》只规定稽查局专司偷税、逃避追缴欠税、骗税、抗税案件的查处,但并未规定稽查局不能查处其他税收违法行为。

2. 与国家税务总局行政解释不符。二审判决在引用法律条文判定稽查局职权范围时,仅引用《中华人民共和国税收征收管理法》第 14 条及《中华人民共和国税收征收管理法实施细则》第 9 条第 1 款,而对具有直接判定意义的《中华人民共和国税收征收管理法实施细则》第 9 条第 2 款却未予引用。《中华人民共和国税收征收管理法实施细则》第 9 条第 2 款规定"国家税务总局应当明确划分税务局和稽查局的职责,避免职责交叉",根据此款授权,国家税务总局于 2003 年下发了《国家税务总局关于稽查局职责问题的通知》(国税函〔2003〕140 号),对稽查局的职责范围进行了界定,明确规定稽查局可以对各类税收违法案件进行查处。此后,国家税务总局于 2009 年印发了《税务稽查工作规程》(国税发〔2009〕157 号),对稽查局职责范围进行了再次明确。

(三)二审判决事实认定与处罚决定内容不符。二审判决认定"长丰县地方税务局稽查局对晨阳公司作出的行政处罚,内容均为对单位少申报缴纳税款或者对个人所得税未履行代扣代缴的法定义务的行为进行处罚",判决认定结果与事实不符。实际上,长丰地税稽查局在《税务行政处罚决定书》(长地税稽罚〔2013〕4 号)中,对晨阳公司"少申报缴纳城镇土地使用税"及"已扣未缴个人所得税"违法行为,已按照《中华人民共和国税收征收管理法》第 63 条规定,定性为偷税进行处罚。即便按照二审判决的理解,对偷税行为的处罚也应该是稽查局法定职权范围,不应予以撤销。

综上,请求:1. 依法撤销合肥市中级人民法院(2014)合行终字第 00164 号行政判决;2. 驳回晨阳公司的诉讼请求;3. 判决晨阳公司承担一、二审诉讼费用。

晨阳公司答辩称:原二审判决认定事实清楚,适用法律正确,请求维持。

再审期间,当事人双方均未提供新的证据。

再审查明的事实除同于原一审外,另查明:长丰地税稽查局长地税稽罚〔2013〕4 号《税务行政处罚决定书》处罚决定内容为:1. 根据《中华人民共和国税收征收管理法》第 63 条第 1 款之规定,对晨阳公司 2008 年至 2010 年度少申报缴纳城镇土地使用税的行为,处以少缴税款 50% 的罚款计 117 341.89 元;2. 根据《中华人民共和国税收征收管理法》第 63 条第 2 款之规定,对晨阳公司

2009 年至 2010 年度少申报缴纳已代扣的工资薪金所得个人所得税的行为，处以少缴税款 50% 的罚款计 5126.53 元；3. 根据《中华人民共和国税收征收管理法》第 69 条之规定，对晨阳公司 2008 年至 2010 年度未按规定代扣代缴个人所得税（利息、股息、红利所得、工资薪金所得）的行为，处以应扣未扣税款 50% 的罚款计 536 706.08 元（含 2008 年度 500 万元资本公积金转注册资金未纳税罚款 50 万元）。以上罚款合计 659 174.50 元。

本案再审争议的焦点问题有两个方面：1. 长丰地税稽查局是否具有查处本案晨阳公司税收违法行为的职权问题。2. 长丰地税稽查局查处晨阳公司税收违法行为认定事实及适用法律是否正确的问题。

本院认为：关于长丰地税稽查局是否具有查处本案晨阳公司税收违法行为的职权问题，根据《中华人民共和国税收征收管理法》第 14 条的规定，本法所称税务机关是指各级税务局、税务分局、税务所和按照国务院规定设立的并向社会公告的税务机构；《中华人民共和国税收征收管理法实施细则》第 9 条第 1 款的规定，《税收征管法》第 14 条所称按照国务院规定设立的并向社会公告的税务机构，是指省以下税务局的稽查局。稽查局专司偷税、逃避追缴欠税、骗税、抗税案件的查处。又依据该实施细则第 9 条第 2 款的规定："国家税务总局应当明确划分税务局和稽查局的职责，避免职责交叉。"根据此款授权，国家税务总局于 2003 年下发了《国家税务总局关于稽查局职责问题的通知》（国税函〔2003〕140 号），对稽查局的职责范围进行了界定，明确规定稽查局可以对各类税收违法案件进行查处。此后，国家税务总局于 2009 年印发了《税务稽查工作规程》（国税发〔2009〕157 号），对稽查局职责范围进行了再次明确。故依据上述规定，长丰地税稽查局具有查处本案晨阳公司税务违法行为的法定职权。

关于长丰地税稽查局查处晨阳公司税收违法行为认定事实及适用法律是否正确的问题：

1. 晨阳公司认为其补交了 2008 年至 2010 年间城镇土地使用税 234 683.77 元，同时缴纳了滞纳金 131 440.21 元，但长丰地税稽查局又对其处以 117 341.89 元罚款，系重复处罚。

根据《中华人民共和国税收征收管理法》第 63 条第 1 款规定："纳税人伪造、变造、隐匿、擅自销毁账簿、记账凭证，或者在账簿上多列支出或者不列、少列收入，或者经税务机关通知申报而拒不申报或者进行虚假的纳税申报，不缴或者少缴应纳税款的，是偷税。对纳税人偷税的，由税务机关追缴其不缴或者少缴的税款、滞纳金,并处不缴或者少缴的税款百分之五十以上五倍以下的罚款;构成犯罪的,依法追究刑事责任。”因此,长丰地税稽查局依据该条款向晨阳公司追缴少缴的税款、滞纳金,并处以罚款的行为,符合法律规定,并不存在重复处罚问题。

2. 晨阳公司认为2008年5月,其注册资本由100万元增资到1000万元,其中500万元从公司账上以资本公积金转增注册资本的行为已经得以纠正。长丰地税稽查局以晨阳公司2008年度未按规定代扣代缴利息、股息、红利个人所得税100万元,处以50万元罚款没有事实和法律依据。

而事实情况是:晨阳公司所谓的纠正,仅仅是其公司把以资本公积金出资的500万元在账面上冲回,即500万元资本公积金形式上仍挂在晨阳公司账上;嘉华会计师事务所出具的审核报告证明晨阳公司股东周某庭、张某菊于2008年9月9日至12月分6次向晨阳公司基本账户存入630万元货币,但经长丰地税稽查局审查没有相关交款凭证,在工商注册档案中也未查到该审核报告,晨阳公司也未曾在工商部门办理减少注册资金的手续,晨阳公司的1000万元注册资金仍然系包括500万元资本公积金在内的增资。因而,晨阳公司称其以资本公积金转增注册资本的行为得到了纠正与事实不符。晨阳公司于2008年5月以500万元资本公积金转增注册资本,应予代扣代缴个人所得税100万元而未履行义务,违反了《中华人民共和国个人所得税法》第2条第7项、第3条第5项、第6条第6项的规定,长丰地税稽查局根据《中华人民共和国税收征收管理法》第69条的规定,对作为代扣代缴义务人晨阳公司处以应纳税款50%的罚款,符合相关法律法规的规定。

3. 晨阳公司认为长丰地税稽查局的处理处罚程序违法,因而不能认定长丰地税稽查局作出的具体行政处罚具有合法性。

经查,长丰地税稽查局在2011年8月9日对晨阳公司的涉税情况开展检查时,已经依法送达《税务检查通知书》《税务阳光稽查告知书》,且已告知晨阳公司限期缴纳税款。此后,该税案一直处于长丰地税稽查局的审理过程中,直至2013年依法作出《税务处理决定书》和《税务行政处罚决定书》,前后处理程序具有延续性和关联性,亦给予了晨阳公司陈述、申辩和举证等权利。因此,长丰地税稽查局的稽查行为程序合法。

综上,长丰地税稽查局作出的《税务行政处罚决定书》事实清楚,证据充分,程序合法;晨阳公司的诉讼请求缺乏事实和法律依据。原一审判决认定事实清楚，适用法律正确；原二审判决适用法律错误，判决不当，应予纠正。案经本院审判委员会讨论决定，依照《最高人民法院关于执行〈中华人民共和国行政诉讼法〉若干问题的解释》第78条之规定，判决如下：

一、撤销本院(2014)合行终字第00164号行政判决：1. 撤销安徽省长丰县人民法院(2014)长行初字第00007号行政判决；2. 撤销长丰县地方税务局稽查局长地税稽罚〔2013〕4号《税务行政处罚决定书》。

二、维持安徽省长丰县人民法院(2014)长行初字第00007号行政判决：驳回原告晨阳公司的诉讼请求。

本案一、二审案件受理费各50元，均由晨阳公司负担。

本判决为终审判决。

审　判　长　杨长文
审　判　员　王亚明
审　判　员　姚本茹
二〇一五年九月六日
书　记　员　付旋璇

虚开增值税专用发票税法定性的实证探究

郭晓亮*

【目　次】

虚开增值税专用发票是较为多发的发票违法行为，自我国增值税制度实施以来，就一直是我国税务和司法部门重点打击的对象。然而，囿于现行《中华人民共和国刑法》（以下简称《刑法》）和《中华人民共和国发票管理办法》（以下简称《发票管理办法》）对于"虚开增值税专用发票"的定义较为模糊，仅简单列举了虚开的四种外在形式，而未对其本质内涵及特征加以诠释，使实践中法律工作者在界定虚开行为并对其进行有效规制的过程中存在诸多困惑和争议，并由此带来了国家税权与纳税人财产权失衡问题。总的来看，当前有关焦点主要集中在恶意取得虚开增值税专用发票的定性、善意取得虚开增值税专用发票的定性和"如实代开"增值税专用发票的定性三个方面。本文拟通过对这三个问题的梳理和思考，提出完善"虚开增值税专用发票"定义的立法建议，并试图在此基础上为虚开增值税专用发票行为的法律规制体系提供完善路径。

一、恶意取得虚开增值税专用发票的定性分析

关于何为虚开增值税专用发票行为，现行法律法规中的界定依据主要有《刑法》和《发票管理办法》。其中，《发票管理办法》规范的对象是全部发票，该办法第22条列举了三种虚开发票行为：一是为他人、为自己开具；二是让他人为自己

---

* 法律硕士，公职律师，河北省邯郸市邱县国税局副局长。

开具;三是介绍他人开具。对发票的限定表述为"与实际经营业务情况不符"[1]。《刑法》第205条第3款的规定与《发票管理办法》基本一致:"虚开增值税专用发票或者虚开用于骗取出口退税、抵扣税款的其他发票,是指有为他人虚开、为自己虚开、让他人为自己虚开、介绍他人虚开行为之一的。"而恶意取得虚开增值税专用发票则是指主动让他人为自己提供虚开的增值税专用发票,或者纳税人知道或应当知道取得的是虚开的增值税专用发票而予以接受,并向税务机关申报抵扣税款或者申请出口退税的行为。前一种情形为直接故意的恶意,后者为间接故意。从《发票管理办法》和《刑法》对虚开的定义可以看到,"让他人为自己开具"这一情形属于恶意取得虚开专用发票的情形。其中,对于"让"字,通常可以作出两种解读:一是积极、主动地要求他人为自己虚开(直接故意);二是在明知的主观状态下,任凭他人为自己虚开发票(间接故意)。一般而言,直接故意的情形必然属于"让他人为自己开具",定性为虚开应无争议,但间接故意的情形是否属于"让他人为自己开具"则存在弹性的语义空间,税务和司法部门也对此产生了"逃税"或"虚开"两种不同意见。

(一)"逃税"抑或"虚开"的案例分析

1. 税务行政机关的认定:"逃税"

案例1[2]:2004年8月,某国家税务局对某有限责任公司(一般纳税人)2001年1月1日至2004年6月30日期间的纳税情况进行检查,认定该企业故意取得虚开的增值税专用发票抵扣税款。该企业于2003年8月至2004年1月间向个体工商户王某购买布料,从王某处取得外省4家公司的增值税专用发票10份,金额合计811 965.79元,税额合计138 034.21元,价税合计950 000元,后认定该4家开票单位开具的10份增值税专用发票均为虚开发票。该局遂于2005年3月30日作出《税务行政处罚决定书》,依据《中华人民共和国税收征收管理法》(以下简称《税收征收管理法》)第63条第1款规定,认定该公司故意取得虚开的增值税专用发票抵扣税款的行为属于"逃税",[3]对该公司处以罚款138 034.21元。

---

[1] 参见《发票管理办法》,2011年2月1日施行,第22条第2款的规定。

[2] 李三江主编:《税务行政执法典型案例评析》,中国商业出版社2014年版,第36页。

[3] 《刑法修正案(七)》已将原来的"偷税"改为"逃税",但相关的税收规范性文件还沿用原来的"偷税"。本文除直接引用条文外,统一采用理念更加先进的"逃税"概念。

本案中,该企业明知是虚开的增值税专用发票而接受并抵扣税款,属于恶意接受虚开增值税专用发票中的间接故意情形。同时该企业根据取得的虚开增值税发票向税务机关申报抵扣税款,属于《税收征收管理法》第 63 条规定的“进行虚假的纳税申报……不缴或者少缴应纳税款的”的情形,符合逃税的定义。而且,根据《国家税务总局关于纳税人取得虚开的增值税专用发票处理问题的通知》(国税发〔1997〕134 号,以下简称 134 号文)的规定,利用他人虚开的增值税专用发票抵扣税款,应定性为“逃税”。根据我们对 134 号文的理解,“利用”一词表明主观上明知,属于恶意接受。由于直接故意的情形属于“虚开”已毫无争议,那么 134 号文的表述就应该专指间接故意。因此,国家税务总局理解的“让他人为自己开具”应专指积极、主动要求他人为自己开具与实际经营业务情况不符的发票,即直接故意,间接故意则应认定为“逃税”。因此,本案中,税务机关根据《税收征收管理法》第 63 条以及 134 号文的规定将企业基于间接故意取得他人虚开增值税专用发票的行为定性为逃税,有理有据。

2. 司法机关的认定:“虚开”

案例 2[1]:恩施州巴东县某矿业有限公司为增值税一般纳税人,被告人陈某系公司法定代表人。2011 年 12 月,周某称可为该公司开具增值税专用发票抵扣税款,询问该公司是否需要。被告人陈某称,只要有真实业务发生,可以接受周某提供的增值税专用发票,并为其支付税款。2011 年 12 月,周某介绍侯某以河南省某材料有限公司为销货单位,向该公司虚开增值税专用发票价款合计 3 999 931. 6 元,税款合计 679 988. 4 元。随后,周某将发票抵扣联交给被告人陈某,被告人陈某将上述税款于 2012 年 1 月在巴东县国家税务局全部申报抵扣。最后,陈某被湖北省巴东县人民法院判处虚开增值税专用发票罪。

本案中,人民法院据以作出判决的法律依据主要有二:一是《刑法》第 205 条第 3 款的规定:“虚开增值税专用发票或者虚开用于骗取出口退税、抵扣税款的其他发票,是指有为他人虚开、为自己虚开、让他人为自己虚开、介绍他人虚开行为之一的。”二是《最高人民法院关于适用〈全国人民代表大会常务委员会关于惩治虚开、伪造和非法出售增值税专用发票犯罪的决定〉的若干问题的解释》(法发〔1996〕30 号,以下简称《虚开解释》),根据该解释规定,利用虚开的专用

---

〔1〕 参见中国裁判文书网:http://www.court.gov.cn/zgcpwsw/hub/hbsestjzmzzzzjrmfy/bdxrmfy/xs/201507/t20150720_9638294.html,最后访问日期:2016 年 8 月 7 日。

发票抵扣税款的,应定性为虚开增值税专用发票罪。[1] 本案中,陈某对于接受虚开增值税专用发票的主观态度属于间接故意,被湖北省巴东县人民法院判处虚开增值税专用发票罪。

另外,笔者查询中国裁判文书网,输入关键字"虚开增值税专用发票",选择裁判时间为2014年1月1日到2015年8月5日,选择文书类型为刑事判决书,查询到相关判决2540条。在受票方被判虚开增值税专用发票罪的判决中,有的详细介绍了虚开方或中间人主动上门,受票方被动接受(间接故意)虚开的增值税专用发票的过程(如上例);但大部分刑事判决书对该过程一带而过,并不区分受票人属于直接故意还是间接故意。由此可见,对于纳税人恶意接受虚开增值税专用发票的行为,无论主观状态如何,对人民法院的定罪并不产生影响,全部被认定为虚开增值税专用发票罪。

上述两个案例中,税务行政机关和司法机关对"让他人为自己开具"的理解有着明显分歧,前者认为仅直接故意构成虚开,间接故意属于逃税,不构成虚开;而后者认为两者都应定性为虚开增值税专用发票。虚开增值税专用发票罪的入刑标准非常低,根据《最高人民检察院、公安部关于公安机关管辖的刑事案件立案追诉标准的规定(二)》,虚开增值税专用发票罪的追诉标准为虚开税款数额在1万元以上或者致使国家税款被骗数额在5000元以上。按照这个标准,绝大部分虚开案件都将进入司法评判。而逃税罪的追诉标准为数额在5万元以上并且占各税种应纳税总额10%以上,还有纳税人的豁免条款[2],入刑门槛相比虚开增值税专用发票罪要高得多。税务行政机关作出与司法机关不同的定性规定,将直接导致其在法律规定的移送程序上极其被动。因为理论上会存在很多案件达到了虚开增值税专用发票罪的标准却没有达到逃税罪标准,如果税务机关对这些案件作逃税处理而不移送司法机关,将使自身涉嫌徇私舞弊不移交刑事案件罪,[3]并由此带来较大的执法风险。就此而言,协调134号文与《虚开解释》的适用冲突至关重要。

---

〔1〕《虚开解释》第1条规定,"利用虚开的增值税专用发票抵扣税款或者骗取出口退税的,应当依照《决定》第一条的规定定罪处罚"。而《全国人民代表大会常务委员会关于惩治虚开、伪造和非法出售增值税专用发票犯罪的决定》第1条规定的是虚开增值税专用发票罪。

〔2〕参见《刑法》第201条对逃税罪豁免纳税人刑事责任的规定。

〔3〕参见《刑法》第402条对徇私舞弊不移交刑事案件罪的规定。

(二)134号文与《虚开解释》冲突协调的假设和批驳

1."并行不悖说"的假设与批驳

关于134号文与《虚开解释》的冲突如何协调的问题,有人认为:直接故意应定性为虚开,间接故意则应定性为逃税。[1] 理由是,在《虚开解释》中,"利用"一词并没有明确是否包含间接故意,属于表述不清,应理解为直接故意构成虚开,而对间接故意没有作出规定。而134号文专指间接故意的情形。两者并行不悖。

笔者认为此解释过于牵强。首先,文义解释是最基本的法律解释方法。把《虚开解释》中"利用"的表述解释为专指"积极、主动找他人开具"未免有点牵强、生硬;其次,与《虚开解释》非常相似的是,134号文中的表述同样是"利用他人虚开的专用发票"抵扣税款。对于后者,正常的理解是专指间接故意地接受虚开(因为法律已经明确规定直接故意情形属于虚开);而对于前者,如果把它理解成仅限于"直接故意"的情形,就会使两个表述高度相似的法条作相反解释,难以令人信服。另外在司法实践中,大部分的刑事判决书并不区分受票人属于直接故意还是间接故意,"间接故意接受虚开"在实践中已被定性为"虚开"了。综上,这种对《虚开解释》所作的一厢情愿的解释是站不住脚的。

2."互不干涉说"的假设与批驳

逻辑上还有一种观点来解释134号文和《虚开解释》的冲突:两者在各自效力适用范围内适用,互不干涉。即在达不到任何犯罪(逃税罪和虚开增值税专用发票罪)入刑标准的情况下,属于税务机关的管理范畴。在这个范围内,税务机关对于虚开的认定和法律适用是有效的。而一旦达到虚开增值税专用发票罪的入刑标准,[2]税务机关将丧失行政管辖权,须将案件移送给司法机关,此后司法机关再按照自己的标准进行处理。在行政领域和刑事领域内,两者互不干涉。

但笔者认为这种观点同样不可取,原因有二:其一,不管是国家税务总局的规范性文件、《发票管理办法》还是《刑法》,它们对虚开发票的规制目的是一致的,即保护国家的发票管理制度、保障国家的税收权益不受非法侵害。二者的区

---

[1] 在本文写作过程中,笔者向国家税务总局政策法规司从事重大案件审理的工作人员询问过他们的审理标准:直接故意,定性虚开;间接故意,定性逃税。

[2] 在虚开增值税专用发票和逃税的竞合下,前者入刑标准远低于后者,因此实践中往往是先达到前者的入刑标准。

别仅仅在于根据“比例原则”对危害程度不同的违法行为进行严厉程度不同的惩罚规制，在违法行为规制上呈一个流水线式的作业方式。所以两者的标准应该保持一致，平稳衔接，立法者没有必要在刑事范围和行政范围内对相关概念采取双重标准。其二，虚开增值税专用发票罪的入刑标准非常低。在实践中，只要是恶意虚开增值税专用发票，基本上都能达到入刑标准，这也体现了国家立法对虚开行为的零容忍。在逃税和虚开竞合的情况下，留给税务机关在行政范围内自由裁量的空间非常小，因此税务机关没有必要在如此狭窄的范围内对相关概念采用不同定义。

3.“先行后刑说”的假设与批驳

对于上述两个规范性文件的冲突，另一种合理的解释在于，税务机关在明确纳税人恶意接收虚开的增值税专用发票且涉嫌构成犯罪后，先按逃税进行行政处罚，然后再按涉嫌虚开增值税专用发票罪移送公安机关处理。这样做既遵守了134号文的规定，也能化解税务机关拒不移送刑事案件的执法风险。这样做的好处是可以进行定性的阶段划分，亦即，在将达到入刑标准的案件移送公安机关以前，税务机关享有行政处罚权。其主要理由有两种：一是“兼容说”。司法机关和税务机关对违法行为性质的认定不同，司法机关认为构成虚开增值税专用发票，而税务机关认为构成逃税。因此，税务机关认定逃税而作出的行政处罚与司法机关认定虚开增值税专用发票罪性质不同，互不冲突，也不存在吸收关系；二是“折抵说”。《中华人民共和国行政处罚法》（以下简称《行政处罚法》）有关于行政处罚折抵刑事处罚的规定，说明了行政机关在案件移送公安机关之前可以行使处罚权，否则，该条文将失去存在的意义。

然而，笔者认为“先行后刑说”的两种理由都难以成立。针对“兼容说”来说，若单个行为同时符合逃税和虚开的特征，这在刑法理论上被称为“想象竞合”。它的处理原则应当是“择一重处”，而不是重复处罚。因为对于同一个行为，给予两次以上的金钱罚或自由罚不符合法的正义价值。而且，《行政诉讼法》关于折抵的规定也说明了在金钱和自由两方面刑事处罚和行政处罚不能并存。另外，有关虚开增值税专用发票刑事案件立案标准的规定可以看出，[1]该罪已包含了“骗取国家税款”的要素。这表明，现行虚开增值税专用发票罪已经包含了对逃税的评价。如果对一个行为作逃税和虚开两种处理，明显进行了重

---

〔1〕 参见《最高人民检察院、公安部关于公安机关管辖的刑事案件立案追诉标准的规定（二）》。

复处罚,在法理上也站不住脚。

针对"折抵说"来说,"行政处罚可以折抵刑事处罚的规定"并不能为其提供合法性支撑。因为"折抵"的本意是行政机关在行政执法过程中,发现了违法行为但还达不到入刑标准时,可以先根据行政效率原则依法作出行政处罚决定;但随着调查的深入,一旦发现已达到入刑标准,就必须移送司法机关处理,这时如果前述行政处罚决定还未执行,应该中止执行;如果行政处罚已经执行,才会出现行政处罚和刑事处罚并存的情形,进而产生折抵的问题。因此,关于折抵的制度设计是解决已经实际执行行政处罚的权宜之计,用以维持"一事不二罚"原则,但它不能成为"兼容说"的正当理由。如果税务机关在依法查处违法行为过程中发现违法事实已涉嫌构成犯罪,仍然抢先作出行政处罚决定,将可能发生与司法程序不可调和的冲突。理论上,虽然行政处罚很多时候可以折抵刑事处罚,但如果行政处罚的罚款超过了司法机关的罚金,就会产生无法折抵的问题。如果可以要求行政机关退还,那么这种繁杂的制度设计明显不符合立法者本意;如果不退,行政权的行使就会涉嫌超越司法权。

关于行刑交叉的两法衔接问题,《中共中央办公厅、国务院办公厅在转发国务院法制办等部门〈关于加强行政执法与刑事司法衔接工作的意见〉的通知》(中办发〔2011〕8 号)[1]作出了更加明确的规定,要求行政机关移送案件后,如果之前未作出行政处罚决定,不得在司法机关放弃追责之前作出行政处罚决定。这一条款明确了刑事处罚程序优先于行政处罚的原则,亦即税务机关在明确纳税人已涉嫌犯罪的前提下,不应抢在法院刑事判决前作出和执行行政处罚程序,且应尽量避免两种处罚程序发生冲突,而不能以"折抵说"为幌子主动促成冲突,否则就违反了刑事处罚优先的原则,与立法本意相背离。

(三)恶意接受虚开增值税专用发票定性的实然分析

通过以上分析可知,当前的理论和观点均无法有效解释 134 号文与《虚开解释》之间对间接故意接受虚开增值税专用发票的定性冲突,前者认为应定性为逃税,后者认为应定性为虚开增值税专用发票。而根据现行刑事案件立案追诉标

---

〔1〕 参见《关于加强行政执法与刑事司法衔接工作的意见》第 1 条第 3 款规定:"行政执法机关向公安机关移送涉嫌犯罪案件……未作出行政处罚决定的,原则上应当在公安机关决定不予立案或者撤销案件、人民检察院作出不起诉决定、人民法院作出无罪判决或者免于刑事处罚后,再决定是否给予行政处罚。"

准的规定,这两个罪名的入刑标准存在很大差异。如果定性为逃税,企业可以在补缴税款、滞纳金、接受税务行政处罚后不予移送公安机关追究刑事责任;但如果定性为虚开增值税专用发票且已达到入刑标准,税务机关必须将案件移交司法机关处理,这两种不同的处理方式之间蕴含税务机关“不移送刑事案件”的职务风险。就此而言,134 号文与《虚开解释》对恶意接受虚开增值税专用发票的定性分歧不可调和,必须为二者的冲突寻求可能的解决路径。笔者站在实然分析的立场上,认为间接故意接受虚开的专用发票用以抵扣税款的行为应定性为虚开。主要理由如下:

第一,从文义解释的角度,“让他人为自己开具”中的“让”应包括“容许”之义。文义解释是最基本的法律解释,其他法律解释方法都应建立在文义解释的基础上。在《辞海》中查询“让”字,有“容许,听任”的意思。[1] “让他人为自己开具”自然包括容许、听任他人为自己开具的情形,即间接故意接受虚开属于虚开增值税专用发票。

第二,税务机关区分纳税人的主观意图是直接故意还是间接故意的难度很大。在实践中,税务机关一般根据开票、收票双方之间是否有货物和资金的流转,即从外在客观上来判定发票是否虚开,购货方是否恶意接收虚开发票。如果要进一步区分直接故意还是间接故意,辨别是受票方主动找他人开具还是他人主动“送票上门”,除了能取得双方的口供外,难度很大。而这两者之间的定性差距较大,很多情况下涉及罪与非罪的区别。如果认可只有直接故意才定性虚开的观点,那么仅凭口供认定受票方直接故意不符合刑事诉讼的规则;而在不能查实客观证据的情况下依照谦抑性原则,一概认定为间接故意作逃税处理,将搁置刑法规定的“让他人为自己虚开”,此规定就成为“屠龙之技”了。[2]

第三,基于直接故意和间接故意的社会危害性基本无区别,区分无意义。违法行为的可惩罚性是以其社会危害性为基础的。直接故意和间接故意两种情形均会造成国家税款的流失和对发票管理制度、增值税链条的破坏,在社会危害性上的差异很小。在实践中有真实交易的情况下,如果销售方无法开具或提供他人代开的专用发票,购货方一般情况下就会主动找人代开发票。因为没有进项

---

〔1〕 夏征农、陈至立主编:《辞海》(第六版),上海辞书出版社 2010 年版,第 1551 页。

〔2〕 在实践中,也没有纳税人傻到会承认自己主动找他人虚开发票。于是恶意接受虚开发票的纳税人,几乎全部定为逃税。

税金抵扣,购货方会承担17%的增值税;无正式发票列支成本会承担25%的企业所得税,再加上一些附加税种,整个税负会达到45%以上。作为一个"理性经济人"的市场主体,购货方必然无法承担如此沉重的成本,由此便会产生找人代开发票的冲动。这样的情况下,无论间接故意还是直接故意,只是购货方的一种机缘选择,若真实的销货方不负责找人代开发票,购货方必然会亲自找人虚开。这种违法结果的必然性说明了两种行为的社会危害性基本上是一样的,那么在制裁措施的规定上差别很大,显失公平,欠缺法理依据。

第四,在间接故意接收虚开发票方涉嫌刑事犯罪的情况下,如果税务机关坚持按逃税定性处理,不移送公安机关启动刑事程序,将会导致渎职风险。因为对于司法系统来说,国家税务总局的规范性文件与司法解释相比,其被认可度不可相提并论。在司法程序中,类似案件毫无例外地将依据司法解释而不是134号文进行定性。因此,从保护税务干部的角度出发,税务机关应该改变对134号文的适用,将间接故意定性为虚开,与司法解释保持一致,以化解职务风险。

而恶意接受虚开增值税专用发票(包括直接故意和间接故意两种情形)并抵扣税款以达到逃避缴纳税款的行为,是虚开与逃税的竞合。从实证分析角度来看,也应该定性虚开。由于争议不大,笔者稍作论述:[1]

从历史沿革的角度来看,在全国人大的决定出台以前,这种行为在实践中是按逃税进行处理的。之所以要把虚开增值税专用发票罪独立出来,是因为增值税专用发票能抵扣税款或骗取出口退税,对外虚开能"一本万利",轻松谋取巨额利益。所以在当时不法之徒趋之若鹜,大案要案易发频发背景下,国家采取"乱世用重典"的做法对其进行严厉打击极为必要,也正是基于此,全国人大将"让他人为自己虚开"纳入虚开范畴,制定了比逃税更严厉的惩罚制度。首先,将恶意接受虚开发票定性虚开符合立法本意;其次,在逃税与虚开行为发生竞合的情况下,恶意取得虚开增值税专用发票是一种特殊逃税手段,按特殊优于一般的原则,应优先适用特殊条款,定性为虚开增值税专用发票;最后,从犯罪构成分析,虚开增值税专用发票罪本身包含了"偷骗税款"的因素,而逃税并不能评价虚开增值税专用发票的行为。因此,如果依照"虚开"来定性,能够对违法犯罪

---

〔1〕 上述"先行后刑说"就认为,在行政领域统一按逃税定性处理,之后再移交公安机关追究刑事责任。笔者向河北省国家税务局稽查局的多位同志了解到,实践中先按逃税定性的做法还是比较普遍的。至于按什么罪名移送,再按直接故意还是间接故意来区分虚开或逃税。

情节进行全部的评价，但如果依照"逃税"来定性，则只能进行部分评价。

基于上述理由，笔者认为，从实证角度来看，不管是直接故意还是间接故意取得虚开增值税专用发票的行为，都应定性为"虚开"。

（四）恶意接受虚开增值税专用发票定性的应然路径

《刑法》作为"其他一切法律的制裁力量"，[1]具有最强的严厉性，同时应具有谦抑性特征。在销项交易真实的情况下，购货方故意接收虚开的增值税专用发票是手段，抵扣税款从而逃避缴纳税款是目的。但在当前《刑法》评价体系中，对虚开增值税专用发票罪的处罚比逃税罪要严厉得多。《刑法》第201条规定逃税罪的最高刑期为7年有期徒刑，虚开增值税专用发票罪的最高刑期是无期徒刑，而且后者的起刑点远低于前者。随着我国增值税发票监控体系的日趋成熟，对"虚开"进行扩大解释已不适应现实需要。从应然视角分析，恶意取得虚开增值税专用发票应定性为逃税。主要理由如下：

第一，对虚开作扩大解释加以严厉打击不再具有必要性。从文义解释的角度来看，"虚开"按字面解释，就是"开票"，不应包括"接受发票"。除非有过涉税经历，否则即使受过法律专业训练的人都很难接受"虚开"包括"接受发票"。而《刑法》《全国人民代表大会常务委员会关于惩治虚开、伪造和非法出售增值税专用发票犯罪的决定》和《虚开解释》《发票管理办法》都对"虚开"的字面意思进行了扩大化解释。这与我国增值税制度实施伊始信息管理手段不完善有关。在增值税专用发票犯罪非常猖獗的背景下，将"虚开"扩大解释到"接收虚开"加重处罚具有积极意义。但随着信息技术的发展和防伪税控系统的全面推广，增值税专用发票管理得到了根本性的改善，对虚开作扩大解释并严厉打击的紧迫性这一历史条件已经发生改变。尤其是在有真实销项业务的情况下，接收虚开发票的本质是逃避缴纳税款，因此将其定性逃税有更大的合理性，更符合"虚开"本身的文义解释，也更容易为人们所理解和接受。

第二，利用虚开增值税专用发票逃税行为的盛行与我国税收制度设计和管理的不完善有关，对其施以过重处罚欠缺合理性。在我国现行税制中，增值税纳税人被人为地划分为小规模纳税人和一般纳税人两类。小规模纳税人没有自行开具增值税专用发票的资格，即使到税务机关代开专用发票，下游纳税人也只能抵扣3%税率的进项税金。在此背景下，为了谋求与一般纳税人平等的竞争机

---

[1] [法]卢梭：《社会契约论》，李常山译，商务印书馆1962年版，第63页。

会,小规模纳税人往往通过让他人代开增值税专用发票等方式开展业务。也正因如此,有人说,如实代开是小规模纳税人为求生存,迫不得已而为之的产物。[1] 对于一般纳税人而言,他们在接受了小规模纳税人的货物或劳务后由于不能取得正常抵扣资格,受此压力,他们或拒绝与小规模纳税人进行合作,承担价格与效率上的损失;或者"两害相权取其一",为了价格与效率上的优势仍然选择与小规模纳税人合作,但为了少缴税款铤而走险,取得虚开的增值税专用发票增加抵扣。可见,受票方故意接受虚开增值税专用发票,在一定程度上也是纳税人为了追求合理税负迫不得已而为之的产物,对其施以重罚欠缺合理性。

第三,过于严厉的刑法规定在实践中反而不易得到广泛执行。"刑罚的威慑力不在于它的严酷性,而在于它的不可避免性。"[2] 由于税制不合理、市场主体的趋利性等原因,以逃避缴纳税款为目的而接受虚开增值税专用发票抵扣税款的现象广泛存在。但从《刑法》设计来看,虚开入刑的门槛很低,只要触碰"红线"就会涉及刑事责任。而企业家是社会的精英群体,继续对虚开作扩大化解释,将对这些精英群体造成过度打击,造成大量企业破产,工人下岗,生产停滞,给社会造成重大损失。而在税务实践中,由于立法的不协调和法律惩戒的过于严苛,使得这种制度在现实中并未严格执行。部分税务人员在查处该类行为时往往避重就轻。比如,税务机关对《国家税务总局关于纳税人善意取得虚开的增值税专用发票处理问题的通知》(国税发〔2000〕187 号,以下简称 187 号文)的偏爱及滥用,就是出于一种对企业尽量采取宽大处理的考量。根据 187 号文,对于善意取得虚开增值税专用发票行为,不按逃税或骗税处理,但也不允许抵扣进项税金。但在"善意"与"恶意"的这个自由裁量空间内,执法公平将受到很大程度的挑战。因此,过于严厉的处罚规定反而容易被空置,且有害于税收执法公平。因此,从现阶段来看,应该缩小打击范围,将虚开增值税专用发票行为的范围限缩至虚开方,加强刑法打击的针对性和税收执法公平。

第四,将恶意取得虚开增值税专用发票定性为逃税符合"主客观相统一"原则。对违法行为的定性应关注其社会危害性,而社会危害性在很大程度上通过违法主体的目的来加以考量。就恶意取得虚开增值税专用发票行为而言,纳税人从事了正常的经营行为,只是通过取得虚开的增值税专用发票而少缴税款,其

---

〔1〕 何秉松主编:《税收与税收犯罪》,中信出版社 2004 年版,第 606～607 页。

〔2〕 [意]贝卡利亚:《论犯罪与刑罚》,黄风译,中国大百科全书出版社 1991 年版,第 81 页。

主观目的是逃避缴纳税款。相比之下,实践中根本没有经营行为,客观上纯粹是“空手套白狼”,主观上明知自己虚开的发票会被受票方用于抵扣而少缴税款或用于骗取出口退税,仍然通过虚开发票行为牟取开票手续费,这种行为相比前者而言性质更加恶劣,主观恶性更大,社会危害更大,应该定性为虚开,继续保持高压的严打态势;而对于有经营行为接受他人虚开增值税专用发票的行为,定性为逃税更为妥当。

第五,将恶意取得虚开增值税专用发票定性为逃税符合“罪刑相适应”原则。将恶意取得虚开增值税专用发票行为定性为虚开的优势在于通过对买方市场的严厉打击遏制卖方市场的发展,从而更有利于保障国家的发票管理秩序和税收利益。但它的缺点也显而易见,容易对以逃避缴纳税款为目的的买方形成过度打击,不符合“罪刑相适应”原则。两者的紧张关系实质上反映了重刑主义与罪刑相适应原则的紧张关系。同样的情况在刑法上也有他例,比如对拐卖妇女、儿童的买方市场进行严厉打击同样也能有效地扼制卖方市场,但刑法却没有对两者一视同仁,拐卖妇女、儿童罪远比收买被拐卖的妇女、儿童罪量刑重,这事实上正是罪刑相适应原则的本质体现。就恶意取得虚开增值税专用发票行为而言,对它的规制也应与其危害程度相适应,这既是行政法合理性原则的基本要求,也是刑法罪刑相适应原则的应有之义。

基于上述理由,笔者建议修改相关法律法规,将虚开的范围限缩在开具发票方。“开”即为“开具”,而不包括“接受开具”,将“让他人为自己开具”排除在虚开的范畴之外。在销项真实的情况下,如果接受虚开的增值税专用发票用以抵扣税款,本质是逃税,而且现行法律对逃税已有非常严厉的规制,因此定性为逃税即可;如果其销项是虚开,那么其接受开具是为了掩盖对外虚开的帮助行为,可着重评价其对外虚开的行为,将接受虚开作为一个加重情节予以考虑;如果接受了虚开还处于留抵状态,那么根据具体情况,在刑事程序中定性为虚开预备或逃税预备,在行政程序中按违规取得发票定性处罚。

二、善意取得虚开增值税专用发票的定性分析

所谓善意取得虚开增值税专用发票,是指在有真实交易的情况下,购货方不知道取得的发票系销售方非法取得,其主观为善意且无过错。在我国,有关善意取得虚开增值税专用发票的概念首次由国家税务总局在187号文中提出,该文

件规定:“购货方与销售方存在真实的交易,销售方使用的是其所在省(自治区、直辖市和计划单列市)的专用发票,专用发票注明的销售方名称、印章、货物数量、金额及税额等全部内容与实际相符,且没有证据表明购货方知道销售方提供的专用发票是以非法手段获得的,对购货方不以偷税或者骗取出口退税论处。但应按有关法规不予抵扣进项税款或者不予出口退税;购货方已经抵扣的进项税款或者取得的出口退税,应依法追缴。”基于纳税人权益保障的要求,区分善意和恶意来对纳税人进行差异化处理体现了我国税法理念的进步。但实践中随着经济活动形式的多样化,187 号文适用的语境也随之发生了变化,并由此带来了认定难题。

(一)制度出台的背景及语境变化

1. 善意取得虚开增值税专用发票的制度渊源

自我国 1994 年推行增值税专用发票以来,受制于信息管理手段的落后,增值税专用发票的虚开违法犯罪活动迅速在全国蔓延,甚至一度威胁到该税种的推行成败。为打击虚开增值税专用发票的犯罪势头,国家税务总局在 2000 年前后相继颁发了 134 号文及其补充通知(国税发〔2000〕182 号)文件,将利用他人虚开的专用发票申报抵扣税款的行为一律定性为逃税。然而,这种处理方式虽统一了税务执法的刚性和力度,却也误伤了一部分无辜纳税人。因为,在当时税务管理信息化落后的条件下,开票方通过伪造、购买、借用等手段非法获取增值税专用发票并开具后,受票方根本无从考证其发票的合法性。如果忽视主观意志的考量,依照上述两个文件对善意纳税人作“一刀切”式的逃税处理,必将引起一定程度的税企对立。在此背景下,国家税务总局借鉴民法“善意取得”理念颁布了 187 号文,规定了善意取得增值税专用发票的四个条件:一是购销双方有真实交易;二是销售方开具的是其所在省级地区的专用发票;三是全部发票票面信息与实际相符;四是无证据表明购货方对销售方非法获得专用发票的事实知情。根据该文件,同时符合四个条件的善意受票方不按逃税处理,但要追缴已经抵扣的进项税金。为了形象理解该制度内涵,本文举例说明:

案例 3:2001 年 5 月,山东省 S 公司从本省 T 公司处购买增值税专用发票 10 份。该公司与山西省 B 公司发生了一笔销售业务后,以本公司的名义将上述购买来的发票开具给 B 公司。经查,无证据表明 B 公司对 S 公司非法获得增值税专用发票的事实知情。

从该案例可知,本案满足 187 号文所设定的条件:(1)B 公司、S 公司存在真实的货物交易;(2)S 公司开具了所在省的增值税专用发票;(3)专用发票记载的销售方名称、交易内容等全部票面信息与实际相符;(4)对 S 公司非法获取增值税专用发票的事实,无证据表明 B 公司对此知情。就此而言,B 公司的行为完全契合 187 号文,为善意取得增值税专用发票,依照该规定,B 公司不以逃税处理,但已被抵扣的进项税金要被追缴。

2. 187 号文适用的语境变化

客观地说,187 号文与 134 号文、182 号文"一刀切"的处理方式相比已有进步,但美中不足的是,187 号文虽借鉴了民法"善意取得"理念,却未能像"善意取得"制度那样为纳税人提供完整、彻底的保护。因为,根据 187 号文的规定,对于善意取得方,依然要追缴已经抵扣的进项税金。但根据税法"实质课税"原则,纳税人有实际购进且对于发票形式上的违法没有过错,理应获得抵扣进项税金的合法权利,因此 187 号文对善意纳税人的保障是不周到的。另外,随着全国增值税发票控防伪税控系统建设的加强,以往通过购买、借用、伪造等非法手段取得发票的违法行为在防伪税控系统的监控下早已"无处遁形",随之带来的则是传统虚开增值税专用发票行为的退场以及新型操作模式的出场,在此背景下,"善意取得增值税专用发票"的形式发生了根本变化。我们继续以案说法,以便直观形象地说明问题。

案例 4:2012 年 5 月,S 公司(小规模纳税人)以 T 公司(一般纳税人)的名义与 B 公司进行交易。T 公司从税务机关合法领购增值税专用发票,在 S 公司的要求下,以自己名义开具增值税专用发票给 B 公司,并获得 S 公司支付的价税合计 6% 的开票手续费。T 公司向税务机关全额申报开具的发票金额。资金流方面,B 公司将货款支付给 T 公司,而 T 公司扣除事先约定的开票手续费后,将余额转付 S 公司。经查,无证据表明 B 公司对 S 公司让 T 公司为自己代开专用发票的事项知情。T、S、B 公司同在一个省。

对于案例 4,我们可以归纳如下:(1)S 公司与 B 公司有真实交易;(2)S 公司使用的是所在省的增值税专用发票;(3)专用发票记载的业务内容全部与实际相符,但开票主体是名义销售方 T 公司,不是实际销售方 S 公司;(4)无证据表明 B 公司对 S 公司找 T 公司代开增值税专用发票的违法事实知情。目前,有关善意取得增值税专用发票的案件大多与案例 4 情形相似,那么,案例 4 是否与 187 号文相契合,能否适用 187 号文有关善意取得的规定呢?

在回答上述问题前,我们必须首先明确一个问题:187 号文中所表述的"销售方”所指为何。在案例 4 中,不难发现,该案中有两个销售方:一是名义销售方,开票方,T 公司;二是实际销售方,S 公司。那么,187 号文所描述的“销售方”究竟指的是名义销售方 T 公司,还是实际销售方 S 公司呢?笔者分析认为,此处的销售方应该指的是实际销售方。理由如下:第一,文件称购销双方存在真实交易。按照传统理解,与购货方有真实交易的应是实际销售方,因为假设开票方就是销售方,那就不是虚开,也就无所谓“善意取得”了。第二,文件称销售方提供的专用发票为非法获得,而名义销售方的发票是从税务机关合法领取的,不符合此表述,因此销售方只能是实际销售方。第三,文件规定,如果购货方能够从销售方处重新取得通过防伪税控系统开具的合法、有效专用发票,购货方可凭此发票抵扣进项税金。而名义销售方第一次开具的发票就是从税控系统开具的有效发票。如果两次开具的发票是一样的,那么为什么要求购货方先转出进项税金,然后重新取得一样的专用发票再抵扣呢?对此的解释只有一个:此处销售方指的是实际销售方。就此而言,187 号文要求实际销售方以自己名义开具合法、有效发票,购货方才可以抵扣进项税金。

很明显,案例 4 符合 187 号文的第一、二、四个条件,但其中的“销售方”与发票上的销售方不一致,不符合第三个条件“专用发票注明的销售方名称、印章、货物数量、金额及税额等全部内容与实际相符”的要件。从 187 号文的适用条件来看,关于四个条件的表述用的是“且”,即必须同时符合才能适用。显然,案例 4 并不符合 187 号文,不属于该文件规定的“善意取得”。而实践中除极少数违法手段并不高明的虚开案件外,[1] 能符合 187 号文第三个条件的情况几乎不可能出现。由于防伪税控系统的存在,现阶段几乎所有的善意取得案件都与 187 号文的规定条件不相契合,以至于有学者认为,“世间已无国税发〔2000〕187 号文件意义上的善意取得了”。[2]

综上,187 号文的局限在于:不允许善意取得方抵扣进项税金,对其合法权益保护得不完整、彻底。而面对大量的诸如案例 4 的情形,用 187 号文来对其进行调整又存在明显的法律适用错误。就此而言,现行法律法规在善意取得增值税专用发票问题的应对上已出现了漏洞,亟需新的法律规范来加以调整。在此

〔1〕 主要是指阴阳票情形。

〔2〕 参见张伟:《善意取得的增值税专用发票问题再探析》,载税屋网:http://www.shui5.cn/article/ff/72738.html,最后访问日期:2016 年 7 月 26 日。

背景下，国家税务总局于2014年7月2日出台了《国家税务总局关于纳税人对外开具增值税专用发票有关问题的公告》（国家税务总局公告2014年第39号，以下简称39号公告），以应对实践中出现的“新问题”。

（二）39号公告的出台与争议

1. 39号公告的出台背景及其内涵

39号公告起源于公安部、国家税务总局督办的“四川7·10专案”的定性问题。[1] 四川F公司为医药企业一般纳税人。H等人持F公司的委托书以F公司的名义，与新疆J公司签订药品经销合同。随后H等人自行将药品送货上门，运往新疆。新疆J公司收到货款后，将货款打到F公司账户。F公司在留下预先约定的开票费后，将剩余货款转给H。事发后，四川税务机关认为F公司的行为属于虚开，并向新疆税务机关开出了《已证实虚开通知单》，新疆税务机关依据通知单，要求新疆J公司补缴已抵扣的巨额税款。新疆J公司则认为，自己与F公司签订了正规合同，货物真实，付款真实，发票真实，自己主观上没有任何过错，理应获得抵扣进项税金的资格。而新疆税务机关则认为，正是因为有真实的货物流、资金流，J公司又没有过错，才将其定性为善意取得，否则恶意接受虚开的增值税专用发票并抵扣税款，将定性逃税加倍处罚，因此定性善意取得已属宽大处理。税务机关的答复不能让J公司满意，遂逐级反映至总局。总局对纳税人的诉求反复研究，认为在此情形下剥夺善意取得方抵扣税款的权利确实不妥，于是有了39号公告的出台。

“冰冻三尺非一日之寒”，虽然39号公告源于“7·10专案”，但这却是长期以来定性为善意取得的纳税人为了挽回税款抵扣的损失不断斗争和博弈的结果。从39号公告及其官方解读可以看到，其主要内涵包括以下三个方面：一是确认进项税额不真实的纳税人，所开的销项不必然是虚开。只要符合公告规定的三个条件，不属于对外虚开增值税专用发票：（1）纳税人与受票人发生了真实交易；（2）纳税人收取了相应款项，或者索取款项的凭据；（3）纳税人向受票方纳税人开具了与实际业务相符，且为合法取得、并以自己名义开具的增值税专用发票。二是明确纳税人对所销售的货物应该拥有所有权，但不局限于直接购买方式，还可以是先卖后买，即允许纳税人销售时还没有货物的所有权，但可以随后

[1] 参见张伟：《善意取得的增值税专用发票问题再探析》，载税屋网：http://www.shui5.cn/article/ff/72738.html，最后访问日期：2016年7月26日。

再取得货物所有权。三是明确承认挂靠经营开票的合法性,即货物所有方可以挂靠开票方的名义进行销售并以挂靠方的名义开票。[1]

39 号公告出台以前,由于开票方不被认为是实际的销售方,往往被认定为虚开;善意的购货方则被认定为善意接受虚开,[2]需作进项税金转出处理。但在公告出台后,开票方可以通过“先卖后买”或“挂靠关系”取得实际销售方的地位和开票资格,将不被认为是对外虚开增值税专用发票;受票方纳税人可以将上述发票作为合法凭证抵扣进项税额,合法权益因此得到圆满保障。如果案例 4 适用 39 号公告的规定,我们可以认为 S 公司挂靠 T 公司,或者 T 公司在向 B 公司开具发票的时候虽然没有该批货物的所有权,但是可以在之后从 S 公司处买进该货物进而取得货物所有权。这样,T 公司以自己的名义开出的增值税专用发票就取得了合法性,而 B 公司将不再是善意取得虚开的增值税专用发票,而是合法的发票,B 公司的合法权益将由此得到保护。按照这样的思路,随着 39 号公告的出台,“善意取得虚开的增值税专用发票”在现实法律规制中被扭曲的问题得到了纠正,“善意取得方”的合法权益得到了圆满保护。

2. 39 号公告适用的争议分析

39 号公告的出台应该说具有明显的先进性和合理性,其通过明确“挂靠经营”开票的合法性,为我国解决善意取得虚开发票问题提供了新的视角。然而,39 号公告的出台并不代表问题的终结,它依然未能明确解决下述两个问题:

第一,39 号公告并未解决“挂靠经营”需要什么程序和标准来证明的问题。按一般的理解,挂靠经营应该是一种长期、稳定且意思真实的经营关系,然而根据我们对案例4 的分析,如果 S 公司只是为了欺骗 B 公司接受代开的发票,临时借用 T 公司的名义与 B 公司进行交易,甚至有些情形下 S 公司与 T 公司双方自己都认为是虚开(如实代开),而根本没有挂靠经营的意识,这种情况下是否可以认定 S 公司与 T 公司之间有挂靠经营关系?挂靠关系的真正标准应该是什

---

[1] 参见《国家税务总局办公厅关于〈国家税务总局关于纳税人对外开具增值税专用发票有关问题的公告〉的解读》。

[2] 187 号文意义上的“善意取得”已不存在,但在实践中仍然被当作“皇帝的新衣”大量应用,根本原因在于该文件是在 39 号公告出台以前,对善意取得方作出处理的最轻、最合理的法律依据。

么？对此，39 号文并未给出清晰答案。

第二，39 号公告并未从根本上明确善意取得“如实代开”发票方的权益保护问题。从 39 号公告的出台背景来看，“善意取得方”的申诉促成了公告的出台，但公告通篇都没有“善意取得”的字眼，它只是对“挂靠关系开票”“先卖后买开票”“进项虚假销项不必然虚开”三者合法性的进一步确认，向代开方和第三方提供了通过构建一定法律关系来规避其法律风险的可能路径，从而使“善意取得方”在此种法律关系下被认为取得的是合法专用发票。但由于“如实代开”现在还被明确规定为“虚开”[1]，即便 187 号文意义的善意取得已不复存在，在“挂靠经营”和“先卖后买”关系得不到认可的情况下，善意取得如实代开的增值税专用发票的可能性还客观存在。假如销售方与代开方从来就没有挂靠经营或先卖后买的意思表示和书面协议，销售方只是找开票方代开发票，那么客观上，39 号公告并没有明确解决善意取得“如实代开”发票方的权益保护问题。

（三）“如实代开”受票方的权益保护有赖于 39 号文的扩大解释

根据 39 号文的规定，在有真实交易的情况下，所有的如实代开发票稍微一“化妆”，都可能被认定为挂靠或先卖后买，取得合法性。但倘若代开方和实际销售方没有正确利用 39 号公告，双方没有签订挂靠合同或货物买卖合同，甚至也没有挂靠或买卖的合意，在这些没“化妆”的情形下，善意取得方能否适用 39 号公告的规定来保护自己的利益？对此，笔者认为应对 39 号公告作扩大解释来保护善意受票方的利益。理由如下：

第一，受票方无法掌控第三方与代开方是否“化妆”。如果受票方巨大的利益得失需要靠第三方与代开方是否“化妆”来决定，受票方要承担第三方与代开方“不化妆”所带来的不利后果，就违反了“责任自负”基本的法律原则，而这种“张三犯法，李四买单”的逻辑，在现代法治社会中根本站不住脚。而且法律不强人所难，第三方本来就是以代开方的名义与购货方进行交易的，购货方尽到了所有可能的合理注意义务，没有任何过错，也没有能力预防这种不利后果。[2]

---

[1] 参见《最高人民法院关于对为他人代开增值税专用发票的行为如何定性问题的答复》（以下简称《答复》）。

[2] 在实践中，由于代开方和销售方有一致利益，销售方往往能取得代开方的委托代理书或关于销售方是代开方公司业务员的书面证明，而交易款项由购货方支付给代开方，代开方给购货方开具发票。代开发票的所有外部表征全部与挂靠或“先卖后买”关系完全一致，购货方根本不可能识别代开方与销售方的真正关系。

在此情形下,对受票方能准确辨别第三方与代开方的真实关系,不具有期待可能性,受票方行为也就阻却了违法性。因此,从受票方角度来看,应该基于"善意取得",将代开方和第三方视作形成挂靠关系,从而适用39号公告来保护其进项税金抵扣权。[1]

第二,39号公告出台以前,在市场经济经营活动中,挂靠经营、"先卖后买"并不鲜见。如果代开方与第三方合同形式齐全、完备,且自身有税收筹划意识,会有很足的底气与税务机关斗争抗衡,将很难被认定为虚开。如果39号公告专指形式完备和实质真实的挂靠关系和"先卖后买",那它就是一纸啰唆的"废话"。[2] 39号公告及其解读的突破之处就在于通过强调"挂靠经营"代开发票的合法性而对善意接受"如实代开"可罚性造成巨大冲击,进而为善意受票方权益保护提供新的视角。即对于善意受票方来说,即使开票方与第三方没有"化妆",也视同他们之间形成了拟制的或事实上的挂靠或买卖关系。由此,善意受票方可以援引39号公告将其取得的增值税专用发票作为合法凭证抵扣进项税额,他们的利益也能像民法善意取得制度一样得到彻底保护。

第三,对39号公告作扩大解释符合39号公告的立法本意。"7·10专案"中,即使代开方和第三方自己都承认他们是如实代开发票的关系,而受票方基于善意取得向国家税务总局提起申诉,最后促成了39号公告的出台。因此,不难推断39号公告的立法本意:只要善意取得了增值税专用发票,客观上尽到了合理的注意义务,那么不管代开方与第三方之间是否具备挂靠关系或先卖后买关系的书面形式和意思表示,都应该适用39号公告,认定其取得的增值税专用发票不是虚开的增值税专用发票,可以作为增值税扣税凭证抵扣进项税额。

综上,基于法律正义和"拟制"理论,结合历史解释法,笔者认为,"善意"受票方可以适用39号公告,不认为是接收虚开。

---

[1] 39号公告表面是规定了若干情形下开具增值税专用发票的合法性,并没有直接明确地保护善意取得方的合法利益。只有辅以"善意取得"理论,39号公告才能对无过错的受票方给予保护。

[2] 因为这两种形式的合法性在民商法上是被认可的;而税法的任务是对合法的民商事活动(甚至包含合法性不确定的民商事活动)进行纳税义务的确认或调整,但它无权对合法的民商事活动作出法律否定性的评价。它应该以民商法为基础而不能干涉民商法,对民商事活动的税法评价应保持中立和克制。

三、如实代开增值税专用发票的定性分析

上文对善意取得“如实代开”的增值税专用发票的定性进行了分析,结论是善意取得的专用发票不视为虚开,可以抵扣进项税金。然而,按照1996年最高人民法院的《虚开解释》和《答复》的相关规定,如实代开方仍应被定性为“虚开”。但如实代开的定性及可罚性在理论界一直备受争议,而39号公告给我们提供了一个新的视角来对该问题进行解读。

(一)如实代开定性的一般认识

从如实代开的内涵来看,它是指行为人进行了实际经营活动,但让他人为自己代开专用发票,所开专用发票的销货品名、数量、价格、税款均真实的行为。[1] 关于如实代开是否构成虚开,如实代开的行为是否具有可罚性,理论界一直争论不休,并由此产生了“肯定说”和“否定说”两种观点。

“肯定说”认为,如实代开行为构成虚开,其理由是:第一,如实代开情形下,其发票信息中的开票主体与实际不符,理应属于虚开。而且这种情况下一般为小规模纳税人找他人代开。原本正常情况下受票方最多只能抵扣3%的进项税金,但由于如实代开,将抵扣17%的税金,给国家造成了14%的经济损失,有社会危害性。[2] 第二,开票方与受票方之间没有真实交易发生,仍然向其开具发票,伪造业务发生,属于“无中生有”。[3] 第三,受票方让他人为自己代开,属于虚开;而开票方帮助受票方抵扣税款,是帮助其逃避缴纳税款的行为,有社会危害性。[4] “否定说”则仅将虚开限定于交易内容不真实、并没有造成受票方实质增值额范围内少缴税款的情形。其理由主要为:第一,因为有真实交易发生,所以代开发票的行为并没有使受票方在实质增值额的范围内少缴税款。[5] 第二,如果只是开票主体不真实而业务内容真实,只是违规开具发票,但不是犯罪意义上的虚开。[6]

---

[1] 何秉松主编:《税收与税收犯罪》,中信出版社2004年版,第604页。

[2] 曲新久主编:《刑法学案例教程》,知识产权出版社2003年版,第162页。

[3] 金新华:《论虚开增值税专用发票罪的认定与处罚》,载《人民法院报》2000年5月15日。

[4] 陈运光:《税收犯罪研判》,吉林人民出版社2004年版,第449页。

[5] 张明楷:《刑法学》,法律出版社2003年版,第646页。

[6] 刘家琛主编:《经济犯罪罪名释解与法律适用》,中国检察出版社2003年版,第292页。

事实上,二者的分歧源自我们对“虚开”内涵的不同理解。从学理上分析,虚开发票有广义和狭义之分,广义的虚开发票包括主体不符和内容不符两种情况,即开票主体、受票主体以及发票记载内容但凡有一项与实际不符的,即可定义为虚开;而在狭义上,虚开发票仅限于内容不符情形,即只有业务内容与实际不符才属于虚开发票。[1] “肯定说”系基于广义立场展开的分析,将主体不符的情形纳入虚开范围,而“否定说”则主张从狭义上理解虚开的含义,将主体不符情形排除在虚开范围之外。应该说,这两种观点均有其合理性支撑,但基于法律规范分析和社会危害性两方面的阐述,笔者认同“否定说”的观点,认为虚开应只限于“内容不实”情形。

首先,从规范分析角度,通过对《发票管理办法》分析,可以看到,“为他人虚开”“为自己虚开”两种情形的开票主体是自己,而“让他人为自己虚开”和“介绍他人虚开”两种情形的开票主体为他人。这些法条的表述已经对开票主体作出了界定,所以其后关于“与实质经营业务情况不符”的表述,应排除主体不符的情形,否则前后表述互相重叠,与立法语言规范不符。另外,从文义解释的角度,虚开增值税专用发票中有关“实际经营业务”的表述,更侧重于指向发票所描述业务的内容。其次,从社会危害性的角度,笔者认为,“如实代开”由于不符合增值税发票管理制度造成受票方形式上的少缴税款,实质危害性较小。因为其违反的是以行政便利为宗旨的发票管理制度的规定,主要侵犯的是该制度所保护的秩序价值,只需接受行政法的规制,按违规开具发票作出一般行政处罚即可;而在实质增值额内造成的少缴增值税款,对国家的税收权益造成实质的侵害,才是刑法和行政法所要严厉制裁的虚开对象。

(二)“如实代开”定性的深度解剖:以拟制“挂靠经营”为视角

1. 受票方“善意取得”场景下的定性

39 号公告的出台似乎为“如实代开”问题的分析提供了一种新的视角。在善意取得上游“如实代开”的增值税专用发票的情况下,应基于“责任自负”原则,将 39 号公告扩大解释,视代开方和第三方形成拟制的“挂靠关系”或“先卖后买”关系,善意取得方取得的专用发票不视为虚开,可以抵扣进项税金。而按照最高人民法院《答复》和《虚开解释》的规定,第三方属于“让他人为自己开

[1] 李燕青:《虚开增值税专用发票用于骗取出口退税、抵扣税款发票罪的司法认定》,中国政法大学 2007 年硕士学位论文。

具”,代开方属于“为他人开具”,双方性质都是虚开增值税专用发票。这样就会出现上游将被认定为虚开增值税专用发票而下游的受票方却可以基于善意取得不被认为是接受虚开,反而可以将之当作合法凭证抵扣,享受“豁免权”的差异,如此就会出现上、下游认定不一致的情况。

对于此种定性差异,理论上可以有两种方案来解决:第一种方案,是承认不对称性。由于交易的形式与实质的不一致和上、下游三方主体共同故意的缺失,导致在上、下游三方纳税人行为性质认定上出现不对称。将上游的代开方和第三方定性为虚开,而下游善意受票方取得合法发票。第二种方案,是坚持对称性,认为上游的如实代开不是虚开。虽然代开发票方与第三方没有形式上的挂靠关系或买卖关系,但与受票方的处理原则一样,也视为事实的或拟制的挂靠或买卖关系。认可其销项的合法性,只追究其进项的问题。

笔者认可第二种方案。一是对称性方案坚守了增值税链条的价值性。增值税链条的优点就在于环环相扣,避免重复征税,也起到互相制约、查漏补缺的作用。如果上游开具的不合法增值税专用发票可以被下游合法地抵扣,会破坏增值税链条的价值依据,动摇增值税发票管理制度的价值基础。〔1〕 二是对上游代开发票方和第三方仅仅由于形式上欠缺注意或手法不够“高明”而施以重罚,不符合比例原则。三是即使认可上游开具发票的合法性,即认可代开发票方和第三方的事实或拟制的挂靠关系和先卖后买关系,也不必然给国家税收利益带来危害。因为在挂靠关系下,代开发票方必然对他的开票收入负有申报和缴纳税款的义务,〔2〕这时需要监控他的进项税金,防止虚增进项以偷逃税款即可保障国家的税收利益不受侵害;在买卖关系中,第三方就销售给开票方的行为有申报纳税义务,代开发票方对销售给购货方的行为同样也有纳税义务,同样需要监控他们的进项税金抵扣情况和申报情况。如果发生逃税或虚开,照章处理即可。而善意取得方就可以处在一个有确定性的、法治的市场环境中,其命运不受上游纳税人的不确定因素影响。

依照第二种方案,三方权利义务都能予以明确,如实代开发票的合法性能够

---

〔1〕 因为现行的发票管理制度是将增值税专用发票当成“钞票”来管理。如果物理载体的发票合法性出了问题,即使有真实业务发生,也不能抵扣进项税金。

〔2〕 在实践中,即使纯粹的代开发票企业,为了逃避税务机关的查处,往往会如实申报销项并缴纳少量税款。

得以确立,处理规则在逻辑上能够自洽,善意购货方也不必为他人的不恰当行为埋单,充当"冤大头"了。但其现实障碍是,国家税收利益可能被削弱。由于上游代开发票方企业往往为空壳企业,根本不从事经营业务,只是收取几个点的开票手续费;第三方往往都是一些不正规的小规模纳税人,没有取得增值税专用发票的资格,他们往往经济规模较小,实力较弱,根本承担不起17%的税款。而善意的购货方往往为经济实体,经济实力较强,容易追回税款。所以为了保障国家税收利益不受损失,或为了避免承担"造成国家巨额经济损失"的渎职风险,立法和税务行政机关都有动力对"虚开"作扩大解释,并在此前提下对"善意取得"相应地作扩大解释,要求有实力的购货方将进项转出来补缴税金。这样的制度设计本质上是构建了一个囊括代开方、实际交易方和受票方的连带责任体系,可以追究任何一方来弥补国家的税款损失。

然而,这种"吃大户"的做法在表面上看似保障了国家利益,但却在本质上违反了"责任自负"的现代法治原则,破坏了纳税人对法律的合理预期和信赖,干扰了市场主体的经营行为,加重了对纳税人的超额负担,反过来受损的还是国家的整体利益。就此而言,虚开范围的界定实质上透视出在税收征收程序中国家集体利益和纳税人合法权益之间的紧张关系以及如何平衡的问题。对此,刘剑文教授认为,在强调国家治理现代化的今天,税收征收程序不能仅仅是国家为了税款利益而千方百计取得更多收入的工具,其理想状态应该是,国家和人民在平等法律地位上,基于双方达成的契约——财税法的规定,各取所需,国家为人民提供公共服务,而人民则付出公共服务的对价——纳税。[1] 作为与国家地位平等的人民利益,自然应该给予足够的保护和尊重,国家税收利益的保障也应是税法遵从的结果,而不应是税法追求的宗旨和出发点。因此,国家税收利益的实现应该以纳税人合法权益的保护为基础,而不是相反。从另一方面来说,国家作为人民意志统一的产物,在整个人民面前力量可能是弱小的,但单个纳税人与国家机器相比则力量悬殊。所以作为利益权衡的工具,税法应该和刑法一样更加注重保护个体的合法权益,以寻求两者力量的平衡。在虚开的范畴界定上,不应该置纳税人的合法权益于不顾、一味追求国家税收利益,而盲目扩大虚开的范围,而应将保护纳税人的合法权益放在优先的位置,合理界定虚开的范畴。

---

〔1〕 刘剑文:《〈税收征收管理法〉修改的几个基本问题——以纳税人权利保护为中心》,载《法学》2015年第6期。

因此,笔者认为,在如实代开的情形下,应当认可代开发票方和第三方形成事实上或“拟制”的“挂靠”或“先卖后买”关系,代开发票方成为实际的销售方,取得销售、开票的主体资格,开具的发票为合法发票,排斥“虚开性”。

2. 故意接收“如实代开”发票的处理

以上分析的假定条件均是受票方为善意,其结论是善意受票方取得的增值税专用发票可以当作合法凭证抵扣进项税金,而代开方也基于与第三方拟制的挂靠或买卖关系,取得开具发票的合法性。但理论上还存在另一种情形,即在有真实货物交易的情况下,三方事先合谋构建挂靠关系或先卖后买关系。在这种基于合谋的故意前提下接收如实代开发票应当如何处理,购货方在明知销售方是找人代开发票的情况下仍然接受,是否还能适用 39 号公告的规定。

对此,笔者认为,销售方与代开方之间只要有形式上的挂靠协议或货物买卖合同,不论主观状态如何,都应该适用 39 号公告,三方合谋不影响增值税专用发票合法性。其缘由是,实践中销售方和代开方存在一致的利益关系,为了躲避税务机关“票、货、款”三流合一的监控,销售方往往持代开方的委托代理书,以代开方的名义与售货方签订交易合同,代开方收取货款,并在扣除“票点”后,将大部分货款再转交给销售方。而这在实质运作上与挂靠经营没有任何不同,销售方挂靠代开方从事生产经营活动,当然要以代开方的名义签订合同,代开方作为被挂靠人,也当然要收取货款并留下合理利润之后,将大部分货款转给销售方。[1] 这样一来,销售方实质上与代开方形成挂靠关系,且双方又有形式上的挂靠协议,我们没有任何理由否定其形成挂靠关系,而认定非法代开增值税专用发票。由于 39 号公告已经承认挂靠关系下代为开具增值税专用发票的合法性,所以如实代开方和让他人如实代开方均不构成虚开增值税专用发票,购货方在这种情况下取得了合法的增值税专用发票,而其中关于“善恶”之辩已经没有意义。进一步论证,即使代开方和第三方没有形式上的挂靠经营合同,也不能就此否定双方挂靠关系。上文已述,法律并未规定挂靠合同是要式合同,必须有书面形式。而“法无禁止即允许”,没有书面合同并不违反法律的强制性规定,没有挂靠协议的挂靠经营关系无疑具有民商法意义上的合法性。而税法虽然与民商法的使命不同,能区别于民商法作出规定,也只限于对民商事活动中的脱法避税

---

〔1〕 这一行为在以前被税务机关称为“资金回流”,是确定纳税人虚开增值税专用发票的重要证据。

行为进行纳税义务的恢复和调整,却不能否认民法上确认的合法性。[1]

但另一个令人担忧的问题又来了,如果挂靠经营和如实代开的实质运作完全一样,形式又不是法律规定的必要条件,那二者的实质区别到底何在？排除了实质和形式两个标准以后,就只剩下一个可能性标准——代开方和第三方的主观意识。如果他们认为自己是如实代开,那就是虚开,将受到法律的严厉制裁;如果他们认为自己是挂靠经营,那就是合法经营。这一标准是如此脆弱,法律如果规定这种荒谬的判断标准将无法经受公平正义的价值检验。

事实上,这种完全建立在当事人口供基础之上的判断标准所带来的弊端已经在实践中暴露无遗了。在实践中,税务部门往往在获取了企业员工关于本企业虚开的口供[2]等其他直接证据之后,就凭此作出“虚开”的定性并向下游企业税务机关发出《已证实虚开通知单》。此时的下游税务机关将面临进退两难的局面,下游税务机关在收到上游《已证实虚开通知单》后,经过大量的调查并不能准确掌握下游企业“接收虚开”的充分证据;相反有可能得到“票、货、款”三流一致的答案,而上游税务机关的《已证实虚开通知单》则往往已经附随着公安机关侦查得到的口供等司法证据,这就将使下游税务机关左右为难,如果定“虚开”,则可能证据不足;而如果不定虚开又怕承担渎职的风险。而在实践中,许多下游税务机关出于自保,仅凭《已证实虚开通知单》就责令纳税人作相关的进项税金转出或移交公安机关,在一定程度上侵犯了纳税人的合法权益。由此可见,将“虚开”与否的认定完全建立在当事人自认的基础上是不合理的。

因此,笔者认为,在无法区分如实代开还是挂靠经营的前提下,一个明智的做法就是收缩战线,承认如实代开的合法性,将如实代开的情形排除在虚开的定义之外,把有限的税收征管力量集中到代开方的进项税金管理上。至于在实践中造成的弊端,笔者建议:一是取消《已证实虚开通知单》,只开具《增值税专用发票协查函》;二是加强上下游企业的主管税务机关和公安机关协调联动,在查清事实的基础上,共同认定是否涉嫌虚开。只有这样,才能保证上下游认定的一致性和对称性,保证对39号公告等相关法律政策的准确适用。

---

〔1〕 参见葛克昌:《避税调整之宪法界限》,载熊伟主编:《税法解释与判例评注》(第4卷),法律出版社2013年版,第78页。

〔2〕 这种“虚开”口供有可能是对现行税收政策比如“39号公告”不理解的情况下作出的,实际有可能是如实代开。

四、结　　论

现行虚开增值税专用发票相关规制法律存在缺陷:由于虚开的定义采取简单列举方式,未能准确界定本质特征。这一立法缺陷使得理论界和实务界对虚开法律属性的理解不一,实践中的法律适用更是存在较大分歧。

第一,"虚开"的定义列举了"让他人为自己虚开"的情形,而恶意接受虚开的增值税专用发票用以抵扣税款或骗取出口退税的行为,在"虚开"和"逃税"的概念语境内发生竞合。国家税务总局的规范性文件将其定性为"逃税",而最高人民法院的司法解释认定为"虚开"。该定性冲突在"行刑交叉"领域尤为激烈,甚至涉事纳税人接受双重处罚的情况也不鲜见。如何准确把握"让他人为自己虚开"的含义,将其定性为"虚开"的合理基础是否存续,值得我们审视。因此,笔者从规范分析和行政权与司法权的宪法关系角度进行解读,得出应该定性为"虚开"的实证结论。从历史发展角度分析,笔者认为继续将"虚开"定义扩大延伸到"接受虚开"加强打击的做法已丧失合理性,因此提出将"虚开"定义限缩到"开具",而剔除"接受开具"。

第二,针对"虚开"是否包括"如实代开"的问题,现行法律并没有作出清晰规定,而最高人民法院的相关答复和司法解释将其纳入虚开。但在"如实代开"为虚开的制度环境内,"善意取得"的情形与其相伴相生。如何准确认定和妥善处理"善意取得"成为实践难题。本文沿着税收实践和政策的发展路径对该问题作出解读,以"责任自负"法律原则为依据,以税法与民商法的法际关系分析为依托,用历史解释的方法,得出"善意取得方"的权利应该得到完整保护的结论。

第三,现行制度定性为虚开的"如实代开"与实践中的"挂靠经营"无法区分,为我们审视"如实代开"定性提供了一个新的视角。本文从利益衡量视角出发,从民商法的角度梳理代开方、接受方、实际销售方三者的权利义务关系,认为将"如实代开"合法化并不必然导致国家税收利益受损。从社会经验的角度出发,分析继续将"如实代开"当作非法"虚开"打击的现实难题无法逾越,且面临"比例原则"的正义考量、检验,因此提出"如实代开"合法化的建议,将"虚开"定义限缩到"内容虚假",而剔除"主体虚假"。

通过上述分析,笔者认为应该提高立法技术,摒弃当前单纯描述外在形式的列举式定义方式,采用主客观相结合的方法,准确把握虚开的本质特征。

首先,应从客观上对虚开的定义进行把握,“虚”即为发票内容不实,把“如实代开”“主体不实”排除在外。因为,以上分析均已论证,如实代开不具有可罚性,如实代开发票者可以通过“先卖后买”或“挂靠关系”取得销售者的开票资格,它虽然带来了代开方巨大的逃税隐患,但可以通过严密监控其进项来解决。“开”即为“开具”,而不包括“接受开具”,将“为自己开具”“让他人为自己开具”“介绍他人开具”排除在虚开的范畴之外。在销项真实的情况下,如果接受虚开的增值税专用发票用以抵扣税款,本质是逃税,而且现行法律对逃税已有非常严厉的规制,因此定性为逃税即可;如果其销项是虚开,那么其接受开具是为了掩盖对外虚开的帮助行为,可着重评价其对外虚开的行为,将接受虚开作为一个加重情节予以考虑;如果接受了虚开还处于留抵状态,那么根据具体情况,在刑事程序中定性为虚开预备或逃税预备。在行政程序中,责令转出进项税金,由于未造成危害后果,按《行政处罚法》第 27 条的规定,不予行政处罚;介绍他人开具的行为,按照行为人所起的作用可参照虚开的处罚规定,从轻或减轻处罚。

其次,应从主观方面对虚开定义进行把握。主观上要有明知虚开会便利受票人抵扣税款而逃税、骗取出口退税或进一步对外虚开的主观认识,从而将以伪造经营业绩、逃税等为目的,自己虚假开具发票但不对外交付、环开、对开、以多开少等行为排除在外,也将以逃避缴纳税款为目的接受虚开发票抵扣税款的行为排除在外。因为增值税专用发票区别于其他发票的特点在于能抵扣税款,从而成为违法分子用以逃税、骗税或进一步虚开的工具,其社会危害性体现于此,法律对其专门规制的必要性也体现于此,因此根据“主客观相一致”的原则,应该从主观方面作以上限制。只要开具的增值税专用发票造成了下游受票方逃税、骗取出口退税或进一步虚开的后果即可初步推定开票方主观上明知。

综上所述,笔者认为,虚开增值税专用发票的理想定义是,明知会便利受票方抵扣税款以达到逃税、骗取出口退税或进一步对外虚开的目的,仍然对外开具与实际业务内容不符的增值税专用发票。

税务干部玩忽职守罪的实证剖析

——以 176 份涉税案件为对象

周子韬*　王敏志**

【目　次】

近期,有关税务干部因玩忽职守的渎职犯罪而被起诉乃至判处刑罚的案例频现网络。[1] 本着对税收执法风险课题的职业敏感,笔者遂即通过"北大法宝"法律数据库,[2]对 2010 年以来的税务干部玩忽职守犯罪进行了数据检索,并对这些数据做了简略的归纳和分析,就其中的一些共性和大家都关注的问题形成了《税务干部玩忽职守罪大数据研究(2010—2015)》,并发表在"小税官杂记"微信公众号,[3]引起税务干部队伍内部以及财税学界人士的关注。后期,笔者专

* 公共管理硕士,公职律师,杭州市国家税务局第二稽查局职员。

** 上海财经大学法律经济学博士研究生,浙江六和律师事务所律师。

[1] 《山西税务干部樊某丽玩忽职守罪二审刑事判决书》,载税一说的博客:http://blog.sina.com.cn/s/blog_15e0fe3110102xcsh.html;《税务干部离"玩忽职守罪"有多远?》,载亿企赢税屋:http://www.shui5.cn/article/73/103790.html;《风险再警示,两名税务干部犯玩忽职守罪刑事判决书》,载拼就是赢的博客:http://blog.sina.com.cn/s/blog_15abfd18c0102wk53.html;《两税务干部玩忽职守国家税款流失 528 万元》,载《兰州晚报》2014 年 2 月 20 日,转引自光明新闻网:http://news.gmw.cn/newspaper/2014-02/21/content_2910627.htm,最后访问日期:2016 年 11 月 21 日。

[2] "北大法宝"法律数据库:http://www.pkulaw.cn,最后访问日期:2016 年 11 月 21 日。

[3] 徐战成个人微信号:xzc8714,首发于该微信号 2016 年 8 月 23 日。

门跟进,向同事、同学以及财税法律学界前辈请教,进一步讨论税务干部玩忽职守罪的成因、罪与非罪的条件及其与一般玩忽职守犯罪的区别,并就案例分析中的统计情况向个别税务机关进行实地调研,与实务界开展广泛的讨论。尤其是以此为展开,针对税收征收管理法、行政强制法、行政处罚法等行政法规如何与刑法相衔接等问题展开分析,并根据这些讨论中谈及的焦点问题修订此文。[1]

一、解密数据:税务干部玩忽职守的实证信息

"北大法宝"司法案例数据库中以"税务""玩忽职守"进行全文检索,结果共有742条数据。经人工筛选后符合税务干部玩忽职守罪条件、并在2010~2015年范围内的共有176条。[2] 分析如下:

(一)税务干部玩忽职守犯罪不断增长

从统计分析来看(见表1),统计之初的2010年,税务干部被判决玩忽职守案件11起,之后呈缓慢上升趋势,2014年突然增加到76起,2015年回落到38起。[3] 但我们似乎能得出这样一个结论:比之五六年前,全国税务干部被检察院指控玩忽职守的判例在不断增加中。宏观上说,这也与我国依法治税要求不断提高、政务流程管理逐渐加强、社会对公职人员履职要求不断提高的趋势相吻合。

表1 税务干部玩忽职守犯罪年度分布

序号	年度	案件数	占比
1	2010	11	6.25%
2	2011	16	9.09%
3	2012	10	5.68%
4	2013	25	14.20%

---

〔1〕 在此一并向武汉大学叶金育博士、杭州经开区国税局公职律师徐战成等表示感谢!

〔2〕 文中所提年份均为案件审结日期。就数据库选择的问题,本来应该用官方权威的"中国裁判文书网"(http://www.court.gov.cn/wenshu.html)进行检索,但该网检索功能确实有待完善,经常出现输入关键字得不出结果的情况,只能退而求其次,用当今许多高校和律所都在使用的"北大法宝"了。本文统计数据均为笔者手工统计录入,不排除存在错漏之处,特此说明。

〔3〕 当然,全国裁判文书上网规定是2013年11月才发布,不排除有些税务干部玩忽职守案例未上传到数据库。

续表

序号	年度	案件数	占比
5	2014	76	43.18%
6	2015	38	21.59%
合计	6 年	176	100.00%

（二）国税机关犯罪较地税机关更为严峻

除有一起案例属于不分设国地税的上海以外，国税机关发生玩忽职守案件次数较地税显著为高。国税的 143 起案例占总案例的 81.25%，是地税的 4.47 倍（见表 2）。笔者揣测，这主要是与国税负责法律与政策管理规定异常严格的增值税有关，包括增值税专用发票管理、福利企业退税管理、出口退税政策管理等内容。这点在后文检方指控犯罪事实统计中有更明显的展现。

表 2　税务干部玩忽职守犯罪税务机关分布

序号	税务机关	案件数	占比
1	国税	143	81.25%
2	地税	32	18.18%
3	国地税未分设的上海	1	0.57%
合计	3 类	176	100.00%

（三）税源管理岗位犯罪高居不下

统计分析涉案税务干部职位情况，呈现如下四大特点：一是税源管理岗位是涉嫌玩忽职守犯罪"重灾区"。涉案的税源管理岗干部共计 116 人，占总人数的 65.91%；以上数据不含未披露职位情况和其他科室的 13 人，但包括进出口管理科的干部 2 人。在实践中，只有部分税务机关单设进出口税源管理科，影响到上述统计数据使其难以作更细的拆分。二是传统意义上作为管理科室前置岗位的纳税服务岗与管理科室后续流转岗位的政策法规科、稽查局，分别占比 2.84% 与 5.11%、0.57%，比人们通常想象的比例要低不少。在实践中，纳税服务部门涉案也较多，这与部门之间岗责的变迁有关。三是单位领导所占的比例也比较大，但涉案领导当中更多的是集中在基层单位。在本文统计的数据中，县级以上单位正职领导目前没有获罪的案例，而副职领导也只有 4 人，占比 2.27%；但到县级以下的分局的级别时,比例就大大增加:分局局长获罪案例达到 11 起,占比 6.25%,副局长获罪案例有 17 起,占比 9.66%。四是省与地级市一级税务局的机关处室则处于玩忽职守罪的相对"安全区",本文统计数据中没有该类部门干部被指控的案例。

表 3 玩忽职守犯罪涉案税务干部职位分布

序号	职务层级	类别	人数	备注	占比
1	局领导	局长	0	无	0.00%
2		副局长	4	含市局副局长 1 人	2.27%
3		分局局长	11	含稽查分局局长 1 人	6.25%
4		分局副局长	17	无	9.66%
5	机关处室	处长	0	无	0.00%
6		副处长	0	无	0.00%
7		处室成员	0	无	0.00%
8	管理科(股)级干部	科长	15	其中管理科(股)长 6 人,进出口科长 2 人,税务所所长 7 人	8.52%
9		副科长	4	无	2.27%
10		科室成员	97	无	55.11%
11	纳税服务科(股)级干部	科长	1	是征收点负责人	0.57%
12		副科长	2	含审批中心副主任 1 人	1.14%
13		科室成员	2	无	1.14%
14	稽查局	科长	0	无	0.00%
15		副科长	0	无	0.00%
16		科室成员	1	无	0.57%
17	政策法规科(股)级干部	科长	6	含税政科科长 3 人	3.41%
18		副科长	2	含税政科副科长 1 人	1.14%
19		科室成员	1	税政科科员	0.57%

续表

序号	职务层级	类别	人数	备注	占比
20	其他科(股)室干部	科长	0	无	0.00%
21		副科长	0	无	0.00%
22		科室成员	13	含未披露职位5人	7.39%
合计	7大类	22小类	176	无	100.00%

(四)增值税发票管理犯罪占据半壁江山

在各式各样的检方指控犯罪事实中,笔者作了粗浅的归纳,税务干部玩忽职守犯罪的"高发地带"当属增值税发票管理(包括违规认定一般纳税人、违规审批发票导致发票虚开,对于企业虚开发票和抵扣虚开发票未及时发现等)以及福利企业退税审核上,分别占了总案例数的51.70%和18.75%(见表4),而其他税种未认真监管导致税收损失的案例包括企业所得税、房产税、营业税、城建税等,主要集中于地税部门,但24起的数量只接近于增值税管理违规的1/4。而国税负责管理的出口退税也是个"大雷区"之一,共有14位干部因出口退税上出现的问题而被指控。

表4 税务干部玩忽职守犯罪违法事实类别分布

序号	违法事实类别	案件数	占比
1	增值税发票管理未认真履行监管职责	91	51.70%
2	未认真审核福利企业退税造成国家税款流失	33	18.75%
3	增值税外其他税收未认真履行监管职责	24	13.64%
4	对出口退税审核不严导致企业骗税	14	7.95%
5	未缴清税款即同意注销	4	2.27%
6	不履行监管义务,未及时催报催缴	3	1.70%
7	未认真审核社保费银行对账单导致税款被挪用	3	1.70%
8	未采取有效措施追缴欠税	3	1.70%
9	应予罚款未罚款	1	0.57%
合计	9大类	176	100.00%

(五)玩忽职守定罪率占比逾95%

从统计数据上看,在税务干部玩忽职守犯罪案例中,法院一般都会认可检方指控,法院认为不构成玩忽职守罪的只有6起,占比仅为3.41%,而其中还有1起被认定成立滥用职权罪,2起被认定成立受贿罪,真正认定完全"清白"的案例仅有3起;但可能由于玩忽职守罪为过失犯罪,且税款流失往往为多种原因造成,不能完全归责于税务干部管理过失,法院最终往往会选择免于刑事处罚的从轻处理方式,受到该类处理的税务干部最多,占比76.14%。而有期徒刑刑期也集中在较轻的6个月到3年,数据统计中最长的刑期也只有4年。

表5 税务干部玩忽职守犯罪判决内容分布

序号	判决内容	案件数	占比
1	免于刑事处罚	134	76.14%
2	有期徒刑	35	19.89%
3	不构成玩忽职守罪	6	3.4%
4	撤销原判,发回重审	1	0.57%
合计	4种	176	100.00%

(六)同时被指控受贿等罪的并不少见

统计表明,在玩忽职守罪同时被指控具有受贿罪等主观故意犯罪适用数罪并罚的税务干部共有23位,由此处罚相关罪行竞合条款。其中,最常见的指控罪名为受贿罪,共21位,占总案例的11.93%;其余2位,一例为滥用职权罪,一例为徇私舞弊不征少征税款罪(见表6)。

表6 税务干部玩忽职守罪同时被指控其他罪名分布

序号	玩忽职守罪外的其他罪名	案件数	占比
1	受贿罪	21	11.93%
2	滥用职权罪	1	0.57%
3	徇私舞弊不征少征税款罪	1	0.57%
合计	3种	23	13.07%

对上述同时被指控为受贿罪的21例案例进行分析可见,其中因为玩忽职守

罪而被判处有期徒刑的有15位,剩下的即使玩忽职守罪不成立,也因为受贿罪等被判处有期徒刑,最轻的2位也只是受贿罪成立而免于刑事处罚。

值得注意的是,相较于整体,具有受贿罪犯罪情节的干部刑罚明显较重,最终数罪并罚量刑后被判处5年以上有期徒刑的人数有15人之多,占有受贿情节的干部人数的71.43%(见表7)。在实践中,受贿罪作为恶性更高的故意犯罪,合并量刑后显然较单纯的玩忽职守更重。这也是对广大税务干部的一个严重警醒,必须要筑好廉政防线,否则一旦被指控,牢狱之灾基本难免。

表7 被同时指控受贿罪的税务干部最终判处刑罚分布

序号	最终量刑	数量	占比(在21起受贿案例中)
1	5年以上	15	71.43%
2	1年至5年	2	9.52%
3	小于1年	2	9.52%
4	免于刑事处罚	2	9.52%
合计	4种	21	100.00%

(七)完全无罪税案仅有3起

如前述第(五)部分所述,除发回重审1例以外,法院最终认定涉案税务干部不构成玩忽职守罪且同时再无其他罪名成立的案例仅有3起(见表8)。在近年来税务干部被检察院指控后罪名成立极高的情形下,这3位"幸运儿"的案例不得不引起笔者的兴趣与重视。

表8 税务干部玩忽职守罪被驳回指控的案情分析

序号	案号	犯罪嫌疑人	单位/职务	被指控违法事实	裁判法院
1	(2014)同刑终字第126号	王某斌	山西省大同市城区地税局西街税务所/干部	不认真履行其征收税款的职责,发现欠税后没有认真履行法律赋予的监管职责,未向上级请示建议采取进一步的税收保全及强制执行等法律措施,使国家财产遭受重大损失,情节特别严重	山西省大同市中级人民法院

续表

序号	案号	犯罪嫌疑人	单位/职务	被指控违法事实	裁判法院
2	(2014)同刑终字第127号	樊某丽	山西省大同市城区地税局西街税务所/原所长	其作为税务所所长,应当向其上级机关提出税收保全及强制执行等措施的建议,但是其没有履行以上的职责,造成大量税款无法收回	山西省大同市中级人民法院
3	(2014)同刑终字第128号	韩某雄	山西省大同市南郊区地税局/干部	明知欠税,不实施动态跟踪管理,对巨额欠税和不如实申报的情况不进行调查核实,不及时催缴欠税、责令缴纳改正,致使欠税情况长期缺乏监管,造成国家税款无法追回	山西省大同市中级人民法院

经分析可知,该3起案例发生在同一地区,被指控事由大致相同,均是"未对企业采取进一步的税收保全及强制执行等措施,未积极认真履行税收监管职责",而且最后也是相同的法院在同日作出了无罪判决,判决理由也几乎相同,均是考虑到"向企业送达催缴文书的行为已履行了自身职责",连案号都是顺序相连,因此笔者必须不无遗憾地表示,3起彻底无罪的判例说服力与影响力都非常有限,不能表明目前我国法院对税务干部玩忽职守案件有"手下留情"的从宽处理趋势,也无法大范围开展税务干部玩忽职守犯罪抗辩成功事由类型化研究。但从这3起案例中,我们也还是能观察到,切实履行法定要求,做好文书送达等程序性工作,是证明税务干部依法履职的有力证据;最后笔者还注意到一个细节,即欠税与否与玩忽职守定罪或量刑上的关系问题。不少抗辩理由认为,欠税毕竟还有追回的可能性,完全将其认定为玩忽职守造成的经济损失并不妥当。

二、法理探究:税务干部玩忽职守罪犯罪构成分析

根据罪刑法定的基本原则,玩忽职守罪主要规定于《中华人民共和国刑法》(以下简称《刑法》)第397条第1款,原文规定为:"国家机关工作人员滥用职权或者玩忽职守,致使公共财产、国家和人民利益遭受重大损失的,处三年以下有

期徒刑或者拘役;情节特别严重的,处三年以上七年以下有期徒刑。本法另有规定的,依照规定。”针对玩忽职守罪,《最高人民检察院关于人民检察院直接受理立案侦查案件立案标准的规定(试行)(高检发释字〔1999〕2 号)专门将其行为界定为“严重不负责任,不履行或者不认真履行职责”。

可见,就犯罪构成而言,玩忽职守罪主体为国家机关工作人员,客观上要有玩忽职守的行为,并在结果上致使公共财产、国家和人民利益遭受重大损失。以上是玩忽职守罪较为典型的三要素构成要件。[1]

首先,关于犯罪主体。值得注意的是,就犯罪构成而言,虽然构成玩忽职守的犯罪主体是国家机关工作人员,但相关司法实践告诉我们,该罪名已绝非财政编制内的国家干部所“独享”,早在 2002 年的《全国人大常委会关于〈中华人民共和国刑法〉第九章渎职罪主体适用问题的解释》(以下简称《解释》)中,就已明确该主体是否属于国家机关工作人员,不是取决于其固定身份,而是取决于从事活动的内容及其依据。[2] 需要各地税务机关予以重视,实践中的职务行为较已爆发的案例还要复杂些,比如基于身份管理的临聘人员、工勤人员;基于依法委托的代征组织、代扣机构;基于征管合作的部门协作、跨区域协查和上下级协同等。[3] 实测分析案例中尽管尚无上述更为明显的区分,但该司法解释给予我们足够的警示。

其次,关于犯罪客观方面。学术上,玩忽职守的行为和滥用职权的鸿沟并不那么明显。比较多的学术争论还发生在滥用职权是否当然包含了玩忽职守,即“不作为”也是“作为”的一种表现形式。[4] 而绝非笔者所想象的“过失”“故意”从事犯罪行为为限。两个罪名在定罪量刑上有着量变和质变的区别。在实务中,玩忽职守犯罪还与税务机关政策法规权限、征管工作流转职责、督察内审纠

〔1〕 参见张明楷:《刑法学》(第五版),法律出版社 2016 年版,第 1248 页。

〔2〕 《解释》中明确:“在依照法律、法规规定行使国家行政管理职权的组织中从事公务的人员,或者在受国家机关委托代表国家机关行使职权的组织中从事公务的人员,或者虽未列入国家机关人员编制但在国家机关中从事公务的人员,在代表国家机关行使职权时,有渎职行为,构成犯罪的,依照刑法关于渎职罪的规定追究刑事责任。”

〔3〕 关于职务犯罪,时下观点虽有差异,但相同点主要在于犯罪主体具备一定的职务身份。参见陈庆安、罗开卷:《中外职务犯罪的立法比较与借鉴》,载顾肖荣主编:《经济刑法》(第 14 辑),上海社会科学院出版社 2014 年版,第 301 页。

〔4〕 参见张明楷:《刑法学》(第五版),法律出版社 2016 年版,第 1238 页。

错程度、征管绩效刚性结果密切相关。检察系统内的预防职务犯罪已形成一系列研究成果,其中有关"合理怀疑"的相关分析思路,给予笔者更为广阔的想象空间。[1] 换言之,税务机关内部工作岗责的纠错可否成为玩忽职守罪名范围更为广泛的"纠错池",形成行政管理和司法处理的两极分化,应是当前重要课题。或者说,176 起案例的来源,是否源于税务机关内部纠错失效,或是二者还是并举的关系。此问题应当引起重视。

最后,关于犯罪构成中的结果因素。正如前文所述,结果上致使公共财产、国家和人民利益遭受重大损失。基于讨论范围的问题,该落脚点是否即为税款也应一分为三地对待。一是税务干部征管职责并非税款一项,还包括政府性基金、代收其他相关费用等,后者是否因为法定职责的缺失,相当程度上还游离在犯罪构成要件之外。二是税款损失有着时间性差异和永久性差异之分,或者筹划领域还有延迟纳税、核定计税的说法,简单在犯罪构成中以重大损失一项指标,估计实务中也是需要进一步拆分的内容之一。三是玩忽职守犯罪是否必然配套有涉案纳税人逃避缴纳税款或者其他犯罪情形。因为税款一方面之于国家是损失,另一方面之于纳税人即是"利得"。在案例分析中,这些细节往往又为实务界所忽略,也值得进一步探讨。

在实践中,有关"过失"的讨论还更为复杂。[2] 并且,纯学术的争论还要从因果关系、责任认定、罪数处理、法条适用、追诉时效等进行全面分析,[3] 限于篇幅和角度,此不赘述。

综上,基于犯罪构成要件的分析结论,为税务干部构成玩忽职守犯罪进行罪与非罪、此罪与彼罪、罪重与罪轻的讨论开个引子。笔者认为,有必要从税务干部玩忽职守罪抗辩理由、定罪事由出发,进行更为"接地气"的探究。

三、税案论理:税务干部玩忽职守罪抗辩理由剖析

在前述 176 起税务干部玩忽职守犯罪辩护意见中,基于因果关系、工作失

[1] 陈建章、李素葳:《浅谈预防职务犯罪工作中的合理怀疑》,载最高人民检察院反贪污贿赂总局编:《职务犯罪预防工作理论与实务指导》,中国检察出版社 2016 年版,第 27 页及以后。

[2] 参见王佩芬:《发票犯罪立法研究》,上海社会科学院出版社 2015 年版。

[3] 参见刘为波主编:《刑事案例诉辩审评——渎职罪》,中国检察出版社 2014 年版。

误、内部行为等方面的角度尤为突出。基于此，笔者就广泛被论及的如下要件进行分析：

(一)因果无关论：从过失因果关系出发

在税务干部被检方以玩忽职守指控时，最常提出的一个辩解理由是税务干部的行为与企业违法行为导致国家税款流失不具有因果关系，如税收管理员只负有形式审核职责、精力不足无法对企业进行足够监控、企业采取隐瞒管理员的手段等。

但从司法实践来看，法院对这种理由一般都不予认可。其中主要原因便是国家税务总局的《税收管理员制度(试行)》已经明确管理员的工作职责(见表9)。

表9 《税收管理员制度(试行)》规定的管理员职责

序号	职责内容
1	调查核实分管纳税人税务登记事项的真实性；掌握纳税人合并、分立、破产等信息
2	了解纳税人外出经营、注销、停业等情况；掌握纳税人户籍变化的其他情况
3	调查核实纳税人纳税申报(包括减免缓抵退税申请，下同)事项和其他核定、认定事项的真实性
4	了解掌握纳税人生产经营、财务核算的基本情况。对分管纳税人进行税款催报催缴
5	掌握纳税人的欠税情况和欠税纳税人的资产处理等情况
6	对纳税人使用发票的情况进行日常管理和检查，对各类异常发票进行实地核查
7	督促纳税人按照税务机关的要求安装、使用税控装置
8	对分管纳税人开展纳税评估，综合运用各类信息资料和评估指标及其预警值查找异常，筛选重点评估分析对象
9	对纳税人纳税申报的真实性、准确性作出初步判断
10	根据评估分析发现的问题，约谈纳税人，进行实地调查
11	对纳税人违反税收管理规定行为提出处理建议

而且，各地税务机关规定的一般纳税人登记和发票审批流程、税收管理员工作规程中也规定了管理员有实地审核的职责。检察院和法院往往就根据这类工作规程分别进行了“有罪”起诉和裁判。

但值得注意的是，就在2015年沈阳国税干部党某某的一起案例中(即表4

中发回重审案件,数据库尚未披露最终结果),〔1〕沈阳中院认可了被告提出的国税工作流程中已取消一般纳税人实地审核和约谈环节的辩解理由。法官在判决书中指出,税务部门原来实行的增值税一般纳税人资格前置审批制已改为登记制,相关环节不再需要"实地核查"和"约谈"程序,根据《刑法》溯及力从旧兼从轻原则和有利于被告人原则,对党某某没有进行"实地核查"和"约谈"的行为不宜认定为犯罪事实。

如此看来,在全国税务机关近年减少审批环节这一大趋势下,〔2〕2015 年较 2014 年案件数大幅下降,是否情有可原。在实践中,新近行政审批制度改革以来,大部分税务机关还相继公布了权力清单、责任清单等,将行政许可、行政强制措施、行政管理措施等分门别类予以公布。总体而言,"将权力关在笼子里"和税收法定原则等,都将是此后一段时间内广泛热议的话题。但司法机关在今后的判决中是否会因此继续"高抬贵手",尚待观察。

(二)工作失误论:从过失责任大小出发

在为税务干部辩护的过程中,辩方常用的一个武器就是 2005 年出台的《最高人民检察院、国家税务总局关于印发〈关于加强检察机关税务机关在开展集中查办破坏社会主义市场经济秩序渎职犯罪专项工作中协作配合的联席会议纪要〉的通知》(以下简称《会议纪要》)。《会议纪要》指出,"在专项工作中,检察机关要正确处理查处税务人员渎职犯罪与维护税收正常征管秩序的关系,准确把握一般工作失误与渎职犯罪的界限,坚持打击与保护相结合,服务于发展这一第一要务"。〔3〕税务干部往往抓住该条,辩称自己为一般工作失误而非渎职犯罪。

一方面,值得注意的问题是,《会议纪要》是否具有法律效力。尽管在较早的

〔1〕详见(2015)沈中刑三终字第 57 号。

〔2〕具体参见《国家税务总局关于贯彻落实〈国务院关于取消和下放一批行政审批项目的决定〉的通知》(税总发〔2014〕6 号)、《国家税务总局关于进一步规范税务机关进户执法工作的通知》(税总发〔2014〕12 号)、《国家税务总局关于发布第一批取消进户执法项目清单的公告》(国家税务总局公告 2014 年第 14 号)、《国家税务总局关于发布第二批取消进户执法项目清单的公告》(国家税务总局公告 2014 年第 15 号)、《国家税务总局关于发布第三批取消进户执法项目清单的公告》(国家税务总局公告 2014 年第 31 号)、《国家税务总局关于简化增值税发票领用和使用程序有关问题的公告》(国家税务总局公告 2014 年第 19 号)。

〔3〕《最高人民检察院、国家税务总局关于印发〈关于加强检察机关税务机关在开展集中查办破坏社会主义市场经济秩序渎职犯罪专项工作中协作配合的联席会议纪要〉的通知》,载找法网:http://china.findlaw.cn/fagui/p_1/249458.html,最后访问日期:2016 年 11 月 21 日。

时候，曾经有将《会议纪要》作为司法解释的先例，但随着我国立法规范化进程的发展，近年来无论从立法趋势，还是从学术研究上来看，已经普遍认为《会议纪要》并非司法解释。在2006年发布的《最高人民检察院司法解释工作规定》中，明确规定最高检司法解释的种类仅包括“解释”“规定”“规则”“意见”“批复”5种，并不含“会议纪要”。因此，可以认为，《会议纪要》只是对会议情况和事项的记录文本，并不具有法律效力，法院完全可以不将其作为审判参考依据。

另一方面，即使抛开法律效力这个层面不谈，法院也倾向于认为干部疏于监管行为并非一般工作失误。例如，山东枣庄吴某某等玩忽职守案中，〔1〕法院在判决书中写道，“经查，最高人民检察院、国家税务总局的《会议纪要》规定‘要准确把握一般工作失误与渎职犯罪的界限，严格遵循法定犯罪构成的主、客观要件，认真查清已造成的损失与税务人员的行为是否有法定的因果关系。要区分一般违反内部规定和触犯刑法的关系，要根据违规的程度和造成的危害综合考虑，不能笼统和简单地把税务机关内部的工作规定作为认定税务人员渎职犯罪的依据’”。同时，法官还认为，“本案虽有鑫得利公司为骗取国家税款而故意提交变造的‘山东省社会保险基金收款专用票据’的行为，但在案证据能够证实，吴某某作为鑫得利公司税收管理员，在核实该公司纳税申报事项真实性方面，未能尽到相应的审查义务，田某某亦未能尽职履责，国家税款损失与二人失职行为之间具有法定的因果关系；因工作失职造成国家税款损失925 811.52元，已超过玩忽职守罪30万元的追诉标准，〔2〕应在刑法规制范围内受到相应的刑事处罚。根据《山东省国家税务局关于公布全文失效或废止、部分条款失效或废止的税收业务管理制度文件目录的通知》（鲁国税函〔2013〕316号）的规定，虽然自2013年11月14日起鲁国税函〔2010〕239号文件已全文失效，但二上诉人对申请增值税即征即退的企业报送材料未尽到相应的审核职责，致使国家税款损失925 811.52元的事实依现有证据足以认定。故该项辩护意见不能成立，本院不予采纳”。

又如，山西昔阳李某甲玩忽职守案中，〔3〕针对被告税务干部类似的应视为一般工作失误的抗辩，法院判决认为，“被告人李某甲在2012年3月到竑丰公司

---

〔1〕详见（2014）枣刑二终字第24号。

〔2〕根据《最高人民法院、最高人民检察院关于办理渎职刑事案件适用法律若干问题的解释（一）》的规定。

〔3〕详见（2014）昔刑初字第62号。

实地检查,发现竑丰公司生产情况异常后,没有及时停供该公司发票,没有核实该公司整改落实情况,而是在4月继续向竑丰公司发售40份增值税专用发票,致使竑丰公司为他人虚开增值税专用发票,并造成国家税款流失626 213.13元,被告人李某甲的前述行为与国家税款流失存在因果关系,被告人李某甲应承担相应的刑事责任”。

一般认为,工作失误是行为人由于政策不明确,业务能力和水平低或者当事人已尽了有关的职责但没有达到应有的效果等原因,以至于决策失误,造成损失。有学者从客观方面、导致后果的原因等方面,分析其与玩忽职守的区别。[1]从上述判例来看,工作失误之于法定职责的违反而言,较为直观的构成要件的判断依据即为违法后果是否已经产生。在实践中,制作实地核查表单、当事人确认签署、表单的内部流转审批以及纳税人违法事实的依法判定,这些一系列的程序要件组成的“工作标准”,间接构成了玩忽职守罪名的抗辩事由。从前文提及的山西大同三位税务干部最后被判无罪的案例可知,切实履行文书制作送达等程序性工作,是作为抗辩玩忽职守的一个有力事由。

税务干部在玩忽职守罪的申辩中,还常常声称自己管辖的企业太多,事实上不可能对每一个企业的税收违法行为做到巨细靡遗的监管。从《税收管理员制度(试行)》来看,税管员确实对其管辖的所有企业都有监管职责,从判例来看法院对此类辩解也多不认可;但从现实情况来看,税管员既不是全知全能的超人,也不是无限精力的铁人,要求其对管辖的每一个企业的违法行为负责,显属不切实际。我们可以将其他具备执法职责的行政部门拿来作比较:海关、质检、食药监等部门对货物、商品、食品药品等的常规检验,惯常采取“抽检”的方式,而事实上也不可能对进出口以及在国内市场流通的物品进行全面检查。[2] 笔者认为,该类抗辩是有道理的,司法机关应当充分考虑到税收征管的现状,而非机械地依据法律规章作出判决。

---

〔1〕 郭勇平:《对认定税务工作人员玩忽职守罪的几点思考》,载《税务研究》2008年第11期。

〔2〕 《李克强点击鼠标,为上海自贸区启动一次“双随机”抽查》,载央广网:http://news.cnr.cn/native/gd/20161121/t20161121_523282135.shtml,最后访问日期:2016年11月21日。此前,2015年7月22日的国务院常务会议上,李克强总理即阐释建立“双随机”抽查机制的意义。“建立随机抽取被检查对象、随机选派检查人员的‘双随机’抽查机制,意味着每个市场主体的头上都悬着一把‘达摩克利斯之剑’,企业必须增强守法自觉性;同时也意味着执法人员只能阳光行政,不能再‘看谁不顺眼’就去检查,即用制度限制监管部门的自由裁量权。”

(三)过错内部论:从过失责任主体出发

从判例实践来看,科室领导在被指控玩忽职守时常称过错由于属下造成,并非自身责任,这种理由法院一般也不予认可。典型案例,如安徽宣城邱某某玩忽职守案,[1] 邱某某作为进出口管理科科长,辩称其"作为宣城市国家税务局进出口税收管理科科长,对于本案中国家出口退税的经济损失,所负的至多是行政领导责任";"邱某某并不具备主观方面的过失。其是对整个进出口税收管理科进行统筹工作,其本人不可能在直接接触材料的一线税务人员都无法发现问题的情况下,仅仅在工作流程中发现问题,况且其并非出口退税审核审批程序四个环节中的负责人,根本没有发现骗税犯罪行为的条件和能力,更谈不上因玩忽职守致使国家税款被骗取的后果……作为科长,在细分职责到人后,他的主要职责是督促大家履行责任;其本人并非直接经手人员,在申报表中也不是签字的主管人员"。

但法院的回应则是,"对邱某某的上诉理由及其辩护人二审中提出的辩护意见,经审查认为:关于玩忽职守罪……邱某某作为时任宣城市国税局进出口税收管理科的科长,其所具有的职责是由该科的业务所决定的,因此,进出口税收管理科的上述职责亦应是邱某某作为科长的工作职责,理应认真履行自己负责科室全面工作的工作职责。而在其明知渝嘉公司是宣城市最大的外贸企业,该公司申报出口的货物都是以农产品为原材料生产的货物及纺织品,渝嘉公司是关注企业,其上游供货产品属于关注商品的情况下,却没有认真履行职责,安排科室的工作人员去该公司及其上游供货企业实地调查和查看;在对渝嘉公司的出口退税资料进行审批时,未按照规定在出口退税申报系统上对退税业务进行电子复核签批,而是交由他人代为签批;在对渝嘉公司的供货企业进行函调时,放弃职守,将其函调的审批权交由他人行使,对函调工作不予过问。其对工作严重不负责任,不履行或不认真履行职责,致使国家利益遭受重大损失的行为依法构成玩忽职守罪。邱某某及其辩护人关于邱某某的行为不构成玩忽职守罪的相关意见没有事实和法律依据,本院不予采纳"。

诚然,玩忽职守之落脚点即在于岗位职责,将失职归咎于下属,与其说是从罪无或者罪轻出发的抗辩理由,不如说是层层类推责任承担主体,从而推向一个无以复加的循环之中的伪命题。不过,这确实对行政机关职责细分至岗责的必要性及其岗责设置的科学性问题敲响警钟。

---

〔1〕 详见(2014)宣中刑终字第00150号。

四、超越税案:税务干部玩忽职守的延伸思考

从前述罪案主要抗辩理由来看,无论是因果无关论、工作失误论,还是过错内部论等,都不足以成为抗辩否定过失犯罪对于玩忽职守的定罪的理由。进一步而言,行政审批制度改革对于因果无关论、内部流转程序对于工作失误论、行政岗责对于过错内部论是否意味着存有抗辩机会。笔者看来,其实不然。

(一)行政审批制度改革不等同于行政责任将全部归于免责

国家机关的公务,是各级国家机关执行国家职能、贯彻国家的法律、法规与政策的活动。[1] 法官在核实犯罪事实时,也会对税务机关工作人员是否依法履职客观看待。在山西樊某玩忽职守罪案中,[2]法官直言,"在其(樊某)任税务所所长时,在发现企业存在大量欠税情况后,多次向涉税单位留置送达了税务事项通知书,要求企业及时申报并缴纳税款,已经履行了税务所应尽的职责"。为此,玩忽职守罪之根本前提是看国家工作人员所履职的多少和轻重。反之,行政审批制度改革,从法定事前管理的职责上,给予市场活力的同时,也为税务机关工作人员的职责内容进行了一定程度的减轻。

然而,在笔者看来,尽管较多税务机关规范性文件根据国家行政审批制度体制改革的大政方针,将"行政审批"调整至"行政备案",但这些文件均不同程度地保留了"后续管理"等职责。[3] 各地税务机关也在实务中较多以"后续管理"作为管理措施之一。[4] 这就对看似松绑的职守范围又进一步予以明确限定,由

---

〔1〕 参见张明楷:《刑法学》(第五版),法律出版社 2016 年版,第 1238 页。

〔2〕 详见〔2014〕同刑终字第 127 号。

〔3〕 早年如,《国家税务总局关于取消饲料产品免征增值税审批程序后加强后续管理的通知》(国税函〔2004〕884 号);近期如《税务总局明确 3 项个人所得税取消审批事项的后续管理》,载国家税务总局:http://www.chinatax.gov.cn/n810219/n810724/c2010853/content.html,最后访问日期:2016 年 11 月 21 日。

〔4〕 参见吕华山:《区国税强化小微企业免征增值税政策后续管理》,载《盐阜大众报》2015 年 3 月 30 日。转引自 http://www.yandu.gov.cn/Front/infodetail/?infoid=11ebb228-9015-4032-bf07-0839ebd107d8,最后访问日期:2016 年 11 月 21 日。杜萍:《金昌市国税局做好增值税、消费税后续管理工作》,载甘肃新闻网:http://www.gs.chinanews.com/news/2015/03-27/255315.shtml,最后访问日期:2016 年 11 月 21 日。赵光旭:《市国税局运用发票新系统强化增值税后续管理》,载《武威日报》2016 年 10 月 24 日,转引自 http://www.ww.gansu.gov.cn/jrww/bmdt/122976.htm,最后访问日期:2016 年 11 月 21 日。

此带来“没有依法或依规后续管理”也成为玩忽职守的行为表现之一。可问题在于，如何后续管理，后续管理的方式方法或法定措施是什么，这些都远未能在立法者起草的诸多文件中予以体现。

以“收缴和停售发票”为例，《税收征收管理法》第72条规定：“从事生产、经营的纳税人、扣缴义务人有本法规定的税收违法行为，拒不接受税务机关处理的，税务机关可以收缴其发票或者停止向其发售发票。”《国家税务总局关于创新税收服务和管理的意见》（税总发〔2014〕85号）对此作出进一步解释，该项规定为，“对新增纳税人已领用发票却未及时申报等情况，采取停止供应发票、实地核查等应对措施。对列入企业异常名录的纳税人采取停供发票措施”。〔1〕从法条本义出发，税务机关可以采取“收缴和停售发票”是有上述前提条件的，即必须确定纳税人有法律所规定的税收违法行为，并且拒不接受税务机关处理，税务机关不能随意作出“收缴或停售发票”的决定。

而近年来，新工商注册登记制度放宽市场主体住所登记条件，〔2〕允许企业“一址多照”和“一照多址”，既允许同一企业注册多个生产经营地址（包括其他分支公司），也允许同一地址注册多个法人实体，甚至对经营场所要求较低的电子商务行业还允许设立电子商务秘书企业（类似于中介）进行住所托管，从而大力助推企业扩展经营空间。然而工商政策的放宽，却造成企业真实生产经营地址无法甄别，同一地址注册的企业生产经营条件无法区分，甚至注册地空关无人经营，实际经营地址在其他城区或城区外，导致《税收征收管理法》背景下后续管理中的实地核查措施失去了原有意义：查都无法查，如何确定税收违法行为？未确定税收违法行为，如何采取收缴或停售发票措施？未采取这一管理措施，是否也将意味着失职行为？反之，采取了是否意味着可能滥用职权？可见，这就为“滥用职权”和“玩忽职守”两罪博弈之间留下了充分的想象空间。

---

〔1〕该异常名录是否参照《企业经营异常名录管理暂行办法》（国家工商行政管理总局令第68号）管理措施存疑。

〔2〕参见《国务院关于印发注册资本登记制度改革方案的通知》（国发〔2014〕7号）。其他改革信息参见唐红梅：《3月起新疆工商登记制度改革　新公司注册无须提交验资报告》，载和讯网http://news.hexun.com/2014-01-07/161219159.html，最后访问日期：2016年11月27日；周琳：《上海自贸区工商登记改革：不需验资 一元钱也能办公司》，载凤凰网：http://finance.ifeng.com/a/20130930/10784253_0.shtml，最后访问日期：2016年11月21日。

(二)内部流转程序无法抗辩职守本身的过失行为

内部流转程序作为行政机关内部工作标准之一,往往成为工作失误的抗辩理由之一。但其由内而外、自上而下的两大局限性,决定了其无法抗辩职守本身的外部性、法定性特点。

首先,内部流转程序较多体现为内部标准,尚未为行政法、刑法等法律规范所调整。[1] 前文《会议纪要》所指称的"区分一般违反内部规定和触犯刑法之间的关系",是当下区分工作失误和玩忽职守犯罪的重要依据,也是区分行政责任和刑事责任的最主要参考文件。无论该《会议纪要》在法律适用上的法律渊源级别如何,但至少可以明确的是,较多内部流转文件还在其规范性文件的公开选项上明确为"不予公开",其法律适用效力是会大打折扣的。在同样发生于安徽宣城的邓某二审案件中,[2]法官对邓某"组织开展的相关数据比对及向局领导汇报自己对李某甲可能存在问题的怀疑等行为"的性质,虽然是作为"罪轻"的条件,但并未作为"罪无"的条件予以适用,便是例证。[3]

其次,内部管理规定往往体现其职责为自上而下,这一内部分工行为,对基层执法人员而言,其只能被动接受,以此论罪,势必会罔顾公平和正义。诚然,税务机关玩忽职守罪往往与其本罪事实的他罪密切相关。为此,构成"危害税收征管罪"项下14项罪名的其他罪行,都会潜在带来征管措施实施者的玩忽职守或滥用职权等渎职犯罪的可能(见表10)。此时,内部流转流程,抑或是内部职责分工,能否成就抗辩理由呢?

---

[1] 参见蒋明军、谢春燕:《内部行政行为实质外化才具有可诉性》,载中国法院网:http://www.chinacourt.org/article/detail/2016/06/id/1910837.shtml,最后访问日期:2016年11月21日。

[2] 详见(2015)宣中刑终字第00134号。

[3] 法官在判决书中原文表述如下:"邓某于2014年初组织开展2013年企业退税情况清理工作时,其玩忽职守的渎职行为已经发生,当时市国税局部分工作人员已被立案查处,邓某亦曾于2013年6月、7月作为证人被侦查机关调查询问,其在调查中也明确认为自己作为科长肯定对渝嘉公司得以骗取出口退税负有责任,且邓某组织开展的相关数据比对及向局领导汇报自己对李某甲可能存在问题的怀疑等行为并不属于邓某作为市国税局进出口税收管理科科长的工作岗位职责,故邓某发现并提供了侦破李某甲贪污犯罪案件重要线索的行为应当认定为具有重大立功表现,依法可以减轻或者免除处罚。"

表 10 危害税收征管罪和税收征管职责类别对比

序号	危害税收征管罪	税收征管类别
1	伪造、出售伪造的增值税专用发票罪	发票管理
2	持有伪造的发票罪	发票管理
3	非法出售发票罪	发票管理
4	非法出售用于骗取出口退税、抵扣税款发票罪	进出口税收管理、申报管理
5	非法制造、出售非法制造的发票罪	发票管理
6	非法制造、出售非法制造的用于骗取出口退税、抵扣税款发票罪	发票管理、进出口税收管理、申报管理
7	非法购买增值税专用发票、购买伪造的增值税专用发票罪	发票管理
8	非法出售增值税专用发票罪	发票管理
9	虚开发票罪	发票管理、申报管理
10	虚开增值税专用发票、用于骗取出口退税、抵扣税款发票罪	发票管理、进出口税收管理、申报管理
11	骗取出口退税罪	进出口税收管理、申报管理
12	逃避追缴欠税罪	申报管理、征收管理、税收强制措施
13	抗税罪	征收管理、税收强制措施
14	逃税罪	申报管理、税收强制措施

以"稽查局专司"问题为例,[1]其职责是否仅限偷、逃、抗、骗,在实务界已经引发大范围讨论。[2] 而争论本身还是《税收征收管理法》层面的解释学问题。

---

〔1〕 参见郑汀、徐战成:《建议立法明确稽查局权限》,载《中国税务报》2016 年 1 月 27 日,第 B3 版。作者认为,"单从《税收征收管理法实施细则》第 9 条规定的文义方面来看,'专司'可以有两种不同的解释:1. 稽查局只负责偷逃骗抗案件的查处,除此之外无其他权限,其他税收违法行为稽查局一律不得查处;2. 偷逃骗抗案件的查处只能由稽查局负责,税务机关其他部门无此权限。根据法律解释学,当文义解释出现不确定的结果时,需要借助其他解释方法"。其结论不在本文讨论范围之内。

〔2〕 回顾 2015 年,著名的"合肥晨阳橡塑有限公司与长丰县地方税务局稽查局行政处罚争议"一案,使得该问题受到财税界更多同人的关注。

与此相关的类似话题至少还包括:一是财政和税务部门的职责划分;二是国税、地税和海关的职责划分;[1]三是税务局内部有关纳税服务部门和征管部门、大企业税收管理部门和国际税收管理部门、进出口税收管理部门和货物与劳务税主管部门、督察内审部门和巡视部门等,都将意味着内部职责分工问题(见表11)。在实践中,不可避免地出现有分工就有分工不明的职责交叉问题。囿于对玩忽职守的风险防范,部门间消极怠工和互相推诿就不可避免地发生。为此,一般工作规定和刑法固然有着天然的界限,但应当反思的是,在酿成“违法后果”的前提条件是否也有一定的立法风险。宏观调控、抽象行政行为、内部管理措施等能否成为可诉的对象,有无予以纠正的可能。

表11　税务机关内部督查工作职责对比

序号	相关工作部门	工作职责
1	办公部门	督查督办党中央、国务院文件及中央领导批示涉及事项,总局领导批示、总局会议决定或总局领导交办事项,部门之间征求意见或会签文件等其他重要事项
2	政策法规部门	定期组织实施对税务部门规章、税收规范性文件的清理、评估、反馈工作;汇编税收法律法规、部门规章及规范性文件;承办税务系统规范性文件备案的审查工作;组织拟定税收行政许可和审批等制度办法。 收集、整理、反映税务行政案件中的税收政策、征管等方面的问题
3	各业务部门	主管各税种的政策和征收管理
4	督察内审部门	主管税收执法监督检查、内部财务审计和领导干部经济责任审计的职能部门。主要职责是:组织实施税收法律法规、部门规章及规范性文件执行情况的监督检查;承办国税系统财务、基建、大宗物品采购审计和领导干部经济责任审计工作
5	巡视部门	综合协调、政策研究、制度建设;指导、检查、督办等工作

以上职责以国家税务总局信息公示为准。[2]

---

〔1〕比如,“营改增”试点过程中的热点问题,因经营范围的概括性所造成的税种界定困难较多;比如,广告设计与制作、教育咨询与培训、投资咨询与管理、冷冻与仓储、装卸与搬家、文化创意和组织活动实施等。

〔2〕国家税务总局官网信息公示:http://www.chinatax.gov.cn/n810209/n810585/n1045458/index.html,最后访问日期:2016年12月21日。

（三）岗责规范的前提是岗责的必要性和科学性

"上面千条线，下面一根针"，这已是当下各类行政机关的普遍现象。"政出多门""一岗多责""一人多岗"让基层苦不堪言。长期以来，科层制的管理体制，已不可避免带来执法惯性。税务系统上下出台各类规范，希望对此问题进行标本兼治。然而，笔者认为，岗责规范的前提是岗责的必要性和科学性。细致入微的岗责虽减少了渎职比率，降低了执法风险，但指标林立，层层考核，对于现代征管体制的发展方向而言，虽目标没有问题，但若缺乏科学性，则"有过之而无不及"。

在岗责问题上，税务部门管理措施无外乎以下方式：一是通过不断地要求纳税人提供资料，从而降低执法风险。比如，最高开票限额行政许可项目一并要求所有纳税人均要提交"符合生产经营需要"的购销合同，这与交易订单化、批量化、无纸化的发展趋势不符。在实践中，变更往往比授权还要有更多的限制因素。[1] 从常理上说，既然是按需供应，其实就不应该存在额度、数量上的限制，限额供应只会"一刀切"似地将遵从意愿较强的纳税人一并规制，而影响了经营绩效，间接造成非法代开、虚开、盗开的违法需求效应。二是执拗于将纳税人分类定级，设定多重门槛。比如，在增值税一般纳税人辅导期管理的相关政策法规中，符合条件的新办企业和"发生增值税偷税、骗取出口退税和虚开增值税扣税凭证等行为"的纳税人"享受同等待遇"，[2] 一并受到更为严格的购票限额、限量、抵扣延期、增量预征的管控，这显然不符合"无罪推定"的法治理念。三是采取人盯人管户做法，抓大控小，以防渎职。比如，登记验证管理、票种核定管理、申报征收管理、涉税事项审批等环节，专管员均事无巨细、样样过问，既当"家长"，又是"管家"。在实践中，要么全管权力过于集中，要么抽样渎职风险偏高，基层将无所适从。

为此，从防范和降低玩忽职守等渎职犯罪的执法风险出发，税务系统上下应全面审视既有岗责的可操作性和科学性。当前，以后续管理为主要工作任务的

---

〔1〕 参见李晓波：《增值税最高开票限额行政许可：授权容易变更难》，载《中国税务报》2012 年 6 月 20 日。转引自证券之星：http://finance.stockstar.com/JC2012062000003544.shtml，最后访问日期：2016 年 12 月 21 日。

〔2〕 参见《增值税一般纳税人资格认定管理办法》（国家税务总局令第 22 号）第 16 条和《增值税一般纳税人纳税辅导期管理办法》（国税发〔2010〕40 号）第 4 条。

税源管理工作面临日益突出的“人均管户数”“人均服务工作量”“人均税收任务”增长过快后的一系列实质性矛盾。一方面,税务系统在考虑需要降低行政运行成本,提高支出效率,避免高投入低质效的无用功;另一方面,税务系统又要以纳服满意度和税收遵从度为导向,理智权衡税收管理服务这一公共产品的投入产出,避免陷入低投入低质效的恶性循环。为此,以税务机关有限的资源,精准定位打击不遵从行为,需要以“风险管理”理念为指引,在不断提升税收执法信息采集能力、数据加工能力、风险识别能力的基础上,依托扁平化的机构、实体化的部门、项目化的团队,对涉税高风险领域实施优先重点应对,以强化威慑作用,倡导抽样检查,提升信用管理,促进税收遵从。[1]

一如本文采取的“大数据思路”,税务部门的岗责设置也应对“大数据背景下的体制改革”予以重新审视,避免重叠性和同质性。在没有这一前提的情况下,简要抗辩“失职是下属的事情”,法官无论如何是无法理解的,毕竟有些“条条框框”更多的还是税务部门自己内部提供的。

五、结　论

综上,对于目前税务干部玩忽职守案高发的现状,有什么不违反法律规定又能依法依规保护税务干部的办法呢?这确实是目前的一个大难题。现行税收法定原则下的立法进程、行政审批制度改革背景的税制转换、“互联网+”背景下的征管改革、负面清单式的征管思路以及绩效考评环境下的机构人事重组等措施,给我们提供了一个从征管方式到征管内容、从征管组织架构到征管人员岗责配备重组的契机。

---

〔1〕与2005年出台《税收管理员制度(试行)》时相比,现在税收管理的日常环境已发生了极大变化,尤其是随着近年工商登记制度的放开,新注册企业增加速度明显较以前加快,现在的经济发达地区,一个管理员管辖一千多户企业已经成为常态,有些单位的管理员管辖甚至有三四千户企业。在这种状态下,仍然要求管理员和从前管理数十上百户企业一样,对每个企业的经营财务状况进行事无巨细的监督,显然超出常人所具备的精力;而且现在涉税违法犯罪分子技术手段也日益增强,税务干部进行日常管理更为困难。加之现在跟随着中央简政放权的步伐,税务机关总体在涉税前置审批上采取越来越放宽的趋势,如果仍然坚持这种“保姆式”的监管的话,将大大加大税务干部的违法渎职风险。如果干部因为能力范围难以做到的事情而受到处罚,有显失公平之嫌。

在现有框架下，我们应转变工作思路，改造现有税源管理团队，实现管事和管户相结合的互相制约模式；在日常工作中应该放宽对管理干部的要求，在日常的管理规程制度中放弃事无巨细的监管审核要求，还责于纳税人；各级税务机关应该加强"大数据"管理，强化税务稽查的力度，加强与公安经侦部门合作，从重打击涉税违法犯罪，形成对违法犯罪分子的震慑力。但管理干部在日常工作中，在已经发生明显违法迹象线索的情况下，也必须提高警惕，及时处理，该去核查的环节切不可偷懒；对于不能伸的手坚决不伸，不能拿的钱坚决不拿，不能依的人情坚决不依，这样才是对自己最大的保护。

我国税制调整、税种立法与公众参与

曾　远*

【目　次】

一、缘起：公众参与税种立法途径之争

对公众参与税种立法的制度和实践的现状，学界普遍意识到二者间出现了一定程度的“脱节”状态。一方面，我们以立法法为核心，初步构建了保障民间参与税种立法权利的法律体系，并依此为基础在个人所得税法、车船税法、环境保护税法等税种立法活动中落实听证程序、法律草案公开征集意见等相关制度。另一方面，近年来，中央、地方在落实公众参与税种立法过程中的听证会、法律草案意见征集等措施时仍存在诸多争议，使得学界对公众参与税种立法讨论愈发激烈。那么，缘何随着公众参与税种立法的进程加速，其争议也随之扩大？

学者们运用比较、规范等分析方法从不同角度来解释这些争议：第一，纳税人与国家关系角度。我国传统的税法理论，缺乏落实纳税人权利保护的理论。因此，有学者就此指出，“需要在税种立法上，从宪法、程序法等层面实现纳税人权利保护机制”。[1] 第二，立法技术正当性角度。从“法律的道德性”出发，立法技术应被视为立法者的内在道德的外化表现，合格立法者能够坚守立法的伦理道德，创立社会普遍遵守的善良之法。有学者认为，“税种立法长期忽视征求公众的意见，没有让民众参与监督立法，也缺乏立法听证制度，造成立法质量不高

---

* 法学博士，重庆工商大学财政金融学院讲师。

[1] 朱湘萍、胡海：《基于纳税人权利保护的税收立法探讨》，载《税务研究》2009年第10期。

或立法不公正问题,是税种立法'民主赤字'的表现"。[1] 第三,整体性框架的构建角度。多数学者从宏观层面出发,指出当前影响公众参与税种立法的主因是整体性政治参与程度不高,并提出了不同的制度修改或重构方案,其核心要素是从法治化和多元化角度拓宽公众参与税种立法的途径。[2]

上述几种角度都针对公众参与税种立法的现状、成因及改进等问题提出了相近或类似的观点,但这些观点多集中于改善公众参与税种立法的外部环境,而对公众自身构成对公众参与税种立法的影响却甚少提及。虽然"公众"在公共关系学中是一个"集合体",既包含了个体,也包含了组织。但在这里,学者们所称公众系指普通纳税人群体。这样的讨论给人留下的印象是,我国税种立法的民间参与似乎只涉及普通纳税人,或者说,普通纳税人权利保护是公众参与税种立法的主要问题。那么,将公共选择理论所指"个人利益"作为立法的价值基础和标准,并将普通纳税人视为一个群体参与税种立法活动则是研究上述问题的一个默认前提。但普通纳税人群体内部的分层、诉求等的差异使其在参与税种立法的过程中很难形成集体一致的行动,因此,也有文章针对这一群体间存在的分层、分歧问题对应的解决方法就是多元化的税种立法参与途径。[3]

但是,在笔者看来,通过分析现状、成因,进而搭建普通纳税人参与税种立法的多元化通道来增强国家税种立法的合理性和合法性的努力,仅能展现普通公众参与税种立法体现的法律权威一面,而无助于回答整个社会参与税种立法的全面性问题。在赫维茨看来,"规则应当是具有可执行性的",[4] 一旦规则不能被遵守或无法执行,则不能称其为制度。缺乏公众参与的税种立法将导致税法遵从度的降低,进而发生有损税法权威的危险。对普通纳税人而言,要么会因感到其参与机制缺乏激励而不愿参与,要么因参与其中,但对立法决策影响过小而丧失参与兴趣,并加剧税制结构变迁与税收法律稳定之间的冲突。在纳税人参

---

[1] 吴霖:《论我国税收立法技术之完善》,载《税务研究》2007 年第 6 期。

[2] 参见丁芸、胥力伟:《中国税收立法民主化完善途径探索——税收立法公开征集意见的启示》,载《新视野》2012 年第 2 期;吴兴国:《论我国公众参与地方立法的完善路径》,载《江西社会科学》2013 年第 7 期;朱大旗:《论税收法定原则的精神实质及其落实》,载《国际税收》2014 年第 5 期。

[3] 参见张帆:《多元化、分歧与公众参与立法的难题》,载《法律科学》2013 年第 4 期。

[4] Hurwicz L, Economic Design, Adjustment Processes, Mechanisms, and Institutions, *Review of Economic Design* 1, 1994, pp. 1 – 14.

与税种立法失败可能性的基础之上,导致对公众参与税种立法既有讨论集中于参与主体所受外部性因素如政治环境、经济环境与参与主体内部结构组成、利益诉求的互动关系,而轻视了公众参与的外部环境与内部因素在税制结构调整与税种立法过程中公众存在不同利益诉求问题。

因此,本文尝试首先从理论上阐释税制结构、税种立法与公众参与之间的关联,进而梳理1977年以来我国在税制调整与税种立法交涉机制的形成过程。观察不同主体在这一过程中的表现,旨在证明多元化的税种立法参与机制建立在适宜的税制结构、税种立法的认可度与合理的公众参与三要素之间合理关联的基础之上。

二、公众参与下的税制调整与税种立法〔1〕

(一)税制调整与影响因素

税种法性质决定了其调整对象,包括普通自然人、法人或非法人团体。界定公众参与税种立法的介入程度"主要由政策质量与公众的可接受程度的相互竞争而定"。〔2〕 约翰·克莱顿·托马斯认为,"公共政策问题有满足决策质量和满足公众对政策可接受性之分。对政策质量期望越高的问题,对公民参与需求程度越小;对政策期望越高的问题,吸纳公民参与的需求程度也就越大"。〔3〕"税制的调整需要政府来计划与实施。"〔4〕税制调整需要通过完成税收刺激经济、收入分配和财政收入等任务来获得公众认可,税制调整的政策质量要求对政府而言是限制公众参与其中的正当理由。其中,"政策质量"是指某些与最终法律或

---

〔1〕 税种法是法律范畴,是调整国家与纳税人之前权利和义务的法律规范。税制是指一个国家税收的基本模式、关于税收要素(如税种、纳税人、征税方式、范围等)、税款在各级政府间的分配、税收的征管方式等。二者的联系是,税制有很大一部分是通过税种法规定的,但也有一部分并不形成税法。

〔2〕 Field R H G, A Critique of the Vroom-Yetton Contingency Model of Leadership Behavior, *Academy of Management Review* 4, 1979, p. 249.

〔3〕 [美]约翰·克莱顿·托马斯:《公共决策中的公民参与》,孙柏瑛等译,中国人民大学出版社2012年版,第26页。

〔4〕 Buchanan J M, Constitutional Constraints on Governmental Taxing Power, *Ordo Jahrbuch Für Die Ordnung Von Wirtschaft Und Gesellschaft* 30, 1979, p. 359.

政策本质相关的约束,如价值标准、合法性标准、融贯性标准与技术性标准,[1]就税制调整而言,其主要受到以下三个标准的影响:

1. 价值标准。税制调整的动因是多层次与多样化的。在宏观层面,从建构理性的思路出发,以政府成本—效益和需求—供给为基础的局部均衡框架为基础,税制调整以满足财政收入为目的;而从有限理性为前提的演进理性制度学说来看,税制调整则是以适应经济结构调整、促进经济发展为目的。[2] 所得税与流转税的税制结构调整主要是各税种间从价格与货币机制的相互关系着手,分析各税种征收额度与资源配置、收入再分配领域的关系。在总税负稳定的情况下,企业涉及的流转税与所得税之间存在此消彼长的联系,无论在价格上是否存在受到行政限制的条件,流转税都最终将由生产者和消费者承担,因此,企业所得税与商品税的共同征收将直接影响政府调整税制结构的内容。在资源配置与收入再分配领域,从局部均衡角度来看,企业所得税不仅具有收入再分配功能,也可通过差别税率的设计具备资源配置的功能;同样,流转税在具备资源配置功能的同时,通过税种间的合理搭配能够实现收入的再分配。其原理是通过税种间的规模差别形成彼此之间的交叉影响。

2. 法律约束。在民主体制下,政府与纳税人之间的税收契约关系需要约束政府行为,以防止在税制结构调整过程中政府的恣意妄为和违法乱纪。法律的任务即是控制政府行为。因而,在税制结构调整过程中,政府考虑公众参与并非尽是提供一种自由、平等的理性协商与话语论证的机制,也需要识别公众参与的效率。如麦迪逊所言:"所有人数众多的会议中,不管什么人组成,感情必定会夺去理智的最高权威。如果每个雅典公民都是苏格拉底,每次雅典议会都是乌合之众。"[3]这一观点被政治学者、法律学者频繁引用,作为他们质疑公众参与大规模讨论的背书。在他们看来,直接民主要求更多公众参与其中,但参与者越多,每个人的作用就越小。尤其是每当政府临近任期届满时,受法律约束,会使本届政府仅关注其任期内的税制结构调整效率,限制公众参与权——对公众提出税制结构需要调整的建议,政府将识别调整建议的动机到底是公众个人偏好,还是税制结构不适应经济发展的差别,采取不同的措施。但是,政府在没有考量

---

[1] 宋方青:《立法质量的判断标准》,载《法制与社会发展》2013 年第 5 期。

[2] 景玉琴:《分野与融合:建构理性与演进理性》,载《江汉论坛》2006 年第 12 期。

[3] [美]汉密尔顿等:《联邦党人文集》,程逢如等译,商务印书馆 1980 年版,第 283 页。

政策质量要求的情况下引入公众参与,可能因缺乏“政策重视的质量要求”而危害到“政策制定质量的合法性”。

3. 信息来源。一项政策的调整质量取决于信息来源与有效处理,这通常与政策的影响范围相关。在税制调整过程中,政府首先需要获取相应税收效应信息,如果政府无法通过自身得到足够多的信息,那么必须求助于更多的公众参与,将其作为信息源头。对政府而言,有效的税制调整必须获取高质量的信息。第一,政府需要获取有关所得税、流转税结构调整的运行效应的信息,如其对收入分配、产业发展、地区差异的影响,等等。第二,政府需要获取公众对所得税与流转税结构调整的偏好信息。这种偏好信息需要政府进行主观和客观的辨认。第三,政府可能需要了解某一税种在一定区域或一定时期内对特定群体所发挥的影响。在这种情况之下,公众的普遍参与只是政府获取信息的备选项。

(二)税制调整与立法的权威需求

法律的权威来自普遍的承认与接受。但大部分国家税制结构调整并非以法律形式完成,尤其在发展中国家,税种立法的目的在于获得普通公众认可本国政府对税制结构调整的成果。“在政策制定后,管理者才与公众进行讨论,并不构成真正的公民参与。”[1]一旦开启税种立法的程序,税制调整的变迁则由行政部门变为立法部门主导。此时,法律可接受度成了法律有效执行的核心要素,公众参与成了获取法律可接受的必要选择,甄别公众构成也成为我们所需要讨论的话题。

在税种立法中,基于维持税法的专业性的考虑我们更多倾向于由立法质量来决定公众介入程度。但我们也应注意到,从 20 世纪 80 年代开始的全球税制简化运动,尤其是所得税制简化,越来越强调来自公众的认可,使税种立法的专业性和普及性随着税种立法的不同而呈现出立法参与主体——普通公众(public 或 citizen)与利益集团——参与税种立法介入程度两极分化的趋势。

对普通公众构成的关注,也促使本文关注了公众参与内部影响因素。在本文看来,从一般意义上讨论普通公众的构成,如按收入标准、地区差异划分,公众无法有效参与具体税种立法问题的讨论。按照新公民治理理论对公众结构的分类,普通公众主要指无组织的群体,由于缺乏参与场所、渠道、组织,无法形成集

---

[1] [美]约翰·克莱顿·托马斯:《公共决策中的公民参与》,孙柏瑛等译,中国人民大学出版社 2012 年版,第 26 页。

体行动一致。[1] “公众对具体行政行为的参与主要是当事人和其他利害关系人的参与,而不可能是全体公众的参与,这样,如果没有别的力量予以平衡,则有可能导致对一般社会公众利益的忽视,以致在使这部分人获得公正的同时却造成对另一些人的不公正。”[2] 并且,如果部分利害关系人没有意识到自己在税种立法上的攸关利益而没有参与其中,但当其最终意识到自己有权参与时,税种立法的可接受程度将大受打击。参与税种立法的普通公众所能发挥的作用在于:一是能够为立法者提供自己的偏好信息;二是能够通过税法遵从影响税法权威。从这两点来看,当普通公众能发挥上述作用时,才会对税种立法参与产生兴趣,并自发参与其中,此时,我们才有可能确定普通公众的构成。

在欧美等国,利益集团参与立法已形成一整套机制。利益集团通过专业游说团体、集团利益的代表间接或直接地参与立法等。但约翰·基恩(John Keane)、本杰明·巴布尔(Benjamin Barber)、克劳斯·奥菲(Claus Offe)等政治学者认为,[3] 利益集团参与立法进程,主要通过幕后交易,使立法政策所包含的集团利益多元化和私利化,但也造就了利益碎片化分配,难以在立法中实现均衡的社会资源配置,因此,主导立法实质上是各种强势的利益集团而不是普通公众。在我国,对利益集团参与立法的认识与西方国家具有一定程度的同质性,主要是从其所要表达的诉求是否合理,表达渠道是否合法出发而判断利益集团对税种立法的影响程度。

因此,要求税制结构调整的合理性,既需要政府得到公众参与的认可,也需要树立税种立法的权威。而税种立法的前提是高质量的税制结构能正常发挥资源均衡配置、收入合理分配的功能,使公众参与具有可期待性。与之同时,为协调效率与公平,无论公众是否直接参与税制调整和税种立法,也必须由政府界定出相关参与主体或代表,这都是具有相当挑战性的问题。但从理论上描述税制结构、税种立法与公众参与之间的联系存在一个障碍,上述三者间并非是前因后果的线性关联,而是三维结构下的交叉联系。因此,下文将从工商税制立法、税

---

[1] Bingham L B, Nabatchi T, O'Leary R, The New Governance: Practices and Processes for Stakeholder and Citizen Participation in the Work of Government, *Public administration review* 5, 2005, p. 548.

[2] 姜明安:《公众参与与行政法治》,载《中国法学》2004 年第 2 期。

[3] Iris Marion Young, Polity and Group Difference: A Critique of the Ideal of Universal Citizenship, *Ethicsz*, 1989, pp. 251 – 252.

收授权立法和《中华人民共和国立法法》(以下简称《立法法》)颁布后的三个阶段对我国的经验与特点进行梳理。

三、我国税制调整和税种立法中的公众参与经验、特点与问题

(一)改革开放初期工商税制立法的涉外因素

工商税制立法是改革开放后税种立法的第一步。在这一阶段中,涉外工商税制的立法,实因社会经济发展需要,且陷入吸引外国投资缺乏法治保护的困局,国家才勉强推行而为。原全国人大法制委员会副主任顾明在两法草案说明中提到:“我国还没有相应的税法,一些外国政府、驻华使馆、外国公司企业和民间团体,经常向我探询中外合资经营企业所得税法、个人所得税法何时公布,税率多少,对投资者给哪些优惠等。”[1]原财政部税务总局局长刘志成提出涉外税制立法与发展国际经济交往相匹配的观点,称“外国人很需要我们有各个方面的经济立法,有税法,知道我们怎么保护投资,他赚了钱我们怎么征税。这里就有个如何用税收来处理涉外关系的问题”。[2] 因此,我国启动工商税制立法的原因之一是确保涉外税法的形式合法性。

1978 年 11 月,在财政部、税务总局提交的《关于改革工商税制若干问题汇报提纲》中,分析了当时工商税制存在的主要问题,建议开征和恢复部分税种,适应对外经济交流日益扩大的需要。至 1979 年,时任国家副主席李先念在中央工作会议中提出,要“以经济立法调节市场”。同年,在全国成都税务会议上,明确了中国改革开放以后税制改革的基本方向是以建立涉外税收制度为突破口;以工商税与工商所得税完善立法为核心。随着 1978 年《中华人民共和国中外合资经营企业法》的公布,尽快制定所得税法“成为外国投资极其关切的问题”。财政部在 1980 年 6 月提交《中华人民共和国中外合资经营所得税法》(以下简称《中外合资经营所得税法》)和《中华人民共和国个人所得税法》(以下简称《个人所得税法》)的立法建议后,第五届人大在 9 月即通过公布了上述两法。《中

---

[1] 顾明:《关于中华人民共和国〈中外合资经营企业所得税法(草案)〉和〈中华人民共和国个人所得税法(草案)〉的说明》,载《中华人民共和国国务院公报》1980 年第 13 期。

[2] 刘志成:《我国税收制度概况和有关法律问题——财政部税务局局长刘志诚同志在华东地区财经院校经济法教学协作会议上的讲话》,载《安徽财贸学院学报》1982 年第 1 期。

华人民共和国外国企业所得税法》(以下简称《外国企业所得税法》)也于1981年年底公布。至此,我国改革开放初期已初步建立了以所得税法为基础的涉外工商税法体系。

虽然《个人所得税法》《中外合资经营所得税法》和《外国企业所得税法》这三部税种法是"广泛征求有关部门和地方的意见,并向国内外税收法律专家进行咨询等一系列工作的基础上,制定出来的",[1]但不可否认,外国政府、在华外国商业组织对我国涉外工商税制立法内容也产生了实质性的影响。如《合资企业所得税法》规定合资企业所得税33%的税率和利润汇出国外缴纳所得税10%的税率,"在世界各国之中,也是较低的",[2]这说明,通过降低税率的手段,削弱工商税的财政收入功能,吸引外国资本来华投资是涉外因素对工商税制立法所产生的潜在影响。

我国初步建立的外资税收法规制度的宣誓意义远大于其实际吸引外资的效果。在1984年前,我国中外合资企业成立数量有107家,外资企业数量有89家。但"商谈的多,谈成的较少"。[3] 外商以我国有关法律制度的缺失为据,强调"有税必有法",对课税提出法治要求,如果换一种角度,我们则可以发现,外商以纳税人身份对国家税收开征提出要求有可靠的法律依据的逻辑:在税收法定的要求下,其纳税人权利意思通过建议被国家立法机关所接受。进一步而言,他们强调税收法定的基础有二:一是在"国家—社会"框架中,强调国家与纳税人权利与义务的对等与交换,这是税收契约论的核心主张,也根植于外商心中;二是外商以在华投资作为纳税人意思表达的经济基础较之国人而言,优位性不言而喻。国家税权是国家主权之一部分,改革开放初期的工商税制改革内容与税种立法活动虽具有浓重的涉外因素,"但实为国家经济发展需要,税种立法在此时具有了新的意义",[4]是我国迈向现代法治国家的第一步。

此后外国因素持续影响着我国税制改革与税种立法活动。以在华外国商会为例,其可以归入阿尔蒙德所说的社团性利益集团。从利益表达来看,在华外国

---

〔1〕 本刊评论员:《认真贯彻执行外国企业所得税法》,载《中国财政》1982年第1期。

〔2〕 刘丁:《有利于中外合资经营企业发展的两个税法》,载《法学杂志》1981年第1期。

〔3〕 季崇威:《中国吸收外资的情况和政策》,载《世界经济》1981年第5期。

〔4〕 Castleman D R, Taxation in the People's Republic of China: the System and its Function, *Alb. L. Rev* 46, 1981, p. 776.

商会通常将在华外资企业利益群体利益的意见通过直接或间接方式与立法机关、政府进行联系,其目的是实现所代表的外资企业利益群体的利益最大化。如中国美国商会通过会员企业调查,发现65%的会员企业认为立法程序缺乏透明度、清晰度或一致性,从而抑制其在华投资的能力和意愿,该会从2011年开始连续4年在《在华美国企业白皮书》中指出:法治、透明度和执法的缺陷已成为在华美国企业的主要商务挑战,因此有效的法治和公平执法是不可或缺的。此外,"在华外国商会还参与了'两税合并'等涉及商业会员利益的法律的立法过程"。[1]

(二)税收授权立法:压缩税制调整中的民意表达空间

全国人大及其常委会于1984年、1985年两次通过专门授权,将税种立法权授予国务院。国务院据此制定了大量的税收行政法规,形成了以行政机关为主导的税种立法模式。税收授权立法模式是国家以财税体制改革作为经济体制改革的突破口,为降低改革成本而作出的选择。"税收授权立法造就了国家税权集中于中央的情势",[2]这种形式"被认为既有利于解决急待解决的问题,又有利于维护我们社会主义法律的权威"。[3] 但也存在不一的意见,如认为授权立法欠缺民主,唯法律监督上强调"社会监督是社会主义法律监督系统中的基础工程,但社会监督的最终实现还必须通过有关的国家机关"。[4] 从授权立法伊始,即出现了越权立法行为。例如,《关于授权国务院改革工商税制发布有关税收条例草案试行的决定》不适用于中外合资经营的企业和外资企业,表明全国人大常委会并未授权国务院制定涉外"三资"企业的税收条例。但在1984年11月15日,国务院发布的《关于经济特区和沿海四个港口城市减税、免征企业所得税和工商统一税的暂行规定》却主要是适用于"三资企业的"。随着税收授权立法的实践站展开,学界对税收授权立法的质疑最为明显。早在1986年,就有部分学者关注授权立法的监督与控制,并认为"税收授权立法作为法律试行机制构成部分",[5]是"通过法律组织和控制社会变动的一种特殊装置,同时又是公民参加

[1] 黄军甫、王永茂:《在华外国商会及其政治参与》,载《社会科学》2012年第3期。
[2] 叶姗:《税权集中的形成及其强化》,载《中外法学》2012年第4期。
[3] 郑钟炎:《试论委任立法》,载《政治与法律》1986年第7期。
[4] 黎建飞:《论我国的法律监督》,载《青海社会科学》1986年第4期。
[5] 杨海坤:《试论我国的授权立法》,载《新疆社会科学》1988年第2期。

立法决策的重要组织形式,能促进政府和法律的反思化”。[1] 但政府对此类建议似乎并无过多反应,不止于此,税收授权立法所产生的混乱情况在学界引起了关注,[2]税收授权立法的“成熟一个、制定一个”的立法思想过于僵硬,“产生‘因事立法’‘应急立法’‘遵命立法’等现象不能避免,人民群众的意愿在其中则容易被冲淡以致淹没,宪法关于公民权利与自由的立法则遭到漠视”。[3] 就根源而言,“由于没有听证会制度、明确的咨询会商制度、严格的备案制度,审议草案的权限和范围又模糊不清、各部门存在争权争利的倾向,我国虽有专门委员会,但只能审议立法草案、提出问题,难以及时解决问题,这必然影响到整个法律监督制度的实效”。[4] 我们不得不叹服,彼时国家机关监督机制尚不能有效运转,更何谈实现税种立法的社会监督。

税收授权立法权的扩张,必然压缩民意的空间。在 1984 年人大授权国务院税收授权立法至分税制改革 10 年间,国务院出台行政法规 83 个,国务院各部委出台规章 1574 个。而 1994 年分税制改革成为税收授权立法的“倍增器”。从 1994 年至 2000 年《立法法》,2002 年《规章制定条例》生效期间,国务院出台税收行政法规 60 个,国务院各部门出台税收部门规章 3382 个。[5] 与此同时,1993 年,财政部与国家税务总局行政人员编额分别为 950 人、400 人,1998 年国务院机构改革后则被压缩为 610 人、210 人。[6] 税收授权立法的行政法规、部门规章规模扩张,人员编额的缩小,无疑加剧了国家税种立法工作矛盾。

---

〔1〕 季卫东:《论法律试行的反思机制》,载《社会学研究》1989 年第 5 期。

〔2〕 据统计,在我国全部税收法律文件中,全国人大及其常委会制定的税收法律只有 4 个,仅占 10% 左右,其他文件的近 80% 为国务院所制定,另有 10% 左右的文件为财政部、国家税务总局、海关总署所制定。实行新税制后,共有 24 个税种、23 个税收行政法规和有效税法出台(包括《海关法》),其中全国人大及其常委会制定的税法只占全部文件的 15.2%,而国务院制定的税收行政法规则占 84.8%。如果加上《中华人民共和国税收征收管理法》,全国人大及其常委会制定的税法文件也只占 21%,而国务院制定的则占 79%。

〔3〕 张桂龙:《一年来有关立法工作的意见和建议综述》,载《中外法学》1991 年第 6 期。

〔4〕 曲耀光:《授权立法混乱状况亟待整顿》,载《生产力之声》1994 年第 12 期。

〔5〕 以下法规数据资料均来自北大法宝,统计截至 2016 年 9 月 1 日。

〔6〕 参见《国务院办公厅关于印发财政部和国家国有资产管理局职能配置、内设机构和人员编制方案的通知》(国办发〔1994〕31 号);《国务院办公厅关于印发国家税务总局职能配置、内设机构和人员编制方案的通知》(国办发〔1994〕43 号);《国务院办公厅关于印发财政部职能配置内设机构和人员编制规定的通知》(国办发〔1998〕101 号)。

以所得税法律体系变化为例,从1984年到1994年,所得税法方面具有法律效力一级的文件有15件,行政法规101件、部门规章50件、部门规范性文件629件。从1995年到2002年,所得税法上具有法律效力一级工作文件为11件,行政法规9件、规范性文件78件,国务院及各部门颁布的部门规章81件、部门规范性文件1587件。所得税法部门规范性文件数量的陡增,表明了在分税制改革后,我国税制结构调整以完善税制框架内的细分内容是我国税制改革的主要任务。单财政部、国家税务总局处理所得税方面的规范性文件数量已是惊人,这还只是税收授权主管部门呈几何量级增加的工作负荷。

完善财政税收制度框架细分内容的任务令政府不断获得新的税种立法权,令分税制改革后的财税体制进程充满了令人难以理解的场面。这种场景在财政税务主管部门通过税收规范性文件处理所得税法具体问题时表现得尤为突出,堆积如山的政府规范性文件令学者望其项背,甚至以"不计其数"来形容。涉及所得税法问题的政府规范性文件中,能够出现"经征求多方意见"或"征求多方意见"等文件的往往是涉及国家财政体制改革预研的任务安排等内容,[1]能在具体问题上反映普通民意的政府规范性文件"如数家珍"。

企业所得税法是利益集团与政府交涉最为频繁的税种法。在1988年中国共产党十三届二中全会的工作报告中,首次提出了我国社会存在不同的利益集团问题。[2] "体制中的'存量'依然强大,关系到国计民生的产权上依然是国家所有。"[3]尤其依赖大型国有企业依靠行政垄断与政府形成垄断利益链条。此外,基于改革开放持续性需要,外资企业的诉求也备受政府重视。利益集团可凭其经济资本与税务机关博弈,尚可在较小的范围内征求意见,使企业所得税相关规范性文件部分体现了利益集团与政府交涉结果。根据2012年版本的《国家行政机关公文处理办法》规定,规范性文件主要有命令、决定、公告、通告、通知、通报、议案、报

---

〔1〕 参见《财政部关于印发九五财政法制建设发展规划的通知》(财法字〔1996〕40号)。

〔2〕 20世纪90年代,"利益集团"从官方的舆论中消失,以"利益群体"取而代之。但是,到2006年10月中共十六届六中全会以后,当中共中央提出建设社会主义和谐社会时,提出必须防止"既得利益集团"的出现,"利益集团"又一次出现在官方文件中。利益群体是社会学角度的表达,群体并不是以整个阶级为单位而行动的,更多的是限制于某一单位或地缘之中,与阶级或阶层中的其他成员相互之间并没有联系和共同行动。因此,就税法角度而言,在分税制改革时期,纳税人结构不太复杂,不宜以"利益群体"表达,而转以利益集团为表述更为恰当。

〔3〕 杨光斌、李月军:《中国政治过程中的利益集团及其治理》,载《学海》2008年第2期。

告、请示、批复、函、会议纪要等形式。1994 年到 2000 年,财政部及国家税务总局涉及企业所得税法的规范性文件共发文 378 件,其中通知有 330 件,批复 35 件,意见 5 件,报告 1 件,函 11 件,其余若干。就已有发文内容而言,能够反映企业与税务机关交涉,表达自身诉求的规范性文件形式是通知、批复、函。

20 世纪 90 年代,我国普通公众收入普遍偏低,个人所得税在整个税制体系上的地位较低,观察已有个人所得税规范性文件涉及的主体和内容,很难清晰反映出普通公众与国家的交涉情况。涉及个人所得税内容的部门规范性文件也多是涉外性质的,如《国家税务总局关于具有中国国籍的日本国居民李梅取得的股息免征个人所得税问题的批复》。整体而言,个人所得税问题,牵扯众多普通民众,税务机关此时既无力,更无暇与普通民众沟通,以致纳税人无法了解税法政策。即使个别纳税人以上访形式提出问题,经信访办——地方税务局——国家税务局的层层"过滤",能够被官方采纳,形成具有法律约束力的规范性文件几乎没有。而对《个人所得税法》的修改,"社会各界反应较为平静,内外两方面的纳税人对新税法和税收政策从一开始不太了解而担心到逐步了解而放心"。[1] 普通纳税人无法了解税法政策,只因"工薪收入和个体工商户收入的税负比原来有所减轻,费用扣除有所增加,加之政府在税收的掌握上也较为宽松,因此,城乡居民和外商一般表示欢迎"。就行政法规效力层级以上的法律文件而言,"当时网络还没有今天这样发达,没有广泛地向社会征求意见,主要还是在公共部门内部进行民主协商,在理解的基础上达到谅解,在谅解的基础上达成共识",[2] 这样的评价尚且中肯。

部门规章数量激增压缩了民意表达空间,行政法规制定也延续了体制内税种立法意见内化的惯性。虽然立法机关采取多种方式来加强税种立法的民主性,但是这些做法目前只是处于探索阶段,尚未制度化。[3] 在法律层面税种立法几近处于停滞状态,呈现公民意愿"沙漏型"表达渠道。2000 年后,随着双主体税制结构的逐渐调整,国家税收规模快速增长,普通纳税人范围不断扩大,不同阶层的纳税人民意表达呼声也随之水涨船高,公众参与税种立法问题也逐渐

---

〔1〕 储敏伟:《我国个人所得税改革评析》,载《财经研究》1994 年第 12 期。

〔2〕 刘尚希:《分税制的是与非》,载《经济研究参考》2012 年第 7 期。

〔3〕 采取以书面方式征求有关国家机关、社会团体、企事业单位的意见;法案的起草或审议机关进行调查研究、列席和旁听立法机关的审议会议;立法机关邀请有关专家对法案提出咨询意见、社会舆论讨论、信访等。

凸显其复杂性。

(三)《立法法》:所得税与流转税立法参与的分野

2000 年《立法法》的颁布打开了公众民意表达的形式闸门,使所得税立法与流转税立法的民意表达呈现出了不同的表达机制与互动模式。

流转税立法参与渠道依旧相对封闭。流转税无疑比所得税更加复杂和难懂。[1] 例如,在增值税立法过程中,国家无疑占据主导地位,从《中华人民共和国增值税条例(草案)》制定、《中华人民共和国增值税暂行条例》颁布到增值税扩围、营业税改征增值税的推进,增值税制度实际上一直处于变动不居的"试点"。长期、大量、频繁的立法试点是我国增值税立法的普遍现象,它本身就有试错的意味,保留充分的批判性言论的余地成为必要和可能。增值税纳税主体以企事业单位为主,涉及税种专业性与技术要求,增值税的试点是政府与企事业单位直接调研、座谈、听取意见的过程,普通公众无法有效地影响试点的进程。2007 年 4 月 9 日,财政部和国家税务总局有关司局负责人及山西、安徽等六省财税部门及部分湖南企业代表在长沙就《中部地区扩大增值税抵扣范围暂行办法(征求意见稿)》和《中部六省扩大增值税抵扣范围管理办法(征求意见稿)》讨论后,确认了其中部六省的实施,[2] 同年 5 月 9 日,国家税务总局印发了《中部地区扩大增值税抵扣范围暂行办法》。

与流转税立法"试点"模式相比,所得税的立法参与无疑更能体现民众诉求,更能直观地演示现有政府与纳税人税权表达机制及互动方式。所得税立法的社会基础来自普通纳税人的表达。个人所得税作为所得税,能够调节收入差距,更易为民众所接受。所得税使纳税人对国家在税收权利与义务方面的安排较流转税更为敏感,也能更加清晰地触发其税权意识,故在此税种上,与国家的交锋也非常直接。《个人所得税法》在 2005 年到 2015 年连续 4 次修改。2005 年个人所得税修法听证会是全国人大及其常委会立法史上首次召开立法听证会,被学者誉为"中国民主立法的里程碑"[3]。按照公布的听证公告:"东、中、西部地区都有适当名额,工薪收入较高、较低的行业、职业都有适当名额,代表不同

[1] [美]乔尔·斯莱姆罗德、乔恩·巴基哲:《课税于民·公众税收指南》,刘蓉等译,东北财经大学出版社 2013 年版,第 168 页。

[2] 董其文、董其俊:《增值税扩大抵扣范围政策运行效应分析》,载《税务研究》2008 年第 12 期。

[3] 施正文:《个人所得税法听证会与我国税收立法程序的完善》,载《税务研究》2006 年第 5 期。

观点的各方都有适当名额的原则。"随后的历次个人所得税法修正案均采取了听证会与网络公开的形式。在 2011 年的个税修正案征求意见期间，人大共收到 82 707 位网民的 237 684 条意见和 181 封群众来信，对这一情况，媒体出现了不同的声音。新华社高度赞誉，称"空前的参与热情，背后是人们对法律将对自身生活带来影响的关注"。[1] 但《法制日报》认为，"2011 年个人所得税法修正案(草案)征求意见时收到23 万多条意见，调整实现了极为有限的进步"。[2]《中国税务报》则提出了"本次税种立法中 8 万名投票的网民能否代表包括 4. 57 亿网民的 13. 4 亿我国境内居民？能否代表包括 7. 8 亿就业人员和 2688 万贫困人口的全体人民"的疑问[3]。普通民众主要关注自身个体税收利益，要求减轻税负，税负公平，但普通公民的诉求一直难以聚齐成为其要求减税的集体行动。

除普通纳税人，专业团体、媒体意见也是不可或缺的因素。财税团体对个人所得税民主立法讨论由来已久。从 2000 年以后，财税人士以第三方态度通过期刊、报纸等形式撰文讨论历次个人所得税公民立法参与机制，从立法准备、立法审议、表决与公布等节点入手，就参与主体、立法案生成、公民参与等因素，尤其是就网络渠道的表达等问题进行了详尽的分析，本文不再赘述。

所得税"开门立法"与流转税"闭门立法"的分野，其实质是普通纳税人群体缺乏表达诉求的有效代表。所得税涉及普通纳税人，普通纳税人人数众多，个体收入差异、地域差异、诉求截然不同，难以形成有效的群体表达。流转税的纳税主体恰与其相反，各地行业协会、企业联会以及在华外国商业组织的存在，为流转税主体提供了能够与政府对话的实力，能够通过内化讨论机制、外在舆论空间与政府争取公众的支持。各种利益团体能够形成强力的集体行动，与政府直接展开极为有效的交涉。而普通纳税人则"被代表"或"没有代表"，虽然"开了立法大门，但内门依然关闭着"。政府、普通纳税人、专业团体、媒体对个人所得税的认知存在分歧，极大影响了社会舆论的整体走向。但普通公众的诉求难以进入法定的立法程序，外来舆论的表达则略显"清谈"，没有得到政府的有效回应，

---

[1] 刘晶瑶：《创纪录的民意将如何影响个税法修改》，载《新华每日电讯》2011 年 5 月 10 日，第 3 版。

[2] 堂吉伟德：《开门立法遇冷缘于参与动力不足》，载《法制日报》2013 年 9 月 3 日，第 7 版。

[3] 冯在：《税收立法汇集民意：需考虑"无声"群体的利益》，载《中国税务报》2011 年 7 月 27 日，第 5 版。

公众参与式立法也常以“政府搭台、民众看戏”的方式草草收场。因此,在车船税立法、房产税改革试点、环境保护税立法过程中,都被认为缺乏预先立法的“充分公共讨论”。

四、推进公众参与税制调整和税种立法的路径探索

纵观我国改革开放之后的税制改革历程,在实践中亦是我国税收法治不断现代化的表现。然而,本应扮演推动税收法治现代化进程重要角色的普通公众却迟迟没有登台亮相,而由政府主导着税制改革进程。在既有政策形成渠道中,人大、政府基于税制改革专业性与复杂性的立场,通过内化讨论,决定着税制结构诸事项,虽有来自民间的异议,但无碍于其推进。但随着经济发展与经济结构的转型,普通公众经济实力不断增强,他们有着强烈的参政动机。因此,在《立法法》之后,普通公众一改诉求无门,缺乏立法参与渠道的困厄,在法律保障下获得了参与税种立法的体制内回应。但公众参与税种立法与税制改革的效果,政府、普通公众、利益集团各有自家之言,亦需要我们分类辨别。虽然《立法法》赋予了公民参与立法的权利,但是如何有效参与,学者们普遍关注的是立法主体构成、行动一致、参与渠道等内部因素与制度环境、政治氛围等外部环境。但有两个前提似乎并未被有效关注,使得对公众参与税种立法的讨论有本末倒置之嫌:一是公众对有效参与哪些税种的立法缺乏判断。二是公众难以参与税制调整政策的制定。依我国的立法逻辑,法律的制定会经历长期的政策“试点”,因为,税制调整政策的试点过程政府能够获取所需要的足够信息以判断政策“试点”是否成功,方才能决定是否进入立法阶段。在“试点”时期,我国法律没有为公众参与提供制度渠道,公众也难以获得相关信息。因此,当我国税法体系中充斥着大量税收政策时,事实上限制了公民参与税制调整政策的渠道,进而抑制了公众合理获取参与税种立法信息的权利与意愿,这实际反映出政府对公众参与税种立法一种矛盾的状态。是故,要将公众参与税种立法从理念转变成为具有可操作性的行为,这两个前提都是立法机关与政府所不能忽视的。为此,需要我们对以下事项予以关注。

(一)扩大公众参与范围和方式

增强税制改革和税种法的可接受性,必然要求扩大公众参与的范围与形式。一是扩大公众参与范围。在这方面,我国已有明确的法律规范,如《立法法》第5

条和第 67 条分别指出“立法应当体现人民的意志,发扬社会主义民主,坚持立法公开,保障人民通过多种途径参与立法活动”“行政法规在起草过程中,应当广泛听取有关机关、组织、人民代表大会代表和社会公众的意见”。《立法法》的规定仅仅是原则性规定,近十年的税种法立法实践表明,参与与否对公众而言,是“可有可无”的选项。因此,必须要在相关决策的法律法规或决策规程中,明确而具体地规定公众参与所得税、流转税等不同税种立法的要求和方式。在具体执行过程中,甚至可以要求财政税务部门制定详细的公众参与规划,包括具体权利义务、时间、进度、引导方式等内容。二是谋求参与形式多元化,确保公众参与便利有效。在我国税制改革与立法实践中,已被运用的公众参与方式或途径包括决策咨询委员会、听证会及网络征询意见。决策咨询委员会的主要功能是在不同利益团体、政府间进行信息交换,协商、博弈,并最终达成一致。听证会是税种立法的法定公众参与形式,但在税制改革中还未采用过。这一状况需要改变,无论在税制改革的行政决策还是立法中,都应该召开公开的听证会,而且需要防止广受诟病的“走过场”倾向。网络征询意见是被运用最广泛的公众参与形式。此外,可供选择的参与方式还包括民意调查。在决策初始阶段,立法者一般通过民意调查了解公众对税制改革的大致看法。对公众而言,参与民意调查耗费的时间和其他成本较小,一般也乐意参与。民意调查在某些民主国家被广泛运用于公共政策制定,但在我国还没有被有效地运用,需要改变这种状态。

(二)推进税制结构改革,提高公众参与度

在流转税立法中导入所得税立法的“扩大参与”的模式改革路径,能否从实质上落实“税收法定”原则,保护纳税人权利,也是值得深思的问题。当前我国现行的税制结构大致如下:以增值税、消费税为主体的流转税占比 68% 左右,以企业所得税、个人所得税为主体的所得税占比 25% 左右,此外还有一些小税种。从比例关系上来讲,流转税为主的税制结构意在鼓励投资,经过三十多年的发展,现有税收体系矛盾越来越突出。日本当代著名税法学家北野弘久指出:“纳税人在流转税中不能从法律上主张任何权利,这对于租税国家来说,无疑是一个法律上的重大问题……只有所得税才能提高人们的‘税意识’。”[1] 将普通纳税人纳入增值税立法参与主体,扩大其规模,可能无法彰显公众参与立法的优势,反而会对综合立法意见形成障碍。因为,“参与人数的规模始终是立法参与的障

〔1〕［日］北野弘久:《税法学原论》(第 4 版),吉田庆子等译,中国检察出版社 2001 年版,第 25 页。

碍”。[1] 即使现代网络技术克服了因人数众多而形成的信息交流障碍,但从税种立法的发展历程来看,专家、技术和专业性始终占据流转税立法的主要领域。同时,普通纳税人并不是流转税的直接承担者,即使拓宽了其参与渠道,在现有税制框架下也难以激起其参与其中的热情。“随着我国人均 GNI 的逐步提高,流转税比重有所下降、所得税比重有所上升也是一个必然的趋势”,[2]这必然在客观上推动纳税人参与立法的热情。涉外因素既对我国的税制变迁与税种立法活动形成压力,同时也是动力。外国政府、利益团体通过在华商业组织对我国国内税种立法活动产生着间接或直接的影响,这反映了全球化背景下政府活动不单是本国机关的独立运行,而同时受到了外部压力,尤其是“跨国公司创造的税收还使东道国主动限制自身权力的行使,以便吸引和留住跨国公司”。[3] 本文也认为,我国税种立法对涉外因素的接受是近百年来中国法律近现代化运动的延伸。为支持公众参与立法,我国学者移植了诸多公众参与立法理论,并且作为广义上的“公众”的一部分——在华外国商业组织或利益团体与我国立法机构、政府就税收政策与立法内容所进行的沟通、交流方式与机制被我国利益团体所学习和模仿,以此推进公众参与机制和税制结构的改革。

(三)优化与保障公众参与信息质量

如前所言,制约公众有效参与税种立法的主要因素主要有价值标准、法律约束和信息来源。自我国税制调整与税种立法活动添入了“涉外性”“精英性”的因子后,公众参与也成了税种立法的价值标准,并且我国基本排除了公众参与税种立法途径的法律约束,所面临的主要障碍是公众参与的信息可获得性。从信息运动的过程来看,一个完整闭环的信息系统由信源、信道和信宿三部分构成,三者相互作用的过程,就是信息从被选择状态到确定性的良性互动过程。因此,掌握信息是否充分将会影响公众是否决定参与税种立法以及在多大程度上参与。在这一层面上,政府有义务为公众提供参与税种立法所必需的信息;但当公众基于自身能力不足等因素无法作出判断时,政府亦有义务对哪些税种的立法是否适宜公众参与作出客观的判断。

---

[1] Roberts N, Public Deliberation in An Age of Direct Citizen Participation, *The American Review of Public Administration* 4, 2004, p. 337.

[2] 朱志钢、高梦莹:《论直接税与间接税的合理搭配》,载《税务研究》2013 年第 6 期。

[3] 何增科:《全球化对国家权力的冲击与回应》,载《马克思主义与现实》2003 年第 6 期。

在税种立法的信息运动过程中,公众掌握的信息可以被理解成众多的“信息孤岛”,如果忽视这些信息本质上所具有的关联性与同质性,就可能因漏掉某一重要信息,而激发普通公众参与其中的热情。这就要求政府进行税种立法信息源的沟通、搜集与利用。政府的层级性和广泛性,决定了公众是信息产生的源头也是信息利用的载体。这就决定了税种立法还应重视“信道”——立法工作中的信息渠道。比如,互联网已成为税种立法的重要信息渠道,立法机关通过互联网这条“信息渠道”提前将草案发布到网上接受社会建议。反馈是信息控制论的核心原理,其价值在于通过设计合适的反馈回路来调节系统的瞬态响应,使系统的灵敏度以及干扰的影响明显地减少,并减少系统的稳态误差,使之趋于零。为扩大信息渠道的交互性,应设立专业的立法建议信息处理机构,针对立法草案的热点问题,进行意见的吸收、整理、筛选,推动相关条款的改进完善。立法机关作为税种立法信息处理的“信宿”,应该理顺信源、信道和信宿三者在立法应用环节的关系。即重视税种立法过程中的公众信息的生成源,并与公众建立良好的沟通和合作交流机制,在这个基础上,合理布局,广开信道,力争使信源发出的信息源源不断地汇集到立法者手中,形成二次信息,通过互联网等信道,以国家立法机关名义反馈给信源,说明信息知晓与利用情况,依次往复,逐渐形成清晰、顺畅、有序的“信息利用生态图”。税种立法的信息利用,应提高信息在动态传输过程中的“性价比”指数,这就要求立法机关应按照反馈原理的要求,加强各个环节的工作:选择有效的径输入信息,制定高强度的控制信息,输出具有影响力的信息,同时注意消除各种干扰信息,保证信息利用的高效运行。这里尤其要重视及时反馈信息,以便掌握信息引导过程中的缺陷和漏洞,及时发现原定立法计划(或方案)与客观实际之间的矛盾和差异。

综上所述,成功的税制改革既来源于政府与精英阶层对税制调整政策与立法改革等技术层面的质量把关,也需满足公众参与政策调整和法律制定的介入要求。不仅如此,税制结构上需要协调中央与地方分税制度,优化调整现有所得税与流转税比例,扩大财产税等税种;在立法层面确立公众适度参与税收政策制定的权利;改革税种立法信息公开制度。以此保障公众参与税种立法的基础,推动公众合法、有效参与税种立法。

纳税信用动态调整的税制困境与理想构造

闫　晴*

【目　次】

一、纳税信用动态调整的制度提出

（一）纳税信用动态调整及其实证表现

纳税信用动态调整制度属于纳税信用评级制度的后续环节。国家税务总局于2014年颁布《纳税信用管理办法（试行）》（国家税务总局公告2014年第40号，以下简称40号文），规定了税务机关对纳税信用级别实行动态调整。[1] 自纳税信用动态调整制度实施以来，已有诸多"信用升级"或"信用降级"的事例。例如，在纳税信用修复方面，贵州仁祥医药有限公司、黔兴精煤商贸有限公司、明达水泥有限公司等7户列入税收违法失信行为"黑名单"的企业主动到税务机关足额缴清了共计5770万元税款、滞纳金和罚款。按照国家税务总局修订后的《重大税收违法案件信息公布办法（试行）》，贵州省国税局启动信用修复机制，依法将这7户重大税收违法案件信息从公告栏中撤出，该省发改委、公安、银行和工商管理等22个单位同时依法解除了对案件当事人的联合惩戒措施，7户企

---

* 西南政法大学经济法学院2016级博士研究生。

[1] 40号文第25条规定，税务机关对纳税人的纳税信用级别实行动态调整。因税务机关检查等发现纳税人以前评价年度需扣减信用评价指标得分或者直接判级的，税务机关应按本办法第三章规定调整其以前年度纳税信用评价结果和记录。纳税人因第17条第3、4、5项所列情形解除而向税务机关申请补充纳税信用评价的，税务机关应按本办法第三章规定处理。

业恢复“自由身”。[1] 而在纳税信用降级方面,也出现了诸多“前车之鉴”。例如,湖北省钟祥市某化肥生产企业由于未及时按规定办理税务登记注销手续,连续数月没有办理纳税申报被认定为“非正常户”,因而纳税信用从 A 级降到 D 级,[2]须接受税收失信信息公布及多部门联合惩戒。可见,税务机关可以通过纳税信用动态调整机制实现对纳税不遵从行为的有效规制。

(二)纳税信用动态调整的内涵与价值

从制度缘起来看,纳税信用动态调整来源于纳税信用管理的必然要求。纳税信用管理是指为便利税务机关征税管理,引导纳税人诚信纳税,税务机关采集、记录、保留体现纳税信用的信息予以等级评价,并依据等级评价结果对纳税人采取不同的管理方式。例如,对于 A 级信用等级的纳税人,税务机关予以主动公告、按需领取普通发票等激励措施。而对于 D 级纳税人,税务机关则采取加强出口退税审核与纳税评估等惩罚措施。其中,纳税信用评价制度是其核心内容。但是,纳税信用评价一经作出之后,纳税人的信用状况并非一成不变。对于纳税信用评价较低的纳税人而言,其为了恢复正常的纳税人地位并增加市场交易机会,往往通过补缴税款、滞纳金或罚款自主提升纳税诚信度。而对于纳税信用评价较高的纳税人而言,也有可能基于道德风险的存在从事偷逃税款等税收失信活动。因此,鉴于纳税信用评价结果的滞后性与纳税信用的动态性,有必要建立纳税信用动态调整制度以符合纳税人的现实信用状态。

从内涵上看,纳税信用动态调整制度是指为使纳税人目前的纳税信用状态与其纳税信用等级相符合,税务机关定期在已存在的纳税信用评价结果基础上通过采集与分析纳税人信用的信息,对纳税人的纳税信用等级进行适当调整的制度,具体包括纳税信用下调、纳税信用维持与纳税信用修复三个方面。其中,纳税信用下调是指在纳税信用评价结果公示后,税务机关发现非 D 级信用纳税人存在税收违法行为,且已突破纳税人现存信用等级的设置分值之时由税务机关降低该纳税人信用等级。纳税信用维持是指在纳税信用等级评价结果公示

---

[1] 参见《上了税收黑名单如何恢复“自由身”? 企业现身说法》,载中国税网:http://www.ctaxnews.com.cn/xinwen/dujia/201608/t20160812_69160.htm,最后访问日期:2017 年 1 月 8 日。

[2] 参见李鹏洲等:《不注销不申报企业纳税信用降三级》,载红网:http://tax.rednet.cn/c/2015/06/08/3702266.htm,最后访问日期:2017 年 1 月 8 日。

后,纳税人未发生重大的纳税诚信度变更,税务机关维持纳税人原有信用等级。纳税信用修复是指在纳税信用评价结果公示后,失信纳税人通过补缴税款、滞纳金及罚款后,经实施检查的税务机关决定恢复其正常纳税信用等级。可以看到,纳税信用动态调整并非否认纳税信用评价结果,而是依据纳税人现实信用状态进行相应地等级调整。对纳税诚信度提高的纳税人而言,纳税信用动态调整制度是其自我纠错的机遇;对于纳税诚信度下降的纳税人而言,纳税信用动态调整制度是对其进行税收违法行为的预警或惩罚。因此,从本质上说纳税信用动态调整制度是税收法律规则对不断变化的税务实践的回应,它的提出符合多方面的理论与实践需要。

之于纳税人而言,纳税信用动态调整有利于增强纳税人权利的平等保护。纳税信用评级是税务机关进行税务管理的重要手段,但倘若没有动态调整机制的支撑,有关纳税人将可能因为得不到改正的机会和公平的对待而使自身相关权益遭受侵害。税务机关对 A 级信用纳税人的公示及联合激励措施对每个纳税人都有一定的吸引力。但纳税信用的动态性与纳税信用评价结果公示的滞后性之间的错位决定了纳税人的有关权益会受到侵害。具体表现为纳税人接受公平对待的权利需要构建纳税信用动态调整制度。当纳税信用评价结果公示后,非 A 级信用纳税人基于联合激励等措施的吸引力而自我纠错,他们主观上具有提高纳税信用度的诉求,且在日常税务活动中已达到 A 级信用纳税人的评价要求。但在实践中,由于纳税信用缺乏动态调整制度,该纳税人未能享受 A 级信用纳税人的优待,在事实上侵犯了纳税人受到公平对待的权利。

之于征管机关而言,纳税信用动态调整有益于提升税收征管效率。税收征管效率原则主张国家征税要有利于资源的有效配置和经济制度的运行且需提高税收行政效率。税务机关长期面临着效率低下的压力,需要借助明确的纳税人信息提升税收效率。一方面,税务机关行政效率的提升需要构建纳税信用动态调整制度。税务机关长期面临事多人少的工作压力,迫切需要减少在税务行政工作中的"无用功"。纳税信用动态调整机制为税务机关明确了纳税人目前的纳税信用状态,引导税务机关集中税务资源监管信用度低的纳税人。另一方面,税务机关经济效率的提升要求构建纳税信用动态调整制度。对纳税信用度高的纳税人的税务检查活动会扰乱有关市场主体的市场交易活动,进而对他们的正常经营带来一定的负面影响。A 级信用纳税人基于其良好的信用等级可减少税务机关的行政干预,并获得多部门的联合激励,获得更多的经济发展机会。其他纳税人需要多途径提升到A级纳税信用提升经济效率，即需构建纳税信用动态调整制度发挥该作用。

二、纳税信用动态调整的税制困境

（一）纳税信用动态调整的税制基础

我国税收信用体系的建设已经过十几年的发展。早在1999年8月，我国社会信用体系建设就已正式启动。〔1〕 我国于2002年颁布的《税收征收管理法实施细则》提出“税务机关负责纳税人纳税信誉等级评定工作”，并初步建立了纳税人信用档案，但短期运行后即终止，〔2〕社会影响力偏低。有鉴于此，在新一轮财税体制改革中，国家税务总局于2014年7月4日颁布40号文，并于第25条明确提出“税务机关对纳税人的纳税信用级别实行动态调整”，旨在通过强化纳税信用管理优化税收秩序。

在法律依据方面，我国已出台一系列关于纳税信用动态调整制度的法律规范。关于纳税信用动态调整制度的法律规范有：40号文、《重大税收违法案件信息公布办法》（国家税务总局公告2014年第41号，以下简称41号文）、《国家税务总局关于完善纳税信用管理有关事项的公告》（国家税务总局公告2016年第9号，以下简称9号文）、《国家税务总局关于修订〈重大税收违法案件信息公布办法（试行）〉的公告》（国家税务总局公告2016年第24号，以下简称24号文）。其中，40号文确立了纳税信用管理动态调整的原则〔3〕。41号文规定了对重大税收违法案件当事人的惩罚措施。9号文明确了纳税信用级别动态调整的方法、程序与对信用发生变化的纳税人的通知、提醒方式。24号文明确规定了纳税信用动态调整制度中的信用修复制度。目前，我国已通过上述法律规范初步建立起了纳税信用动态调整制度并在实践中运行。总体上看，我国现有规范体系下的纳税信用动态调整制度涵盖了以下几个方面的构成要素：

---

〔1〕 张强、黄卫东主编：《社会信用体系建设的理论与实践——信用经济与信用体系国际高峰论坛文集》，湖南大学出版社2009年版，第5页。

〔2〕 国家税务总局于2003年颁布《纳税信用等级评定管理试行办法》（国税发〔2003〕92号），确立了纳税信用等级评定制度。但该制度运行几年后即终止，其信息公示网站“中国纳税信用网”也陷入瘫痪，致使该制度的社会影响力偏弱。

〔3〕 40号文第5条规定，纳税信用管理遵循客观公正、标准统一、分级分类、动态调整的原则。

1. 纳税信用动态调整的主体和对象

在调整主体方面,40 号文明确了税务机关为纳税信用动态调整制度的调整主体,并由国税机关与地税机关配合完成工作。[1] 而在管辖范围方面,国家税务总局负责全国范围内的纳税信用动态调整工作,省以下税务机关负责辖区内的纳税信用动态调整工作。[2]

在调整对象方面,40 号文明确规定纳税信用动态调整制度的调整对象限于企业纳税人(以下简称纳税人)。[3] 在市场交易活动中,相对于自然人、扣缴义务人、个体工商户及其他类型纳税人,企业纳税人的税款流失额巨大,在社会上产生的连锁反应更多,且纳税信用变化更加频繁。因此,在国家税务资源有限的情况下,我国将纳税信用管理重点放在企业纳税人身上。

2. 纳税信用动态调整的程序和方法

在调整程序上,40 号文、41 号文、9 号文、24 号文共同构建了"信用评价—结果公示(信用修复/信用保持/信用降级)—联合激励/正常管理/联合惩罚"的纳税信用动态调整机制。调整机制是纳税信用动态调整的"核心要素",也是纳税信用动态调整制度的落脚点所在。根据相关制度安排纳税信用动态调整的过程大致如下:税务机关在参照纳税人已公布纳税信用的基础上依据评价指标按月测算纳税人目前的纳税信用等级并上报至省税务机关。省税务机关在税务网站上更新纳税信用评价信息并将 A 级信用纳税人变动状况报送纳税服务司。与此同时,税务机关通过邮件、短信等方式将纳税信用评价变化状态通知有关纳税人。[4]

在纳税信用动态调整的效力上,则分别存在纳税信用修复、信用保持、信用

---

[1] 40 号文第 7 条规定,国家税务局、地方税务局应联合开展纳税信用评价工作。

[2] 40 号文第 4 条规定,国家税务总局主管全国纳税信用管理工作。省以下税务机关负责所辖地区纳税信用管理工作的组织和实施。

[3] 40 号文第 3 条规定,本办法适用于已办理税务登记,从事生产、经营并适用查账征收的企业纳税人(以下简称纳税人)。扣缴义务人、自然人纳税信用管理办法由国家税务总局另行规定。个体工商户和其他类型纳税人的纳税信用管理办法由省税务机关制定。

[4] 9 号文第 2 条规定,纳税信用评价状态发生变化是指,纳税信用评价年度之中,纳税人的信用评价指标出现扣分且将影响评价级别下降的情形。税务机关按月采集纳税信用评价信息时,发现纳税人出现上述情形的,可通过邮件、短信、微信等方式,通知、提醒纳税人,并视纳税信用评价状态变化趋势采取相应的服务和管理措施,促进纳税人诚信自律,提高税法遵从度。

降级的法律后果。若纳税人在上次纳税信用等级信息公示后自主诚实进行纳税申报并及时足额缴纳税款,或虽存在税收失信行为但已足额缴纳欠缴税款、滞纳金及罚款,纳税信用评价分数上升至其他纳税信用等级,则由税务机关提升其纳税信用等级并进行信息公示。如纳税人上升至A级信用纳税人,则由税务机关进行信息公示并由多部门进行联合激励。若纳税人在上次纳税信用等级信息公示后未出现税收诚信度显著波动的情况,纳税信用评价分数未突破本等级范围,则对其继续实施现阶段的税收管理措施。若纳税人在上次纳税信用等级信息公示后存在偷逃税、虚开发票、骗取国家出口退税款等行为,纳税信用评价分数已降低至其他等级,则由税务机关降低其纳税信用等级并进行公示。如沦为D级信用纳税人则由多部门进行联合惩戒,如进入税收违法"黑名单"则需接受税收违法信息公示的惩罚。

(二)制度供给评估——基于规范性文件的考察与梳理

目前,我国虽通过40号文、41号文、9号文、24号文建立起了基本的纳税信用动态调整法律制度,并已在税务实践中予以实施。整体来看,我国纳税信用动态调整制度自确立实施以来,已经取得了良好的社会效益。通过税务部门对本地区范围内的企业进行了多次纳税信用调整,真正做到了让纳税信用管理"动"起来,及时准确反映企业各个月度的纳税信用状况,提高纳税人税法遵从度,有利于营造全社会诚实守信的良好氛围。

但在另一方面,我们仍需看到的是,由于税务实践活动的复杂性及法律规则的滞后性,我国关于纳税信用动态调整制度存在一系列问题。这些问题的存在不仅降低了法律对于税务实践活动的指导性,使税务机关与纳税人在税务实践中存在诸多困惑,更削弱了纳税信用管理制度的实际运行效果。

1. 纳税信用动态调整权力主体单一

40号文第4条规定"国家税务总局主管全国纳税信用管理工作,省以下税务机关负责所辖地区纳税信用管理工作的组织和实施",即税务机关负责纳税信用管理工作。纳税信用动态调整属于纳税信用管理的一部分,其唯一的主管机关亦应为税务机关。但是,如果单独由税务机关来实行纳税信用动态调整并不能发挥良好的管理效果,原因在于:

第一,税务机关对于纳税信用动态调整的单独管理限制纳税信用动态调整的社会化效果。税务实践活动属于市场交易活动的一个片段,任何市场交易环节的瑕疵均足以对纳税信用产生影响。税务机关所掌握的涉税资料并不足以涵盖整个市场经济交易活动,直接导致了税务机关对于纳税信用的单独管理丧失全面性。同时,由于涉税事务繁多而税务机关人力资源相对缺乏,税务机关的行政行为具有一定的滞后性。但是,纳税信用动态调整具有较高的时效性要求,而税务机关不能及时依据纳税人的税务诚信状况作出现实评价,则冲击了纳税信用动态调整制度的及时性。

第二,税务机关对于纳税信用动态调整的单独管理易导致权力"寻租"等现象的发生。在纳税信用管理中,税务机关作为涉税信息的收集者、纳税信用等级的评价者、纳税信用奖惩措施的牵头实施者、纳税信用动态调整的管理者,在纳税信用管理过程中属于纳税人的"现任裁判者"与"下任裁判者",掌握着过大的纳税信用管理权力。在纳税信用监管措施不完善的情况下,个别税务机关工作人员易与不良信用纳税人进行勾结篡改纳税信用评价结果,发生权力"寻租"等行为。

第三,税务机关对于纳税信用动态调整的单独管理易产生税务机关行政不作为。税务机关对于纳税信用动态调整事项具有单独管理权,但实践中税务机关由于事务繁多且人力资源有限不能及时发觉纳税信用等级调整。并且,截至目前尚未建立专门针对税务机关进行纳税信用动态调整的监督机制。因而,在纳税信用动态调整税务实践中,易出现税务机关行政不作为的局面,降低纳税信用动态调整机制的时效性。

2. 纳税信用修复条件不合理

纳税信用修复是纳税信用动态调整制度的核心组成部分。根据现有规定,纳税信用修复程序的启动需要满足两个基本条件:第一个是重大税收违法案件的当事人能按照《税务处理决定书》与《税务行政处罚决定书》缴清税款、滞纳金和罚款;第二个是经实施检查的税务机关决定。但从这两个条件的设定来看,均存在一定的缺陷。

第一,纳税信用修复的实体要求偏低,对于失信纳税人的惩罚力度不足。由于纳税信用管理制度的惩罚性主要体现在D级纳税人,在税务实践中造成了其被多部门联合惩戒而处处受限的现实。因而,纳税信用动态调整的对象主要在于失信纳税人。失信纳税人应被施以惩罚性措施,在纳税信用管理过程中失信纳税人仅需缴纳本应缴纳税款、滞纳金与罚款即可撤出税收信用"黑名单",税法的惩罚限度未因纳税信用管理制度的建立而发生任何改变,这直接削弱了纳税信用动态调整制度的应用效果。

第二,纳税信用修复的程序条件不合理,直接降低了纳税人动态调整信用的积极性。41 号文明确规定其程序条件为“经实施检查的税务机关决定”,但是该文件的实施在实践中具有诸多弊端。首先,作出决定的税务机关一般为层级较低的基层主管税务机关及稽查局,在实践中需要上级税务机关的指导,且在建立纳税服务局的地方此项工作一般由纳税服务局负责,易陷入管辖权不明的困境。其次,税务机关工作人员事务繁忙,纳税信用等级评定的指标相对繁多且复杂,加上涉税信息繁多收集困难,导致税务机关的动态调整难免具有一定的滞后性。

3. 纳税信用降级管理方式非强制化

40 号文与 41 号文并未对纳税信用降级的事项作出规定,仅仅于 9 号文中规定了原则性的税务机关通知、提醒义务,即当税务机关发现纳税人存在降级情形时可通过短信、邮件、微信等方式通知、提醒纳税人并采取相应的管理措施。但从该义务的设定及践行方面看,则存在一些缺陷。

第一,纳税信用降级管理中税务机关的通知义务易流于形式,纳税人可能在未被告知的情况下被予以纳税信用降级处分,侵犯了纳税人的被告知权。9 号文中规定税务机关“可以”通知信用降级纳税人,即纳税信用降级通知义务属于非强制性义务。但在具体的税务实践中,由于纳税信用动态调整义务的具体主体不明,且各级税务机关事务繁多,各级税务机关对于该义务易造成相互推诿的状况。此种情况下,纳税人可能在不知情的情况下受到税务机关的信用降级管理,纳税人的被告知权未得到充分保障。

第二,纳税信用降级管理制度缺乏后续管理机制,易造成税务实践中税务部门的工作混乱。税务机关对于不同信用等级的纳税人采取不同的管理措施。例如,对 A 级信用纳税人采取主动向社会公告名单、单次领取 3 个月的增值税发票用量等激励措施,但对于 B 级信用纳税人税务机关则实施正常管理。目前,税务机关对于纳税信用评级已由往年的年度一评改为每月一评,信用等级很有可能在月间发生变化。例如,某纳税人在上月被评为 A 级信用纳税人,在本月则降为 B 级信用纳税人,但该企业已于上月单次领取了 3 个月的增值税专用发票,那么该企业对于后两个月的增值税专用发票究竟应该退还给税务机关还是继续使用。若继续使用,则是在税务实践方面违反了 9 号文的有关规定;若退还给税务机关,则是进一步增加税务机关的工作量,易导致税务机关工作混乱的情形出现。

4. 纳税信用动态调整结果公开存在缺陷

40 号文、41 号文与 9 号文均对纳税信用公开事项作出了规定。40 号文明确规定了纳税信用评价结果的公布期限与公布方式,[1]9 号文明确规定了税务机关对纳税信用动态调整的公告义务。在税务实践中并未实现良好的公示效果,原因在于:

在税务实践中,税务机关尚未建立起针对纳税信用的健全的查询平台。在国家税务总局的官方平台上仅能查询 A 级信用纳税人与重大税收违法案件的有关信息,在地方仅有上海市、重庆市、海南省等地的地方税务系统建立起了 A 级信用企业查询系统与重大税收违法案件信息查询系统。而在纳税信用动态调整的查询方面,我国目前尚未建立起专门的纳税信用动态调整查询平台,外部人较难看到企业信用的调整情况。总体而言,囿于纳税信用动态调整平台的细致性、纳税信用动态调整信息收集的复杂性与税务机关工作人员工作任务繁多,我国纳税信用动态调整平台尚未建立。纳税信用动态调整平台的缺失直接阻断了纳税人获取自身动态纳税信用的桥梁,使纳税人处于一种被动接受的状态,侵犯了纳税人在税收信用建设过程中的参与权,削弱了纳税人参与纳税信用体系建设的热情。另外,纳税信用动态调整平台的缺失使大量纳税信用评价信息留滞于税务机关内部而不能得以公示,降低了纳税信用动态调整机制建立的实然效用,纳税信用动态调整机制对于纳税人提升纳税信用的指导作用未得到充分发挥。

5. 纳税信用动态调整监督机制缺失

40 号文、41 号文与 9 号文中并未对纳税信用动态调整监督作出相应规定,即在纳税信用动态调整监督领域存在立法空白,在实践中直接造成对纳税信用动态调整制度的监管困难。

第一,纳税信用动态调整监督机制的缺失使税务机关内部监督机制运行在一定程度上法律依据不明,也降低了纳税信用动态调整机制的实际运行效果。《税收征收管理法》以法律形式明确规定了税务系统的内部监督制约制度,即上级税务机关对于下级税务机关的行政活动予以监督。[2] 但在税务实践中,由于

---

[1] 40 号文第 23 条规定,税务机关每年 4 月确定上一年度纳税信用评价结果,并为纳税人提供自我查询服务。

[2] 《税收征收管理法》第 10 条规定,各级税务机关应当建立、健全内部制约和监督管理制度。上级税务机关应当对下级税务机关的执法活动依法进行监督。各级税务机关应当对其工作人员执行法律、行政法规和廉洁自律准则的情况进行监督检查。

税务监督部门隶属于税务机关,税务机关内部存在上下级利益关系,在很大程度上可能出现税务行政监督内部消化的情形。纳税信用动态调整监督机制难免流于形式,在税务实践运行中难免存在困难。

第二,纳税信用动态调整监督机制的缺失进一步加剧了税收行为外部监督的失效,削弱了纳税信用动态调整机制与外部的联系。目前,我国对于税务行政尚未形成完善的外部监督体系,纳税人、权力机关、新闻媒体等主体有效履行监督权尚存在一定困难。在税收信用动态调整查询平台缺失的情况下,纳税信用动态调整信息难以外泄,纳税人不能及时积极履行监督权;纳税信用动态调整仅是税务系统工作的一部分,人大在组织资源有限的情况下难以全面监督;新闻媒体难以掌握真实全面的资料,且难以做到真实客观报道,在一定程度上不能客观公正地发挥监督作用。

三、纳税信用动态调整的理想构造

纳税信用动态调整制度的上述缺陷直接扰乱税收征管秩序,降低税收征管效率,削弱该制度运行的社会效果。因而,需有针对性地探索完善路径,以实现纳税信用动态调整的理想状态。

(一)增加纳税信用动态调整权力主体

第一,在纳税信用动态调整领域,针对纳税信用动态调整主体的单一化,笔者建议实行多主体联合调整机制。增加纳税信用动态调整主体有利于提升获得的信用信息的全面性,扩大该制度的社会影响力。

第二,在纳税信用动态调整制度运行过程中,需注意税务机关掌握其中的主导权。信用评级机构、会计师事务所、税务师事务所、律师事务所等参与主体履行涉税信息提供义务,享有异议提出权。税务机关依据自己采集与其他主体提供的涉税信息进行纳税信用动态调整,信息提供主体对于其中的各指标分值确定与纳税信用动态调整结果具有要求税务机关公布评审过程与提出异议的权利,以制衡税务机关在纳税信用动态调整过程中的权力。

第三,在纳税信用动态调整制度运行过程中,还应深化国地税合作机制。国地税为纳税信用动态调整的共同管理主体,但实践中合作范围有限,合作深度不足。对于此,笔者建议:首先,扩大国地税合作范围。设立联合办税服务厅,在税务登记、纳税申报、税款缴纳、涉税审批等方面实现统一办理,实现国地税间信息集中。其次,形成国地税合作的长效机制。一方面,国地税在数据分析方面形成长期协作机制,双方借助已有信息筛选排查可疑数据,加强疑点数据交换,提升纳税信用动态调整依据数据的准确度。另一方面,国地税间建立联合监查机制,对D级信用纳税人实行国地税共同监查,节约税务系统监查资源的同时减轻对纳税人日常经济活动的干扰。

(二)完善纳税信用修复申请条件

第一,在纳税信用修复的实体条件方面,应适当提高失信纳税人信用修复的申请条件。我国原有法律规定纳税人未按规定履行纳税义务需要缴纳罚金,纳税信用管理机制注重对纳税人的守信激励与失信惩罚,动态调整机制建立后需要对失信纳税人加重惩罚措施。对于此,笔者建议,首先,落实对失信纳税人的行政罚款。信用信息提供是一种持续行为,纳税人可能在多处提供虚假信用信息。现行《中华人民共和国税收征收管理法》(以下简称《税收征收管理法》)对于提供虚假涉税信息的行为处罚方式多限于补缴税款、滞纳金,并处罚款。[1]在税收管理信息化程度提升的今天,税务机关有较大可能发现纳税人提供虚假信息的行为。在此情况下,税务机关应严格落实对上述纳税人的处罚措施,严格惩戒存在提供虚假信息行为的纳税人。其次,对于多次提供虚假信息的纳税人,税务机关还可以加重对他们的行政处罚。例如,对已被发现提供3次以上虚假涉税信息的纳税人,税务机关可在自由裁量权范围内给予较高程度的处罚。

第二,在纳税信用修复的程序条件方面,需构建“纳税人申请+税务机关决定”的程序机制。“租税债务关系说”将纳税人与税务机关置于平等的地位,也就要求在纳税信用动态调整制度中需要纳税人与税务机关的共同参与。笔者建议,对于纳税信用较低的纳税人而言,如欲提升纳税信用,需缴纳应缴税款、滞纳金及罚金后携带有关单据向税务机关提出申请,请求在下次纳税信用动态调整时恢复其纳税信用。并且,如果税务机关与纳税人对纳税信用动态调整过程中的信用等级调整结果有争议,可通过行政复议或诉讼予以解决,充分保障纳税人在纳税信用动态调整过程中的救济权。

---

[1] 《税收征收管理法》第64条规定,纳税人、扣缴义务人编造虚假计税依据的,由税务机关责令限期改正,并处5万元以下的罚款。纳税人不进行纳税申报,不缴或者少缴应纳税款的,由税务机关追缴其不缴或者少缴的税款、滞纳金,并处不缴或者少缴的税款50%以上5倍以下的罚款。

(三)优化纳税信用降级管理方式

第一,构建纳税信用降级预警机制,确保纳税人信用降级前可收到警示信息,有机会避免纳税信用降级。首先,明确税务机关对于可能信用降级纳税人的警示义务,确保税务机关在纳税信用动态调整信息公布前对可能降级的纳税人给予通知。具体而言,则是在有关法律文件中明确"税务机关应当提前警示可能降级纳税人"。其次,明确规定税务机关警示纳税人信用降级可能性的时间与方式。笔者建议,税务机关应当通过短信、邮件、微信、信息平台等方式在纳税信用动态调整信息发布前1周或10天警示可能降级纳税人,为可能信用降级纳税人避免丧失守信激励措施或遭受失信惩罚措施提供修复期间。

第二,完善纳税信用降级后续管理机制,为税务机关的后续管理实践工作提供明确的指引。对于上文中提到的A级信用纳税人降为B级信用纳税人带来的税务管理困境,笔者建议将纳税信用动态调整周期改为3个月。每月公布纳税信用动态调整信息为税务机关带来巨大的工作压力,纳税信用信息公布的过度频繁也使纳税信用动态调整机制的权威性降低。

(四)健全纳税信用动态调整结果公开机制

目前,我国诸多省份已建立起本省内的纳税信用公示平台,对于纳税信用评价结果进行定期公示,但纳税信用动态调整公开范围偏小,公开的及时度偏低。因此,笔者建议,在地方政府纳税信息公布平台上专设一个窗口定期公布纳税信用动态调整信息。一方面,在本省纳税信用信息公开平台[1]上公布纳税信用动态调整信息实现了纳税信用信息的集中公布,能够相对减轻税务机关在信息处理方面的工作量,而纳税信用信息的集中公布也便利了纳税人对纳税信用信息的查询。另一方面,在本省纳税信用信息公布平台上公布纳税信用动态调整信息有利于纳税信用管理制度的长效发展。目前,我国信息公布平台设立简便,数量众多,将纳税信用动态调整信息与纳税信用其他信息在一个平台上进行集中公布有利于实现此平台的长期运行。

---

[1] 目前,我国纳税信用信息公开平台建设模式尚未统一。例如,海南省国家税务局网站与海南省地方税务局网站上均可查阅到纳税人信用等级。而在常州市地方税务局网站上可查到纳税人信用等级信息,国家税务局网站上虽设立了"信用等级查询"窗口,但不能查阅到相关信用信息。

(五)构建纳税信用动态调整监督机制

第一,完善税务机关内部监督机构,提升税务机关内部监督机构的独立性。我国税务机关虽设有督察内审司、监察室等内部监督机构,但由于人员配置、经费使用等不同程度地受制于税务机关,内部监察机构的独立性不足。因此,为了确保税收监督机制可以达到良好的运行效果,有必要切断监督者与被监督者之间的利益联系,提升内部监督机构在人员配置、经费使用方面的独立性,并选拔高素质税务工作人员。

第二,建立有效的税收外部监督系统,构建良好的社会监督氛围。具体而言,需要发挥纳税人、其他机关、新闻媒体的监督力量。在纳税人监督方面,需要在税务实践中保障纳税人合法权利的行使。在税务实践中,需鼓励纳税人在纳税信用动态调整过程中积极行使申诉、复议、诉讼等合法权利。在权力机关监督方面,各级地方人大及其常委会应积极通过日常的税收执法检查、组织代表视察等活动监督税务机关的纳税信用动态管理行为,一旦发现税务机关工作人员与纳税人合谋篡改纳税信用评价结果立即与司法机关联系处理。与此同时,构建政府部门间的相互监督机制。以福建省为例,依据《福建省税收保障办法》,税务机关与国土资源部门、房地产管理部门、公安机关、人民法院等主体建立信息共享机制,通过国家机关内部信息透明化督促纳税信用动态调整机制有效运行。在新闻媒体监督方面,需要让新闻媒体监督整个纳税信用动态调整过程,对其中的违法、违规行为进行如实报道,进一步避免纳税信用动态管理过程中的违法行为。

四、结　语

法律规则的完善需以实践为导向。纳税信用结果公示的滞后性与纳税信用的动态性决定了需建立纳税信用动态调整制度。对于失信纳税人,应在其补缴应纳税款、滞纳金及罚款后恢复其正常纳税信用状态;对于存在失信行为的纳税人,应在发现其上述行为后降低其纳税信用等级。纳税信用动态调整制度有利于保护纳税人的有关权利,提升税收效率。通过对有关纳税信用动态调整制度的规范性文件的考察,笔者发现其在权力主体、修复申请条件、降级管理方式、公开机制、监督机制等方面的不足,并有针对性地提出优化建议。一是增加纳税信用动态调整权力主体;二是完善纳税信用修复申请条件;三是完善纳税信用降级管理方式;四是完善纳税信用动态调整结果公开机制,构建纳税信用动态调整监督机制。

税务事先裁定的理论阐释与省思*

黄家强**

【目　次】

一、问题的提出

2015年伊始，国务院法制办公布《中华人民共和国税收征收管理法修订草案（征求意见稿）》（以下简称《征求意见稿》），其中，首次在征求意见稿中引入了预约裁定制度，见诸该稿第46条。[1] 事先裁定制度在《中华人民共和国税收征收管理法》（以下简称《税收征收管理法》）上的首次呈现，其欲实现的历史跨越应当予以肯定。但仔细品读该条款可以发现，还是存在诸多问题：就立法之表层而言，第46条分别简单地以3项条款规范事先裁定，虽然能够起到基本的制度确立作用，但过于粗放的规定也会使得第46条流于形式，无法在实践中落实。就立法之深层而言，事先裁定的实体与程序框架未能充分建立起来，在实体方面，事先裁定的主体结构、适用范围和受案标准都存在规范不尽合理，含混不清和规定不全等问题，对于纳税人申请事先裁定应当提交哪些相关材料、适用何种

---

* 本文系作者硕士学位论文《税法之事先裁定制度研究》简洁修改版。

** 中南财经政法大学法学院博士研究生。

[1] 《征求意见稿》第46条具体规定如下："税务机关应当建立纳税人适用税法的预约裁定制度。纳税人对其预期未来发生、有重要经济利益关系的特定复杂事项，难以直接适用税法制度进行核算和计税时，可以申请预约裁定。省以上税务机关可以在法定权限内对纳税人适用税法问题作出书面预约裁定。纳税人遵从预约裁定而出现未缴或少缴税款的，免除缴纳责任。"

期间时效以及是否采取收费模式等都需要进一步辩明;在程序方面,如何对申请方与裁定方的行为进行规范以及何以建构起事先裁定的配套机制,亦是《征求意见稿》第46条未能明确之重要议题。

在现阶段,我国作为一个经济大国和税收大国,税制结构已难以适应日益复杂化、国际化和多元化的发展趋势,并且随着我国参与国际事务愈加频繁,税收制度方面亟须与国际社会接轨互融,事先裁定的引入对于我国防控大企业税收风险,树立税务机关的纳税服务形象,保护纳税人权利等具有显著意义。但观之眼下,事先裁定存在中央统一立法缺失等问题,[1]《征求意见稿》第46条规定也是缺陷甚多。因而,本文在认清事先裁定的制度含义、价值目标、法律效力之基础上,借鉴域外先进立法,结合当前我国已有的立法经验和实践先例,积极寻求事先裁定制度于我国的整体构建。

二、税务事先裁定的理论阐释

(一)税务事先裁定制度的基本认知

事先裁定制度作为一项"舶来品",目前将其引入中国税制的第一道难题,就是在中国语境下的称谓抉择。通过对现有事先裁定制度的研究成果的搜集整理,基本上都称为"事先裁定""预先裁定"或"事前裁定",但第46条别具一格,采以"预约裁定"为制度名称,故征求意见稿一经公布,就引发了一些学者对于"预约裁定"译词的争议。[2]其实,我国官方采用"预约裁定"一词,主要缘于与advance ruling相类似的advance pricing agreements(以下简称APA制度)在我国被广泛译作"预约定价安排",[3]为保

---

[1] 2015年4月24日,第十二届全国人民代表大会常务委员会第十四次会议通过了《全国人民代表大会常务委员会关于修改〈中华人民共和国港口法〉等七部法律的决定》,其中对于我国《税收征收管理法》只通过了对第33条的修改决定,《征求意见稿》中的许多特色如纳税人识别号制度、事先裁定制度、税收优先受偿权制度等修订条款暂未予以通过。

[2] 有学者就主张以事先裁定代替预约裁定的称谓,并且认为"预约"一词多为描述单纯的程序性安排,而事先裁定更具实体性,因此无法凸显事先裁定的实体功能。参见刘磊、熊小青:《事先裁定入法应该注意哪些问题》,载《中国税务报》2015年2月6日,第B2版。

[3] 我国现行关于预约定价的规范性文件,如《国家税务总局关于预约定价工作有关问题的通知》《关联企业间业务往来预约定价实施规则(试行)》以及各地方的相关规定,包括理论研究方面如叶姗著的《税法之预约定价制度研究》,都基本上默认了预约定价这一称谓。不过亦有学者提出相对立的观点,如北京大学刘剑文教授就认为应称为"预先定价",具体参见刘剑文:《财税法专题研究》(第三版),北京大学出版社2015年版,第311页文下脚注内容。

持对 advance 一词的翻译一致性，立法者当然地认为应译作“预约裁定”。实际上，从词义本身和制度本意来看，在 advance ruling 与 advance pricing 两种制度之间应对 advance 的翻译作区别对待，将前者译为“预先裁决”，后者译为“预约定价”更能准确地体现两者所具有的制度内涵。[1] 本文认为“事先”较“预约”更凸显该制度的含义，故全文采以“事先裁定”的制度称谓。

从概念上来说，事先裁定是指税务机关就纳税人申请的关于未来的特定事项应如何适用税法而专门发布解释性文件的程序的总称，具有事先性、特定性、服务性、适用性等特征。[2] 就其分类，国外一般分为公共裁定、个别裁定和产品裁定等。[3] 从涵摄税法视角，综观国际上的制度经验，事先裁定基本上存在三种功能定位：适用税法、解释税法和创制税法功能。[4] 这其实反映出事先裁定功能发挥的阶层累进：一般而言适用税法是功能发挥的初阶，其实质是一种固定税法功能；解释税法是功能发挥的进阶，其实质是一种补充税法功能；而创制税法则是功能发挥的高阶，其实质是一种超越税法功能。它们都体现着现有税法

---

〔1〕 参见叶姗：《税法之预约定价制度研究》，人民出版社 2009 年版，第 13 ~ 14 页。但亦有学者主张继续采用征求意见稿中“预约裁定”的叫法，其主要理由有以下 5 点：1. 事先裁定与事中、事后相对应，字义相对较窄，不如预约裁定的外延宽泛；2. 事先裁定仅体现为阶段性过程，预约裁定不但能体现阶段性，而且体现纳税服务宗旨；3. 事先裁定仅是程序性安排，预约既有程序性色彩也有实体性内容；4. 事先裁定易让纳税人误认为是税务机关的内部程序，而预约裁定字面的包容性相对较强；5. 对应和延续预约定价安排的翻译，将来在税务系统会有心理认同的基础。参见王明世：《税收预约裁定制度路径与方法选择》，中国税务出版社 2016 年版，第 3 ~ 4 页。

〔2〕 参见刘磊等：《事先裁定制度研究》，载《税务研究》2012 年第 9 期。

〔3〕 公共裁定实则是税务机关针对税法适用的共通问题进行的“造法释法”过程，类似于税法解释或税收立法，其具有适用范围普遍性，适用事项非特定性，适用对象外在相一致性。它的产生往往需要税务机关通过对个案裁定结果进行个别性信息和共通性信息剥离，就一般税务问题或特定税务问题作出公开的裁定或提供官方的法律见解。如美国联邦税务局（Internal Revenue Service，IRS）所作的税收裁定（revenue ruling），就是联邦税务局通过总结已发布的信函裁定（letter ruling）、专业建议（technical advice），通过研究法院生效判例和税务执业团体的建议而形成的。个别裁定更倾向于一种针对个案的个性化纳税服务，它是对申请人提出的未来交易方案的专门税务处理，裁定机关所作的裁定意见只具有个案适用性。在新西兰还有产品裁定（product ruling）的分类，产品裁定是由税务机关对某些税法条款适用于某些应税产品所作的裁定。参见熊伟：《美国联邦税收程序》，北京大学出版社 2006 年版，第 10 页；[美]罗伊·罗哈吉：《国际税收基础》，林海宁、范文祥译，北京大学出版社 2006 年版，第 549 页。

〔4〕 参见刘磊等：《事先裁定制度研究》，载《税务研究》2012 年第 9 期。

落实到具体税案中的功能导向,起着舒缓税法规定抽象性、局限性以及滞后性与涉税交易易变性、多样性与复杂性之间紧张关系的作用。

与事先裁定制度在我国尚未纳入统一立法规范不同,一些与其有着类似特征或功能的税收制度(如预约定价制度、个案批复制度、事前询复制度和海关行政裁定制度)已经在实践中存在,它们之间既存在各方面的差异(见下表),也存在解决涉税交易或活动事项适用税法不确定性问题的目标一致性,共同勾勒出税务机关和纳税人之间紧密衔接、环环相扣、和谐征纳关系的制度纽带。

预约定价、个案批复、事前询复、海关行政裁定与事先裁定制度的差异对照表[1]

项目	实施者	程序启动	行为对象	涉及税种	实施时间	法律效力
预约定价	国家税务总局	纳税人申请	纳税人	企业所得税	交易事项结束前	个案约束力
事先裁定	省以上税务机关	纳税人申请	纳税人	所有税种	交易事项结束前	个案约束力(效力范围可变更)
个案批复	上级税务机关	税务机关逐级上报	下级税务机关	所有税种	交易事项结束后	个案约束力(效力范围可变更)
事前询复	基层税务机关	纳税人申请	纳税人	所有税种	交易事项结束前	个案参考效力
海关行政裁定	海关	纳税人申请	对外贸易经营者	关税	货物进出口前	普遍约束力

(二)保护纳税人权利的价值维度

1. 税法确定性的原则指引

在税收国家中,为有效保护纳税人权利,防范行政机关可能出现的权力滥用,关于税收的征缴和使用——"征不征税、征多少税、怎么征税、如何用税"等问题都要纳入税法规范的轨道。事实上,就算在民众备受剥削的奴隶社会和封建社会,税收的征管事宜也是有法可依,彼时的"税法"只是作为统治者广纳财源的工具而已。通常,国家会通过以下三种路径达到税法确定性的理想状态:一

〔1〕 参见张剀:《两小时了解税务风险》,中国税务出版社2013年版,第215页。

是基于人民同意制定明确的税收规则来实现税法规范的确定性;二是赋予权力机关、税务行政机关和司法机关一定的税法解释权和行政/司法裁量权,进而实现税法补充的确定性;三是依靠一定的税收制度,如预约定价、个案批复、事前询复以及本文论述之事先裁定,实现税法适用的确定性。以上即构成了税法确定性原则的内部结构,即税法规范的确定性、税法解释的确定性和税法适用的确定性。

税法规范的确定性要求税收立法机关制定出的税法规则必须明确,保证法律条文表述得严谨规范、用语凝练且照顾周全。但立法毕竟不能够过于频繁,否则损及法律的权威性,这就产生了有限的书本上的法(the law on the books)与无限变幻的社会现实(the realities in society)之间永远无法逾越的鸿沟。于是,除了立法要不断适应社会发展的需求以外,还要配合以灵活的立法补充和解释机制。税法解释就体现了这种功能。"解释乃是一种媒介行为,借此,解释者将他认为有疑义文字的意义,变得可以理解。"[1]税法解释就是实现税法确定性的二次推手,不仅要求其本身具有确定性,而且解释的对象也须有进一步明确的必要,否则就失去了税法解释的存在意义。仅有税法规范和税法解释的确定性即税法规则的确定性远远不够,"法的生命在于实施",税法的生命力在于其适用过程中。"税法适用即是在坚持税收法定的前提下,税务机关根据应税事实寻找税法依据,进行法律推理以实现税收的过程。"[2]它是静态税法向动态税法,"死"的税法向"活"的税法行走的过程。税法适用的普遍性与个案复杂性之间存在不可消除的矛盾性,若完全依赖税收立法和税法解释实现税收公平性既不现实也不明智,这时候就需要特殊的制度供给。如事先裁定制度,它通过纳税人向行政机关求助,将他们关于未来复杂交易税法适用的不确定性稀释,获得一个相对确定性的纳税安排,在此基础上消解纳税人的犹豫不决和怀疑惧怕心理。

2. 纳税人权利的内容反射

在保护纳税人权利的价值维度上,事先裁定制度主要反射以下纳税人权利内容,即涉税知情权、税法确定权与合理节税权。首先,纳税人或扣缴义务人有权向税务机关了解国家税收法律、法规的规定,税收政策以及与税收征纳相关的

---

〔1〕[德]卡尔·拉伦茨:《法学方法论》,陈爱娥译,商务印书馆2003年版,第193页。

〔2〕闫志勇:《税法适用理论研究》,载刘剑文主编:《财税法论丛》(第4卷),法律出版社2004年版,第371页。

其他情形。纳税人的知情权一般通过税务机关的行政告知制度获得满足,按照告知所处的阶段,分为事前告知、事中告知和事后告知。事先裁定就属于事前告知,它能够有效消除特定纳税人对于特定复杂的涉税事项的税法适用困惑,保证纳税人的事先知情权。其次,纳税人享有税法确定性及可预测性权利。“税法应该清晰、明确、易于纳税人理解并简便易行,课税要素的规定应当明确、严谨、简洁,没有歧义。有关创设税收权利义务的规范在内容、宗旨、范围等方面必须确定,以使纳税人可以预测其税收负担,并具有可计算性。”[1]一般而言,纳税人在安排一项经济交易时,会对交易相关的成本进行事先的核算,税收成本是其中的重要组成部分。纳税人可从自我的税法学习或专业的税务代理人那里获悉简单交易事项的税法处置,但针对重大复杂的涉税交易,尤其是近年来的互联网金融、股权众筹、企业重组合并等新问题,往往通过税法规则查询和咨询税务代理机构的方式已难以有效应对,并且税收立法和税法解释工作又难以及时跟进,这就致使这类纳税人面临十分重大的税收风险,导致交易机会的流失或税收成本的加重。为应对这一专门问题,事先裁定通过开设税务机关为纳税人答疑解惑的通道,对存有税法适用疑问的交易依法裁定,并在未来交易实际发生时始具法律效力,这样就能以较为灵活的行政裁定方式弥补税收立法和税法解释在此问题上的消极僵化,确保纳税人的税法确定性和可预测性权利。最后,纳税人还享有合理节税权或税收筹划权,它是“依据税收法规所预定之方式,意图减少税收负担之行为”。[2] 通常确保纳税人获得一份准确无误的税收筹划方案,除了聘请具备专门税收知识的税务代理机构以外,还须有确定性的税法规范相对应。然而税法通常具有不确定性和复杂性,[3]纳税人尤其是规模庞大的企业纳税人往往面临涉及重大复杂涉税交易时难以作出较为准确的税收筹划,使得企业陷入未知的税收风险泥潭。为了保障这类纳税人的合理节税权利,通过为他们提供一个明确的税收事先裁定,纳税人可以依据此裁定开展、改变或者放弃交易安排。

---

[1] 丁一:《纳税人权利研究》,中国社会科学出版社 2013 年版,第 263 页。

[2] 陈清秀:《税法总论》,台北元照出版有限公司 2012 年版,第 214 页。

[3] 一般认为税法的复杂性包括税法范围的广泛性、税法规则的技术性、税法授权立法的普遍性、税法解释的多变性和地方之间的税收竞争几个方面。参见刘剑文、熊伟:《税法基础理论》,北京大学出版社 2004 年版,第 169 ~ 170 页。

3. 行政信赖的兜底性保护

整个事先裁定的全过程就是诚实信用原则在税法中的适用,它体现的对纳税人行政信赖利益保护的原理,也是纳税人权利保护中的重要一环。事先裁定之所以能够顺利进展下去,实质就是诚实信用原则在其中发挥着依托性的内在作用力,纳税人依据对行政机关行政行为的信赖利益获取法律上的确定效力。

作为民法的帝王原则——诚实信用原则,一般指在民事活动中,民事主体行使民事权利和履行民事义务时,应本着互相诚实、善意的态度。在公私法理念日益交互融合的发展趋势下,诚实信用原则开始适用于行政法,尤其在税法领域深入渗透。从纳税人的权利与义务角度,税收诚信原则涵盖了两个层面:其一,纳税人的信赖利益保护原则,即纳税人对于税务行政机关所作出的抽象或具体税收行政行为有信赖而不可随意变更的权益;其二,纳税人的诚信纳税原则,即纳税人应当如实进行纳税申报,诚实并积极地履行缴纳税款义务。事先裁定制度的存在意义和顺利进展,是税收诚信原则起着支撑作用的结果。一方面,税务机关的行政裁定一经作出并在未来有原先交易的发生,则纳税人因此获得信赖利益上的保护,可遵照此裁定履行纳税义务,因此少缴税款亦无须补缴。另一方面,事先裁定的作出需要纳税人先提出申请,而且必须如实及时地履行纳税协力义务,如提交准确充分的相关材料,与税务机关保持密切联系等。以上两方面恰好与税收诚信原则的两个层次相对应。另外,在税法适用的具体情形下,当有明确税法规定且税务机关依法行政时,纳税人享有对于法律规范的信赖利益;而无税法明确规定且税务机关依法裁决时,纳税人享有对于行政行为的信赖利益。保护纳税人的信赖利益,一方面,促使税法适用走向确定性;另一方面,也可能存在由于税务机关的不合法或不合理行政行为偏离税法适用确定性的轨道,但纳税人此时基于信赖保护获得了纳税权利的尊重,这正是税法适用的价值所在。税法适用的确定性并非要求完全的依法行政,也包括在税务机关的错误行政行为下保护纳税人的信赖利益之情形。

三、我国税务事先裁定的立法和实践省思

(一)2015 年《征求意见稿》第 46 条之整体评释

具体到条文内容来看,本次修订增加的预约裁定制度规定在《征求意见稿》第 46 条之中,由 3 个条款所组成,本文对此分别评释如下:

第46条第1款规定:“税务机关应当建立纳税人适用税法的预约裁定制度。”实际上此条款发挥的是制度确立的宣示性作用,缺乏对预约裁定制度的法条定义。另外,关于这一条款也引发出两个争议问题:一是制度称谓上,到底称为预约裁定还是事先裁定为宜,关于这一问题本文在前述部分已有回应,故在此就不赘述。二是对于条文中所提的税务机关到底是国税部门还是地税部门或者二者皆可,并未述明。按照通常文义理解以及当前我国事先裁定的制度实践与立法规范来看,如后文将要提及的安徽省国税局税务案例与绍兴市地税局专门立法,我国事先裁定制度应同时可被国家税务机关和地方税务机关所采用。

第46条第2款规定:“纳税人对其预期未来发生、有重要经济利益关系的特定复杂事项,难以直接适用税法制度进行核算和计税时,可以申请预约裁定。省以上税务机关可以在法定权限内对纳税人适用税法问题作出书面预约裁定。”本条款规定了预约裁定的适用条件以及主体结构,但关于预约裁定的适用范围、受理标准、申请材料、期间时效、裁定公开等均未载明,导致事先裁定在立法上的虚设。由于缺乏详细的实体性和程序性规范,事先裁定就只是躺在法律条文当中的铅字,毫无制度执行效力可言。同时,将事先裁定的决定权赋予省级以上税务机关是否合理;税务机关作出裁定的“法定权限”应作何解释;裁定行为书面形式又是否必要;等等。诸多问题都透露出,这一条款仍有许多的待解谜题。

第46条第3款规定:“纳税人遵从预约裁定而出现未缴或少缴税款的,免除缴纳责任。”这一条款被认作事先裁定的法律效力规定,虽然相较国外同类立法,有所突破,但不得不承认还有许多需要进一步规范的地方。如该条是关于纳税人遵从裁定时的法律效力结果,那么当纳税人不遵从裁定或税务机关撤回、撤销裁定时法律效力又当何如;此外,若裁定可予公开,则对第三人有无同案适用效力;最后,若纳税人遵从裁定出现多缴税款的,则纳税人可否行使多缴退税请求权利;等等。

总而言之,本次修订增加的预约裁定条款,虽然首次将这一崭新的税收制度推向立法层面,但第46条之规定也并非全面、科学,事先裁定的实体性和程序性框架依然未能建立,导致这一制度仍旧停留在立法确认层次,很难真正付诸实践。

(二)现行事先裁定的规范模式

目前,我国的事先裁定规范存在中央与地方两种异质模式,即契约规范模式与立法规范模式,前一类型表现为通过税企之间签订税收遵从协议的方式获得事先裁定,见诸中央税务主管部门所制定颁布的大企业税收风险管理政策文件之中;后一类型表现为通过专门制度规范的地方立法模式,以实现事先裁定的常态化、权义化,往往依赖于一些地方的现行立法。这两种模式完全属于不同的规范思路,即契约式与立法式的模式差异。

1. 通过税收遵从协议的中央契约模式

按照税收遵从理论,税务行政过程是税务机关依法征税和纳税人依法履行纳税义务的过程,因此税收遵从包含了征税遵从和纳税遵从两个方面。一般而言,主要通过创设权利义务和依靠国家强制力的途径来实现税法的强制遵从。但随着税收征管和税收风险的复杂多变,完全依靠加大税务机关的执法力度已不能够弥补税法上强制遵从的缺陷,这就需要通过寻求制度引导和激励机制来实现道德或制度上的自愿遵从,在税法规范本身所具有的法律约束力之外,另外形成税法制度上的道德牵引力。中央税务主管部门目前之所以将事先裁定条款规定在税收遵从协议当中,一方面,是基于现有事先裁定立法尚未成熟这一现实条件下的应对之策;另一方面,是将事先裁定视作大企业税收风险防控工具和提高税收遵从程度的制度途径。

2009 年国家税务总局第 131 号文《全国税务系统 2010—2012 年纳税服务工作规划》中提出要建立起的“始于纳税人需求,基于纳税人满意,终于纳税人遵从”的纳税服务新格局,提高纳税人遵从度自此被正式确定为我国税务管理的目标。此后,2011 年 7 月,国家税务总局印发《大企业税收服务和管理规程(试行)》,率先提出“税收遵从协议”这一概念,并对税收遵从协议的签订和实施提出了要求。[1] 目前,我国的税收遵从协议主要包含的征纳双方的权义配置条款、重大事项报告条款、税务风险防控条款、税收事先裁定条款等,也主要发生在税务机关与大型规模企业之间。[2] 其中,税收事先裁定是大部分税收遵从协议当中的必备条款,它实则是税务机关为帮助大企业防范重大税收风险,向企业纳税人所提供的一项针对性、个性化的纳税服务。

---

〔1〕 参见李伟:《大企业税收遵从协议的实践与思考》,载《国际税收》2013 年第 7 期。

〔2〕 如 2012 年 10 月 12 日,国家税务总局分别与中国海洋石油总公司、中国人寿保险(集团)公司和西门子(中国)有限公司 3 家定点联系企业签订了税收遵从协议。参见李伟:《大企业税收遵从协议的实践与思考》,载《国际税收》2013 年第 7 期。

我国事先裁定第一案——安徽马钢资产重组涉税案[1]正是体现了事先裁定现有的操作特色。它并不同于国外的事先裁定流程:其一,一般意义上的事先裁定需经纳税人的申请方可启动,而本案中虽然也是由纳税人——马钢集团公司申请事先裁定,但申请缘由并非基于纳税人的自我察觉,而是基于税务机关主动与企业的沟通和建议。关于国家税务总局2011年第13号公告所规定的税收优惠政策,[2]实际上涉税企业并不知情。因此,归根结底,这是税务机关主动为纳税企业提供节税支持和纳税服务,与事先裁定所具有的行为上的被动属性有所不同。其二,通常国外的事先裁定制度有专门立法规范,但本案中马钢集团公司之所以能够申请事先裁定,主要基于当年安徽省国税局与马钢集团等4家大企业签订的《税收遵从合作协议》。根据该协议,签约企业有权就未来可预期的重大交易事项如何适用税法,向省国税局申请事先裁定。

2. 通过专门制度规范的地方立法模式

和大部分地方税务机关通过与大企业纳税人签订税收遵从协议获得事先裁定制度支持不同,我国一些地方也有过立法上的尝试。除了青岛市李沧区国税局创造性地提出建立事前询复这一类似事先裁定的制度以外,2015年,浙江省绍兴市地方税务局也出台了《特定涉税事项事先裁定管理办法》。这是我国地方上关于事先裁定制度的第一个专门立法规范,对于事先裁定的适用范围、法律

---

〔1〕 2013年年初,安徽马钢集团公司决定将下属马钢股份公司非钢产业进行剥离,剥离出的非钢业务整合归并到集团公司。按照马钢集团原来的资产重组方案,此项交易涉及金额15.82亿元,需缴纳的各项税费共2.68亿元。后安徽省国税局专门就资产重组涉税事项与马钢集团深入沟通,指出原资产重组方案不能满足现行税收优惠的几个问题,并提出了针对性意见。根据安徽省国税部门意见,马钢集团研究决定调整资产重组方案,将马钢股份有限公司下属的汽运公司等8家分公司整体出售给马钢集团,并将调整后的方案正式向安徽省国税局申请事先裁定。安徽省国税局根据国家税务总局2011年第13号公告的规定,对马钢集团申请资产重组涉税事项作出了如下裁定意见:“马钢集团此次资产重组中,汽运公司等8家分公司整体出售业务,不属于增值税的征税范围,不征收增值税。”参见永泉等:《安徽国税局向大企业提供事先裁定服务》,载《中国税务报》2013年11月25日,第A03版。

〔2〕 《国家税务总局关于纳税人资产重组有关增值税问题的公告》(国家税务总局公告2011年第13号公告)中规定:“纳税人在资产重组过程中,通过合并、分立、出售、置换等方式,将全部或者部分实物资产以及与其相关联的债权、负债和劳动力一并转让给其他单位和个人,不属于增值税的征税范围,其中涉及的货物转让,不征收增值税。”

效力、裁定机关等均有所涉及。[1] 这种针对事先裁定的专门立法模式，不仅是制度上正式确认，也是对事先裁定的认识达到一定程度时的理论产出。目前，虽然我国有欲确立事先裁定制度的计划(《税收征收管理法》修订稿中引入事先裁定条款可见一斑)，但现阶段无论从税收理论研究还是税务实践来看，离这一目标仍有相当的距离。

(三)事先裁定的规范进路

上述的两种规范模式实际上代表了我国现阶段与未来关于事先裁定制度规范的两种不同态度。首先，在理论研究和制度经验并不充分的当下，为应对纳税人特别是大企业纳税人对事先裁定的强烈制度需求，通过税务机关逐步与大企业纳税人签订税收遵从协议的方式，并在其中规定事先裁定适用条款，以此实现对大企业的契约治理。其次，在地方先行先试的试点阶段和未来统一规范阶段，纳税人申请事先裁定不再基于和税务机关签订的事先税务协议，而要依据专门的法律法规，此时事先裁定所遵照的不再是契约治理路径而是依法治理路径。这两种规范路径并无优劣之分，现实中也存在各自的需求基础。事实上，现代税收治理的理想状态就是实现契约治理与依法治理的结合。但毋庸置疑，事先裁定制度本质上还是关系到纳税权利和税务权力的规范行使等问题，进而为实现事先裁定流程的顺利进行，对事先裁定进行立法规范当属必然趋向。

当然，考虑到我国当前对于事先裁定制度的理论研究与实践运作并不充分这一现状，在一定时期内还将继续保持现行的契约规范与立法规范相并存局面。但随着《税收征收管理法》的进一步修改完善，未来事先裁定制度成为《税收征收管理法》规范条款之一指日可待。在税法理论界与实务界的共同努力下，可以预见，事先裁定条款进入《税收征收管理法》之后还将出台专门的事先裁定制度的具体规范，推动事先裁定在《税收征收管理法》的基础上进一步专业化、具体化。

四、税务事先裁定制度的应然结构

我国事先裁定制度的整体建构应从两个方向着力，即从事先裁定的实体性

[1] 参见王亚军:《绍兴市地税局出台特定涉税事项事先裁定管理制度》，载中国税网:http://www.ctaxnews.com.cn/xinwen/difang/201509/t20150908_62954.htm，最后访问日期:2016年10月14日。

要求与程序性规范出发,谋求建立针对这一制度的专门立法规范。当然,由于《税收征收管理法》篇幅限制及其基本税收制度的确立功能,除了需要在《税收征收管理法》中简要确立事先裁定制度以外,还需要制定详细的关于事先裁定的专门规范文件。总之,从事先裁定的制度构建和具体实施角度来说,细化研究事先裁定制度内容尤为必要且具有十分重大的理论和现实意义。

(一)实体性框架

首先,在事先裁定制度的主体结构上,需要解决两个焦点问题:一是主体范围,申请方和裁定方的范围确定;二是主体适度,即由省级以上税务机关作出裁定是否合理。

1. 主体范围

从主体范围确定角度,包含申请方与裁定方两个主体。首先,对于申请方而言,《税收征收管理法》征求意见稿中单单表述为"纳税人",这往往造成适用上的困解,比如纳税义务人、税务代理人、纳税担保人、代扣代缴义务人等能否有权申请事先裁定,即这里的纳税人应作狭义解释还是广义理解。过去很长时间内,税法上通常将纳税人定位等同于纳税义务人,"纳税人又称纳税义务人,是指税法规定的负有纳税义务的单位和个人"。[1] 但随着纳税人权利保护在我国日渐受到重视,纳税人概念逐渐摆脱了其作为"纯粹收入工具"的境地,在公民概念语义下被赋予新的含义:"纳税人是指依照税法享有权利并承担义务的、具有纳税能力的单位和个人。"[2] 对纳税人概念范围的认识应当在遵从是否有利于纳税人权利保护的税法宗旨出发。认识到这一点,我们就知道,事先裁定制度的税法宗旨就是以保护纳税人权利为纲要,因而,应当从广义理解此处的纳税人概念。即事先裁定的申请人不但包括税收债务的法律负担者——纳税人,也包括税收债务的实际或可能负担者——纳税义务人、纳税担保人,由于某些税种缴纳程序的不同,还应包括代扣代缴义务人,此时的代扣代缴义务人相当于纳税人的权益代理人。

另外,关于税务代理人可否申请事先裁定,有一种观点认为如果让税务代理人申请事先裁定,可能出现一种情形:"财务中介机构找税务机关,前来咨询,转

---

〔1〕 刘剑文主编:《财政税收法》,法律出版社 2004 年版,第 196 页。

〔2〕 黎江虹:《经济法主体研究:以纳税人为视角》,载张守文主编:《经济法研究》(第 15 卷),北京大学出版社 2015 年版,第 134 页。

身就把敲定的方案作为税务筹划方案卖给企业。"[1]这种忧虑不无道理。但或可通过设置代理人凭借委托代理书申请的前提条件有效解决这一问题。另外，若发生此种情形，还可追究税务代理机构的民事、经济、行政甚至刑事责任。由于企业纳税人忙于经贸来往，对于涉税事宜又往往缺乏专业知识，企业税收筹划以及涉税安排在都交予专业的税务代理机构的情况下，如果不让税务代理人有权申请事先裁定，将会增添纳税人负担。其实，上述观点也可在我国台湾地区"预先核释作业要点"中找到佐证，其第 2 条即规定"……依据纳税义务人或其代理人之申请……"由此可见，我国台湾地区认为事先裁定申请人包括纳税义务人或其代理人。最后，对于裁定方而言，关于事先裁定制度到底适用于国税、地税还是两者皆可，前已论述完结，故不再赘述。

从裁定主体适度角度，由省级以上税务机关作出裁定是否合理。目前，我国的事先裁定制度之所以这样规定，一是基于现实条件下事先裁定适用范围有限，仅限于针对个别的大型企业的特定复杂涉税事项，基层税务机关并无能力处置如此复杂的税法适用难题，将裁定权力交予省级以上的税务机关，能够大体在遵从国家税法规范规则下作出较为准确的事先裁定；二是我国当前各级税务机关的能力素质参差不齐，基层税务机关负担较多、较细的税收征管任务，却面临人才、硬件设施等方面的短缺问题，一旦将事先裁定的权限扩充至基层税务机关，则可能导致行政负担的显著增加，不利于基层税务行政的有效开展；三是事先裁定与纳税咨询有着很大的不同，一般性的税法适用问题可以通过向当地的基层税务机关咨询，只有特定的复杂事项才可适用事先裁定，因而，基层机关应着重负担起大量烦琐的纳税咨询事项，不宜触及事先裁定，若将裁定权下放到基层税务机关，将弱化事先裁定的制度效力。综上，目前将事先裁定权赋予省级以上税务机关是必要的，但随着我国企业规模的不断壮大和经贸活动的升级以及区域化、国际化的趋势，未来应根据事先裁定制度的渐进成熟，将此权力进一步下放至经济发展较为活跃的地级市税务部门。

此外，还有一个需要厘清的问题：是否有必要设立专门的事先裁定机构。观之域外，设立专门的事先裁定机构成为许多国家的普遍做法，如瑞典就设有独立于税务部门的专门司法机构——事先裁定委员会负责受理和签发事先裁定。印

[1] 王培霖：《国税局探索税收事先裁定——安徽马钢首试点案例》，载《第一财经日报》2014 年 8 月 14 日。

度的事先裁定则由独立于税务机关的、半司法性质的高级别机构——事先裁定局来承担。[1] 我国台湾地区则有所不同,在"财政部"下设"预先核释委员会",其组成成员由"赋税署""税制委员会"及各地区"国税局"派人担任之。上述可知,大多数设立专门事先裁定机构的国家和地区通常有两种做法:一种是设置司法性质或半司法性质的专门机构;另一种是设立行政性质的专门机构,由此也造成了事先裁定的两类模式——司法模式和行政模式。结合我国的税务行政特点,未来也较宜设立隶属于税务行政部门的专门事先裁定机构,一方面能够集思广益,使裁定更为科学准确,捍卫事先裁定制度的实施效果;另一方面也能够真正解决纳税人税法适用疑惑,最终保护纳税人合法权利。

2. 事先裁定的适用范围

从事先裁定的适用范围来看,《征求意见稿》中并无相关规定,事先裁定制度具体适用于某些税种还是全部税种;对纳税人预期未来发生、有重要经济利益关系的特定复杂事项到底包括哪些;哪些涉税事项不应适用事先裁定制度。上述问题都不见立法回应,应当成为未来立法进一步着重研究的重点。结合我国台湾地区关于事先裁定适用范围的规定,[2]预先核释制度必须要符合一年之内拟行交易的性质要求,这是事先裁定制度本身所具有的事先性决定的。另外,其适用范围还要以涉外属性、交易金额和重大经济效益三要件为评判标准。首先,对于涉外属性要件,预先核释仅限于适用跨国交易或投资之国际租税案件,国内投资或交易案件被排除适用,这主要是当时制度出台的背景所致。但不容置疑,这种于国内和国际两类交易之不同对待,并不能够通过宪法上"平等原则"之检验。[3] 其次,设置交易金额要件主要在于排除中小企业对于事先裁定的适用,这与目前我国在大企业税收风险管理中实行事先裁定有异曲同工之处。最后,

---

[1] 参见刘磊等:《事先裁定制度研究》,载《税务研究》2012 年第 9 期。

[2] 我国台湾地区"预先核释作业要点"中关于预先核释的受理范围规定在第 2、4 条,其具体条文列述如下。第 2 条规定:"本要点所称预先核释,系指'财政部'依据纳税义务人或其代理人之申请,就一年之内即将采行之个别交易于税法上之适用,所作之核示或解释。"第 4 条规定:"预先核释之申请,以跨国交易或投资之国际租税案件,并符合下列条件之一者为限:(一)投资金额不含土地达新台币二亿元以上或首次交易金额达新台币五千万元以上。(二)对'我国'具有重大经济效益者。"

[3] 张藏文:《税务预先核释机制之研究——兼论德国税法上承诺(Zusage)》,中原大学 2005 年硕士学位论文。

对于重大经济效益要件，与《税收征收管理法》征求意见稿中的“有重要经济利益关系”似乎亦有相同，但此不确定法律概念应如何加以理解值得深思，对于其之判断将影响该案件有无可能适用事先裁定。此外，我国台湾地区还规定了11种预先核释制度的除外情形，[1]但关于不予事先裁定的范围，即使在制定有专门的预先核释制度规范的我国台湾地区，在理论界也是备受质疑。[2]不过上述质疑也可为我国未来的事先裁定适用范围条款提供以下大体思路：一是要规定事先裁定的可行适用范围与不予适用的范围，从正反两方面进行全面规范；二是要在认清事先裁定的制度内涵和我国现有的税务实践状况，实现事先裁定适用范围规范的本土化与国际化对接。

虽然我国当前并没在国家立法上确立事先裁定制度，更无相关之中央专门规范，但关于事先裁定的税务实践和地方立法已经开始崭露头角。目前针对事先裁定适用范围的规定，主要见诸《纳税信用管理办法（试行）（征求意见稿）》和绍兴市《特定涉税事项事先裁定管理办法（试行）》两项规范性文件之中。其中，前一文件只是简单提及事先裁定适用之信用要件，即“连续3年被评为A级信用级别[3]

---

[1] 我国台湾地区“预先核释作业要点”第6条还从反面规定了不予预先核释的11种情形。“申请预先核释案件有不符合前二点规定或下列情事之一者，‘财政部’将不予预先核释：（一）对单纯事实或资产价值之认定。（二）属于假设性之交易，或非即将于一年内采行之交易。（三）交易已发生，或为即将申报或已申报之案件。（四）与申请案件主要问题类似之案件正处行政救济程序中。（五）申请人所提供之资讯不充分，经通知限期补正而未补正。（六）所陈述之重要相关内容不正确或有虚伪不实。（七）申请内容主要涉及所得税法第43条之一有关交易之收入、成本或费用计价方式之确定。（八）涉及赋税以外相关法规之解释。（九）涉及国外法律之解释。（十）申请目的系为租税规避，而非认真考虑进行之交易。（十一）其他不宜预先核释之案件。”

[2] 我国台湾地区有学者对上述所列的11种情形中第1、2、4、6、8、9、11项提出了如下疑义：第1项中的资产价值认定的问题既非单纯事实之认定，而有其税法上意义，则似应有本作业要点之适用空间，而不须加以排除；第2项中的所述情形将有实际上之认定困难；对第4项中所列情形加以排除之目的或许在于避免将来再生争讼之问题，但此理论并不能够成立；第6项所述的“重要相关内容”到底为何并未说清；第8、9项之情形应为税务机关无权为解释之情形，而非应不予预先核释之问题；第11项之内容，有使税务机关滥用此兜底条款不予预先核释的行政裁量风险。参见张藏文：《税务预先核释机制之研究——兼论德国税法上承诺（Zusage）》，中原大学2005年硕士学位论文。

[3] 根据《纳税信用管理办法（试行）（征求意见稿）》第17条关于纳税信用级别的规定：“纳税信用级别设A、B、C、D四级。A级纳税信用为评价指标得分90分以上；B级纳税信用为评价指标得分60分以上90分以下；C级纳税信用为评价指标得分30分以上60分以下；D级纳税信用为评价指标得分30分以下和直接判级确定的。”

的纳税人,可以适用税务事先裁定”。由此不难看出,目前我国的事先裁定只能够适用于规模大、信用好、与税务机关签订税收遵从协议的企业纳税人,只在适用对象范围上进行了限缩,但对于事先裁定能够解决的具体涉税事项仅以“特定的复杂涉税事项”概述,使得操作不易。值得欣慰的是,在后一文件中,其对事先裁定所针对解决的特定涉税事项进行了具体化,指出特定涉税事项包括企业资产重组(股权转让、合并分立等)、资产转让、重大投资以及重大政策适用等;同时还明确,对于正在被稽查、审计或纳税评估,不在受理管辖范围内,已经主管税务机关受理,未按要求提供资料,认定事实清楚、依据充足五种情形不得适用事先裁定。〔1〕但总的来看,我国事先裁定制度的适用范围仍然存在界定不清、立法缺失、规范不合理等问题,应成为未来立法完善的焦点所在。

关于受案标准,《征求意见稿》第46条提出的“难以直接适用税法制度进行核算和计税”是种消极受案标准。对比之下,我国台湾地区“预先核释作业要点”实质上确立的是一种“有税法适用阻碍”的积极立案标准。两种受案标准代表着不同的征管思维。前者是对纳税人权利行使空间的限制,后者是对纳税人权利的极力彰显。此外,就“难以直接适用税法制度进行核算和计税”的消极受案标准而言,也存在许多未能解决的问题。首先,核算和计税是否是事先裁定制度所能解决的问题全部。按照《征求意见稿》第46条第2款中规定“税务机关对纳税人适用税法问题作出预约裁定”,可见我国事先裁定制度的功能定位为适用税法功能,税法适用是税法文本具体适用于税务实践的过程,它不仅包含某一涉税事项的税收金额核算和计税,还应包括税收征管方式的确定和税收优惠政策的适用等。其次,直接适用税法进行核算和计税有困难的情形下方可提出事先裁定申请,若间接适用税法时又能否提出相同申请。按照此种逻辑推导,税法适用只包括直接适用税法并不包括间接适用税法,这与实际的税务实践存在巨大的背离。

综上所述,笔者倾向于摈弃“难以直接适用税法制度进行核算和计税”的消极受案标准,改以“有税法适用阻碍”的积极立案标准。这样做,一方面,可以更加有利于保护纳税人权利,扩大事先裁定的制度效果;另一方面,也使得税务部门在受理事先裁定申请时能够更加清晰地判断,减少行政权力的不当干预。当

---

〔1〕 参见绍兴市地方税务局《特定涉税事项事先裁定管理办法(试行)》关于裁定范围的规定,文件来源于笔者向绍兴市地税局申请的信息公开。

然,目前我国设置事先裁定受案的消极标准,确有其顾虑:担心行政机关难以应对庞大的事先裁定申请数量,导致裁定效率低下。但在未来可以预见,随着税务机关行政效率的跟进和服务意识的增强,事先裁定制度的功用将更加凸显。

再者,除了在主体结构、适用范围和受案标准方面存在巨大的立法漏洞以外,事先裁定的申请要求具体提交哪些申请材料,适用何种期间时效以及是否采取收费模式等都是需要进一步辩明的地方。

(1)申请材料。之所以要对申请所需的材料进行具体化,这是纳税人必须充分履行协力义务的要求所致。对于申请事先裁定需要哪些材料,我们或可从我国台湾地区"预先核释作业要点"第5条[1]中找到解答。有鉴于此,我国未来的事先裁定规范必须明确纳税人提出申请时,应当按照法定形式提供充分的材料。首先,就申请材料的具体内容来说,应当包括申请人相关情况的说明材料、可适用事先裁定制度的证明材料、涉税交易事项的相关陈述材料等;其次,就申请材料的提交方式而言,应以书面形式为准。同时,为遵循简化程序和便利纳税人原则,还应允许电子书面形式,针对纳税人自身无法提供的信息材料,税务机关有义务帮助查找或寻求有关机构提供。

(2)期间时效。期间时效制度于法的具体实践有着规范行为和确保法律效果稳定的双重意义,它包括期间规定和时效规定两种类型。《征求意见稿》第46条中并无涉及事先裁定之期间时效的相关内容,导致事先裁定制度难以真正实践,存在很大的立法漏洞。笔者认为,未来《税收征收管理法》的进一步修订或者对事先裁定进行专门规范,应当补充规定事先裁定的期间时效制度。首先,就期间规定而言,要对事先裁定中申请人的裁定申请期间、相关材料提交期间,以及裁定机关的受案期间、裁定期间、公告期间、公开期间等作出详述规定。以我国台湾地区预先核释制度为例,虽有对裁定机关受理期间与裁定期间的条文规定,但欠缺对申请人履行纳税协力义务的期间设定,导致行使权利与权力的规范不平衡。因此,我国未来的事先裁定专门规范应从申请人和裁定机关两类主体

---

[1] 我国台湾地区"预先核释作业要点"第5条规定:"申请人申请预先核释,应依规定格式载明下列事项,并检附相关资料及证明文件向'财政部'申请:(一)申请人之姓名(名称)、身份证字号(统一编号)、住址等基本资料。(二)委托代理人申请者,应检附授权书正本。(三)申请目的、适用之相关税法规定、适用疑义及专业建议。(四)对申请案件相关内容之具体陈述及重大假设。(五)申请案件涉及之课税年度及税收影响。(六)申请案件之性质、金额或对我国经济效益之分析。(七)申请案件是否有本要点第6条有关不予核释之相关情事。"

出发,对期间进行全面规定。其次,就时效规定来说,由于事先裁定针对的是拟行交易的税法适用问题,而往往商贸交易往来变幻万千,税法规则和税收政策也是更改频繁,涉税交易一刻未有发生,税法适用就一刻难以确定,因而,有必要规定事先裁定的适用时效制度。

(3)收费模式。本质上,事先裁定作为一项个性化的纳税服务制度,依据《税收征收管理法》第7条[1]"税务机关无偿提供纳税服务"的原则,自然不应采取收费模式。但事先裁定制度毕竟与一般的纳税咨询服务有所不同,一旦采用免费模式,则又沦入纳税咨询的制度轮回。特别在税法不确定性较为严重的当下中国,事先裁定制度可能存在的滥用将导致税务机关负担加重,征管工作重心偏移等问题。为规避前述问题,向申请人收取合理的行政处理费用也属正当合理,只不过对决定收费的法理辩明、权力配置以及费用去向都要作出统一的规范。一方面,采取收费模式能够避免申请的泛滥以实现事先裁定真正的制度价值,防止因将事先裁定制度与纳税咨询制度混为一谈而导致功能淡化,减少税务机关滥用权力拒绝受理事先裁定申请的不法行为。另一方面,采取收费模式也不会侵犯纳税人权利。首先,采取收费制将绝大部分并不适合事先裁定的申请人筛选出去,这部分纳税人本身就可以通过理性选择纳税咨询服务来满足其对税法适用确定性的要求,也就是说,实行收费并不影响非属于事先裁定范围的纳税人之权利。其次,属于事先裁定适用范围的申请人,其通过获取税务机关的事先确定性裁定,并在此基础上能够从容地进行交易安排,一定程度上减少了申请人的机会成本和税务风险;而税务机关确实也为裁定结果付出了一定的时间、人力等成本。表面看来,纳税人确实承受了一定的费用负担,但权衡相较之下,其未来可期待经济利益和纳税人权利得到了根本保障,实际上是以金钱负担替换了心理负担,并获取了交易机会以及带来的可期待经济收益。

(二)程序性框架

从制度运行的整体过程可以发现,事先裁定是一项由申请人与裁定机关共同参与的活动:由申请人提出申请并提交充分材料后,裁定机关依法受理并作出裁定。如若想建构起事先裁定的程序性框架,必须首先从事先裁定的申请与裁定二元主体之行为规范出发,一方面,确保申请人按照要求进行申请,充分履行

---

[1] 《税收征收管理法》第7条规定:"税务机关应当广泛宣传税收法律、行政法规,普及纳税知识,无偿地为纳税人提供纳税咨询服务。"

好税法规定的纳税协力义务；另一方面，也要对裁定机关行使裁定权力进行规范制约，防范税务机关利用权力作出违法或不合理裁定。

1. 申请人协力义务的充分履行

权利与义务总是相伴而生的一对概念，在极尽宣扬纳税人权利主题的现代税收国家中，纳税人义务的概念也不可忽视。我国台湾地区学者葛克昌将税法上的纳税人义务划分为两类，即“金钱给付义务（税捐债务）与作为、不作为义务（协力义务）”。[1] 其中，纳税协力义务是为保证税捐债务的履行过程正当有效，在纳税人与税务机关之间进行的“一种合作式工作分配”。它既包括纳税人自主申报纳税和进行税务登记的义务，也包括面临税务调查时的积极配合义务。在事先裁定的制度运行过程中，以纳税人提出申请作为程序启动的标志，基于申请人提交的所需充分材料，税务机关在查清事实真实性的基础上方可依法作出裁定。这就意味着纳税人欲求得适用事先裁定制度并获得准确可靠的裁定结果，必须诚信且积极充分地履行协助义务。首先，纳税人必须按照税法要求提交全部的申请材料，并且保证所述事实的真实性和合法性。其次，当税务机关依法对申请中所涉事实进一步确认和实地调查时，申请人还须积极予以配合。只有纳税人充分且诚信地履行上述协力义务，方可确保税务机关所获得的裁定事实基本准确，顺而实现正确适用税法作出有效裁定，否则，纳税人就要承担非诚信或未充分履行协力义务时的不利后果，造成裁定的不适当或适用效力的终结。

2. 裁定机关自由裁量权的有效控制

众所周知，事先裁定所针对解决的大都是税法未有明确规定的复杂涉税交易具体适用税法问题，税务机关基于裁量权依法作出裁定，能够以此方式弥补税法不确定的缺陷。但行政裁量权力若放任扩大而不受任何限制，则有可能发生税务机关随意裁定、选择裁定等不利于纳税人权益的违法行为，因而有必要对裁定机关的自由裁量权进行有效控制。笔者认为，欲实现对裁定机关自由裁量权的有效制约，可以从三方面进行：一是坚持在既有税法规则范围内依法裁定，以服务纳税人为行为宗旨，维护纳税人合法权利，确保裁定符合正当性要求；二是详细规定事先裁定中对裁定机关的行为规范，如裁定作出的程序要求、期间限制等；三是构建违法裁定下的行政追责机制，赋予申请人以事前参与、事中异议和

〔1〕 葛克昌：《协力义务与纳税人权益》，载《月旦法学教室》2010 年第 92 期。

事后救济的全方位监督体系。

3. 公开、问责与救济机制的建立

(1)建立事先裁定制度的行政公开机制。首先,事先裁定有着公开的必要性和可行性。就公开的必要性而言,虽然具有解决专门问题的特征,但事先裁定毕竟为纳税服务制度之一种,本着"为纳税人服务"的现代税收征管理念,有必要让其他纳税人知晓税务机关对于相应涉税情形时的处理态度,并在其基础上进行合法前提下的同案适用;从公开的可行性来看,若通过界清事先裁定的公开性与纳税人隐私权保护之间的边界,以及明确告知纳税人事先裁定的特定适用情形与参考效力,〔1〕取得公开事先裁定的利他效应是完全可行的。其次,就事先裁定能够予以公开的范围这一问题,关键在于如何有效平衡税收征管与隐私权之间的关系纠葛。"税收征管目的在于保证国家财政权利的实现,而隐私权则是保证个人对其个人信息予以自决或控制的宪法性权利,如何实现两者之间的有效制衡,便成为决定税收法治秩序实现的重要制约因素。"〔2〕在我国香港地区,主要通过两条路径实现上述关系平衡,即"只选取与公众利益相关的裁定"进行公开和对公开裁定涉及的纳税人身份信息等隐私内容进行编辑处理;另外,也明确了事先裁定可予公开的内容,包括纳税人名称和识别号、适用期间、依据事实和条件、解决问题、裁定结果及原因、裁定人员的签名与职务、签发日期、裁定编号等。最后,关于经公开的裁定是否有适用于第三方的法律效力问题,换言之,可否将公开的裁定作为申请人以外的纳税人之信赖基础。按照一般理解,"纳税者因信赖稽征机关的特定行政行为,据以执行无法回复的财产上处置,纳税者之信赖如此时较值得保护时,则行政之合法性原则必须让步,于此情形即可阻滞税捐债权之请求"。〔3〕不过,此时信赖利益保护原则的适用应满足"同案适

---

〔1〕 例如,我国香港地区事先裁定个案公开前述说明,"所公布的裁定只作一般参考之用。纳税人若要依赖这些裁定必须要小心谨慎。只有在有关事实与所拟进行交易完全相同的情况下,才可参照一项裁定。在这方面,应留意相类似的交易通常都会有不同的事实。如对拟进行的交易与已裁定的交易是否相同存有疑问,纳税人应要求作出裁定。此外,亦须小心确定《税务条例》的有关条文或解释及执行该等条文的有关案例没有改变,因为税务局必须施行现行的税务法例。同样地,假如一项裁定所述及的行政处理方法竟然被利用作为避税的工具,则该项裁定可能已不再适用"。

〔2〕 汤洁茵:《税收征管与隐私权的冲突与制衡》,载《河北法学》2008 年第 12 期。

〔3〕 陈清秀:《税法总论》,台北元照出版有限公司 2012 年版,第 264 页。

用”和“合法适用”之要件,对于和原裁定所涉情形不完全一致或有逃避税行为动机的其他纳税人并不具有基于普遍信赖利益下的裁定适用效力。

(2)建立事先裁定制度的权力问责机制。税务机关作出的事先裁定对于申请人而言并非完全的可靠,有可能因为纳税人没有充分履行协力义务,税务机关对税收法规理解有误以及滥于作为或不作为,相关法律法规变更或废止等诸多原因,产生异常裁定问题,导致不当侵害纳税人的合法权益。为有效抑制裁定机关的裁量空间过于宽泛,更加规范事先裁定行为,必须建立起针对异常裁定的行政追责机制。首先,对于因纳税人未能充分履行协力义务的申请方主观因素导致的异常裁定,此时发生的错误裁定结果并非源自税务机关之过错,应由申请人承担自身过错导致的不利后果。不过鉴于为纳税人服务的理念,裁定机关可以基于申请人的全新陈述事实作出新的裁定。这也可从我国台湾地区“预先核释作业要点”第9条中找到对照。[1] 其次,对于因裁定机关的过错而导致的错误裁定和因裁定机关的违法作为或不作为导致的违法裁定或行政不作为,前一错误裁定自可经纳税人的正当救济权利予以纠正,后一违法裁定或行政不作为,不仅纳税人有合法救济的权利,并且还应追究相关人员的行政责任。最后,对于因相关法律法规的变更或废止而导致裁定失去依据的,由于这并非裁定机关的意志可控,自不应有适用行政追责机制的必要。但须明确的是,此时裁定应自相关法律法规变更或废止之日起停止适用。

(3)建立事先裁定制度的司法救济机制。关于纳税人是否有对不利于自身的事先裁定进行司法救济的权利,实际上并无一致答案。实际上,这与事先裁定的行为性质密切关联,按照行政处分说的观点,事先裁定是一种类似于具体行政行为的制度,纳税人因而具有诉讼救济的权利。但事先裁定所对应解决的是尚未实际发生的拟行交易,由于税收债务还未能成立,所作之裁定于申请人而言也只具有当下的参考效力和未来预期的法律效力,就算对申请人极为不利,但只要申请所涉交易未能发生,对于申请人就无法产生致损后果。不过,若税务机关违反事先裁定制度规范作出裁定,甚至对于裁定申请应予受理而拒不受理或拖延裁定、拒不裁定,则此时由于严重损及纳税人依法享有的通过事先裁定获得专业

---

〔1〕 我国台湾地区“预先核释作业要点”第9条规定:“申请人对实际交易行为所提供之资料不正确或有严重遗漏,或为不完全或错误之陈述,致‘财政部’依该资料或陈述作成核释者,‘财政部’得重行审议之。”

化、一对一的纳税服务利益,自应肯定纳税人通过司法诉讼获得公力救济的权利,以便同时起到监督裁定机关行为的作用。

五、结　语

任何一项外来制度的引入,应当完成以下前提工作:首先,理论界要对制度进行充分研究,而以现在国内关于事先裁定的研究现状来说,不无滞后;其次,宣示立法与精细立法应当并行不悖,不可偏废其一,我国未来事先裁定的规范模式应当在《税收征收管理法》中进行制度宣示和出台专门规范性文件的精细立法两方面着力;最后,除了积极借鉴并反思国外的先进经验和突出问题,还必须深入挖掘我国的本土税制环境、税收文化和纳税观念等方面的资源,针对实践中逐渐显露的各种问题,提出针对性的解决方法。当然,实现税法之绝对确定性实难期待,事先裁定也只是起着配合助力的作用,其与科学性立法和补充性解释等一道填补着税法不确定性这一深不可测的渊泽。另外,实现税法确定性与遵循税收法定主义和公平课税原则有着实质意义上的目标一致性,它们最终都追求税收征管之明确、法定和公平等内在要素,并在此基础之上,防范纳税人脱法避税的潜在道德危险,帮助纳税人事先预知税收风险,既最大限度地保护纳税人的合法权利,也造就征纳双方之间明晰的公法债权债务关系。

关税征纳中销售环境测试的证明责任与标准

陈映川*

【目　次】

一、问题的提出

(一)背景

根据《海关审定进出口货物完税价格办法》(以下简称《审价办法》)的规定,进口货物的完税价格,由海关以该货物的成交价格为基础审查确定。但如果进口货物的买卖双方存在特殊关系(关联关系),一般不能适用成交价格作为基础确定完税价格,而应当由海关与纳税义务人进行价格磋商后,依次以相同货物成交价格法、类似货物成交价格法、倒扣价格法、计算价格法及合理方法确定该货物的完税价格。[1]

如果海关经对与货物销售有关的情况进行审查,认为符合一般商业惯例的,

---

* 法学博士,北京金诚同达(上海)律师事务所律师。

〔1〕《审价办法》第6条规定:"进口货物的成交价格不符合本章第二节规定的,或者成交价格不能确定的,海关经了解有关情况,并且与纳税义务人进行价格磋商后,依次以下列方法审查确定该货物的完税价格:(一)相同货物成交价格估价方法;(二)类似货物成交价格估价方法;(三)倒扣价格估价方法;(四)计算价格估价方法;(五)合理方法。纳税义务人向海关提供有关资料后,可以提出申请,颠倒前款第三项和第四项的适用次序。"第7条规定:"进口货物的成交价格,是指卖方向中华人民共和国境内销售该货物时买方为进口该货物向卖方实付、应付的,并且按照本章第三节的规定调整后的价款总额,包括直接支付的价款和间接支付的价款。"

可以确定关联关系未对进口货物的成交价格产生影响。[1] 在此种情况下,货物成交价格可以作为确定完税价格的基础。我们一般将这种审查,称为销售环境测试(circumstance of the sales test)。

虽然目前我国现行法律法规没有对“转让定价”进行直接、明确的规定,[2] 但在海关的内部文件中,却早已对“转让定价”作了明确定义。[3] 转让定价同期资料则是由纳税人或者其顾问编制的一类特别的文件,旨在向税务机关报送他们识别转让定价风险和评估纳税人转让定价合规性的信息。转让定价同期资料中包含的很多信息描述了纳税人的业务活动和关联交易的细节。[4]

近年来,鉴于跨国集团的转让定价同期资料[5] 可提供一些涉及货物进出口关联交易的有用数据,因此全球范围内,海关在审定关联交易进出口货物的价格时,均开始尝试审查转让定价资料,以期从资料中获得相关数据,作为销售环境测试的证据支持。[6]

海关通过销售环境测试,判定关联交易是否影响成交价格的处理流程如图 1 所示:

---

[1] 《审价办法》第 18 条规定:“海关经对与货物销售有关的情况进行审查,认为符合一般商业惯例的,可以确定特殊关系未对进口货物的成交价格产生影响。”

[2] 《特别纳税调整实施办法(征求意见稿)》第 3 条规定:“转让定价管理是指税务机关对企业与其关联方之间的业务往来(以下简称关联交易)是否符合独立交易原则进行审核评估和调查调整等工作的总称。”

[3] 《海关对跨国公司转移定价估价指导意见》(税管函〔2008〕335 号)第 1 条规定:“跨国公司转移定价是指跨国关联企业(以下简称关联企业)之间在转移货物、无形财产或提供服务等业务往来过程中,按照约定确定成交价格的方式。关联企业在其相互的商业或财务关系上制定或附加不同于独立企业之间的条件时,其中一方应取得而没有取得的利润,应纳入其成交价格并予以征税。”

[4] World Customs Organization: WCO Guide to Customs Valuation and Transfer Pricing, p. 114.

[5] 转让定价同期资料是由纳税人或者其顾问编制的一类特别的文件,旨在向税务机关报送他们识别转让定价风险和评估纳税人转让定价合规性的信息。转让定价同期资料中包含的很多信息描述了纳税人的业务活动和关联交易的细节。参见 http://www.oecd.org/ctp/transfer-pricing/discussion-draft-transfer-pricing-documentation.pdf,最后访问日期:2016 年 10 月 26 日。

[6] 虽然目前没有转让定价同期资料的统一的编制标准,但是一国的要求还是有一定程度的连贯性,同时有很多国际和区域的指南。经合组织正在修订其指南,旨在使用一种双层结构文档的方法(主文档和当地文档),并且《联合国操作手册》的第七章中也包含了对不同方法和关键问题进行的总结。至于区域方面,欧盟有“欧盟关联企业转让定价行为标准”,环太平洋税务机关协会编制了转让定价同期资料文件包,国际商会发布了转让定价同期资料政策声明,并提供了转让定价同期资料的模板。参见 http://www.iccwbo.org/Advocacy-Codes-and-Rules/Document-centre/2007/Transfer-Pricing-Documentation-Model-(2008)/,最后访问日期:2016 年 10 月 26 日。

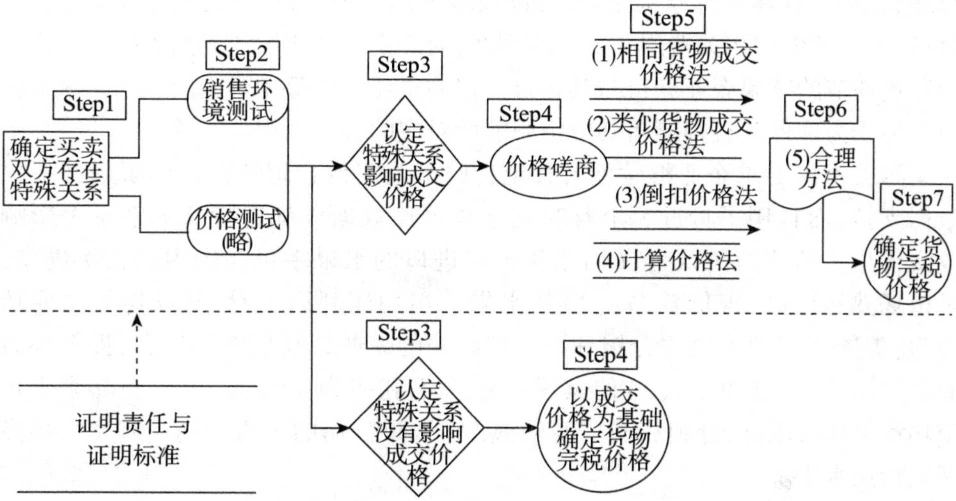

图 1

如图 1 所示,本文将围绕销售环境测试中的证明责任与证明标准,以转让定价同期资料的使用为例进行讨论。

(二)案例呈现——某水果手机被认定关联关系影响成交价格补税案[1]

1. 案情简介

2009 年,某海关在发现某水果电脑贸易(上海)有限公司(以下简称水果公司)进口商品编码 8517121090 项下水果手机的买卖双方同属某跨国集团下子公司,经审核发现双方存在关联关系,海关对水果公司提供的转让定价同期资料进行审核后认为关联关系影响成交价格。最终某海关使用合理方法,对水果公司进口的 57 万台、价值 1.7 亿美元的某水果手机估价补税 1.1 亿元。

2. 案情分析

本案中,水果公司对买卖双方存在关联关系并无异议,但不认为关联关系影响了成交价格。针对海关提出的价格质疑,水果公司与海关进行交涉,认为其进口申报价格是根据 OECD(经济合作及发展组织)转移定价原则和国内税法要求

〔1〕 参见深圳海关:《某手机特殊关系影响成交价格估价案例》,载《海关估价案例汇编》(第 4 卷),第 22 ~ 24 页。

合理制定的,具体定价原则是:在标准成本上加上确定百分比,该标准成本包括材料、生产及生产相关费用和生产商利润,而确定百分比的加成是为确保生产及经营各环节的苹果企业获得与其各自承担的责任和风险相对应的利润。水果公司的加成为确保其获得涵盖其分销职能所对应的合理利润。

海关不仅要求企业继续就转移定价政策及定价合理性作详细解释并提供数据支持,而且用了将近 5 个月时间寻找可比数据以确定特殊关系是否影响成交价格。最终海关认为:(1)水果公司进口的水果手机在国内属初次进口,是市场热销商品,售价较高;(2)从水果公司功能利润上看,其承担的主要功能为:中国区非独家授权分销和与分销相关的一些如收集市场信息、提供售后服务等事宜,功能单一;(3)但其手机销售毛利率为 47% ~52%,近年来手机市场竞争非常激烈,分销利润普遍较低,[1]水果公司的手机分销毛利率大幅高于同行业水平。

僵持中,水果公司未向海关进一步解释价格和利润差异的合理性。

最终,海关认定水果公司进口的水果手机成交价格受到买卖双方特殊关系影响,决定对该批货物采用合理方法予以估价补税。[2]

在该案中,转让定价同期资料作为海关补税的重要证据,其中的合法性与合理性,与销售环境测试中的证明责任息息相关。笔者将在下文进行讨论。

---

〔1〕 例如,国内手机分销龙头企业的"某通信控股股份有限公司",2009 年中期的销售毛利率仅为 9.58%,所在行业平均毛利率也仅为 12.86%(数据来源于某公司公开披露的上市公司账务报告)。

〔2〕 根据《审价办法》第 6 条的相关规定,海关应依次适用该条款规定的 5 种方法审查确定进口货物的完税价格。由于海关无法找到和企业无法提供非特殊关系下的相同/类似货物成交价格资料,故排除相同或者类似货物成交价格估价方法;虽然掌握了该货物在境内第一环节销售的价格,且符合使用倒扣价格估价的 5 项条件,但是缺乏相同/类似货物在境内第一环节销售的利润和一般费用的客观量化数据,因此无法使用倒扣价格估价方法;虽然海关掌握了生产水果手机所使用的原材料成本和加工费用,但水果手机内置的软件成本无可量化数据,因此也无法适用计算价格估价方法。海关最终使用合理方法对进口水果手机实施估价,估价调整幅度约 50%。经与企业及其授权代理人举行多次价格磋商,企业不得不同意海关估价决定,补缴税款 1.1 亿元。

二、销售环境测试中的行政法约束：证明责任与标准

（一）行政程序的证明责任

销售环境测试虽然有其高度专业性与特殊性，但归根结底，它是行政机关作出的一种具体行政行为。既然销售环境测试是一种行政行为，那么它应当受到行政程序法的约束。而"证明责任"这个概念写入行政程序法始于《美国联邦行政程序法》，普及于各国程序法典及研究则是近 20 年的事。[1]

传统意义上的行政行为往往表现为"行政主体搜集证据、在搜集证据的基础上作出决定"。而"证明责任"存在的基础就在于证据的不同。在现代行政程序中，行政相对人获得了完全而独立的行政法主体资格，亦具备了提出证据和质证的能力。这样行政主体与行政相对人之间，便会形成"证据的不同"，中立裁判者判决将取决于证明责任由谁承担。

域外的行政程序证明责任分配规则大致可分为以下几种：[2]

1. "谁主张、谁举证"

《澳门行政程序法典》第 84 条以"证明责任"标题明确规定："利害关系人负证明其陈述之事实之责任。"同时该法第 85 条还赋予了当事人对"提出证据的命令"的拒绝权。即当出现违反职业保密、法律禁止或需要保密的事实，可能造成当事人精神或物质上损害等情形出现时，可以拒绝提供证据。同样的规定也可见于《葡萄牙行政程序法》第 88 条和第 89 条。

美国《联邦行政程序法》第 556 条第 4 款以"证明责任"的标题规定了"除法律另有规定外，规章或裁决令的提议方负有举证责任"。该款同时规定，当事人有权"用口头或书面证据提出其意见或辩解，有权提出反驳证据"。

2. 行政机关承担主要证明责任

《希腊行政程序法》第 17 条第 3 款规定："行政决定依职权作出时，由主管机关主动收集证据。利害关系人请求作出行政决定的，利害关系人有义务提供相关规定中规定的证明文件。"

---

〔1〕 肖萍、洪发胜：《行政程序证明责任研究》，载中国法学会行政法学研究会编：《中国法学会行政法学研究会 2009 年年会论文集：行政程序的法治化》，第 116 页。

〔2〕 参见应松年主编：《外国行政程序法汇编》，中国法制出版社 2004 年版，第 1～165 页。

瑞士《行政程序法》第13条规定,在“程序系因该当事人之申请而开始者”“于他人申请之程序中,为独立之声明者”及“依据其他联邦法律,当事人有提出报告及公开之义务者”三种情况下,“当事人有义务参与事实关系之确定”。

3. 行政相对人有提出证据的权利

我国台湾地区“行政程序法”第37条规定,当事人在行政程序中得自行提出证据。

4. 行政相对人有提供证据的义务

这一模式仅存于德国,《联邦德国行政程序法》第26条第2款规定,参与人应参加事实的调查。参与人尤其应当提供知道的事实和证据”。

我国目前没有统一的行政程序法,关于行政程序中的证明责任与证明标准立法极为鲜见。但值得注意的是于2008年发布实施的《湖南省行政程序规定》,其第72条规定:“行政机关对依职权作出的行政执法决定的合法性、适当性负举证责任。行政机关依申请作出行政执法决定的,当事人应当如实向行政机关提交有关材料,反映真实情况。行政机关经审查认为其不符合法定条件的,由行政机关负举证责任。”可以看到,类似于瑞士的立法模式,该规定区分了依职权作出与依申请作出的行政行为不同的证明责任。其中,依职权作出的行政行为的证明责任,由行政机关承担证明责任。

(二)销售环境测试证明责任的理解分歧

《审价办法》第8条规定:“进口货物的成交价格应当符合下列条件:……买卖双方之间没有特殊关系,或者虽然有特殊关系但是按照本办法第十七条、第十八条的规定未对成交价格产生影响。”随后第18条中规定:“海关经对与货物销售有关的情况进行审查,认为符合一般商业惯例的,可以确定特殊关系未对进口货物的成交价格产生影响。”

上述两个条款相互联系之后,会出现以下两种理解,当买卖双方存在特殊关系时:

理解一:首先推定成交价格受到特殊关系影响,除非行政相对人向海关提供材料(举证),证明货物销售符合一般商业惯例,从而说服海关认定特殊关系未对成交价格产生影响,否则视为特殊关系对成交价格产生影响,不能适用成交价格作为基础确定完税价格。

理解二:海关首先需要对货物销售有关的情况进行审查,符合一般商业惯例的,可确定特殊关系未对成交价格产生影响,以货物的成交价格为基础审定完税价格;不符合一般商业惯例的(海关举证),视为特殊关系对成交价格产生影响,不能适用成交价格作为基础确定完税价格,而应当在价格磋商后,依次以其他方法确定该货物的完税价格。

基于上述两种理解,销售环境测试的举证责任分配将会截然不同(见图2):

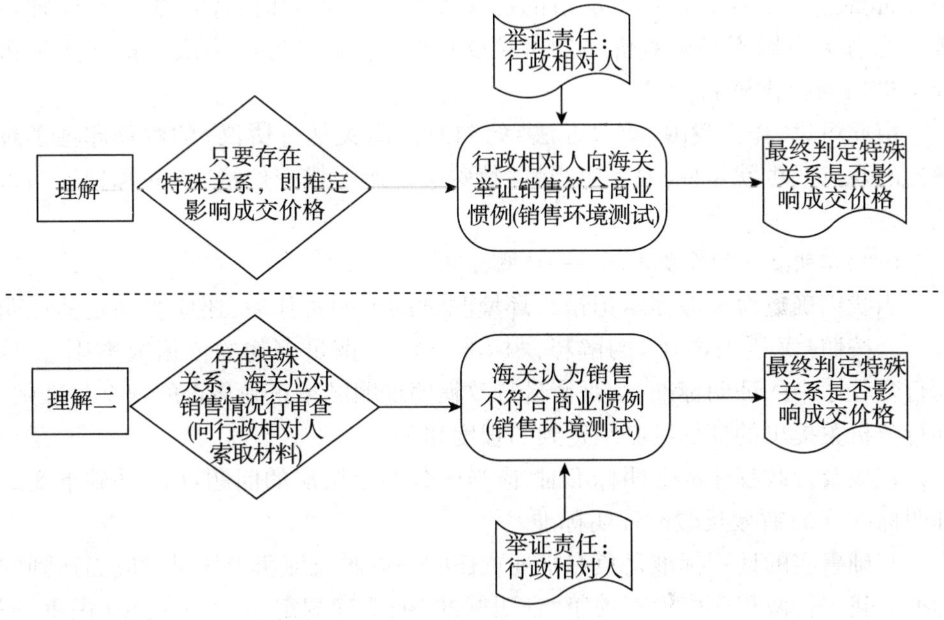

图2

目前在实践中,普遍倾向于第一种理解。在本文呈现的案例中,海关也是遵循这种理解最终作出了补税决定。但笔者认为销售环境测试应当遵循第二种理解。

(三)《海关估价协议》中销售环境测试的证明责任

世界贸易组织(WTO)《海关估价协议》(The WTO Valuation Agreement)作为乌拉圭回合所达成的"一揽子"多边贸易协议之一,适用于世界贸易组织的所有成员,其根本目的在于在国际上建立一套公平、统一、中性的海关估价制度。[1] 2001年,我国正式成为世界贸易组织成员,按照我国政府的对外承诺,我国海关在入世之后全面实施《海关估价协议》。目前我国的《审价办法》亦被看

[1] 周杰:《〈海关估价协议〉在我国的转化适用》,复旦大学2009年硕士学位论文。

作《海关估价协议》在国内的转化适用。[1]

《海关估价协议》的附件一“解释性说明”对第1条、第2款的解释中明确:“当买方和卖方发生关系时,应审查有关销售的情况,如果这种关系不影响该价格,则成交价应作为海关估价。但这并不是说,对买卖双方有关系的一切情况都要进行审查。只有对价格的可接受性发生疑问时,才需要进行此种审查。当海关当局不怀疑对价格的可接受性时,就应视为接受该价格而无须再要求进口商提供资料。”[2]

由此可见,作为我国《审价办法》的渊源,《海关估价协议》的解释印证了理解二的观点。也就是说,海关应当就“特殊关系影响成交价格”首先承担证明责任。

(四)证明责任的重要内涵——证明标准

当我们确定海关应当承担销售环境测试的证明责任后,还应当确定其证明标准。按照《汉语大词典》的解释,“标准”就是“衡量事物的依据或准则”。[3]而行政程序中的证明标准,则是衡量行政程序证明结果正确与否的依据与准则,即行政机关提出的证据所必须达到的程度和水平。

在谈及行政程序的证明标准时,应当区分两个层次的问题:(1)基础事实的证明标准;(2)有效反驳的证明标准。

基础事实的证明标准是负有举证责任的一方履行证明责任时所应当达到的标准。我国行政程序中没有关于“证明标准”的明确规定,三大诉讼法(民事、刑事、行政)中,关于基础事实的证明标准则统一为“案件事实清楚,证据确实充分”。有学者认为,这种“一元化”的证明标准不能体现民事法律关系、刑事法律关系和行政法律关系的特点和价值取向的差异,我们应当确立“多元化的证明标准体系”。[4] 其中,由于行政法律关系中兼有私权利证明和公权力证明的特征,因此应采取“二分法”,即行政相对人的证明适用民事诉讼中“优势证据”的证明标准,行政机关的证明标准则适用高于民事诉讼但低于刑事诉讼的“明晰可信”

---

〔1〕 参见周杰:《〈海关估价协议〉在我国的转化适用》,复旦大学2009年硕士学位论文。

〔2〕 Agreement on Implementation of Article VII of the General Agreement on Tariffs and Trade 1994, Annex I, p. 2(a).

〔3〕 罗竹风主编:《汉语大词典》(第4卷),汉语大词典出版社1998年版,第1266页。

〔4〕 何家弘:《论推定规则适用中的证明责任和证明标准》,载《中外法学》2008年第6期。

的证明标准。[1]

由于行政相对人并不承担对基础事实的证明责任，因此在理论上，其对基础事实的反驳不存在证明标准问题。具体到销售环境测试中，即行政相对人当然可以举出反证来证明基础事实（即关联关系影响成交价格）不能成立，但是这种举证是权利而非责任。如WTO《海关估价协议》中规定，如果海关当局不能接受成交价又无法获得相关材料时，海关当局应给予出口商一个机会，让他们提供更详细的资料，以使海关当局能够审查有关销售情况。在这种情况下，海关当局应做好准备，审查这笔交易的有关方面（包括买卖双方组成商业关系和达成价格的方法），以便确定此种关系是否影响了价格。[2]

三、销售环境测试中转让定价同期资料的使用

笔者在本文案例呈现部分提出了两个问题，在销售环境测试中：第一，转让定价同期资料作为销售环境测试证据的合法性；第二，转让定价同期资料作为销售环境测试证据的合理性；而上述问题，在厘清了销售环境测试中的证明责任之后，似乎都得到了回应。

（一）转让定价同期资料作为销售环境测试证据的合法性

就合法性而言，虽然世界海关组织曾经在《海关估价与转让定价指南》中提出了“转让定价同期资料可能会对海关审查货物销售环境时有用”，但目前我国并无立法规定转让定价同期资料可以作为海关估价的依据。因此，海关是否能够直接凭转让定价同期资料作为销售环境测试的证据，尚有疑义。但如上一段所述，由于行政相对人并不承担对基础事实的证明责任，因此在理论上，其对基础事实的反驳不存在证明标准问题。

故笔者认为，水果公司主张其进口申报价格是根据OECD（经济合作及发展

〔1〕这是美国司法审判中适用于一些特殊民事诉讼的证明标准。它高于一般民事诉讼的“优势证据标准”，但又低于刑事诉讼中的“排除合理怀疑”标准。其原文是 Clear and convincing evidence or Clear and convincing proof. 其含义为：证据表明待证事实的存在具有很高的可能性或者合理的确定性。参见 Bryan A. Garner, *Black's Law Dictionary*（*Seven Edition*），West Group, 1999, p. 577；转引自何家弘：《论推定规则适用中的证明责任和证明标准》，载《中外法学》2008年第6期。

〔2〕Agreement on Implementation of Article VII of the General Agreement on Tariffs and Trade 1994, Annex I, p. 2(b).

组织)转移定价原则和国内税法要求合理制定的,并无问题。水果公司的具体定价原则是:在标准成本上加上确定百分比,该标准成本包括材料、生产及生产相关费用和生产商利润,而确定百分比的加成是为确保生产及经营各环节的水果公司获得与其各自承担的责任和风险相对应的利润。水果公司的加成为确保其获得涵盖其分销职能所对应的合理利润。

(二)转让定价同期资料作为销售环境测试证据的合理性

就合理性而言,虽然销售环境测试与转让定价的调整的目标都是确定一个公平的交易价格,但海关估价与转让定价从属于两个不同的税种体系,具体异同参见下表:[1]

海关估价与转让定价的异同表

项目	转让定价	海关估价
法律依据	《中华人民共和国企业所得税法》 《特别纳税调整实施办法(试行)》	《审价办法》
定价原则	独立交易原则	客观、公平、统一的原则且关联关系不对交易价格构成影响
征税依据	直接税:根据企业经营活动征税	间接税:通常根据货物及部分服务征税
估税标准	应纳税所得额(通常是看公司整体利润)	单项交易
征税时间	每年	每笔跨境交易进口、出口时
对交易定价的考虑因素	进口价格过高、企业利润过低或企业应纳税所得额过低	纳税申报价格过低、企业利润过高或应缴纳关税及其他间接税额过低
交易估价的方法	(1)可比非受控价格法; (2)再销售价格法; (3)成本加成法; (4)交易净利润法	(1)成交价格法; (2)相同产品成交价格法(类似可比非受控价格法); (3)类似产品成交价格法(类似可比非受控价格法); (4)倒扣价格法(类似再销售价格法); (5)计算价格法(类似成本加成法); (6)合理方法(海关拥有极大自由裁量权)

[1] 田雯琦等:《企业面临的重要税务议题——转让定价与海关估价》,载《国际税收》2013 年第 5 期。

续表

	转让定价	海关估价
估价方法优先权	无	优先级别见上栏所列方法由上至下
证明文件	转让定价同期资料和可比性分析(通常针对公司层面,允许将不同类型交易合并在一起测试)	每项产品/交易的价格证明(不可合并,每项产品/交易都需要单独证明)
申报要求	转让定价同期资料(针对满足条件的企业)和关联交易申报表	无须主动提交报告以说明/支持定价方法

从上表对照的异同可以看出,一方面,独立交易原则也可能被海关用作比较关联企业进口货物价格(可能受到关联关系影响)与非关联企业进口货物价格的一个原则。虽然海关估价的目的可能与 OECD 所认可的转让定价法目的不一致,但海关估价对税务机关评价受控交易的转让定价是否符合独立交易原则有一定帮助;反之亦然。但另一方面,海关和税务机关所采取的方法常常会因为自身动机和目的存在差异而有所差别,甚至互相矛盾。

因此,在本文呈现的案例中,水果公司提供的转让定价同期资料并不必然成为海关已经履行证明责任的依据,它还必须达到"明晰可信"的证明标准。就如世界海关组织所提倡的,"转让定价同期资料对于海关审查销售环境有时有用,它可以作为海关判定成交价格是否受到关联关系影响的信息来源之一,但有时并不相关或者并不适用,需具体案例具体分析"。[1]

四、结　　语

行政程序中的证明责任与证明标准,有三个不同层次上的含义。[2] 第一层含义是证明责任与证明标准的性质,即证明的根本目的是要正确认识发生在过去的事实,所以这层含义的证明责任与证明标准是"谁"来证明"真实",是最抽象的一层含义;第二层含义是证明责任与证明标准的法律表述,即在法律上用何种语言表述"谁"的"证明"应当达到的程度与水平,如"证据确实充分""排除合

〔1〕 World Customs Organization: *WCO Guide to Customs Valuation and Transfer Pricing*, p. 114.

〔2〕 参见何家弘:《论推定规则适用中的证明责任和证明标准》,载《中外法学》2008 年第 6 期。

理怀疑”等;第三层含义是具体的、明确的、具有可操作性的证明标准与证明责任分配,这是最有实用价值但是也最难制定的证明标准。回归到关税征纳的行政法律关系中,笔者认为在证明特殊关系是否影响成交价格环节,海关应负举证责任。同时在证明标准上,应采取“二分法”:行政相对人的证明适用民事诉讼中“优势证据”的证明标准,行政机关的证明标准则适用高于民事诉讼但低于刑事诉讼的“明晰可信”的证明标准,最终实现限制海关权力滥用的目的。

以法律确定性为名？欧盟、中国大陆和台湾地区的预归类制度比较研究*

陈萩芊** 著 刘奇超*** 姜正和**** 译 陈 明***** 校

【目 次】

一、简 介

商品归类是海关主管部门的核心业务之一，其要求关注复杂和技术性的细节。[1]因货物的商品归类并不是毫无争论余地，国际贸易商可能面临很多的不确定性。为了减少法律的不确定性并促进跨境贸易，许多国家的关税法规定了商品归类的预先裁定制度。[2]这样的预先裁定制度向贸易商提供了在货物进口之

---

* 原文刊于 World Customs Journal, Volume 10, Number 2。

** 荷兰世赫律师事务所律师，阿姆斯特丹大学博士候选人。

*** 上海市浦东新区国家(地方)税务局干部。

**** 中国政法大学法律硕士学院 2015 级硕士。

***** 中央财经大学中国财政发展协同创新中心 2016 级硕士。

〔1〕 商品归类、海关估价与原产地制度并称为海关征税三大技术性制度。——译者注

〔2〕 商品的预归类，是指海关按照法律法规规定的程序和权限，对进出口人在货物实际进出口前向海关提出的货物预先归类申请，依据进出口人提供的货物资料，作出归类决定的法律行为。——译者注

前与海关主管机关沟通的机会,并可使海关主管机关能够签发对商品归类的行政决定。

本文对比了三个司法管辖区的预归类制度:欧盟、中国大陆和台湾地区。本文的主要观点是,即便法律确定性在理论上被宣称优先,但相比确保进口商的法律确定性而言,预归类制度更强调行政管理效率。

为了证明此观点,本文将对每一个司法管辖区中预先裁定的有效期、约束力的范围、拒绝承认预先裁定的理由、裁决无效的理由以及适用的程序进行阐述。此外,本文还将讨论这三个司法管辖区预先裁定制度的冲突及其主要问题。

二、欧　　盟

(一)综述:欧盟约束性关税信息

欧盟是一个独立海关联盟。[1] 即使欧盟没有集中的海关主管权,欧盟仍有一套对从欧盟以外进出口货物管理的统一制度。海关联盟是欧盟的核心原则与基石。欧洲约束性关税信息(EBTI)是一项欧盟层面的制度,它为国际贸易商提供了一个申请成员国海关主管机关签发商品归类决定的权利。[2]

约束性关税信息(BTI)是一种由成员国海关主管机关向申请人签发的决定。约束性关税信息的基本原理具有两面性:既赋予了进口商法律的确定性,又促进并确保了《欧盟海关法典》的统一适用。[3] 对于欧盟海关联盟来说,向贸易商签发一致性的约束性关税信息是非常重要的。国家海关主管机关签发的约束性关税信息决定都被记录于一个数据库,可供公众和海关工作人员查阅。

1. 法律基础

1991 年,《欧洲共同体海关法典》(CCC)采用了约束性关税信息制度,[4]这

〔1〕《欧洲联盟运行条约》(TFEU)第 28 条。

〔2〕欧盟约束性关税信息(EBTI)包括约束性归类信息的决定(BTI 决定)和有关约束性原产地信息的决定(BOT 决定)。——译者注

〔3〕欧洲法院判例序言。BTI 背景和历史,参见 Valentine 2008。

〔4〕《欧洲共同体海关法典》第 12 条,其后来被《欧盟海关法典》第 20 条继承,被第 33 条修订。

项制度的法律基础也在这几年得到修订。2016 年 5 月 1 日,《欧盟海关法典》(UCC)正式生效,成为当前欧盟海关事务的法律基础。[1]

《欧盟海关法典》第 14 条规定,(1)任何人可以向海关当局请求提供与海关法规实施有关的信息。如果请求与实际预期的国际贸易货物相关活动没有关联,海关当局可以拒绝此类请求。(2)海关当局应当与经营者和国际货物贸易的其他相关部门保持定期沟通。海关当局应当通过互联网,在可行的情况下免费让经营者自由获取海关法规、一般行政裁定书及各类申请表等,从而以这些方式增进透明度。

《欧盟海关法典》第 22～37 条进一步规定了约束性关税信息的法律基础。除了《欧盟海关法典》,还有两个实施约束性关税信息相关的法律工具:欧盟委员会 2015/2446 号授权条例(所谓的委托法案,以下简称 DA)和欧盟委员会 2015/2447 号实施条例(所谓的实施法案,以下简称 IA)。[2]

2. 有效期

正如第 33 条(3)规定的,约束性关税信息决定的有效期是 3 年。[3] 在 2016 年 5 月 1 日之前,约束性关税信息决定的有效期是 6 年,而新的《欧盟海关法典》极大地缩短了约束性关税信息决定的有效期。在有效期结束之前,若因采用了修订的目录或欧盟委员会的非关税措施而导致了其不再符合法律规定,那么一项约束性关税信息就可能不再是有效的。[4]

即使一项约束性关税信息即将失效,在特定条件满足的情况下,其有效期也可能延长。延长期可长达 6 个月。《欧盟海关法典》第 34 条(9)规定了一项约束性关税信息有效期延长的条件。但是,发生以下情况的约束性关税信息将不

---

[1] 新《欧盟海关法典》的新工具,参见"Interim Administrative Guidelines on the European Binding Tariff Information(EBTI) System and Its Operation", Accessed April 15 2016. 转引自 http://ec.europa.eu/taxation_customs/resources/documents/customs/customs_code/guidance_interim_ebti_en.pdf,最后访问日期:2016 年 6 月 1 日。

[2] 完全版(23 种欧盟官方语言),转引自 http://eur-lex.europa.eu/legal-content/EN/TXT/? uri = uriserv:OJ.L_.2015.343.01.0001.01.ENG&toc = OJ:L:2015:343:TOC,最后访问日期:2016 年 6 月 1 日。

[3] 《欧盟海关法典》第 33 条(3)。

[4] 此处修订的目录专指《欧盟海关法典》第 34 条"约束性信息相关决定的管理"中所称的(EEC)2658/87 号条例规定的《合并商品目录》。——译者注

予授予有效期的延长:

(1)约束性关税信息因为信息不完整而废除;

(2)约束性关税信息因为《共同关税税则》和《合并商品目录》(CN)的改变而失效;[1]

(3)约束性关税信息决定涵盖的一项商品归类已被欧洲法院(CJEU)的判决决定而撤销;

(4)约束性关税信息因行政管理的错误而撤销。

若无上述情况发生,第34条(9)规定的延长期限的适用条件如下:

(1)申请人有资格请求延长期限;

(2)申请人已经基于无效的约束性关税信息的归类签订了具有约束力的合同;

(3)申请人在约束性关税信息停止生效的前30日内作出申请;

(4)申请人向原签发海关主管机关提交申请;

(5)导致约束性关税信息失效的措施并没有明示排除延长适用。

总的来说,延长期是确保约束性关税信息具备合法期待权的一种手段。但是,延长期只是一种最长为6个月的临时性安排。合法期待的程度并不是那么高。

3. 约束力范围

(1)客体范围:相同或者类似的货物

一项约束性关税信息仅能够涵盖相同或者类似的货物[实施法案第16条(2)]。欧洲法院Schenker判例中对"相同类型的货物"进行了解释。[2] "相同类型的货物"可以表示相同或者相似(但不同)的货物,但仅限在区别的特征与商品归类完全无关的情况下。[3] 换言之,一项约束性关税信息不仅包括相同货物,在区别的特征与商品归类无关的情况下,还包括具有相似特征的货物。而且,一项约束性关税信息在海关主管机关签发后就不能被修改[《欧盟海关法

[1] 参见共同判例C-288/09 and C-289/09 British Sky Broadcasting Group plc(C-288/09) and Pace plc(C-289/09) v. The Commissioners for Her Majesty's Revenue & Customs,[2011]ECR I-02851,Section 2.1.5。

[2] 参见C-199/09,Schenker SIA[2010]ECR I-12311。

[3] 参见C-199/09,Schenker SIA[2010]ECR I-12311,第24段。

典》第24条(6)]。

(2)主体范围:约束性关税信息的持有者及其代表

一项约束性关税信息对欧盟所有海关主管机关都具有约束力(《欧盟海关法典》第26条)。而且,在2016年5月1日新《欧盟海关法典》下,约束性关税信息申请者依照约束性关税信息进口相同货物(identical goods)时,有义务使用约束性关税信息[《欧盟海关法典》第32条(2)(6)]。[1] 在过去,申请人有资格使用约束性关税信息决定,但这并不是一项义务。在2016年5月1日之后,约束性关税信息的持有者有义务使用它,并且这样的义务会减少由于不同国家海关主管机关的"约束性关税信息择用"(BTI shopping)而导致的不连续的风险。[2]

还应当注意到,约束性关税信息仅能由持有者及其代表使用。换句话说,即使贸易商组成了一个跨国集团,对集团内其中一个成员签发的约束性关税信息,也不可以为其他成员所使用。依附于同一个跨国集团的公司,对签发给其中一个成员的约束性关税信息,不能享有法律期待权,即便这些依附的成员具有紧密的经济联系。

欧洲法院的判例"索尼供应链解决"[3]一案就涉及这个问题。索尼集团是一家跨国公司,生产并销售电脑游戏,例如PS2。索尼集团旗下有众多公司,如索尼电脑娱乐欧洲有限公司(一家设立于英国的负责营销、销售和分派游戏机的公司)、索尼物流公司(一家为索尼集团其他公司提供包括海关报关业务在内的物流等服务的荷兰公司)等。

2000年和2001年,索尼物流公司进口了PS2,并向荷兰海关以其自身名义申请了一项约束性关税信息,但是并未符合归类决定。索尼物流公司辩称,索尼电脑娱乐欧洲有限公司于2000年已经从英国申请到了相同货物的一项约束性关税信息,所以英国海关作出的归类决定,荷兰海关也应当遵守。英国海关作出的归类决定比荷兰的优惠,索尼物流公司使用了法律确定性和合法期待权来抗辩荷兰海关。

---

[1] 此处《欧盟海关法典》第32条(2)(6)疑似作者笔误,《欧盟海关法典》第32条为"实施权力的赋予"。——译者注

[2] "约束性关税信息择用"将在本文2.2节讨论。

[3] See Case C-153/10 Staatssecretaris van Financiën v. Sony Supply Chain Solutions(Europe)BV [2011]ECR I-02775.

欧洲法院驳回了索尼物流公司的辩解,裁决索尼物流公司不是索尼电脑娱乐欧洲有限公司的代表,所以索尼物流公司的地位是第三方,不能适用签发给索尼电脑娱乐欧洲有限公司的约束性关税信息。所以,索尼电脑娱乐欧洲有限公司从英国获得的约束性关税信息,不能对索尼物流公司产生法律期待性,并且其对荷兰海关也没有约束力。

看上去欧洲法院对"约束性关税信息的持有者及其代表"采取了严格的解释,以防"约束性关税信息择用"带来的约束性关税信息滥用。但是,若索尼电脑娱乐欧洲有限公司从非索尼物流公司将货物进口荷兰,那么荷兰海关就应当遵守索尼电脑娱乐欧洲有限公司从英国获得的约束性关税信息,这很讽刺,但却是不可否认的事实。在笔者看来,这样的区别是人为造成的,并且与适用《欧盟海关法典》的连续性原则不符。因为英国和荷兰海关的约束性关税信息对同一个跨国集团中的 PS2 产品有不同的归类。

4. 拒绝签发约束性关税信息

《欧盟海关法典》第 33 条(1)列举了两个拒绝签发约束性关税信息的理由:

(1)决定相对人或其代理人正在或已经在同一或另一海关针对相同货物提出申请;在申请办理约束性原产地信息决定时,已就原产地认定的相同情形提出申请。

(2)申请与约束性归类信息决定或约束性原产地信息决定的任何预期使用或者与某项海关监管程序的任何预期使用无关。

换句话说,若系统对货物已经有一个约束性关税信息,约束性关税信息的申请将被驳回。这是为了确保欧盟关税法的连续性。而且,若一项约束性关税信息将不会被实际使用,那么其申请也会被驳回。约束性关税信息不应当被申请人通过虚假的进口行为而滥用。

5. 对已签发的约束性关税信息的撤销和废除

有两种方法可以使一项生效的约束性关税信息无效:废除和撤回。但是,应当注意到申请人或者约束性关税信息的持有者不能使之无效;只有海关主管机关有权使一项约束性关税信息无效。[1]

废除是指使一项约束性关税信息自生效之日起无效。废除一项约束性关税信息的唯一理由是,该约束性关税信息的签发是基于申请人错误或者不完整的

〔1〕《欧盟海关法典》第 34 条(4)。

信息。[1]

撤销是指一项约束性关税信息无效。与废除不同，撤销不具有溯及力。[2]第 33 条(7)规定了一些撤销约束性关税信息决定的理由。

撤销的一般理由是，因为法律或者标准的改变，一项约束性关税信息不再与术语的解释相符合。一旦一项约束性关税信息依据的法律改变了，那么其就将被撤销。"法律"包括对任何术语的解释、对关税、统计术语和《共同关税税则》的解释性注释、欧洲法院的裁决、归类决定、归类建议或者对《统一商品名称及编码制度》术语的解释性注释的改变。

关于由《合并商品目录》的解释性注释的改变而带来的约束性关税信息的撤销之后，这项信息可能存在的延期问题，欧洲法院在英国天空广播集团[3]一案中有关于此类问题的裁决。申请人英国天空广播集团，主要经营进口电视机的配件。在该案件中，因为《协调制度公约》(HS)下《合并商品目录》的解释性注释改变，申请人的约束性关税信息被撤销了。欧盟签发了一项新的法规以配合解释性注释的改变。英国天空广播集团辩称，其被撤销的约束性关税信息应当享受延展期的待遇。但是，欧洲法院驳回了此辩解，并裁决海关有权签发《合并商品目录》解释性注释的一项约束性关税信息。对于约束性关税信息的持有者来说，解释性注释可能的改变是导致其解释性注释无效的一个风险。所以，约束性关税信息的持有者不能宣称拥有法律期待权或者要求延长期，因为欧盟法律是基于《合并商品目录》的解释性注释而改变的。[4]

6. 申诉

欧盟成员国应当确保申请人对海关主管机关申诉的权利，包括一项约束性

---

〔1〕《欧盟海关法典》第 34 条(4)、《欧盟海关法典》第 27 条(3)。

〔2〕《欧盟海关法典》第 34 条(4)。

〔3〕参见共同判例 C - 288/09 and C - 289/09 British Sky Broadcasting Group plc(C - 288/09) and Pace plc(C - 289/09) v. The Commissioners for Her Majesty's Revenue & Customs,〔2011〕ECR I - 02851。

〔4〕参见共同判例 C - 288/09 and C - 289/09 British Sky Broadcasting Group plc(C - 288/09) and Pace plc(C - 289/09) v. The Commissioners for Her Majesty's Revenue & Customs,〔2011〕ECR I - 02851，第 109 段。

关税信息决定。[1]

一项约束性关税信息的申诉程序取决于成员国的国内法律,所以并没有欧盟范围统一的对约束性关税信息的申诉程序,申诉人不得不向签发信息的海关主管机关申诉。根据欧盟对各成员国约束性关税信息执行的调查(EC2014),[2]各成员国差异相当大。尽管存在差异,还是遵循了一个共同的途径,这也是由《欧盟海关法典》第44条规定的。一个国家的约束性关税信息申诉程序,通常包括第一阶段审查程序,该审查的主体是海关主管机关,随后是在上一级独立机构的第二阶段审查,如法院或者同等的专门机构。

应当注意到,一国的申诉程序应当是迅速的。第44条(4)规定:"成员国应当确保申诉程序能够使海关当局作出的决定迅速获得确认或更正。"第45条(1)也强调:"申诉的提出不应导致争议决定暂停实施。"

在申诉程序期间,若有理由相信争议决定与关税法律不符,或者可能将对有关主体造成无法弥补的损失,那么海关主管机关就拥有高度自由裁量权来延迟该决定的实施。[3]

(二)约束性关税信息的争议问题

1.约束性关税信息择用

虽然欧盟有自己统一的关税法典,但没有集中的海关管理权,从非欧盟国家和地区进口的货物还是由各个成员国海关主管机关处理,并且由其负责签发约束性关税信息决定。所以一直存在这样的争议,若不同成员国对相同货物签发了不同的约束性关税信息决定,就会出现约束性关税信息择用的风险,[4]且进口商可以选择一个对其更为优惠的约束性关税信息决定。

约束性关税信息择用的问题在世界贸易组织(WTO)陪审团[5]上就出现过。当时美国起诉欧共体(当时)违反WTO法律,因为其未能维持关税法的统

---

[1] 《欧盟海关法典》第44条。

[2] 欧盟委员会,"Report of the Second Phase of the EBTI Monitoring of Member States (2009 - 2010)", Accessed October 2014. http://ec.europa.eu/taxation_customs/resources/documents/common/publications/info_docs/customs/ebti_reportphase2_en.pdf。

[3] 《欧盟海关法典》第45条(2)。

[4] "约束性信息择用"被欧盟委员会在其BTI指南中定义为"约束性信息择用是用于描述为同一商品提交多个申请(通常是向不同成员国海关管理部门)的非法行为的术语"。

[5] 参见EC - Selected Customs Matters, WT/DS315/R, 2006, 在WTO网站可见其报告。

一管理，使一种产品在德国的关税税则归类与丹麦、英国和荷兰的不一致。这样的情况违反了 WTO 法律下欧盟应当履行的义务。

虽然 WTO 评估组裁定欧盟的海关实践不违反 WTO 法律，但是 EC[1] 和 EU[2] 审计法庭进行的调查研究发现不一致的约束性关税信息确实可能带来的消极影响以及存在滥用选择权的可能。所以，在实施《欧盟海关法典》的过程中，也采取了一些措施以防范约束性关税信息择用现象。

第一，国内海关官员在签发约束性关税信息前，需要查询"EBTI 数据库"。[3] 查询 EBTI 数据库可以预先减少冲突，并且还为海关官员在签发新的约束性关税信息时进行解释提供了充足的数据。[4]

第二，若某一个成员国海关主管机关发现了不一致的情况，其有义务彻查并通知其他成员国海关主管机关（实施法案第 14 条）。不同成员国的海关主管机关应当合作以防出现不一致的情况，并且欧盟也应当积极主动去查明不一致的情况并通知其他成员国。[5]

第三，也是最重要的一点是，在 2016 年 5 月 1 日之后，约束性关税信息的申请人有义务使用约束性关税信息，这种义务有助于减少约束性关税信息择用现象。因为现在对于约束性关税信息的持有者来说，选择对其最优惠的决定是不可能的了。换句话说，约束性关税信息的申请人也会有风险。若预先归类的结果不令人满意，申请人只得上诉，或者接受其不利影响。

这些规则都旨在确保《欧盟海关法典》连续性原则的适用，并且防止不同的约束性关税信息决定导致的约束性关税信息择用现象。但是，欧盟仍存在的固有特征，将不可避免地导致不一致的约束性关税信息，因为欧盟没有集中的海关主管机关，每一个成员国仍然各自独立执行《欧盟海关法典》。即使不用成员国的海关主管机关尽最大努力相互合作，但是约束性关税信息择用的问题还不能完全被消除。

---

[1] The Commission's Report of the First Phase of the EBTI Monitoring of Member States (2007 - 2008) and Report of the Second Phase of the EBTI Monitoring of Member States (2009 - 2010), http://ec.europa.eu/taxation_customs/common/publications/info_docs/customs/index_en.htm。

[2] 欧洲审计院，第 2/2008 号关于约束性关税信息和委员会回复的特别报告，不同语言版本，参见 http://eur-lex.europa.eu/legal-content/EN/ALL/? uri = CELEX%3A52008SA0002。

[3] 《实施法案》第 16 条(4)、第 17 条。

[4] Limbach 2015, p. 209.

[5] 《实施法案》第 23 条。

2. 对其他成员国具有约束力

一个成员国签发的约束性关税信息对国内所有海关主管机关都具有约束力,但是仅在进口商对其进口的货物使用约束性关税信息的情况下有效。若另一方从另外一个海关主管机关(而非签发约束性关税信息的海关机关)进口相同的货物,则该方不能适用此约束性关税信息,即使该方是约束性关税信息持有者的一个依附者,如一个子公司。在约束性关税信息的持有者是一个跨国公司集团成员的情况下,其他成员可不可以从现有的约束性关税信息中得到合法的期待权,便产生了争议。这一点在上述索尼案中得到了讨论,兹不赘述。

3. 申诉权

原则上,在作出一项对申请人不利的决定之前,海关主管机关应当与申请人进行沟通,因为其将根据申请来作出决定,并且申请人有权声明其观点。这就是《欧盟海关法典》规定的申请人的申诉权。[1]

《欧盟海关法典》中有一个涉及申请人申诉权的重要改变。具体地说,第22条(6)第2小款明确规定,在约束性关税信息签发之前,申请人没有申诉权。若海关主管机关决定不签发约束性关税信息,或者不撤销和废止约束性关税信息决定、抑或不允许适用期延长的情况下,则申请人没有申诉权。

若申请人对决定不满意,其仍然可以申诉;但是,在申诉阶段,申请人的申诉权被限制,因为行政效率优先于申请人的申诉权。这似乎反映了,签发约束性关税信息的主要功能是追求《欧盟海关法典》的统一适用,并提高行政效率,而不过多地关注申请人的程序性权利。

三、中国大陆

(一)概述:双轨制度下的三种裁定

在中国大陆,海关的中央集权由海关总署(General Admimstration of Castoms,GAC)行使。同时也存在区域性的直属海关和直属海关下的隶属海关。

中国大陆海关归类的预先裁定制度首创于2000年,是海关总署第80号令

〔1〕《欧盟海关法典》第22条(6),第1小段。

中的一项临时措施。[1] 2007 年，预先裁定制度正式确立。[2] 在该制度下，进口商/出口商可以在实际进出口的 45 日前，向直属海关申请，对其进口/出口的货物作出预先裁定。

若直属海关能够作出决定，将签发一项预先归类决定。[3] 若直属海关发现申请的货物涉及归类没有明确涵盖或者明确规定（即现有法律法规解释或者规定）的问题，那么其将告知申请人申请另一种的行政决定：归类裁定。[4] 虽然海关总署的商品归类预先裁定具体是由某个主体申请的，但是将产生一般的约束力，且被视为法律的扩展。换言之，直属海关仅能够在主体明确的情况下签发预先裁定。若存在模糊不清或者潜在法律争议的情况，那么直属海关将告知申请人向中央海关主管机关（即海关总署）申请预先裁定。

还有第三种类型的决定，即商品归类决定，这类决定由海关总署签发。[5] 海关总署 2007 年第 158 号令引入了一项新制度，即海关总署公布其内部决议和确定商品归类的方法的抽象行政行为，而不论主体是否明确。这样的商品归类决定也被视为法律的解释或者延伸。

海关行政裁定和商品归类决定的一个重要不同是，商品归类决定由海关主管机关主导签发，而非申请人可以提出。所以，即使预先裁定和商品归类决定对所有海关机关都具有一般约束力，但是商品归类决定在严格意义上，对于进口商/出口商来说不是一项预先裁定。其主要作用是向申请人披露内部消息，以加强他们对海关主管机关的信任，防止将来产生的争议。

总而言之，中国大陆的海关归类的预先裁定制度是双轨的，并且有三种类型的裁定。除了在没有疑问的情况下签发预归类的决定，直属海关还负责找出涉

---

〔1〕 See "The Interim Rules of the General Administration of Customs of the People's Republic of China on Advance Commodity Classification of Import and Export Goods promulgated in the form of Order No. 80 of the General Administration of Customs on February 24, 2000", which is already abolished. 参见海关总署第 80 号令《中华人民共和国海关进出口商品预归类暂行办法》。

〔2〕《中华人民共和国海关进出口货物商品归类管理规定》，于 2007 年 2 月 14 日在海关总署举行的执行会议上决定实施，并于 2007 年 3 月 2 日以海关总署第 158 号令的形式颁布，自 2007 年 5 月 1 日起生效。参见海关总署第 158 号令《中华人民共和国海关进出口货物商品归类管理规定》。

〔3〕 中文官方语言是"预归类决定书"。

〔4〕 中文官方语言是"行政裁定"。

〔5〕 中文官方语言是"归类决定"。

及商品归类的现行条款中的模糊之处。若商品归类不明确,直属海关应当告知申请人向海关总署申请行政裁定。由于双轨的方式,可以防止潜在的差异冲突。

下表列举了中国大陆商品归类的预先裁定的三种类型。[1]

商品归类预先裁定的类型表

类型	签发机关	可申请货物所有人类型	发起方	约束力范围	有效期
预归类决定书	直属海关	有明确规定的主体	进出口货物经营单位	本关区内有效	1年
行政裁定	海关总署	未明确规定的主体	进出口货物经营单位	全国	直至废止
归类决定	海关总署	二者皆有	海关总署	全国	直至废止

1. 法律基础

在中国大陆,商品归类的预先裁定的法律基础是《中华人民共和国海关法》(以下简称《海关法》)第43条。该条规定:"海关可以根据对外贸易经营者提出的书面申请,对拟作进口或者出口的货物预先作出商品归类等行政裁定。进口或者出口相同货物,应当适用相同的商品归类行政裁定。海关对所作出的商品归类等行政裁定,应当予以公布。"

《海关法》第43条在2000年海关总署第80号令基础上作了进一步补充。后第80号令被废止,由第158号令代替。第80号令文件最后被包含于2007年5月1日施行的《海关进出口货物商品归类管理规定》(海关总署第158号令)当中。海关总署还颁布了第92号令(《海关行政裁定管理暂行办法》)来对所有层级的海关机关的行政裁定进行规制。

2. 有效期

在第158号令下,直属海关作出的预先归类决定,除非有法律或者上级主管机关的其他决定——如海关总署作出的决定——得以修订或者废止之外,将一直有效。所以,直属海关作出的预先归类决定,原则上,在其法律基础消失之前都有效。与旧的过渡制度相比,这是一个极大的不同。因为2000年施行的旧制

〔1〕 该表来源于中国大陆海关总署解释性说明。参见 www. holyluck. cn/cn/ShowNews. aspx? NewsId = 82。

度(海关总署第80号令)规定,直属海关作出的预先归类决定有效期为1年。

至于海关总署签发的其他类型的裁定,其在废止之前一直有效。

3. 约束力范围

直属海关和海关总署的商品归类决定具有不同的约束力范围。直属海关作出的预先归类决定仅对该关区内的海关具有约束力,而海关总署作出的行政裁定对中国大陆所有海关都具有约束力,被视为法律的延伸。不仅申请人可以依据行政裁定,其他人若进出口相同货物也可以依据该商品归类裁定。

4. 拒绝作出预先裁定

海关总署第158号令中没有关于直属海关拒绝作出预先裁定的理由的内容。然而,海关总署第80号令第10条对相关的理由作出了规定,即签发预归类决定的条件未能满足。而且,第10条特别规定,当进口商不准备进口货物时,海关机关可以拒绝签发预先归类的决定。[1] 换言之,若海关机关发现进口商试图滥用这项制度,试图对未进口的货物获签预归类决定,则该申请会被驳回。

即使海关总署第158号令没有再提及拒绝的理由,但是废止的海关总署第80号令中的理由仍然适用,因为它是中国大陆立法者已经预测到并想要强调的。在全国人民代表大会制定的《中华人民共和国海关法释义》当中,第43条明确提出,若申请预先法律决定的申请人与实际进出口的货物没有关联,则海关主管机关可以拒绝该申请。所以,若申请人的实际进出口与预先归类决定的申请无关,那么海关主管机关可以拒绝该申请。

5. 预先裁定的无效

根据海关总署第158号令第19条,[2]若直属海关作出的预归类决定出现错误,则申请人必须停止适用。在客观事实错误的情况下,一项决定可能被撤

---

〔1〕 海关总署第80号令第10条第2款规定,海关根据本办法第5条至第9条的规定对预归类申请进行审查,对不能满足预归类条件的申请,海关可不予受理。申请预归类的商品应为申请人实际或计划进出口的货物,如所提申请与实际进出口无关,海关可不予受理。——译者注

〔2〕 第158号令第19条规定:"《预归类决定书》内容存在错误的,作出《预归类决定书》的直属海关应当立即制发《中华人民共和国海关商品预归类决定书撤销通知单》(以下简称《通知单》,格式文本见附件3),通知申请人停止使用该《预归类决定书》。作出《预归类决定书》所依据的有关规定发生变化导致有关的《预归类决定书》不再适用的,作出《预归类决定书》的直属海关应当制发《通知单》,或者发布公告,通知申请人停止使用有关的《预归类决定书》。"第19条的英文版不是从中文翻译而来的,它指的是为预归类决定的基础规则改变的情况。

销。此外,如果直属海关的预先分类决定所依据的其他规范发生变化,则该决定也应自动失效。这个情况专指法律修订或者海关总署签发新的行政命令。

至于海关总署的行政裁定,第92号令第19条规定了撤销的三种理由,与第158号令第19条类似。对于海关总署的商品归类一般决定,第158号令第23条、第24条引述了第158号令第19条的规定。

总而言之,根据第92号令和第158号令,预先裁定撤销的最重要的理由是,该裁决基于错误的信息,即存在事实错误。

6. 申诉

若直属海关驳回了一项申请,那么申请人可以申请复议,因为驳回是一项具体行政行为。[1] 若申请人不同意预归类决定,这种决定也是一项具体行政行为,所以申请人可以起诉或要求复议。[2]

若申请人不同意海关总署的行政裁定或者其商品归类的决定,则其不能立即起诉该决定,而是必须在货物进出口时才能对具体行政行为提起诉讼,并同时对该决定的合法性提起诉讼。[3] 这是因为海关总署的商品归类一般决定被视为法律的延展和解释,因此不能被个体申请人起诉。

(二)中国大陆预先裁定制度的重要特征

中国大陆的双轨制度强调行政管理的一致性,其目的在于防止潜在的涉及关税预归类决定的冲突。在这三种预先裁定当中,海关总署的预先归类行政裁定在减少不一致性方面,扮演了重要角色。一项行政裁定虽是根据申请人的申请而作出,但是具有法律的一般约束力。这样的商品归类一般决定不能被直接起诉。相反,进口商/出口商必须等到海关主管机关基于行政裁定作出具体归类决定时才能起诉。

反之,直属海关作出的具体预先裁定仅在有限的范围内具有约束力。其仅对签发的海关机关具有约束力,且有效期为1年。即使其具有约束力,但该决定的法律确定性带来的好处却不多。因为该决定是具体的,所以可以被直

〔1〕 参见《中华人民共和国行政复议法》第3条和第28条规定。

〔2〕 参见《中华人民共和国行政复议法》第28条规定。

〔3〕 《海关行政裁定管理暂行办法》(海关总署令第92号)第20条规定:“进出口活动的当事人对于海关作出的具体行政行为不服,并对该具体行政行为依据的行政裁定持有异议的,可以在对具体行政行为申请复议的同时一并提出对行政裁定的审查申请。复议海关受理该复议申请后应将其中对于行政裁定的审查申请移送海关总署,由总署作出审查决定。”

接起诉。

中国大陆的商品归类预先裁定制度体现了其对行政管理的一致性和效率的重视。进口商/出口商的合法期待权和申诉的权利并没有被提及。

四、中国台湾地区

(一)综述:进口货物的预先关税税则归类裁决

相比于欧盟和中国大陆,中国台湾地区是一个小得多的司法管辖区。台湾地区行使"中央"海关权力的是"关务署",属于台湾地区"财政部"的一部分。台湾地区仅有4个地方海关机关。[1] 自1999年起采用了商品预归类制度。商品归类预先裁定制度的主要目的在于防止进口商和海关主管机关之间的争议,不适用于出口商,这一点与欧盟和中国大陆不同。

1. 法律基础

台湾地区进口货物商品归类预先裁定制度的法律基础,是台湾地区"关税法"第21条(4),这一规定被台湾地区"进口货物税则预先审核实施办法"补充。

2. 有效期

一项进口货物商品归类预先裁定,在相关规则修订之前一直有效,且没有有效期的限制。但是,签发决定的海关机关可以修改一项商品归类预先裁定,[2] 然后必须书面告知商品归类预先裁定的申请人。这样的修改通常是因为海关法律的改变,这种情况下,商品预归类的基础也需要改变。若商品归类预先裁定的持有者可以证明其已经基于裁定订定契约并据以进行交易,那么其有权获得延长适用期,以90日为限。但是,签发海关机关有自由裁量权以决定是否授予这样的延长适用期。

3. 约束力范围

台湾地区直属海关签发的一项进口货物商品归类预先裁定对其他三个地区

[1] 台湾地区这四个地方海关机关分别是台北、台中、高雄和基隆海关。

[2] 台湾地区"进口货物税则预先审核实施办法"第9条规定:"海关对于预先审核之税则号别有所变更时,应叙明理由,以书面通知申请人。经申请人举证证明其已订定契约并据以进行交易,且将导致损失者,得申请延长海关预先审核税则号别之适用,并以延长九十日为限。""前项变更后之预先审核税则号别,涉及货物输入规定者,应依货物进口时之相关输入规定办理。"

的海关机关都具有约束力。

4. 拒绝作出预先裁定

根据台湾地区"进口货物税则预先审核实施办法",[1]存在4种拒绝或者不接受申请人关于商品归类预先裁定申请的理由。其中两种理由涉及货物的属性,另外两种涉及防止不一致性。

第一个理由是"假设性或仍在设计中之尚未生产等虚拟性货物"。第二个理由是"其他经海关认定不适合预先审核之货物,如废料"。这两个理由都涉及货物的属性:若货物尚未存在,或者只是废料,则台湾地区海关主管机关可以拒绝申请,因为该商品的预归类没有任何法律意义。

拒绝裁定的另外两个理由涉及与因税则号别争议进行行政救济中之相同或类似货物的案件。若申请的货物与法院当前受理案件当中的货物相同,或者与行政审查当前案件中的货物相同或者类似,则该申请可能会被驳回。

5. 预先裁定的无效

在台湾地区"进口货物税则预先审核实施办法"中没有指明裁定无效的原因。看上去台湾地区海关可以在其认为必要的时候修改一项商品归类预先裁定。而且,根据台湾地区"行政程序法"的规定,若一项决定是基于错误的信息作出,那么该决定就被视为无效。[2]"行政程序法"是适用于所有行政决定的一般性法律,所以也适用于商品归类这一项预先裁定。

6. 申诉

对于一项商品归类预先裁定的申诉程序是相当冗长的。若申请人对裁定不满意,可以申请复议。但是,若其对复议结果不满意,不能起诉。其诉权的成就强调必须先进口货物,然后对确定的商品归类决定进行起诉,且该决定是基于商品归类预先裁定作出的。为了起诉一项确定的商品归类决定,进口商必须先经过两阶段的行政复议,然后才可以向法院提出异议。

---

[1] 台湾地区"进口货物税则预先审核实施办法"第6条规定:"申请税则预先审核之货物有下列情形者,海关不予预先审核,并以书面通知申请人:一、假设性或仍在设计中之尚未生产等虚拟性货物。二、与因税则号别争议进行行政救济中之相同或类似货物。三、其他经海关认定不适合预先审核之货物,如废料。"

[2] 参见台湾地区"行政程序法"第111条。

(二)台湾地区存在的争议问题

1. 2015 年的新修订:扩展适用范围

2015 年之前,若申请人以前进口过相同货物,那么台湾地区海关可以拒绝作出商品归类预先裁定。拒绝的理由看上去是出于行政效率的考虑。若相同的货物在之前进口过,那么就表明申请人之前就接受了这样的商品归类,不必再申请预先裁定。但是,2015 年台湾地区"进口货物税则预先审核实施办法"被修订后,第 6 条明确表明,若之前没有相类似裁定,则之前进口过相同货物的进口商仍然有权申请货商品归类预先裁定。[1] 台湾地区"财政部"给出的第 6 条修改的理由是,减少潜在的进口商和海关主管机关之间的争议。

2. 诉讼程序

台湾地区商品归类预先裁定的另一个争议与诉讼程序有关。在申请人申请裁定之后,可能出现两种结果:作出裁定或者拒绝裁定。在这两种情况下,若申请人不满意结果,可以要求台湾地区"关务署"进行复议。一审复议不属于司法救济的一部分。在这个复议程序当中,申请人可以在一审复议中阐述观点、理由。若申请人对复议结果还不满意,也不能向法院起诉,必须等到货物实进口并收到确定性的商品归类决定时,才能向法院起诉。

对确定性的商品归类决定的起诉包括两个阶段的行政复议。第一阶段由地方海关机关进行,第二阶段由"财政部"下属复议委员会进行。仅在两个阶段的复议程序完成后,申请人才可以向法院起诉最终确定的商品归类决定。换言之,若最终确定的商品归类决定基于商品归类预先裁定,申请人需要经过三个阶段的复议。海关行政机关对商品归类预先裁定复议的职能与地方海关机关对最终确定的商品归类决定的第一阶段的复议职能产生了重叠。

每一个阶段的法定期限是 30 日,该期限可以延展。冗长的诉讼程序让申请

---

[1] 原第 6 条为:"申请税则预先审核之货物有下列情形者,海关不予预先审核,并以书面通知申请人:一、假设性或仍在设计中之尚未生产等虚拟性货物。二、与因税则号别争议进行行政救济中之相同或类似货物。三、其他经海关认定不适合预先审核之货物,如废料。"申请税则预先审核之货物,不以初次进口者为限。现第 6 条为:"申请税则预先审核之货物,不以初次进口者为限。但有下列情形者,海关不予预先审核,并以书面通知申请人:一、假设性或仍在设计中之尚未生产等虚拟性货物。二、依'关税法'第十三条、第十七条或第十八条规定处理税则号别争议中之相同或类似货物。三、与因税则号别争议进行行政救济中之相同或类似货物。四、其他经海关认定不适合预先审核之货物,如废料。"——译者注

人不愿意诉讼,甚至不愿意申请预先裁定。一旦申请人对得到的预先裁定不满意,在向法院起诉之前,需要消耗太多的时间。这样漫长的过程使申请人甘愿冒不申请预先裁定的风险,一直等到货物进口申报。换句话说,因为存在太多的不确定性,复杂的程序设计可能使该制度不具有吸引力。

五、欧盟、中国大陆和台湾地区的比较

在比较完欧盟、中国大陆和台湾地区的预先裁定制度后,我们确定了它们的一个共同特点:在这三个制度当中,申请人程序性的权利和合法的期待权的重要性不及海关行政管理的连续与效率。有三个指标共同指向这一特点:约束力的范围、法律期待权的程度以及程序性权利保护的程度。这些对比证明,法律确定性原则反而是制度设计的辅助性目的。

(一)约束效力

第一项比较是预先裁定对其他地方海关机关的约束效力。在这三个司法管辖区,台湾地区是最小的,且一个地方海关机关作出的预先裁定,对其他地方海关机关都具有约束力。

中国大陆和欧盟都拥有大量的地方海关,讨论其预先裁定对其他地方海关机关的效力会复杂一些。理论上,欧盟的一个成员国签发的约束性关税信息对其他成员国都具有约束力。恰如欧盟索尼案表明的,一项约束性关税信息有其严格的主体范围:仅初始的约束性关税信息持有者可以在另外的欧盟成员国依赖此信息。即使在经营者是跨国集团的成员的情况下,该集团的子公司也不能依赖签发给另一个子公司的约束性信息,或者在其通过另一个成员国海关机关进口相同货物时,宣称合法期待权。所以,一项约束性关税信息仅在持有者主张时,才对其他海关机关具有约束力。

中国大陆有三种商品归类预先裁定形式。由中国大陆海关总署签发的,对所有地方海关机关都具有约束力。但是,地方海关机关作出的预先裁定对其他地方海关机关不具有约束力。

预先裁定的约束力范围看起来是有限的,特别是在地方海关机关签发的情况下。这在欧盟和中国大陆是共同的现象。

(二)法律确定性和合法期待权

对比这三个司法管辖区的预先裁定制度,我们可以发现一个共同特点。虽

然这三个司法管辖区都提及“追求进口商/出口商的法律确定性”是预先裁定制度的目标，但是判例与相关规定都表明，法律确定性只是一项辅助性的目标。商品归类预先裁定的优先目标是追求行政效率和防止不一致性。换言之，该制度主要为了海关行政管理的便利。

在欧盟，约束性关税信息决定对持有者并不授予该制度原来宣称的法律确定性。在英国天空广播集团这一判例中，法院明确表示，若《合并商品目录》中相关货物的解释性注释改变，那么约束性关税信息的持有者就不能对其约束性关税信息要求适用延长期，因为其对此不享有合法的期待权。换言之，虽然《合并商品目录》中解释性注释在《商品名称及协调编码制度公约》中不具有法律约束力，但是《合并商品目录》的解释性注释将极大地影响约束性关税信息申请者的合法期待权。法院的理由看上去倾向于欧盟海关对于《商品名称及协调编码制度公约》的统一适用，而非约束性关税信息申请者的合法期待权。

在中国大陆，预先裁定制度有望使商品归类决定更加透明，并在海关与申请者之间建立信任关系。为了防止不一致，中国大陆海关总署，主要负责依申请或者依职权签发一般性约束力决定。地方海关机关作出的一项预先裁定仅涉及不存在争议的问题，具有有限的有效期，对其他海关机关不具有约束力。虽然事实上，中国大陆的预先裁定制度具有修正法律的重要作用。

在台湾地区，因其司法管辖权小，一项预先裁定对所有地方海关机关都具有约束力。但是，在签发主管机关认为必要的情况下，可以修改一项预先裁定。在台湾地区，一项预先裁定的申请者享有的法律确定性和合法期待权的程度低于欧盟和中国大陆，因为在欧盟和中国大陆，预先裁定不能被修改，仅可以因法律原因而失效。

（三）申请人的程序性权利

这三个司法管辖区的一个更深层次的共同特点是申请人的程序性权利未能得到充分保护。

在申请阶段，《欧盟海关法典》明显降低了申请人申诉权的保护力度。申请人没有申诉或者起诉的权利。[1] 地方海关机关根据申请人书面提交的证据签发约束性关税信息，并且申请人没有口头表达观点的权利。在中国大陆和台湾地区，商品归类预先裁定也是基于申请人提交的书面证据而作出。相关法律法

〔1〕《欧盟海关法典》第22条(6)；《授权法案》第10条。

规也没有明确申请人申诉的权利。

至于起诉阶段申请人的程序性权利,中国大陆和台湾地区的起诉程序对申请人来说都是极为不便的。在中国大陆,海关总署的决定一般都在全国适用,且被视为法律的延伸,申请人不能对具有一般约束力的行政决定直接进行起诉。在台湾地区,申请人不得不经历冗长的行政程序来起诉一项归类预先裁定。对于归类预先裁定,中国大陆和台湾地区拥有一个共同的特点:申请人必须在货物实际进口之后才能进行诉讼,这样的要求会拖延诉讼过程,并使申请人不满。

六、强调行政效率的预先裁定制度是否适宜

基于上述的对比,我们可以得出一些结论。

在这三个司法管辖区,其商品归类的预先裁定制度都给进口商与海关主管机关就商品归类的沟通提供了机会。申请人可以获得约束性预先裁定,并降低其进口行为的风险。但是,这样的商品归类预先裁定制度并没有提供给跨国贸易者期待的法律确定性与合法的期待权。

综观这三个司法管辖区,我们可以判断,这些裁定的持有者并没有获得强力的合法期待权。一项货物的归类预先裁定将遵从法律的变迁,并且当法律改变或《合并商品目录》解释性注释的改变使得裁定失效时,可能的有效期延长的条件十分严格。欧盟的判例明确表明这一点。同时,申请人的程序性权利,如陈述理由和申诉的权利,在这三个司法管辖区内几乎都不同程度地被忽视了。

不可否认,海关管理的商品归类是复杂的,进出口货物的数量也相当庞大。因此,站在申请人角度,其陈述理由的权利不可避免地被打压了,否则将导致签发决定的速度大大降低。而且,即使在同一个司法管辖区内,不同海关的决定都可能存在不同,如中国大陆和欧盟。所以,在预先裁定的约束力范围上往往存在限制。这些关注是正常的,也是这三种商品归类预先裁定制度为防止不一致而作出相关规定的原因。说到底,海关主管机关毕竟对控制边境和确保有效征收关税负有责任,将商品归类预先裁定制度的主要目的设定视为追求行政效率和统一关税法的适用对海关主管机关而言自然极具吸引力。

然而,若预先裁定制度不能提供足够的法律确定性和合法期待权,则会阻碍经营者对该项制度的使用,降低经营者使用它的积极性。这样的消极作用与该制度致力于鼓励跨国贸易商进行商品归类的政策初衷背道而驰。

总而言之，欧盟、中国大陆和台湾地区的商品归类的预先裁定制度都存在相似的不足。当前的预先裁定制度更多的是站在海关主管机关而非经营者的立场来追求法律确定性。所以在实践中，该制度更多地追求行政效率，而非申请人的法律确定性。从长远发展的角度来看，这种不平衡的设计会渐渐使该制度对申请人丧失吸引力。

【“微”言大义】“营改增”后跨境劳务增值税征税规则探讨
——基于 OECD 国际增值税指引之借鉴

赵国庆*

【目 次】

编者按:跨境劳务增值税征管规则的制定,是世界性的难题。其中如何划分跨境劳务的税收管辖权是核心,关系到国际贸易秩序和国家税收利益,举足轻重。我国对于跨境劳务的课税规则,在“营改增”之前即多有反复,缺乏体系性和逻辑性,给跨国服务业以及基层执法都带来不少麻烦。“营改增”之后,情况有所改善,但根本问题仍然没有厘清。从目前陆续发布的服务业增值税征管规则看,存在诸多明显的瑕疵,凸显了税法规则供应层面的仓促和理论供给的不足。

本文原系知名税法实务专家赵国庆以“‘营改增’后跨境劳务增值税征税规则探讨”为题撰写的系列微信文章,从第一篇到“终结篇”,凡 20 篇。[1] 文章从营业税时代的跨境服务营业税课税规则和营改增时期的跨境服务增值税课税规则的回顾和反思引出,启用“鸿篇巨制”,对经济合作与发展组织(Organization for Economic Coperation and Development, OECD)国际增值税指引所确立的跨境劳务征收规则作了详细的介绍和解说。作者既对比、评判了我国现行的跨境

---

* 中汇税务集团全国技术总监、合伙人。

〔1〕 参见“财税星空”微信公众号 2016 年 8 月 1 日至 9 月 27 日连载文章。

劳务增值税征收规则,又提供了未来的完善方向与思路,还提出了我国增值税乃至税收立法可资参考的立法方法。文章并辅以大量的案例,其中一些为OECD指引中所引用,另一些为作者所补充,案例分析的引入增加了文章的技术性和可读性,避免了坐而论道的空乏,也体现了本丛书一贯追求的宗旨。

基于前述理解,我们精选该系列微信文章,以无损原文风格和趣旨为前提,精心编辑、适当删减篇幅,增强易读性,并将OECD指引相关内容附注,[1]方便读者进一步援引和查阅,作为本卷的“微”言大义栏目文章。

随着2016年5月1日剩余四大行业全面进行“营改增”,营业税正式落下帷幕。一直想就营业税写一些东西,毕竟在笔者10年的税务工作生涯中,和营业税打交道的时间最长,既在区局的政策法规科直接分管营业税这个税种,负责整个区营业税政策口径解释和执行,也在省局营业税处参与过全省营业税的政策制定和征管,对营业税这个税种还是有很深的感情的。如能在回忆中总结营业税的过去,同时能对当下“营改增”和未来增值税立法提出一些有借鉴的意见可能更有价值。从跨境服务流转税征税规则入手是一个非常好的切入点。

一、我国跨境劳务征税规则演变概要[2]

(一)营改增前跨境劳务征收规则回顾

跨境服务和无形资产的征免税问题,在2009年以前,基于“劳务发生地”的标准出台了系列文件,跨境设计、工程、设备安装加调试等、无形资产转让等分别有文件作规定,均以劳务的实际发生地作为基本判断标准,实际发生在境外的,不征税。但劳务是无形的,有些劳务的提供和消费是同时发生的,如音乐会、会展服务;有些劳务的提供和消费并不见得会同时发生,如咨询服务;有些服务则

〔1〕 如作者介绍,OECD于2014年4月发布的指引(2014版指引),跨境劳务增值税征收的主规则和B2B业务下的征收规则有详细介绍,2015年11月发布的指引(2015版指引),增加了B2C以及特殊规则等内容,体系更完整。本文将直接基于2015版指引附注。有关文本获取,参见http://www.oecd.org/ctp/consumption/international-vat-gst-guidelines.htm。——编者注

〔2〕 本部分因篇幅的原因,多有删节,仅保留行文所需的基本内容,读者可以参见作者连载系列(一)~(五)。也可参见赵国庆:《我国跨境劳务增值税征税规则的构建》,载《税务研究》2015年第1期。各部分标题为编者所加。——编者注

属于和不动产直接相关的服务。因此,对于各种类似的服务,我们在用“劳务发生地”原则时,究竟何为发生地,是按实际提供地来看,还是按实际消费地来看,必然容易产生争议,也会产生相应的人为避税问题。

2009 年修订后的《营业税暂行条例》对原先以“劳务发生地”作为判定跨境服务征免税的规则作出了重大调整,提出以“提供或者接受条例规定劳务的单位或者个人在境内”作为跨境服务营业税征免税的新判定标准,这被理解为“属人”管辖规则。属人规则有界定过宽的问题:中国企业在境内提供劳务受我国税法管辖自然没有异议,然而中国企业在境外提供劳务,如认定为“属于中国境内”则让人费解。为了解决这种情况下不合理的问题,最具标志性的文件就是《财政部、国家税务总局关于个人金融商品买卖等营业税若干免税政策的通知》(财税〔2009〕111 号),该文件第 3 条规定:“对中华人民共和国境内(以下简称境内)单位或者个人在中华人民共和国境外(以下简称境外)提供建筑业、文化体育业(除播映)劳务暂免征收营业税。”文件表述的是“暂免”而不是“不征收”营业税。仅对在境外提供特定的劳务项目(如财税〔2009〕111 号文给了建筑和文化体育不含播映)免税。此后不断地碰到各种不合理情况,纳税人找财政部和国家税务总局,再不断下文打补丁,这就有了后续补丁文件的出台,如《财政部、国家税务总局关于国际运输劳务免征营业税的通知》(财税〔2010〕8 号),以及补丁的补丁,如《财政部、国家税务总局关于外派海员等劳务免征营业税的通知》(财税〔2012〕54 号)。

(二)“营改增”后跨境劳务的政策与征管现状

随着 2012 年从上海开始的营业税改征增值税的改革启动,各界一直期待跨境劳务的增值税征税规则在“营改增”后能够得到进一步改良。令人感到欣慰的是,2009 年以后这些奇怪的问题已经引起了当局的重视,因此在“营改增”后开始逐步进行改良。改良的问题有两个方面:

其一,对于境内单位或个人提供劳务的增值税征税规则。财政部和国家税务总局专门在“营改增”改革的纲领性文件中加了一个附件《跨境应税行为适用增值税零税率和免税政策的规定》来解决。接着,国家税务总局也陆续发了公告明确操作办法,即从 2013 年 52 号公告到 2014 年 49 号公告、2016 年 29 号公告。实际上境内单位或个人向境外单位或个人提供劳务,要么适用免税,要么适用零税率。但是,我们仍然采用列举法。

其二,对于境外单位或个人提供劳务的增值税征税规则。最先在上海开始改革的财税〔2011〕111 号文第 10 条是这么规定的：

下列情形不属于在境内提供应税服务：境外单位或者个人向境内单位或者个人提供完全在境外消费的应税服务。

这个原则从财税〔2011〕111 号文到财税〔2011〕133 号文、财税〔2013〕37 号文、财税〔2013〕106 号文均被采用。然而，财税〔2016〕37 号文又变回原来，该文第 13 条规定：

下列情形不属于在境内销售服务或者无形资产：境外单位或者个人向境内单位或者个人销售完全在境外发生的服务。

从原来用的"完全在境外消费"变成了"完全在境外发生"，其中，是否征税意图发生变化？是比以前从宽还是比以前从严了？表述变了，究竟是什么意思呢？需要好好揣摩。

比如，以前一家美国公司在美国通过互联网给中国公司提供咨询服务，虽然提供地在境外，但中国公司是在中国境内接受的，消费地在境内，在 2016 年 5 月 1 日前，肯定属于境内劳务。但是在 2016 年 5 月 1 日后，美国提供这个咨询劳务没有来华，劳务发生在境内还是境外？究竟是以"劳务的提供地"还是以"劳务的消费地"作为发生地呢？可见，光用一个"实际发生"则又回到了营业税时期的模糊老调。

这时，必须一提的是"渥太华税收框架条件"（Ottawa Taxation Framework Conditions）所提出的一个理想增值税制度的五原则，这个应该是后期增值税立法应该追求的效果。但如何能实现呢？OECD 在 2014 年发布的国际增值税指引（International VAT/GST Guidelines）给了明确的方向和思路。以下将详细介绍 OECD 的这份指引确定的规则及其中的逻辑。

二、OECD 国际增值税指引确立的跨境劳务征税一般规则

（一）"国际增值税指引"背景介绍

在经济全球化的背景下，服务以及无形资产跨境贸易不断增长。同时，国际上，采用增值税的国家也越来越多。这两个因素交织在一起，从而导致了在增值税领域，如果缺乏有效的国际协调，也会产生增值税领域的国际双重征税或意想不到的双重不征税问题。

针对这个问题，OECD 的第一份成果出自 1998 年的渥太华会议关于电子商

务的报告,这份报告中达成了一个共识,即增值税国际协调要达到理想的“渥太华税收框架条件”。在这之后,OECD 财政事务委员会(CFA)于 2001 年出台了关于电子商务下,跨境劳务和无形资产贸易消费税(Consumption Tax)指引,而这个指引在 2003 年又被消费税系列指引完善。[1] 此后,OECD 国际增值税(货物与劳务税)指引(以下简称 OECD 增值税指引)历经国际社会讨论和修改,从 2013 年东京会议上的征求意见稿到 2014 年 4 月的正式定稿,并于 2015 年 11 月发布了更完整的版本。

OECD 增值税指引遵循“渥太华税收框架条件”,该框架条件提出一个理想的税制所应该满足的 5 个原则应该是大家共同的追求:(1)中性原则(neutrality);(2)效率原则(efficiency);(3)确定性和简化原则(certainty and simplicity);(4)有效性和公平原则(effectiveness and fairness);(5)灵活性原则(flexibility)。

这份指引中关于跨境劳务和无形资产的增值税征税规则应该是流转税领域类似于国际税收协定协调的纲领,其原则对于我们目前“营改增”中涉及跨境劳务免税规则中很多的模糊地带和困惑问题有逻辑一致、清晰的解决方案,具有很强的现实指导意义,同时对我国后期增值税立法中完善跨境劳务增值税征税规则有非常重要的理论借鉴价值。

(二)“来源地(origin)规则”vs.“目的地(destination)规则”

整个 OECD 的国际增值税/货物与劳务税指引中所指的增值税,其机制设计特点是在每个阶段只对增值额征税,纳税人每一道增值税都是销项税减去进项税,从而是对最终消费征税。在这个大的原则下,我们提出来对跨境劳务/无形资产征收增值税,究竟是用来源地规则(the origin principle)还是目的地规则(the destination principle)?

1. 两种规则的经济效应评述

在国际贸易中,如果我们贯彻目的地规则,即所有劳务的出口国都不对劳务的出口征税,增值税的征税权赋予了劳务的进口国。在劳务进口国来看,进口劳务和国内劳务,在增值税上是一样的。因此,此时流转税因素并不会影响资源在国际间的分配,也不会对跨国企业价值链的国际布局的经济决策产生额外影响。

---

[1] 此处所言及的消费税和中国作为独立税种名称的“消费税”不是一回事,它是指对最终消费征税的间接税。因为,有的国家叫增值税,有的国家叫货物与劳务税,也可能还有其他叫法。

这个就是我们所说的税制中性的考量。

而在来源地规则下,增值税的征税权是赋予劳务实际创造价值的那个国家。在来源地规则下,劳务的出口国对于本国企业的劳务外销(出口)和劳务内销,在增值税待遇上是一样的,即只要有增值,不管你是出口还是内销,都要正常缴纳增值税。而进口国此时就需要给予本国进口商一个假设的增值税进项税抵扣。由于其中涉及很多国家,每个国家可能的增值税税率会不一样,跨国企业肯定会把提供劳务的企业(创造增值的企业)设在那些增值税税率低的国家。因此,如果在跨境劳务/无形资产增值税规则中采用来源地规则,实际上会对全球价值链的经济和地理分布产生额外的影响,这个就违背了税制中性的大原则。

2. 跨境劳务增值税征税规则的选择

上面分析了这些原因,可以看到,在国际贸易中,不管是货物贸易还是服务贸易,目的地规则是国际社会达成广泛共识的规则。而且,更要特别注意的是,目的地规则是被 WTO 批准,所有成员国必须认可的一个国际标准。

在跨境劳务和无形资产的国际贸易领域,要贯彻目的地规则原比货物要难得多。因为劳务的无形性,使得劳务缺乏有效的边境控制来追踪其实际的目的地。OECD 的国际增值税指引提出来了,对于 B2B(Business to Business)和 B2C(Business to Customer)中应该采取不同的规则。2014 年发布的指引提出的规则只是适用跨境劳务 B2B 的增值税规则。2015 年发布的指引则是针对 B2C,以下对其具体规则详细介绍。

三、OECD 国际增值税指引确立的"目的地规则"在 B2B 中的实现[1]

(一)"目的地规则"的突破口——"proxy"的计量经济学解读

"目的地规则"的目的就在于将跨境劳务和无形资产的增值税征税权赋予最终消费国,从而保持增值税制度在国际贸易中的中性。基于对最终消费征税的目的,跨境劳务和无形资产的增值税应该按照实际消费国的规则来征收。[2]

---

〔1〕 该套规则最先在 2014 版的指引中确立,并为 2015 版延续。

〔2〕 Guideline 3.1:For consumption tax purposes internationally traded services and intangibles should be taxedaccording to the rules of the jurisdiction of consumption.

但是,在 B2B 中,如何判断跨境劳务的使用地是非常困难的。OECD 指引举了一个例子:[1]

位于 X 国的公司和位于 A 国的软件开发公司签订了一份委托软件开发合同,X 国的公司将这个软件在其位于 B 国的一个分支机构的电脑中下载,但是却是在 C 国实际开商务会议时才使用这个软件。

为了贯彻实际消费地征税的规则,必须确定,软件的实际商业使用究竟发生在哪个国家。因为在这种情况下,无论是企业还是税务机关都很难持续地追踪劳务/无形资产究竟在哪儿被使用。即使对这种"使用"的持续追踪是可行的,但是这会对纳税人和税务机关都产生高额的遵循成本,从而使这种追踪变得不是很合理。因此,为了使实际消费地规则在现实中高效运行,我们需要在增值税制度中进行认真设计。

OECD 在 2014 版指引中写了这么一句话,"In order to overcome these difficulties, VAT-systems employ proxies to determine where business use occurs and thus which jurisdiction has the right to tax"。[2]

proxy 这个词应该如何翻译?[3] 是什么含义?笔者认为,在 OECD 指引中的这个 proxy 不是一个法律上的术语,而是一个计量经济学的术语。如果是熟悉计量经济学的人,把 OECD 的这份指引通览后,看到这里的"proxy"应该是立刻能心领神会的。这不就是计量经济学中的代理变量吗![4]

"目的地原则"导出的结论是,跨境劳务应该在实际消费地征税。但是,由于劳务的无形性,实际消费地往往无法被追踪(也就类似于自变量无法直接观察到)。因此需要找一个容易被观察到的代理变量来刻画实际消费地。一个能够

---

〔1〕 参见 OECD 2014 版指引,第 24 页。

〔2〕 参见 OECD 在 2014 版指引,第 24 页。

〔3〕 厦门大学朱炎生教授曾在"国际税收"微信群中咨询,有人说应该翻译为委托代理关系、有人认为翻译为征税的标准,有人认为翻译为替代指标或替代性连接点,或者还有人在国际私法或公法中找类似的词语去翻译。有人认为这是一个统计学概念。但也有人认为,这个和统计学没有关系,还是应该翻译为增值税中的委托或代理关系。

〔4〕 计量经济学经常要研究 $Y=f(X1、X2...xn)$ 的关系。X 是自变量,Y 是因变量。如果某些自变量假设 $X1$ 我们无法直接观察到,我们就需要找他的代理变量。但是,代理变量的寻找是很有讲究的。首先,我们找的这个代理变量必须和 $X1$ 高度相关,这样才能代表 $X1$。同时,这个代理变量还不能和其他自变量有共线性问题,也不能有严重的内生性问题。这些都是计量经济学在代理变量寻找时需要把握的标准。

刻画实际消费地的合格的代理变量应该要满足这些条件:(1)它应该是和观察不到的变量“实际消费地”密切相关的;(2)这个变量采用后实现的税制运行效果应该能满足“渥太华税收框架条件”五原则。

(二)顾客实际生产经营地作为主规则

总体来看,在 B2B 的模式下,当一个增值税纳税人从另外一个国家或地区购买劳务或无形资产时,他的目的肯定是基于生产经营目的,不是用于最终消费。购买方的“实际坐落地”可以成为“实际消费地”的一个恰当的代理变量。因此,OECD 指引提出以“实际生产经营所在地”作为主规则(main rule)。[1] 此即,对于 B2B 的跨境劳务中,购买跨境服务的顾客(customer)的实际生产经营地的所在国对于跨境劳务和无形资产具有征收增值税的权利。

在这个主原则下,跨境劳务提供方所在国对于劳务的出口应该免征出口环节增值税,同时也可以保留给予提供方为提供该劳务在该国产生的进项税退税的权利。但是否给予零税率则可以由各国来选择。除非是对于一些特殊的且明确列示的劳务,一般劳务都应该按照主原则处理。

接下来要做的工作就是如何定位“顾客”。只有首先定位到“顾客”,下一步才能根据这个顾客的实际生产经营所在地来定位实际消费地。顾客身份通常是根据商业协议来界定。[2]

为什么用商业协议来界定实际顾客呢?因为商业协议反映了跨境劳务的提供方和接受方。商业协议可以有助于劳务的提供方、接受该劳务的顾客和相关的税务机关去界定劳务的性质,以及提供方和顾客的身份。

应当注意到:OECD 指引用的“商业协议”(Business Agreement)而不是“商业合同”(Business Contract)。何为构成我们界定跨境劳务增值税的商业协议,还真是一个非常重要的问题。这个对于我们后面对主规则的运用极为关键。

OECD 指引介绍了何为构成跨境劳务增值税中的商业协议。在对跨境劳务

---

[1] Guideline 3. 2: For the application of Guideline 3. 1, for business-to-business supplies, the jurisdiction in which thecustomer is located has the taxing rights over internationally traded services or intangibles. OECD 2015 版指引,p. 25.

[2] Guideline 3. 3: For the application of Guideline 3. 2, the identity of the customer is normally determined by reference to the business agreement. OECD 2015 版指引,p. 25.

增值税征税的判定中,OECD 所称的商业协议是一个泛称,不是一个专业的技术性术语,也并非必须指正式的合同,更不限于书面形式。如果这类协议中包含可用于识别跨境劳务提供方和购买方身份以及与跨境劳务提供相关的权利和义务的要素,这类协议就构成跨境劳务增值税征税规则中的商业协议。反之则不构成。一般情况下,这里的商业协议都是基于提供方和购买方相互意思一致。

构建了主规则,下一步,要用实际的案例来检验。基于逻辑和假设建立起来的这个主规则,在运用到实际案例中时,能否实现税种中性和简化便捷的初衷。

由于跨境劳务的接受方的界定是我们跨境劳务增值税征税规则的关键。因此,站在跨境劳务的提供方而言,跨境劳务的接受方有两种情况:

1. 跨境劳务的接受方只有一个生产经营地点(single location entity,SLE)

2. 跨境劳务的接受方在多个国家或地区用于生产经营场所(multiple locations entity,MLE)

所以,下一步的检验就要分这两种情况来进行,从而看在两种情况下,在主规则之外,是否还需要建立额外的辅助规则。

(三)单一接受主体下跨境劳务增值税主规则检验[1]

我们先假设,作为跨境劳务的接受主体都是一个个独立的法人主体。这类法人主体只在他们的所在国有一个唯一的生产经营地,除此之外在其他国没有任何商业性的经营机构的存在,也就是我们前面所称的 legal entities with single locations(single location entities,SLEs)。

在主规则下,B2B 的跨境增值税劳务根据商业协议确定的接受跨境劳务顾客的实际生产经营地作为消费地的代理变量,从而来贯彻对于跨境劳务按照目的地征税的规则。这样的结果就是,跨境劳务增值税的征税权是赋予该顾客的实际生产经营地所在国。

在单一接受主体的情形下,有一些情形比较简单,如接受方自己使用劳务,商业合同主体就是劳务提供方、接受方。但有些情形比较复杂,如商业合同主体自身不享受劳务,而由第三方接受劳务。在商业合同的履行介入了地方因素,主规则如何适用,以下由简单到复杂,分别以 OECD 的案例进行分析。

[1] 参见 OECD 2015 版指引,附件 1。

1. 两个独立主体之间的跨境劳务服务和消费

案例1：两个独立主体间的跨境增值税劳务提供与消费(见下图)

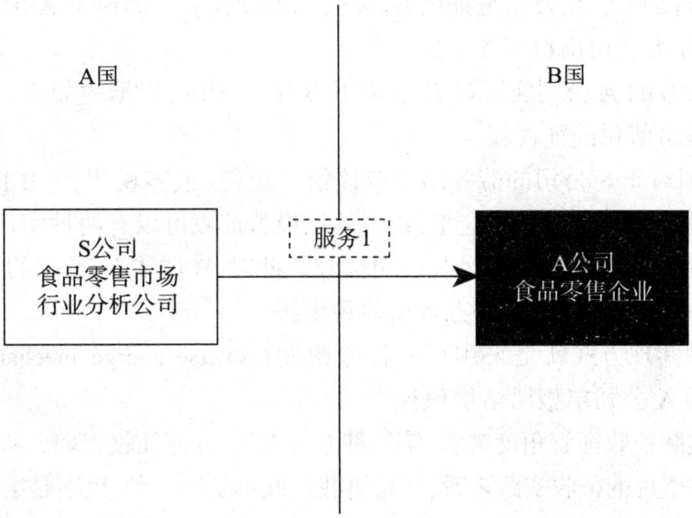

案例情况：

S公司是一家从事食品零售市场分析的咨询公司，实际经营地位于A国。A公司则是从事食品零售的企业，实际经营地位于B国。S公司和A公司除了在其本国有实际经营地外，在其他地方都没有构成可以征收增值税的生产经营场所(other establishments for VAT purposes)。[1]

S公司和A公司都只在本国经营，在其他地方没有任何商业性存在。双方达成了一项协议(service 1)，鉴于A公司想进入A国的市场，S公司为A公司提供A国零售食品的市场分析报告，A公司根据协议向S公司支付报酬。

[1] 关于establishments的问题。原先，在跨境交易的所得税中，establishments指常设机构。根据税收协定，一国企业在另一国从事生产经营活动，只有在构成常设机构的前提下，另一国才有征税权。而这里，在增值税下，我们也需要定义这个问题，就是当一国的企业在另一国拥有商业性存在的情况下，哪些属于可以构成征收增值税的常设机构。这个OECD指引希望各个国家应该要明确，以便于政策的清晰执行。当然，这里增值税下的establishments和所得税下的概念类似，一家公司在另一国设立的全资子公司、合资公司等独立的法人实体不属于establishments，这些都按独立的legal entity对待。

征税地界定:

这个案例很简单。首先,service1 构成我们跨境劳务增值税的商业协议。根据该协议可以判定,S 公司是提供方,A 公司是接受方。即位于 A 国的 S 公司向位于 B 国的 A 公司出口劳务。

作为顾客的 A 公司实际经营地位于 B 国。所以,根据主规则,B 国拥有对该跨境劳务增值税的征税权。

即 A 国对于 S 公司的劳务出口应该给予免税(或零税率)。B 国对于 A 公司劳务的进口征收增值税。这里,B 国的该税款征收可以有两种实现方式:

第一种实现方式是直接对 S 公司征收。此时,B 国需要 A 国的 S 公司在 B 国进行增值税纳税人登记,并办理增值税申报。

第二种实现方式就是采用反向征收机制(reverse charge mechanism),即由劳务进口的 A 公司申报缴纳增值税。

但从实际税收征管角度来看,第二种方式更佳,方便征收管理。从我国目前对跨境劳务增值税的征收实践来看,严格讲我们既不是第一种,也不是第二种。我们采用的是代扣代缴机制,最终的效果和第二种反向征收机制是一样的。考虑到实际税收征管和法律责任的界定,以及在货物和劳务进口的规则的统一,后期增值税立法时可以考虑在跨境劳务增值税征税规则中也一并采用反向征收机制。

案例 2:两个独立的跨境增值税劳务合同(涉及 3 个独立主体)(见下图)

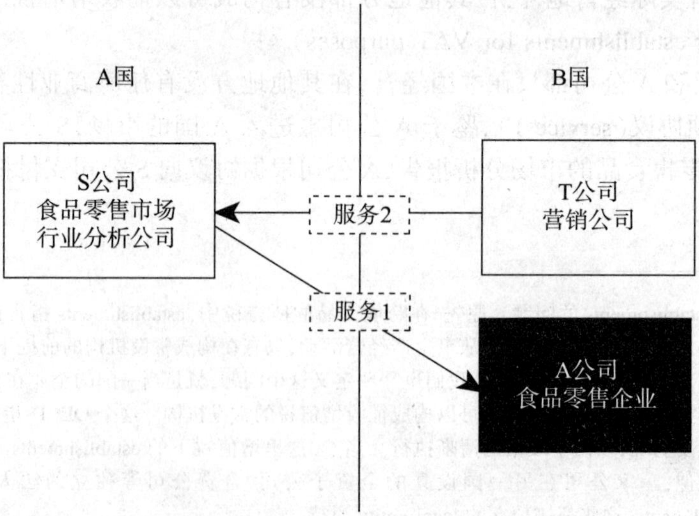

案例情况：

第二个案例中的基本信息和案例 1 一样，但多了一个情况。位于 B 国的 A 公司既需要位于 A 国的 S 公司提供 A 国的食品零售的市场分析报告，也需要 S 公司提供其本国（B 国）食品零售的市场分析报告。

即服务合同 1（提供方 S 公司——接受方 A 公司）中包含的服务内容包含两块：

（1）A 国食品零售的市场分析报告。

（2）B 国食品零售的市场分析报告。

S 公司位于 A 国，所以 A 国食品零售的市场分析报告其自己做。但是，A 公司还要其提供 B 国食品零售的市场分析报告。此时，S 公司和位于 B 国的一家同样从事食品零售市场分析的 T 公司达成协议，由 T 公司为 S 公司按照 A 公司的要求出具一份 B 国食品零售的市场分析报告，这个就是服务合同 2（提供方 T 公司——接受方 S 公司）。

征税地界定：

在征税地的界定中，首先要识别商业协议。在这里的案例中，存在两份商业协议。商业协议 1 中，提供方是 S 公司，接受方是 A 公司。商业协议 2 中，提供方是 T 公司，接受方是 S 公司。特别需要提醒的是，位于 B 国的 T 公司和 A 公司之间是不存在商业协议的。

此时，我们还是严格按照主规则来执行：

在服务合同 1 中，劳务的接受方为位于 B 国的 A 公司。因此，在这份合同中，增值税的征税权应该是赋予 A 公司的所在国 B 国。即 S 公司的所在国 A 国对于 S 公司的劳务出口给予免税（或零税率），B 国对于 A 公司进口劳务征收增值税。

在服务合同 2 中，劳务的接受方是位于 A 国的 S 公司。因此，在这份协议中，增值税的征税权应该是赋予 S 公司的所在国 A 国。即 T 公司的所在国 B 国对于 T 公司劳务出口免税（或零税率），A 国对于 S 公司进口劳务征收增值税。

这里，我们要特别对服务合同 2 进行分析。在服务合同 2 中，位于 B 国的 T 公司给位于 A 国的 S 公司提供市场分析咨询劳务。但是，该劳务的实际消费者却是位于 B 国的 A 公司。此时，针对该服务合同 2，B 国能否对 T 公司的劳务出口给予增值税免税（或零税率）呢？

如果按照我国目前的做法，根据国家税务总局公告 2016 年第 29 号的规定，服务的实际接受方为境内单位或者个人就不属于境外消费,那 T 公司这笔劳务出口就不能享受免税。

但是,正如我们前面分析的,我们无从知道 T 公司给 S 公司提供的劳务,实际的消费者却是仍然位于 B 国的 A 公司。这个在实际执行上就存在不确定性,不便于征管,执行不好就会导致对跨境劳务增值税的重复征税。

正是因为劳务是无形的,为了便于执行,OECD 规则把握的标准则不再是无法判断、模糊不清的劳务实际消费地,而是首先去界定商业协议,通过商业协议识别顾客,通过顾客的实际经营地划分跨境劳务增值税征税权。因此,根据 OECD 规则,T 公司劳务出口完全可以享受免税,即使最终消费者仍然是位于 B 国的 A 公司。因此,B 国完全可以在 A 公司劳务进口环节实现对这笔增值税的征收。

回过头来看我们这个案例,OECD 规则有没有实现税种中性且便于执行呢?

对 A 国而言,A 国对于 S 公司从 T 公司(B 国)的劳务进口征收增值税。但是,最终 S 公司把自己的劳务和进口的这部分劳务都出口给 A 公司(B 国)了。此时,A 国对 S 公司的劳务出口给予免税(零税率)。

对 B 国而言,B 国对于 T 公司的劳务出口给予免税。在 A 公司劳务进口环节(包含 S 公司自己的劳务和 S 公司从 T 公司进口后转售给 A 公司的劳务),对 A 公司进口劳务征收增值税。

这样,目的地征税规则实现了,劳务的确是在消费地征税,符合税制中性的原则。

同时,从这个案例中我们也可以看出,在 OECD 的这个规则下,对于跨境劳务的出口,只有全面采用零税率的规则,才能实现理想下的增值税不重复征税。如果采用免税,客观上还是会存在一定的重复征税的。比如,如果 A 国对于劳务出口只给予免税,此时,T 公司给 S 公司提供的劳务,在进口环节 A 国征收了一道增值税。但是,到了 A 公司进口环节,B 国又对这部分劳务进口(T 公司给 S 提供的劳务)又征收了一次增值税。[1] 当然,这个是各国的政策选择问题,出口不彻底退税会影响该国劳务出口的市场竞争力,但不影响目的地征税规则的实现。

在 B2B 的情况下,我们有理由认为劳务的提供方和劳务的接受方之间是存

---

〔1〕 因 S 公司出口免税收入,进项(向 T 公司购买劳务)不能得到抵扣。——编者注

在一个正常的商业关系的。因此,在这种情况下识别出跨境劳务的商业协议也是相对容易的。根据主规则,在跨境劳务增值税中,劳务的提供方需要向税务机关证明(他也有这个能力去证明)谁是他的客户,这样他才能就这笔跨境劳务向其主管税务机关申请增值税免税或零税率。而在劳务的接受方,其所在国的税务机关可以采用反向征收机制来征收这笔跨境劳务的增值税。

2. “接续提供”与“直接向第三方提供”下跨境劳务增值税主规则检验

在跨国经营中,跨国公司从规模经济的角度考虑,往往会采用集中采购的模式,这类合同称为“全球”合同。跨国公司指定一个集中采购公司,由其统一进行采购,然后再将这些劳务转售给集团在全球各地的关联方。这种情况对于现在搞反避税的人应该很熟悉,国家税务总局公告 2015 年第 16 号中说指的向境外关联方支付费用中很大一部分就是所谓的跨境劳务接续提供的情况。[1]

另一种情况是,跨境劳务合同的提供方根据合同的约定,直接向合同以外的第三方提供劳务,但是劳务的接受方仍然是签订合同中的那个接受方。有些情况下,签订合同的那个接受方和劳务的提供方不在一个国家,但第三方甚至有可能和劳务的提供方在一个国家。

上面两种情况适用跨境劳务增值税主规则,是否仍然能保持税收中性和便捷征管的效果。我们下面就用一个案例来验证。[2]

案例 3:(见下图)

案例情况:

A 公司是跨国集团的母公司。B 公司是该跨国集团的集中采购公司。A 公司在全球各地有多家子公司。在这个案例中,该跨国集团公司 A 拥有 B 公司,C 公司和 D 公司。其中,B 公司和 A 公司都位于 A 国。C 公司位于 C 国。D 公司位于 B 国。

位于 A 国的 S 事务所是一家国际四大会计师事务所的母公司。他在全球

---

〔1〕 跨境劳务的接受方(顾客)在接受了劳务后,并不一定全部是自己使用。他可能会将部分劳务给第三方使用,这就是所谓的跨境劳务中的接续提供(onward supply)的问题。在这里讨论增值税规则时,暂时先假设境外公司和境内公司之间的费用支付合同价格是公允的,不存在虚假或不合理分摊问题。实际在跨境劳务增值税下也是存在 TP 问题的,这个宜专门讨论。跨境劳务增值税的转让定价问题,的确是一个新的课题。全面“营改增”后的确需要给予一定的关注。

〔2〕 参见 OECD 2015 版指引,附件 1,例三。

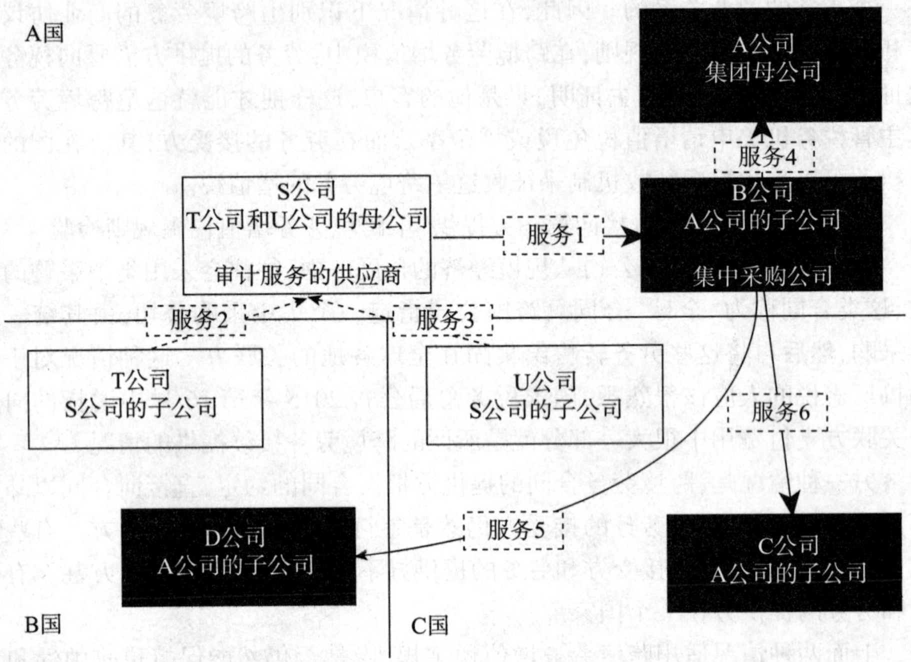

其他地方也有子公司(分所),其中 T 公司位于 B 国,U 公司位于 C 国。

A 公司是上市公司,根据相关法规要求,他自身和全球各地的子公司都需要进行会计报表审计。由于 B 公司是 A 公司制定的集中采购公司。因此,B 公司代表整个跨国集团和 S 事务所签订了一份全球会计审计服务采购协议(服务合同 1),根据该份合同,款项是由 B 公司直接支付给 S 事务所。

鉴于 B 公司只是集中采购公司,实际接收审计服务的不仅包括 B 公司,还包括 A 公司、C 公司和 D 公司。因此,这里就存在 B 公司采购了审计服务后,自己只消费了一部分,然后要将剩余服务接续转售给集团其他企业。比如,这里 B 公司用的就是我们在非贸付汇中经常看到的服务费用分摊合同。这里存在 3 份合同:服务合同 4 是 B 公司将 A 公司接受审计服务的费用分配给 A 公司;服务合同 5 是 B 公司将 D 公司接受审计服务的费用分配给 D 公司;服务合同 6 是 B 公司将 C 公司接受审计服务的费用分配给 C 公司。这个就是我们上面说的跨境劳务接续提供(onward supply)问题。

同时,会计师事务所 S 事务所位于 A 国,所以 A 公司和 B 公司的审计服务由自己直接提供。但是,B 国和 C 国的审计服务,它无法直接提供。但是,S

事务所也是一家全球事务所,因此,S 事务所和其位于 B 国的 T 事务所以及位于 C 国的 U 事务所签订审计服务分包合同约定,B 国的 T 事务所直接给 B 公司提供审计服务,C 国的 U 事务所直接给 C 公司提供审计服务。这里就是我们所说的"直接向第三方提供"问题——虽然 T 公司是直接给 B 公司提供审计服务的,但是它们之间并无任何合同关系,合同关系只存在于 A 国的 S 事务所和 B 国的 T 事务所之间,支付款项时由 S 事务所支付给 T 事务所。T 事务所只是根据它们之间的合同约定,直接向合同以外的第三方 B 公司提供的。

跨境劳务商业协议的识别:

我们知道,无论多么复杂的跨境增值税劳务,要适用主规则,首先要从复杂的关系中识别出究竟包含哪些商业协议,这样我们才能从每份独立的商业协议中识别出谁是跨境劳务的提供方,谁是接受方。然后我们才能根据劳务接受方的实际生产经营地判定征税权的归属。

在这个案例中,实际存在 6 份独立的商业协议:

(1)S 师事务所作为提供方,B 公司作为接受方,这是一份会计审计服务合同(服务合同 1);

(2)T 事务所和 U 事务所作为提供方,S 事务所作为接受方,这里是两份会计审计服务分包合同(服务合同 2 和服务合同 3);

(3)B 公司作为提供方,A 公司作为接受方,这里是一份会计审计服务费的分摊合同(服务合同 4);

(4)B 公司作为提供方,C 公司和 D 公司作为接受方,这里有两份会计审计服务的分摊合同(服务合同 4 和服务合同 5)。

征税地点的界定:

根据跨境劳务增值税主规则,我们是用接受方实际生产经营地作为跨境劳务实际消费地的替代变量的。因此,接续提供和直接向第三方提供并不影响跨境劳务增值税主规则的适用。因此,我们对六个合同的征税地点界定如下:

(1)服务合同 1:由于 S 事务所和 B 公司都位于 A 国,不涉及跨境劳务,这个由 A 国国内规则定。

(2)服务合同 4:同样由于 A 公司和 B 公司都位于 A 国,不涉及跨境劳务,这个增值税征税规则也由A国国内规则定。[1]

(3)服务合同2中,劳务的提供方是位于B国的T事务所,劳务的接受方是位于A国的S事务所(虽然T事务所是直接给D公司提供服务的。但是,他们之间不存在服务合同关系)。因此,B国对于T事务所的劳务出口免征增值税。A国对于S事务所的劳务进口征收增值税。

(4)服务合同3和服务合同2一样,C国对于U事务所的劳务出口免征增值税,A国对于S事务所的劳务进口征收增值税。

(5)服务合同5中,劳务的提供方是B公司,劳务的接受方是D公司。因此,A国对于B公司劳务出口免征增值税,B国对于D公司劳务进口征收增值税。

(6)服务合同6中,和服务合同5一样,劳务的提供方是B公司,劳务的接受方是C公司。因此,A国对于B公司劳务出口免征增值税,C国对于C公司劳务进口征收增值税。

所以,在不考虑避税问题的情况下,对于接续提供和直接向第三方提供的情况下,我们直接适用增值税主规则,仍然实现了劳务在实际消费国征税的大原则,保持了税收中性。同时,在这个案例中我们可以发现,用商业合同识别劳务的接受方,从而以劳务接受方的实际生产经营所在地来作为劳务消费地的替代变量,在这个案例中取得了非常清晰、便捷的增值税征税效果,减少了因为无法识别劳务实际消费地所带来的政策争议和执法风险。

但是,上面的分析是基于大家都遵循独立交易原则进行如实分摊的。比如,如果S事务所让T事务所和U事务所来做当地的审计,但是没有把收入分配给它们,这里不仅在所得税领域,在增值税领域也会存在转让定价的问题。

在这个案例中,OECD指引称,我们假设所有的服务费的分摊是真实的,合理的,没有考虑TP问题。比如,在审计服务中,可能存在stewardship issues问题,这个对应的就是国家税务总局公告2015年第16号所称的"关联方为保障企业直接或者间接投资方的投资利益,对企业实施的控制、管理和监督等劳务活

[1] 其实这种情况在我们"营改增"后也越来越多。在以前货物集中采购的增值税规则下,对于跨县(市)的货物调拨是要视同销售缴纳增值税的。现在"营改增"了,对于国内出现的集团公司集中采购服务后,再接续(转售)给国内其他子公司使用,是否需要比照货物采用视同销售规则,这个目前财税〔2016〕36号文没有提及,但是我们应该要考虑这个规则。

动”的费用问题，这类属于股东受益的费用，不仅企业所得税不允许分摊给其他子公司，在增值税的TP问题上实际也是按照所得税同样的规则来处理的。所以，所得税领域的TP也会关联到增值税的，这个值得做国际税收研究和征管实务的人关注。

3. 资金支付主体与跨境劳务接受主体不一致问题

正如国家税务总局《营业税改征增值税跨境应税行为增值税免税管理办法（试行）》的公告（国家税务总局公告2016年第29号）所规定的，在跨境劳务增值税征免税（零税率）的具体征管实践中，对于资金支付的主体也是有严格要求的。比如该公告第6条第1款规定，纳税人向境外单位销售服务或无形资产，按本办法规定免征增值税的，该项销售服务或无形资产的全部收入应从境外取得，否则，不予免征增值税。但是，正如OECD指引所说的，由于跨国企业在世界各国经营，很多国家（如中国）都有各种形式的外汇管制措施，同时跨国公司从规模经济的角度考虑，也会采取全球统一采购、统一支付的模式。这样，在跨境增值税劳务中就会出现这样一种现象，如中国的公司向美国的公司提供一项咨询服务，但是，款项确实由美国公司在中国境内的跨国资金池主体来支付的。此时，在这样情况下，中国公司虽然有劳务的出口，但却并非从境外取得收入，这个是否会影响中国公司享受劳务出口的减免税。从OECD的指引来看，对于主规则的适用是基于商业协议的分析，通过商业协议来界定劳务的实际提供方和实际消费方的。因此，资金流的支付不会影响到主规则的适用。

这个问题国家税务总局也是考虑到了的。在29号公告第6条中，国家税务总局特别规定，纳税人与境外关联单位发生跨境应税行为，从境内第三方结算公司（如承担跨国企业集团内部成员单位资金集中运营管理职能的资金结算公司，包括财务公司、资金池、资金结算中心等）取得的收入视同从境外取得收入。这些“财务公司、资金池、资金结算中心”对应的就是OECD指引中的“paymaster”的概念。

另外，29号公告第6条第2款对于纳税人向外国航空运输企业提供物流辅助服务，从中国民用航空局清算中心、中国航空结算有限责任公司或者经中国民用航空局批准设立的外国航空运输企业常驻代表机构取得的收入，纳税人向外国船舶运输企业提供物流辅助服务，通过外国船舶运输企业指定的境内代理公司结算取得的收入都给予了视同境外取得收入的规定，应该是很好地考虑了这个资金支付对跨境劳务增值税的影响了。

这里,我们还是来回顾一下 OECD 指引中对这个问题提出的两个相关的案例。[1]

案例 4(见下图):

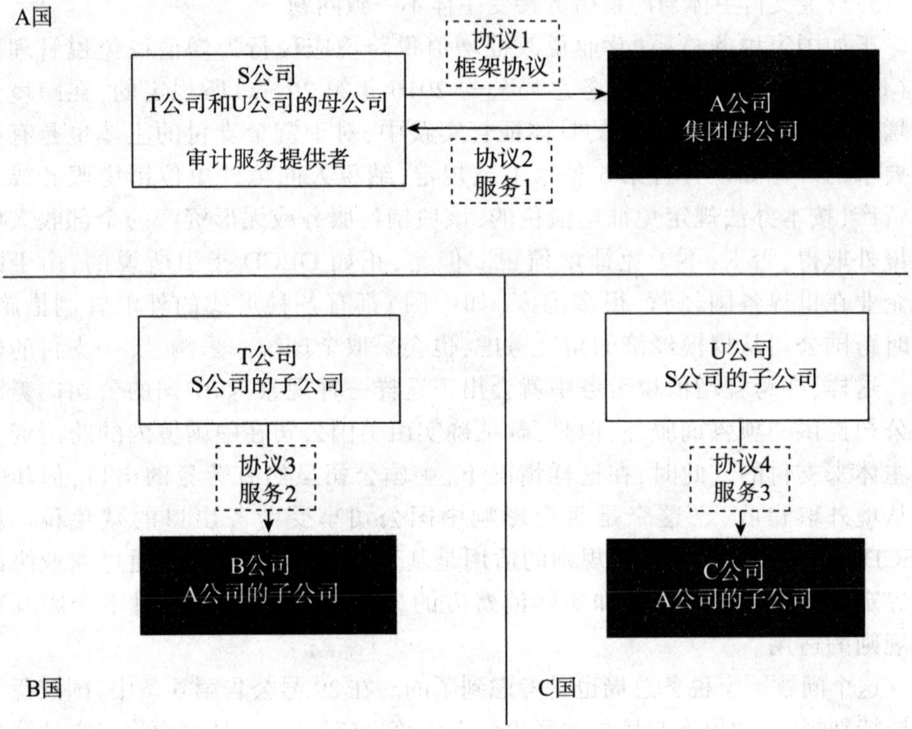

案例背景:

A 公司是一家跨国公司的集团母公司,位于 A 国。他在 B 国和 C 国都有子公司,分别是 B 公司(B 国)和 C 公司(C 国)。

S 公司则是一家跨国会计师事务所的母公司。该国际会计师事务所在 B 国有一个 T 公司,在 C 国有一个 U 公司。

A 公司是上市公司,其从合规性角度考虑,旗下所有公司都需要进行审计。因此,A 公司和 S 公司签订了一份框架性协议(协议 1)。这份框架性协议包括

〔1〕 参见 OECD 2015 版指引,附件 1,例四、例五。

了如下内容：

(1)服务的内容和范围的界定；

(2)服务中涉及客户信息保密、保证条款的法律责任；

(3)服务的价格以及付款的义务的约定；

(4)什么时候S公司和A公司旗下的子公司需要根据框架性合同的约定分别缔结各自的服务协议；

(5)该框架性协议也约定,S公司旗下的T公司和U公司将分别和A公司旗下的B公司和C公司签订各自的服务协议,但涉及服务的内容、范围、价格、付款义务以及保密责任的规定则根据框架性协议的约定。

根据这个约定,A公司和S公司签订了审计服务协议(协议2,注意,这份协议是在框架性协议下的另外一份独立的协议),B公司和T公司签订了审计服务协议(协议3),C公司和U公司签订了审计服务协议(协议4)。但这些协议中都有一个共同的规定,就是相关的合同内容和义务根据框架性协议来执行。但是,在这个案例中,合同约定,协议2、协议3、协议4中涉及的款项支付是由各自主体进行的。

案例分析：

我们首先来看协议1(框架性协议),这份框架性协议不是一个交易性的合同,它不包含合同实际的支付金额,这份框架性协议中约定的服务范围、价格、法律责任和款项支付条件只有在协议2、协议3、协议4签订后才被激活。因此,协议1(框架性协议)并不构成我们跨境劳务增值税中的商业协议。我们不能通过这份协议来进行跨境劳务增值税纳税义务的判定。

在协议2中,S公司是提供方,A公司是接受方,它们在同一国,不涉及跨境劳务增值税问题。

在协议3中,T公司是提供方,B公司是接受方,但它们都位于B国,也不涉及跨境劳务增值税问题。

在协议4中,U公司是提供方,C公司是接受方,但它们都位于C国,也不涉及跨境劳务增值税问题。

案例 5(见下图):

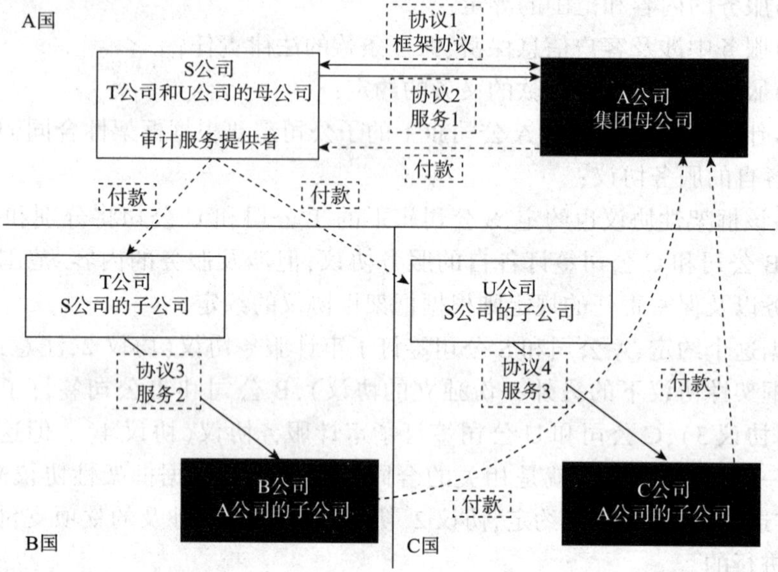

案例背景:

我们在案例 4 的基础上来看案例 5。其他情况都不变,只是付款主体发生了改变。既然 A 公司和 S 公司都是集团的母公司,它们约定,合同还是各自签订,但是,所有的审计费先全部由 A 公司支付给 S 公司。然后,B 公司和 C 公司再分别支付给 A 公司(当然,这个可能支付,也可能在跨国公司内部通过 netting 的方式就抵消了)。同时,S 公司取得 A 公司支付的审计费收入后再分别支付给 T 公司和 U 公司(这个也一样,可能支付,也可能在跨国公司内部通过 netting 方式抵消了)。A 公司和 S 公司之间,B 公司和 T 公司之间,C 公司和 U 公司之间仍是分别存在三个独立的服务合同的。

案例分析:

OECD 指引的结论是,款项的支付并不影响基于商业协议对劳务实际消费地的判定问题。根据主规则,跨境增值税劳务都应该在劳务的接受方实际生产经营地所在国征税。

当然,OECD 这个案例举得其实不是太好。因为,这两个案例分析下来并不涉及跨境劳务问题。但是,从这两个案例可以看出的问题就是,在跨境劳务增值税征管中,对于商业协议的判定是非常重要的。因为,劳务的接受方必须要根据商业协议判定。比如,在案例4中,OECD指引就指出了那份框架性协议由于相关要素不具备,不属于跨境劳务增值税界定中的商业协议,就不能根据这个框架性协议进行税收界定。同时,在案例5中要注意,虽然A公司和B、C公司之间有款项支付,S公司和U、T公司之间有款项支付。但并不是有款项支付,它们之间就一定有商业协议,不能仅仅根据款项支付来界定跨境劳务增值税征税权。对合格商业协议的识别应当构成跨境劳务增值税征管的基础。

(四)多个经营场所时的消费地确认规则(multiple location sentity,MLE)

上文的分析都是假设劳务的接受方只在一个国家有生产经营场所。但是,在实践中,劳务的接受方在其他国家也有生产经营场所。比如,中国一建在南非有一个工程项目。中国A设计院和中国一建签订了一份设计合同,为中国一建在南非的工程项目提供设计服务。合同是中国境内的中国一建和中国A设计院签订的。但是,设计服务是针对中国一建在南非的工程。款项是中国一建直接支付给中国A设计院的。这个我们能算中国A设计院是劳务出口吗?还是算中国一建接受服务后再出口到南非。目前我国没有文件规定。

再如,国家税务总局2016年第53号公告规定,境外单位或者个人向境内单位或者个人提供的工程施工地点在境外的建筑服务、工程监理服务、工程、矿产资源在境外的工程勘察勘探服务属于境外劳务。换句话说,中国一建去南非施工,南非B公司和中国一建签订了工程监理服务合同,虽然合同是和中国一建签订的,但是这个不算中国一建劳务进口。那么,53号公告只是说了建筑服务、工程监理、工程勘察勘探(这部分劳务在OECD指引中要适用特别的规则,本文后面会专门讲)。那如果一家澳洲的设计事务所和中国一建签订一份设计合同,该设计合同就是针对中国一建在南非项目的设计。此时,中国公司支付澳洲设计事务所设计款时,是否算进口设计服务,要代扣代缴增值税呢?因为,53号公告并没有涉及建筑设计。

1. 增值税常设机构概念及其运用价值

有些劳务的接受方可能会在多个国家(地区)有生产经营场所,这种情况下,为贯彻实际消费地征税的原则,需要确定新的征税规则。前述这些案例实际就涉及OECD指引中关于MLE情况下跨境劳务增值税规则的运用问题。因为中国一建的生产经营场所虽然在中国,但是其在南非提供工程,实际在南非的工程构成了其在增值税下的常设机构(establishment)。因此,虽然中国A设计院是和中国一建签订的设计合同,但实际却是向中国一建在南非的常设机构提供的(澳洲事务所也同样)。

这里请大家注意,在跨境劳务增值税体系下,涉及增值税下的常设机构界定。OECD 指引要求相关国家要界定何为增值税下的常设机构,以便清晰运用规则解决征税权归属。[1]

这里,本书还是从中国的税法实践谈起,以便于大家的理解。《国家税务总局关于营改增试点若干征管问题的公告》(国家税务总局公告 2016 年第 53 号)第 1 条规定:"境外单位或者个人发生的下列行为不属于在境内销售服务或者无形资产:(一)为出境的函件、包裹在境外提供的邮政服务、收派服务;(二)向境内单位或者个人提供的工程施工地点在境外的建筑服务、工程监理服务;(三)向境内单位或者个人提供的工程、矿产资源在境外的工程勘察勘探服务;(四)向境内单位或者个人提供的会议展览地点在境外的会议展览服务。"

这里正列举的方式又出现了,这说明财税〔2016〕第 36 号文并没有完全解决问题,但是如果都是正列举,何时能够列举完呢?我们就以前文涉及的境外工程为例:

案例 6(见下图):

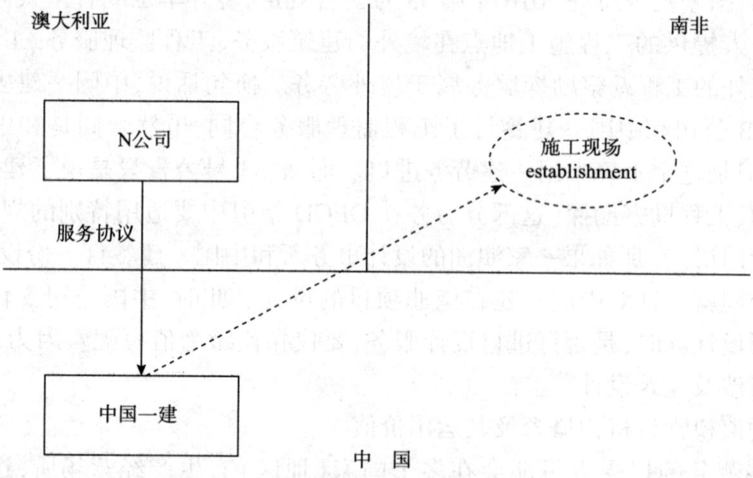

案例背景:

中国一建在南非中标了一个高速公路施工工程,于是直接派遣施工队赴南非施工。中国一建并没有在南非为该高速公路工程设立任何子公司或分公司,

[1] 参见 OECD 2015 版指引,注 24,第 31 页。

而是直接以自己名义在当地施工。

为了便于境外工程的施工,中国一建和澳大利亚的一家 N 公司签订了(假设)如下几类协议:

(1)建筑分包合同:将南非当地的部分工程分包给 N 公司;

(2)施工监理合同:将南非当地高速公路监理劳务分包给 N 公司;

(3)工程勘察勘探合同:涉及高速公路施工中的工程勘察勘探合同由 N 公司提供;

(4)建筑设计合同:高速公路的设计方案和施工方案由 N 公司提供;

(5)工程审计、评估服务:该高速公路最终评估和审计服务由 N 公司提供;

(6)环保培训服务:中国公司在南非施工由于涉及野生动物保护区,需要保护野生动物,特委托澳大利亚 N 公司到现场为中国一建人员提供如何进行环保施工的培训,合同为中国一建和 N 公司签订;

(7)技术咨询服务:中国公司涉及该南非施工的部分专业技术咨询由 N 公司提供,合同也是中国一建和 N 公司签订,N 公司通过互联网提供。

这里,笔者只是列举了现实中跨境建筑劳务可能经常涉及的合同类型。请注意,这些服务合同都是 N 公司和中国一建直接签订的,中国一建直接从境内付外汇给 N 公司。

此时,要解决的是,当中国一建支付款项给 N 公司时,是否算劳务的进口,中国一建是否需要代扣 N 公司增值税?

案例分析:

根据财税〔2016〕36 号文附件 1《营业税改征增值税试点实施办法》第 12 条规定:"在境内销售服务、无形资产或者不动产,是指:(一)服务(租赁不动产除外)或者无形资产(自然资源使用权除外)的销售方或者购买方在境内……"第 13 条规定:"下列情形不属于在境内销售服务或者无形资产:(一)境外单位或者个人向境内单位或者个人销售完全在境外发生的服务……"

按照第 12 条,合同是 N 公司和中国一建签订的,服务的购买方在境内,应该算境内劳务。但是,第 13 条又说,境外单位或者个人向境内单位或者个人销售完全在境外发生的服务算境外劳务,不征收增值税。问题在于什么叫"完全发生在境外"。

根据国家税务总局公告 2016 年第 53 号可知,境外单位向境内单位或者个人提供的工程施工地点在境外的建筑服务、工程监理服务、工程勘察勘探服务属于完全发生在境外的劳务,不征收增值税,因此可以明确案例中的第1、2、3项不征收增值税。第4、5、6项,则不在国家税务总局列举的范围,难以判断,基层可能会从严执法。第7项就更难以判断了。

这里,我们要意识到问题产生的根源,才能避免在立法层面不断产生新的问题,导致政策在执行层面面临很大的不确定性。

这里的关键问题就在于,案例中上述劳务大部分都是为中国一建在南非的工程提供的,中国一建在南非的工程项目实际构成了另外一个生产经营场所,就是OECD指引所称的establishment。除了在自己本国有一个生产经营地外,在其他国家(地区)还有生产经营场所的企业就称为multiple locations entity。

2. 多个经营场所(MLE)时的基本征税规则

前文所述,OECD采用目的地规则,并以服务接受方(the customer)所在地为标准,该所在地以实际生产经营场所所在地(permanent business presence)来判断。在接受方有多个经营场所时,如何识别接受方的所在地,需要特别讨论。因此,OECD指引为了正确贯彻实际消费地征税的原则,主张如下附属规则:"为贯彻主规则,当劳务的接受方在多个国家(地区)有生产经营场所时,增值税的征税权应该赋予实际使用跨境增值税劳务的那个生产经营场所的所在国。"[1]

知道问题产生的根源后,可以发现仅仅通过正列举立法是难以真正解决问题的。因为,2016年第53号公告中触及的跨境建筑劳务的增值税中就涉及多生产经营场所主体的跨境劳务增值税征税规则的建立问题,这里有一系列"营改增"后的新问题要面对、新概念要明确、新规则要建立。

那何为multiple locations entity下的establishment呢? OECD指引是这么解释的:

在跨境增值税劳务中,我们认为构成establishment情形应该是需要有一个固定的生产经营场所,这个生产经营场所要有一定的基础设置,包括人员、机构、资产从而能够接受或提供增值税应税行为。请注意,仅仅是为了缴纳增值税而作的一般纳税人登记并不构成establishment。因此,OECD指引建议各个国家都

---

〔1〕 Guideline 3.4: For the application of Guideline 3.2, when the customer has establishments in more than one jurisdiction, the taxing rights accrue to the jurisdiction(s) where the establishment(s) using the service or intangible is(are) located. OECD 2015版指引, p. 32.

应该在本国的税法中提出明确的规则来界定哪种情况下构成增值税下的 establishment。[1]

在跨境劳务增值税中的这类 establishment 不同于子公司或分公司,他们是没有注册登记的。因为,上述案例中合同都是 N 公司和中国一建签订的。那我们又该如何判定劳务是南非的生产经营场所使用的呢?特别是出现在如果中国一建在南非、肯尼亚、刚果金等多个国家都有 establishment,但合同都是 N 公司和中国一建签订的,就不能简单根据 OECD 规则直接识别合同后,根据合同签订主体来确定劳务的消费主体了。所以,这里 OECD 指引就提出了如下三种界定方法:

(1)直接使用法(direct use approach);

(2)直接递送法(direct delivery approach);

(3)再分配法(recharge method)。

这三种方法具体是什么意思,为什么要用三种方法呢?究竟应该如何用呢?由于再分配法(recharge method)最为复杂。因此,我们将先介绍第一种和第二种方法,第三种再分配法(recharge method)另行分析。

3. MLE 下"直接使用法"与"直接递送法"

(1)直接使用法介绍与运用

对于多生产经营场所主体 MLE 而言,直接使用法关注的是哪个经营场所是使用劳务的主体,从而跨境劳务增值税的征税权就赋予那个经营场所的所在国。

比如,中国一建和澳大利亚 N 公司签订的施工监理合同,将南非当地高速公路监理劳务分包给 N 公司。这份合同在签订之初,N 公司就知道劳务的实际

---

[1] 参见 OECD 2015 版指引,注 24,第 31 页。类似的概念中国也有。《非居民承包工程作业和提供劳务税收管理暂行办法》(国家税务总局令第 19 号)第 5 条第 1 款规定:"非居民企业在中国境内承包工程作业或提供劳务的,应当自项目合同或协议(以下简称合同)签订之日起 30 日内,向项目所在地主管税务机关办理税务登记手续。"这里基本上对应的就是我们对于跨境劳务增值税中的 establishment。但是要注意,级别较高的"令"是营业税时期下发的,不仅涉及流转税,还涉及所得税,"营改增"后需要修改。我们正好可以在这个令修改时,明确提出我国对于跨境劳务增值税中 establishment 的概念界定,以接轨 OECD 指引的要求。同时还要注意,原来营业税下只是一个登记,实际由于申报衔接问题,这个令没有很好得到执行。而"营改增"后,这里不仅是一个税务登记问题,还涉及 establishment 的增值税一般纳税人认定、认证甚至申报、代开票问题。这些"金税三期"开发中都需要预留接口考虑。否则文件规定也无法实际执行。

使用方一定是中国一建位于南非的经营场所,因为监理劳务和不动产是密切相关的。

但是,在有些情况下,在跨境劳务合同签订当时,劳务的提供方也不知道究竟他提供的劳务是哪个经营场所在实际使用。有时候,劳务的接受方位于多个国家(地区)的经营场所都在同时使用这些劳务。在这些情况下,如果我们用直接使用法,不仅合同双方税收遵循的成本很高,税务机关的征管成本也很高。

(2)直接递送法介绍与运用

直接递送法不同于直接使用法,直接使用法聚焦于劳务的接受方,看究竟是哪个经营场所实际在使用劳务。而直接递送法是聚焦于劳务的提供方,看劳务的提供方是直接向 MLE 哪个经营场所提供劳务。

这种方法,对于那种 physical services 的界定特别有效。比如,在前述案例中的环保培训服务:中国公司在南非施工由于涉及野生动物保护区,需要保护野生动物,特委托澳大利亚 N 公司到现场为中国一建人员提供如何进行环保施工的培训。由于这种培训一定是现场培训(on-the-spot training)。因此,澳大利亚 N 公司在签订合同时就明确知道,虽然合同是和中国一建签订的,但劳务肯定是直接提供给其在南非的经营场所的。这一点在双方的商业协议中也应该是界定得很清楚的。

在有些情况下,对于 MLE 而言,直接使用法和直接递送法则都不太好用。比如,N 公司和中国一建提供一个最新的安全施工的在线培训服务,中国一建全球各地的经营场所都通过互联网在线接受培训。此时,我们可以知道,由于合同是 N 公司和中国一建签订的,N 公司只是做在线培训,他并不知道中国一建全球究竟哪些经营场所实际使用了。而且,就在线培训服务而言,N 公司在合同签订时也不知道直接是递送给谁。这个就需要我们采用第三种方式再分配法来解决。

(3)MLE 下"再分配法"的界定

"再分配法"要求 MLE 在从外部采购了劳务后,再将这部分成本通过内部分配协议分摊给内部各个使用劳务的经营机构。这种方法相对比较适用于一个在全球多个国家(地区)有经营机构的公司,该公司的其中某一个经营场所从外部采购了劳务后,同时给公司在其他经营机构使用的情况(multiple use)。例如,基于规模经济的考虑,从事跨国经营的公司往往会集中采购行政、技术、财务和商业服务,然后再通过内部的费用分摊协议,将这些外部采购的费用分摊给其他国家(地区)的经营机构,这种分配方法可能是按照所得税法、会计方法或其他法规要求的方法。

在“再分配法”下,跨境劳务的提供方只要根据其和MLE签订的商业协议就可以进行增值税的处理。比如,澳大利亚N公司和中国一建签订咨询服务合同,中国一建全球各个经营机构都在接受培训。那在“再分配法”下,澳大利亚N公司只需要根据这份商业协议来判定跨境劳务的增值税处理,由于该份商业协议的接受方是中国的公司。因此,澳大利亚N公司算劳务的出口,澳大利亚应该给予N公司劳务出口免税(零税率)。此时,后续增值税正确处理的压力就在中国一建。因为中国一建需要根据“再分配法”将其购买的N公司的咨询服务按照一定的分配方法再分摊给其全球其他地方实际使用该服务的经营机构,这个分配对于中国一建应该算为劳务的出口,中国需要给予中国一建增值税免税(零税率)。而对应的这些接受费用分摊的经营机构所在国拥有对这部分进口劳务的增值税征税权。

大家可以看到,相对于前面两种方法,在税收征管实践中,“再分配法”的实施比较复杂,决定采用这种方法的国家的税务机关需要注意明确如下几个方面问题:

(1)这种方法的使用范围,即什么性质的劳务需要按这种方法处理;

(2)可接受的正确的费用分配方法以及分配的时间;

(3)费用分配对增值税进项税抵扣权的影响;

(4)纳税人采用“再分配法”需要向税务机关备案的资料和程序,以保证分配的正确性和合理性。

正是因为“再分配法”这么复杂,所以OECD跨境劳务增值税指引又专门对这种方法进行了详细的介绍。

这种方法需要分“两步走”:

第一步:虽然对于MLE而言,其全球多个经营机构(场所)都在使用劳务。但是,我们第一步还是根据商业协议来判定。根据外部劳务提供方和MLE签订的商业协议,增值税的征税权首先是赋予代表MLE和外部提供方签订合同的那个经营机构,即那个出现在商业协议中的经营机构。

第二步:代表MLE的那个经营机构集中采购了劳务后,如果不是全部由其使用,而是部分给全球其他国家(地区)的经营机构使用的,则需要在这个经营机构按照一定的内部分配方法将采购成本分配到其他经营机构中。

这个可能说起来比较抽象,我们还是通过一个具体的案例[1]来说明“再分配法”究竟是如何运用的。

案例 7(见下图):

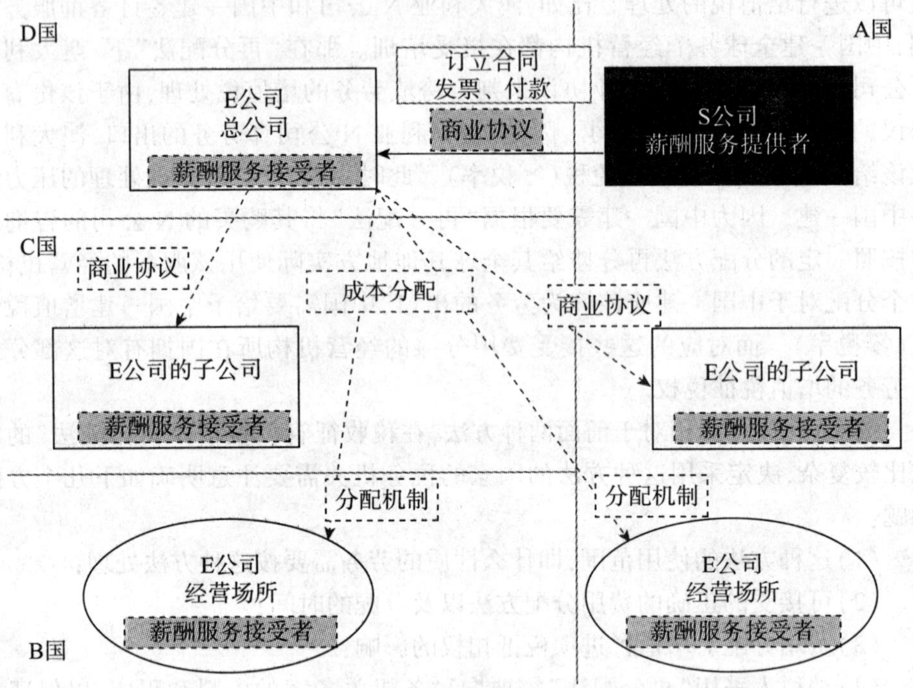

案例背景:

E 公司是一个在全球有多个生产经营场所的 MLE,在 D 国有一个公司总部,同时在 A 国和 B 国有两个从事贸易的经营场所(E 公司经营场所)。同时,E 公司也是一家跨国公司全球的母公司,他在 A 国和 C 国有两家子公司(E 公司的子公司)。“E 公司的子公司”“E 公司经营场所”以及 E 公司都是增值税纳税人。

〔1〕 参见 OECD 2015 版指引,附件二。

位于D国的总部办公室代表E公司与位于A国的S公司签订了一份薪酬服务合同。S公司为E总部、位于A国和B国的经营场所以及位于A国和C国的子公司提供薪酬管理服务。

根据S公司和E公司签订的服务合同,S公司是根据服务人员的数量向E公司收费,款项由E公司直接支付给S公司,S公司将发票开具给E公司,服务合同总价款是20 000单位。

作为公司的总部,E公司集中采购了薪酬服务后,其又和位于A国和C国的子公司签订了集团间的服务合同,将对应的费用分摊给它们。但是,对于其位于A国和B国的经营场所,它们之间没有任何合同,只是通过内部进行了费用的分摊。

案例分析:

1. 劳务的提供方

位于A国的S公司和位于D国的E公司签订了跨境劳务的合同。根据这份商业协议,跨境劳务的提供方是位于A国的S公司,劳务的接受方是位于D国的E公司。款项是由E公司支付给S公司,S公司开具发票给E公司。此时,虽然位于A国的S公司既会给位于D国的E公司、位于C国的E公司子公司以及位于B国的E公司经营场所提供,它实际也给和其一样位于A国的E公司子公司和E公司经营场所提供薪酬服务。但是,S公司和直接公司之间是没有任何商业协议的。

根据OECD跨境劳务增值税征税的主规则及商业协议来判定,此时劳务的提供方是位于A国的S公司,劳务的接受方是位于D国的E公司,对于S公司来讲,这就完全属于劳务的出口,A国应该给S公司劳务的出口免税(零税率)的增值税待遇。

2. 劳务接受方的集团(这里集团是指E公司、E公司的各个子公司和E公司的各个经营场所)

当位于D国的E公司代表整个集团和A国的S公司签订了薪酬服务协议后,E公司应该在其ERP系统中建立一个成本池来归集与该项薪酬服务相关的成本,然后再将这部分成本在集团的子公司和各个营业场所之间进行分配。E公司和集团子公司之间的这部分成本的分配是需要签订商业协议来进行的。此时,我们跨境劳务的增值税处理就直接根据商业协议进行处理。而E公司和其位于A国和B公司的经营场所之间的成本分配是直接通过内部直接作成本分摊的,他们之间没有协议,就是根据在MLE下的“再分配法”进行增值税处理的。

成本的分配需要依据一定的方法,这里针对不同的服务类型应该采用不同的分摊方式。比如,对于这种薪酬服务的分摊,直接根据各个公司员工的数量[也就是根据“人头”(headcount)]分摊就非常合理(这里要注意,增值税下的成本分摊和企业所得税中的成本分摊协议是不一样的,企业所得税中的成本分摊是要根据预期收益进行成本分配,不能乱套用)。

在实际的工作中,E公司可以这样进行处理:

(1)E公司在ERP系统中建立一个成本池,收到S公司给其开的发票后放入这个成本池。

(2)对这个成本池建立一个分摊的标准或方法。比如,薪酬服务成本池的分摊方法为按人头进行分摊。

(3)E公司在成本池中植入正确的增值税处理指令。具体是,S公司和E公司签订薪酬服务协议,对S公司算劳务出口,免征增值税。对E公司算劳务进口,按照反向征收机制,E公司对于这笔劳务的进口应该缴纳增值税(中国对应的是E公司代扣代缴增值税)。在E公司缴纳了这部分增值税后,E公司可以取得对应的增值税进项税的抵扣权。

(4)E公司接着就是将这部分费用在子公司和其他经营场所之间进行分配。这里就涉及一个分配的时间和频次的问题。一般情况下,这个分配的时间和频次会根据会计核算日来确定,可以按月、按季、按半年或者一年分配一次。当然,一般要结合每个公司的会计处理政策。分配后,每个公司相应进行增值税的会计处理。

在上述案例中,费用的分配方式就是按人头进行分配。E公司需要确认其自己、子公司和各个经营场所的人数,这个数字一般在预算中有。比如,预算显示,E公司有100人,A国和B国的经营场所分别有10人和30人,A国和C国的子公司分别有20人和40人。

下一步,我们就需要根据跨境劳务的增值税规则进行进一步的增值税处理:

(1)E公司和A国经营场所:E公司需要将1000分配给A国经营场所。对于E公司这1000的分摊,D国应该算E公司劳务出口给予增值税免税(零税率)。而A国应该视同该经营场所有价值1000的劳务进口,该经营场所按照反向征收机制应该按1000缴纳增值税,然后取得对应的增值税进项税抵扣权。

(2)E国和B国的经营场所:和A国经营场所一样。E国将3000分配给B国经营场所,D国应该算E公司劳务出口给予增值税免税(零税率)。B国应该视同该经营场所有价值3000的劳务进口,该经营场所根据反向征收机制按3000缴纳增值税后,取得进项税抵扣权。

(3)E公司和A国子公司:它们之间的费用分摊应该有正常的商业协议。根据增值税的主规则,劳务的提供方是位于D国的E公司,劳务的接受方是位于A国的子公司。E公司分摊2000给A国子公司算劳务出口,D国给予E公司增值税免税(零税率)。A国应认为该子公司是劳务进口,按2000缴纳增值税后正常取得进项税抵扣权。

(4)E公司和B国子公司,它们之间的费用分摊应该有正常的商业协议。根据增值税的主规则,劳务的提供方是位于D国的E公司,劳务的接受方是位于B国的子公司。E公司分摊4000给A国子公司算劳务出口,D国给予E公司增值税免税(零税率)。B国应认为该子公司是劳务进口,按4000缴纳增值税后正常取得进项税抵扣权。

(5)对于E公司而言,它从A国的S公司进口了20 000的增值税劳务后,实际自己只使用了10 000 。因此,只能抵扣这10 000部分对应的进项税。剩余的进项税处理,则要根据E公司所在D国对于E公司劳务出口的增值税政策,如果是出口免税,对应的10 000的进项税就需要转出进入成本。如果是零税率,这部分增值税应该给予抵免或退税。

再分配法下税务机关监管考虑:

(1)A国的S公司为了享受增值税免税待遇,需要保存所有涉及相关合同信息备税务机关判断和检查。

(2)D国的税务机关首先应该确认,E公司劳务的进口已经按照反向征收机制正常缴纳了增值税。同时,D国的税务机关还要确认,由于并非所有的劳务都是E公司使用,因此E公司是否已经使用了正确的方法将不是其使用的那部分劳务的成本分摊给了其他国家的子公司或经营场所。(请注意,OECD指引也规定了,如果位于D国的E公司在D国还有子公司或经营场所,在一个国家内是否需要分摊,则由各个国家自己决定。这种问题本文前面提到,中国“营改增”后也会遇到。比如,中国银行总行采购审计服务,但是国内其他分行都在接受服务,是否需要分摊增值税,国家税务总局后期在政策层面是需要明确的。这个问题对于后期跨境劳务增值税规则建立也是相关的)。

(3)A国、B国和C国的税务机关则需要关注的是,在这种情况下,根据反向征收机制,E公司位于A国和B国的经营场所以及位于A国和C国的子公司,是否按照独立交易的原则正常进行了增值税的纳税申报,一是是否进行了增值税申报;二是如果申报了,申报的依据是否合理,这就涉及跨境劳务增值税的TP问题了。所以,这些子公司和经营场所需要准备相关的资料向税务机关报备,以便能够接受税务机关的检查。

因此,大家可以看到,如果要执行再分配法,首先在纳税人层面需要在会计核算系统(如ERP)中建立相关的档案,以便内部和外部能够正确追踪整个成本的分配过程。而外部的税务机关则也需要建立相对应的备案机制,就类似于中国税务机关原来的《非居民承包工程作业和提供劳务税收管理暂行办法》(国家税务总局令第19号)这样一般的操作办法,这样才能确保再分配法在实践中能正确运行,且符合"渥太华税收框架条件"的五原则。

四、OECD国际增值税指引确立的B2C跨境劳务的征税规则

如前所述,OECD在2014年的指引还只涉及B2B的规则,但在2015年11月在法国巴黎发布的最新跨境劳务增值税指引中已经将B2C的增值税处理规则提出来了。这其中的改变实际上就是两个判定标准:一是如果继续按照B2B的规则能否实现目的地征税的原则;二是如果继续按照B2B的规则,政策执行的效果是否符合"渥太华税收框架条件"的五原则。

(一)B2C跨境劳务的目的地界定变量

按照"目的地征税"的原则,跨境劳务的增值税就应该在劳务的实际消费国征税。因此,相对于B2B的情况而言,B2C的增值税处理从理论上来看应该是更直接明了的。因为C就已经是劳务的最终消费环节了,那么增值税就应该在C的最终消费国征税。而且,前述提出来的一系列针对跨境劳务B2B的增值税征税规则,实质还是要保证在2C的环节,增值税的征税权最终是赋予C端的实际消费所在国的。

在过去,对劳务的增值税处理还是相对简单的。因为不像货物,劳务提供和劳务的消费往往是同时发生的,这样劳务的提供方和劳务的消费方基本都是在一个地方。

但是,随着全球经济的发展,特别是数字经济的发展,劳务的提供和劳务的消费并不见得一定在一个地方,劳务的提供方借助信息化网络完全可以远程向劳务的消费方提供劳务。正是因为数字经济发展后,劳务的实际消费地和劳务

提供方所在地以及劳务提供方实际提供劳务的地点不再必然相关(比如,在信息化技术发展前,培训都是面对面的。但现在,我们用劳务提供方提供劳务的地点作为劳务实际消费地的代理变量则变得不再合适)。此时,对于 B2C 的跨境劳务增值税而言,以劳务接受方的经常居住地作为劳务的实际消费地的界定变量则更加合适。

正是基于这些考虑,OECD 指引对于 B2C 的跨境劳务增值税的征税地点提出两大处理原则:

处理原则 1:对于体力型劳务(physical services),其提供和消费是同时发生且劳务的提供只能是现场提供,这类劳务则以劳务的实际提供地作为跨境劳务增值税征税地的界定标准。[1]

处理原则 2:不属于处理原则 1 中的劳务,则以劳务消费方的经常居住地作为跨境劳务增值税征税地的界定标准。[2]

1. B2C——现场提供的劳务

对于那些需要现场提供的体力型劳务而言,由于劳务在提供的同时也被实际消费了,因此劳务的提供地和劳务的消费地是一致的。

哪些劳务属于本文界定的必须是现场提供的劳务而不能被远程提供呢?比如理发、按摩、美容、住宿、餐饮、电影院观影、歌剧话剧、会展、博物馆、公园、参加体育赛事等。大家可以看到,这些劳务的提供都必须要求提供方到现场,接受方也必须到现场。同时,这类劳务的提供和消费是同时发生的。这类劳务的提供地点在现实中也是比较容易界定的。因此,对于这些体力型劳务,以劳务的实际提供地作为劳务实际消费地的界定指标,从而划定增值税的征税地就比较合适。

---

〔1〕 Guideline 3.5: For the application of Guideline 3.1, the jurisdiction in which the supply is physically performed has the taxing rights over business-to-consumer supplies of services and intangibles that are physically performed at a readily identifiable place, and are ordinarily consumed at the same time as and at the same place where they are physically performed, and ordinarily require the physical presence of the person performing the supply and the person consuming the service or intangible at the same time and place where the supply of such a service or intangible is physically performed. OECD 2015 版指引,p. 47.

〔2〕 Guideline 3.6: For the application of Guideline 3.1, the jurisdiction in which the customer has its usual residence has the taxing rights over business-to-consumer supplies of services and intangibles other thanthose covered by Guideline 3.5. OECD 2015 版指引,p. 48.

2. B2C——其他类型的劳务

和原则 1 中所界定的那类劳务不同,其他一些劳务的提供和消费不一定要同时发生,劳务可以先提供,但是消费则可以在稍后的时间发生。而有些劳务的提供或消费可以是持续性的,也可以不在现场而通过远程实现。对于这些类型的劳务,我们可以看到,"劳务提供方所在地"或者"劳务的实际提供地"都不能准确地界定劳务的实际消费地。此时,我们则需要用劳务接受方的经常居住地作为劳务实际消费地的代理变量。

哪些劳务属于上文说的这种类型的劳务呢?比如,咨询、会计、法律服务、金融和保险服务、电信和广播服务、在线软件的销售以及软件的维护、电子内容的在线提供(比如在线电影、TV、音乐的下载)、在线数据存储,在线游戏等。

那我们该如何界定 B2C 的跨境增值税劳务中,C 的经常居住地呢?消费者的经常居住地应该是其经常生活或家庭的所在地。如果他仅仅是到另一个国家旅游、接受培训或参加会议,由于其在这些国家停留是临时性的,因此,这些国家并不构成其经常居住地。

在 B2C 中,跨境增值税劳务的增值税征税权应该赋予消费者的经常居住地所在国。对于 B 而言,如果消费者的经常居住地是在国外,劳务的提供方则可以享受增值税出口免税(零税率)。

正是通过 B2C 的跨境增值税劳务的实际消费地确认规则,从而贯彻"目的地征税"的大原则。相对于 B2B 的跨境劳务增值税而言,对于 B2C 的跨境增值税劳务的征税规则和征税机制还都存在很大的盲区,B2C 的跨境劳务增值税还有大的"金矿"可挖。因此,现阶段,针对 BEPS 第一项行动计划"应对数字经济的税收挑战"而言,我们应该优先研究和建立针对数字经济的 B2C 跨境劳务的增值税规则,这里面蕴藏了很大的税源。

(二)B2C 下跨境劳务增值税的征管机制

当中国的几亿个网民通过 appstore 购买软件、当微软直接通过在线方式销售 Office365 软件时、当我们直接通过 amazon 在线商城购买电子书时、当你在玩植物大战僵尸时直接在线付费购买道具时,无形货物或劳务的提供方可能都是在境外,而消费者都是在中国境内,款项都是中国网民直接通过银行在线支付方式直接支付到国外了。这些都是属于数字经济下跨境劳务的 B2C 提供,具有重要的税源价值。

B2C 下跨境劳务增值税的征税原则好说,除了那些现场提供劳务而言,大部分劳务的增值税征税权应该赋予劳务接受方经常居住地所在国。但是,对于劳务接受方经常居住地的所在国而言,由于 B2C 下,劳务的接受方往往都是大量的个人消费者,此时建立何种的征收机制把这部分税收征收上来才是最大的难点。

经过充分的调研和征求意见,OECD 指引认为,对于 B2C 的跨境劳务增值税而言,通过让非居民的跨境劳务的提供方在接受方所在国办理增值税纳税人登记,自行申报缴纳增值税是最合适和最有效的增值税征收方式。OECD 指引建议,对于 B2C 跨境劳务增值税中,非居民的增值税征管机制应该包括如下几方面内容:[1]

1. 登记制度;
2. 进项税抵扣——退税机制;
3. 纳税申报制度;
4. 税款缴纳制度;
5. 账簿记录核算制度;
6. 发票管理制度;
7. 相关信息的可获取性;
8. 利用第三方服务的方法。

各种征管机制尽可能采用在线方式,确保便利和简略,既要保证劳务接受方经常居住地所在国增值税征税权的有效履行,也要尽量减少非居民的增值税纳税遵从成本。

五、OECD 国际增值税指引确立的跨境劳务增值税征收的特殊规则

OECD 的指引为了贯彻“目的地征税”的大原则,同时设计的税收征管机制还要符合“渥太华税收框架条件”,将跨境劳务增值税的征税规则分为 B2B 和 B2C 两种情况进行界定。然而在如下这些情况下,需要建立特殊的规则去适用:

(一) B2B 下需要建立特殊规则的情况[2]

在 B2B 下,如果出现下面列举的一些劳务,还是适用主规则,即按接受方的

---

〔1〕 参见 OECD 2015 版指引,p. 51.

〔2〕 See Guideline 3. 7.

日常生产经营地作为增值税征税地的界定标准,可能就不太合适:

1. 有些劳务可能同时既提供给 B 也提供给终端消费者 C;

2. 有些劳务可能需要提供方和接受方都同时到现场;

3. 有些劳务的实际使用地是比较清晰的。

比如,如果酒店提供住宿服务,这些服务的特点是单笔金额小、频次多、数量大。而消费的主体既有可能是公司(2B),也有可能是个人消费者(2C)。如果消费者是公司,他可能说我是一家外国的公司,因此你的住宿收费中不应该包含增值税。那此时,酒店作为劳务的提供方就存在增值税申报的风险(违背确定性和简化的原则)。同时,税务机关在这种情况下也很难搜集有效的证据去证明客户的身份从而判定酒店的增值税纳税义务(违背效率原则)。同样,对于那些销售入场券的劳务,比如音乐会、体育赛事甚至是那些主要为企业服务的会展活动也会存在这个问题。因为门票在门口购买,购买门票来消费服务的人既可能是 B,也可能是终端消费者 C。

因此,对于那些现场提供的劳务,在 B2B 下就不用原来的规则,而是和 B2C 一样,用劳务的实际提供地作为增值税征税地的界定标准。

实际上大家可以看到,对这个中国增值税规则的制定中也自觉地遵守了。国家税务总局 2016 年第 53 号公告中就规定,境外单位向境内单位或者个人提供的会议展览地点在境外的会议展览服务不属于境内劳务,不征收增值税。实际上,对于会展服务,不管是境内单位(2B)还是境内个人(2C)都是按会展所在地界定劳务的实际消费地的。这里会展就是我们的现场提供的劳务。所以,如果我们能够明晰背后的规则,我们的税法体系就会更加完善。

(二)B2C 下需要建立特殊规则的情况[1]

在 B2C 下,出现下面一些情况则上面的主规则会不太适用:

1. 有些劳务虽然是现场提供的劳务,但这些现场提供的劳务可能不是在一个国家(地区)提供,而是可能在多个国家(地区)提供,此时以劳务的实际提供地来界定则违背了效率原则、确定性原则和简化原则。典型的这种劳务就是国际旅客运输服务。国际旅客运输服务肯定需要劳务的提供方 B 和劳务的接受方 C 同时在现场,劳务的提供和消费也是同时发生的,这是一种现场提供的劳务。但国际旅客运输服务则会同时在几个国家(地区)提供,此时用劳务的提供

---

[1] See Guideline 3. 7.

地来界定增值税征税权则会非常麻烦,所以类似于国际旅客运输服务,可以看到在英国、澳大利亚等增值税国家都会专门制定有特殊的增值税征税规则。

2. 有些劳务往往不会在消费者的经常居住地消费。此时,我们对于这些劳务用消费者的经常居住地来界定劳务的实际消费地则不太准确,也就违背了"目的地征税"的原则。这类劳务提供时的地点比较好确定,且一般这类劳务需要消费者到现场消费,但是提供方则往往不需要到现场提供。比如,在咖啡厅或酒店大堂提供的付费互联网接入服务、在电话亭提供的通话服务、在酒店客房提供的付费电视频道接入服务等。在这些情况下,我们可以预见劳务的提供方应该会知道或肯定有能力知道消费者在消费劳务时的确切地点。因此,对于这些劳务用其提供时消费者的实际所在地作为劳务实际消费地的代理变量则更加合适。

(三)与动产直接相联系劳务的特殊考虑

对于一些与动产直接相关的劳务,有些国家可能会选择用动产的所在地作为增值税征税地的界定标准。因为他们认为,无论是 B2B 下的商业使用还是 B2C 下的最终消费都应该是和这个动产的所在地直接相关的。因此,以动产的所在地作为这类劳务的实际消费地的界定也是可以的。但是在实践中对其要给予关注,由于动产毕竟是可移动的。那么,我们能否准确界定动产的所在地,适用以动产所在地界定劳务的实际消费地的规则运行起来是否能符合"渥太华税收框架条件"则需要综合考量。

(四)与不动产直接相联系劳务的特殊考虑[1]

OECD 指引提出了最后一个跨境劳务的增值税征税规则,即无论是 B2B 还是 B2C,对于那些与不动产直接相联系劳务的增值税征税权直接就赋予不动产所在国。这条规则没有具体列出哪些具体劳务适用这个规则或不适用这个规则,只是列明了适用这个规则劳务的共同特征和主要的类型。

1. 适用这类规则劳务的主要类型包括:

(1)与不动产转移、转让、出租、占有使用、开发等直接相关的劳务;

(2)与不动产本身直接相关的体力型劳务,包括新建、改建、扩建、装修、修缮不动产;

(3)不在上述列举范围内的,但是仍然和不动产密切相关的劳务。

---

[1] See Guideline 3. 8.

2. 适用这类规则劳务的共同特征包括:

(1)这类劳务必须和不动产直接相关。直接相关是指这类劳务必须和不动产具有紧密的、清晰的和明确的联系。

(2)与不动产相联系的特征必须是这类劳务最核心和最主要的特征。如果某类综合性劳务只是在某一方面和不动产相关,这类劳务则不属于本书界定的与不动产直接相关的劳务,则不适用这条特殊规则。

3. 与不动产直接相关劳务的进一步深度考量如下所述:

(1)与不动产转让、出租、占有使用、开发利用的劳务应该包括所有与不动产利用相关的劳务。

(2)与不动产新建、改建、扩建、装修、修缮的劳务应该是指那些体力型的劳务,而不是智力型劳务。比如,不动产的建筑、修缮、拆除、建筑物的涂刷甚至内外部清洗等。

(3)有些与不动产的确存在紧密、清晰和确定性的劳务也可以适用这条规则,如建筑设计劳务就是此类型。

当然,这些问题,在《国家税务总局关于发布〈营业税改征增值税跨境应税行为增值税免税管理办法(试行)〉的公告》(国家税务总局公告2016年第29号,以下简称29号公告)也有所考虑。比如,29号公告规定,对境内的货物或不动产进行的认证服务、鉴证服务和咨询服务,对境内不动产的投资与资产管理服务、物业管理服务、房地产中介服务,拍卖境内货物或不动产过程中提供的经纪代理服务,为境内货物或不动产的物权纠纷提供的法律代理服务,为境内货物或不动产提供的安全保护服务,即使签订合同时接受劳务的客户是境外客户,付款也是外汇支付,也不属于境外劳务。实际上以上就是对于那些与不动产直接相关的劳务,采用了以不动产所在地作为增值税征税地的界定标准。只是国家税务总局文件采用的是正列举方式。但其背后,还是应该要明确大的原则和界定标准。

六、OECD国际增值税指引带来的税法起草与设计启示

OECD这份指引不仅为我们揭示跨境劳务增值税的原理、征税规则和方法,更为重要的是,这份指引的写作布局和思路向我们展现了一套严谨的税法起草和设计的框架,这一点无论对于税法实务界还是税法理论研究界都值得借鉴。笔者认为,OECD指引揭示的这套税法起草逻辑框架,特别是其中体现出来的科

学税法思维方式,对后期无论是增值税立法还是其他税法立法都有着极为重要的参考价值,能够有效提高税法起草质量。

OECD 指引究竟展示了何种税法起草与设计的逻辑框架和方法呢？我们可以从本文中回顾提炼一下：

1. 明确跨境劳务增值税机制设计的两大原则:"目的地原则" + "渥太华税收框架条件"。

2. 基于上面两大原则,提出跨境劳务增值税征税机制设计假设。

3. 对"目的地原则"进行变量定义。[1]

4. 对假设机制的"实证检验"。

OECD 在各种研究假设提出来后,下一步就是总结跨境劳务增值税中的各种实务案例,然后,把前面提出来的这些假设机制用在这些实际案例中,检验推理运行出来的结果是否符合我们前面提出的"两大原则"。如果符合,这个假设机制就通过了检验,可以立法采用。如果没有通过,就需要进行进一步修订后再检验。

所以大家可以看到,OECD 在起草这份指引时专门成立了一个由学者、税务官员、中介机构和企业组成的专业小组。这就好比现在国家税务总局提出来的建立税务机关、涉税中介机构和纳税人三方沟通机制。在税收的立法阶段,实际上涉税中介机构和纳税人发挥的一个重要作用就是提出各种与立法要规范问题的实际案例用于检验,另一个作用就是评估假设原则在实际案例中的运行结果,为决策提供参考。这样一来,才能不断地从理论到实践,再从实践回到理论,一个概念一个概念地去研究和明确,一个原则一个原则地锤炼与确立,最终建立起一套完整的税法运行体系。

OECD 指引在撰写中无处不体现的就是这种逻辑框架和方法。同时,如果大家熟悉现在的管理学、会计学的实证研究文献,也会发现和本文所提炼出来的 OECD 方法一脉相承。这是一个大的方法论问题。如果我们在微观税法的理论研究和实践研究中能贯彻和执行这样一种研究方法,中国未来的税法体系才能更加完善,税法运行机制才能更加便捷和高效。

---

[1] OECD 指引很大的篇幅实际上就是在各种情况下寻找各种合适的代理变量。

《税法解释与判例评注》稿约

《税法解释与判例评注》由武汉大学财税与法律研究中心主任熊伟教授主编,2010年创刊至今,每年出版一至两期,连续滚动出版。欢迎国内外专家不吝赐稿!

《税法解释与判例评注》不是纯粹的理论研究刊物,也不是纯粹的实务信息汇编,而是连接理论与实务的一个桥梁,是理论界与实务界互动的一个平台。收录稿件均从实务出发,既有总结实务中的经验,促进理论研究水平的提升,又有为实务提供指导,使税法解释和判决更加科学,使税收立法更加合理。

一、来稿内容要求

《税法解释与判例评注》主要关注两个方面的素材:1. 各级法院的判决和裁定,以及各级税务机关的处理决定、复议决定;2. 财政部、税务总局,以及各地财税机关对税法所做的解释。港澳台地区以及国外的典型案例,也可以作为评论对象。在评论案例时,必须提供准确的信息来源,尽可能提供文书的文号,便于读者查询和鉴别。可以对一个案件进行评析,也可以评析几个相关案件;在评论行政解释时,既可以关注其合法性,也可以关注其合理性;可以单独评析一个文件,也可以追本溯源,解读系列相关文件;既可以表示赞同,也可以进行批评。读者也可以评论已经发表的文章,既可以是共鸣,也可以是商榷,营造一个互动空间。

二、来稿形式要求

1. 每篇文章要求注释规范,文字流畅,观点明确,资料翔实,有理有据,论证有力,字数一般在1.2-1.5万之间,最多不超过2万。欢迎税务律师、法官、检察官等向我们提供典型税案的辩护词、代理词、公诉文书和裁判文书,欢迎税务官员向我们提供税务处理决定书、税务处罚决定书、税务复议决定书。

2. 来稿请附上作者的姓名、单位、学位、职称或职务、通讯地址、邮编、电话或电子邮件信箱。

3. 稿件可选择邮寄或网络发送。来稿一律采用WORD2000以上版本的文档格式,A4版面,默认页面设置。

4. 论文体裁不限,论文、译文、调研报告等均可。译文请自行解决版权。

三、来稿原创性要求

向《税法解释与判例评注》所投稿件,应属于税法解释或判例评注相关的原创作品,且未曾公开发表或主体部分未曾公开发表。特别优秀的、符合丛书定位和风格的“微信”文章,深度加工、整理后也欢迎来稿。

四、其他说明

1. 来稿一经采用,即赠送样书2本。在条件许可时,编辑部将组织作者见面会,商谈刊物定位、稿件质量、读者需求以及推广策略等问题。

2. 从第7卷开始,编辑部将对收录稿件的作者发放适当稿酬。在条件许可时,编辑部将针对收录的稿件进行评奖。

3. 请勿一稿多投,自来稿之日起逾3个月未收到采用通知的,作者可对稿件另行处理。

附:《税法解释与判例评注》的基本格式要求

通讯地址:湖北省武汉大学法学大楼421#

邮政编码:430072

收件人:熊伟教授

投稿邮箱:sfjsplpz@ sina. com;whutax@ 126. com

联系电话:18971662412

《税法解释与判例评注》编辑部

2016年8月20日

附:《税法解释与判例评注》的基本格式要求

一、标题名称。请用宋体4号字加粗格式,并居中。

二、作者名称。请用楷体5号字格式,居中,并用上标星号(*)作为介绍作者注释的标志,在注释中注明作者姓名、学位、工作单位与职称、联系方式(请注明电子邮箱)等个人信息。

三、目录。在标题、作者与正文之间应当有目录部分,宋体5号字,居中。

四、正文。正文请用宋体5号字,每部分标题请加粗。

五、注释请用宋体小5号字。采用脚注,每页重新编号,注码放在标点之前,注码号为“○”。外文注释依各文种注释习惯。外文原注释中的评论性或说明性文字,请译为中文。非引用原文者,注释前加“参见”。引用资料非来自原始出处者,请注明“转引自”。数个注释引自同一资料者,自第二个注释起,可采简略注释,例如:前引,熊伟《美国联邦破产程序》,第 28 页。

六、注释体例例举:

1. 著作类

熊伟:《美国联邦破产程序》,北京大学出版社 2006 年版,第 2 ~ 3 页。

2. 论文类

①熊伟:《财政法基本原则论纲》,载《中国法学》2004 年第 3 期。

②刘剑文、熊伟:《二十年来中国税法学研究的回顾与前瞻》,载刘剑文主编:《财税法论丛》(第 1 卷),法律出版社 2002 年版,第 1 页。

3. 译著类

[美]鲁文 · R. 艾维 – 约纳:《国际法视角下的跨国征税—国际税收体系分析》,熊伟译,法律出版社 2008 年版,第 225 页。

4. 教材

刘剑文主编:《税法学》(第 2 版),人民出版社 2003 年版,第 1 页。

5. 网络文献类

熊伟:《宪政与中国财政转型》,载中国财税法网:http://www.cftl.cn/show.asp? c_id = 485&a_id = 2564,最后访问日期:2015 年 3 月 25 日。

图书在版编目(CIP)数据

税法解释与判例评注. 第8卷 / 熊伟主编. —北京：法律出版社,2017
ISBN 978-7-5197-1160-3

Ⅰ.①税… Ⅱ.①熊… Ⅲ.①税法—法律解释—中国②税法—判例—中国 Ⅳ.①D922.220.5

中国版本图书馆 CIP 数据核字(2017)第187383号

税法解释与判例评注(第八卷)
SHUIFA JIESHI YU PANLI PINGZHU (DIBAJUAN)

熊 伟 主编

策划编辑 汤子君
责任编辑 汤子君
装帧设计 李 瞻

出版 法律出版社
总发行 中国法律图书有限公司
经销 新华书店
印刷 三河市龙大印装有限公司
责任校对 杨锦华
责任印制 陶 松

编辑统筹 学术·对外出版分社
开本 720毫米×960毫米 1/16
印张 22.25
字数 357千
版本 2017年8月第1版
印次 2017年8月第1次印刷

法律出版社/北京市丰台区莲花池西里7号(100073)
网址/www.lawpress.com.cn
投稿邮箱/info@lawpress.com.cn
举报维权邮箱/jbwq@lawpress.com.cn
销售热线/010-63939792
咨询电话/010-63939796

中国法律图书有限公司/北京市丰台区莲花池西里7号(100073)
全国各地中法图分、子公司销售电话：
统一销售客服/400-660-6393
第一法律书店/010-63939781/9782
西安分公司/029-85330678
重庆分公司/023-67453036
上海分公司/021-62071639/1636
深圳分公司/0755-83072995

书号:ISBN 978-7-5197-1160-3
定价:68.00元